KB102674

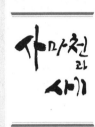

司马迁与史记 © 2005 by Yang qian kun
All rights reserved

First published in China in 2005 Sanqin Publishing House
Through Shinwon Agency Co., Seoul
Korean translation rights © 2015 by Yeonamseoga Publishing Co.

이 책의 한국어판 저작권은 신원에이전시를 통해 저작권자와 독점 계약한
연암서가가 소유합니다. 신저작권법에 의하여 한국 내에서 보호를 받는 저작물이므로
무단전재와 복제를 금합니다.

司馬遷與史記

사마천과 사기

양치엔쿤 지음 · 장세후 옮김

연암서가

일러두기

1. 인명은 민국 이후의 사람은 현재 중국어 발음에 준하여 표기하였다.
2. 본문에 인용된 『사기』 및 기타 원문은 단락 인용문이나 구절 인용문 모두 참고하여 볼 수 있도록 맨 마지막에 미주로 처리하였다.

역자가 속한 연구소에서는 해마다 한 차례씩 테마를 정해 중국 답사 여행을 다녀온다. 몇몇 분들이 모여 가기 전에 하나의 주제를 정하고 일정을 조율하는 나름 의미가 있는 여행이다. 그간 주로 무이산(武夷山)이나 황학루(黃鶴樓)가 있는 무한(武漢), 등왕각(滕王閣)이 있는 남창(南昌) 등 문학 위주의 주제로 코스를 잡았는데 지난해는 달랐다. 처음으로 역사를 주제로 한 답사 여행을 기획했는데 『사기(史記)』가 그 중심에 있었다. 지난해의 답사 여행을 옛 장안(長安)인 서안(西安)을 중심으로 한 『사기』를 테마로 잡은 것은 이유가 있었다.

역자는 오랫동안 중국과 동아시아를 넘어 이제는 세계적으로도 최고의 인문학 교과서로 인정받고 있는 『사기』의 번역에 매달려 왔다. 이 가운데 열전 부분을 출판사와 대역본으로 내기로 하고 2011년 말엽에 번역에 착수하여 3년 만인 작년 11월에는 이미 초벌 번역이 다 끝난 상태였다. 그런 이유로 지난해의 답사 여행은 역자로서는 정말 뜻 깊은 여행이 되었다.

서안에서 출발하여 『사기』에서 비중 있게 다룬 몇몇 곳과 『사기』의 저자인 사마천의 고향, 무덤과 사당이 있는 한성(韓城) 등지를 두루 둘러보는 감회는 남달랐다. 답사 여행의 공식적인 마지막 코스는 무릉박물관(茂陵博物館)이었다. 무릉은 사마천과는 질긴 악연을 이어간 사마천 당대의 황제였던 무제(武帝)의 무덤이다. 그런데 막상 도착해 보니 무릉은 보호구역으로 지정되어 들어갈 수가 없었다. 무릉에서 조금 더 들어간 곳에 위치한 곽거병(霍去病)의 무덤을 박물관으로 조성하여 전시한 출토품 등의 관람으로 만족해야 했다. 곽거병과 금일제(金日磾), 위청(衛靑), 그리고 가장 총애했던 이부인(李夫人)의 무덤을 배묘로 조성한 것은 죽어서까지 호위를 받고 있는 무제의 권력처럼 느껴졌다.

초겨울에 들어선 평일 오후 늦은 시간이라 관람객은 우리 일행밖에 없었다. 호젓한 관람을 마치고 나오는 길에 검표소 옆에 비치해 놓고 판매하는 책에 눈길이 쏠렸다. 볼만한 책이 있는지 둘러보고 있던 차에 마침 눈에 띈 것이 바로 이 책, 『사마천과 사기(司馬遷與史記)』였다.

여행이 마무리되고 그간 밀렸던 일도 하나하나 끝이 나고 『사기열전』 대역본의 서문을 쓰게 되었다. 서문을 어떻게 쓸까 고민을 하던 중에 잠시 잊고 있었던 『사마천과 사기』를 펼쳐보았다. 펼쳐본 순간 눈이 번쩍 뜨였다. 내용이 얼마나 좋은지 필요한 부분을 참고해서 『사기열전』의 서문을 썼는데 여간 큰 도움을 받은게 아니다. 그러나 정작 『사마천과 사기』를 다시 꼼꼼히 들여다본 것은 『사기열전』의 서문을 써 보낸 다음이었다.

이 책은 시안(西安)의 삼진출판사(三秦出版社)에서 낸 『섬서성 여행 역사문화 총서(陝西旅遊歷史文化叢書)』 중 한 권이다. 저자는 양치엔쿤(楊乾坤)이란 사람으로 섬서공인일보사(陝西工人日報社)의 편집주간을 맡고 있다. 이미 단행본으로 잡문집인 『포고집(布鼓集)』과 전문서적인 『중국고대문자옥(中國古代文字獄)』 및 『전당오대시(全唐五代詩)』 등을 낸 바 있고, 모두 2백만 자에 달하는 글을 발표한 적이 있는 문학과 역사에 두루 능통한 작가이다.

이 책은 사마천의 일생을 상세히 다루고 있다. 특히 『사기』에 대한 다각적이고 집중적인 분석이 돋보인다. 저자는 이 책을 모두 8장으로 나누어 서술하고 있다. 각 장의 제목은 사마천의 고향인 한성에 있는 사마천사의 비석(모두 65개) 가운데 궈모뤄(郭沫若)가 사마천을 찬양한 오언율시의 한 구절씩으로 삼아 역사적 의의를 부여하였다. 사마천 개인사에 관련된 서술은 『사기』가 이루어지기까지는 책의 앞쪽에 서술하였고, 『사기』가 이루어지고 죽음에 이르기까지의 내용은 뒤쪽에다 배치를 하였다. 무엇보다도 그동안 베일에 가려져 있었던 사마천의 죽음에 대해 여러 가지 자료를 심층적으로 분석하여 그 원인과 죽은 연도 등에 대하여 고찰한 것이 인상적이다. 기존의 사마천 사적 연구에서 한걸음 더 나아간 성취가 있다고 생각된다. 중간 부분은 『사기』를 읽는 데 이해를 돕기 위한 서술이 주를 이루고 있다.

『사기』는 중국인들이 시조로 떠받드는 황제(黃帝)부터 사마천 당대인 한무제 때까지 3천 년에 걸친 중국 역사를 더듬고 명멸해 간 인물들을 다룬 책이다. 모두 130편 25만 6,500자로 된 그야말로 대작(大作)이다. 130편은 제왕의 전기와 연대기인 본기(本紀), 제후국과 제후의 역사 및 인물 전기인 세가(世家), 연표인 표(表), 각종 기록인 서(書), 그리고 인물들의 전기인 열전(列傳) 등으로 구성되어 있다. 130권 가운데 인물의 전기를 다룬 것이 무려 112 편에 달하며, 그 가운데 『사기』의 정화(精華)라고 할 수 있는 「열전」은 모두 70편이다.

역사책인 『사기』를 가장 압축적으로 표현한다면 기전체(紀傳體) 통사(通史)이다. 기전(紀傳)은 본기와 열전을 말하고, 통사는 한 왕조의 역사만 다룬 단대사와 대(對)가 되는 개념이다. 사마천 (과 사마담)이 기전체를 처음으로 고안했으므로 『사기』가 그 이전의 역사를 모두 함께 정리한 통사의 방식을 취한 것은 당연한 결정이었다. 그리고 이렇게 『사기』가 고안한 기전체는 그 후 정사의 전형이자 표준이 되었다.

『사기』는 이전의 역사책인 『춘추(春秋)』와 『국어(國語)』 그리고 『전국책(戰國策)』 등과 비교해 보면 단순한 역사책에 그치지 않는다. 제왕학이자 경제학, 나아가 인간학의 보고라고 할 수 있는 것이다. 『사기』가 이런 평가를 받는 것은 대부분 「열전」에서

기인할 것이며, 「열전」이 특히 주목받는 것은 인물 선정 기준에 있다. 이 책에 의하면 "상층의 인물이라도 들어갈 만하지 못한 사람은 전에 넣지 않았으며, 중하층 인물이라도 들어가야 할 사람은 전에 넣었다"고 한다. 실제로 초회왕(楚懷王) 웅심(熊心)과 진(秦)나라의 세 항장(降將)인 장한(章邯)과 사마흔(司馬欣), 동예(董翳: 三秦의 왕에 봉해짐), 초나라의 장수 범증(范增), 종리매(鍾離眛), 용저(龍且) 같은 인물들은 별도의 전이 없고, 조말(曹沫)과 전제(專諸), 예양(豫讓), 섭정(聶政), 형가(荊軻) 같은 자객과 「유협열전」 및 「골계열전」의 허다한 사람들에 대해서는 전을 지었다. 이는 지금은 당연시되지만 위에서 언급한 사서(史書)들에 보이는 것처럼 당시까지만 해도 귀족 중심으로 역사를 서술해 온 방식에서 크게 벗어난 것임을 알 수 있다. 그리고 바로 이 점이야말로 「열전」의, 나아가 『사기』가 가장 가치를 인정받는 부분이다.

『사기』가 이루어지기까지는 각고의 노력과 의외의 변수가 크게 작용하였다. 부친 사마담의 뜻하지 않은 죽음과 유언은 사마천이 『사기』를 집필하는 데 큰 동기부여가 되었다. 이릉의 사건으로 인하여 사형을 선고받고 속량할 돈이 없었던 사마천. 그는 사형을 면하기 위하여 목숨과도 같은 남성성까지 포기해야 했다. 그로 인해 만인의 조롱을 받는 치욕스런 형벌인 궁형을 받게 된 것은 모두 『사기』를 완성하고자 한 일념에서였다. 결과적으로 이 사건으로 인하여 『사기』는 더욱 처절하고 생동감 있게 서술

되었다. 개인적으로는 불행한 사태였으나 궁형이 가져다준 발분(發憤)이 아니었으면 지금처럼 획기적인 역사 서술이 이루어지지 않았을지도 모른다. 이전의 역사가 귀족 중심의 서술이었던 것에 비해 앞에서 언급한 대로 『사기』에 평민이 등장을 하게 된 것 또한 여기서 기인할 것이다. 이런 민중을 중심으로 한 사관 덕분에 『사기』는 후세에 더욱 각광을 받게 되었던 것이다.

그러나 『사기』가 다만 이때까지와는 다른 역사적 인물들을 그려낸 것만으로 높이 평가받는 것은 아니다. 기전체라는 유사 이래 처음 시도되는 역사 서술 방식에다가 호견법(互見法)이라는 그만의 정교한 서술법이 『사기』에 생동감을 불어넣은 것이다. 호견법은 한 사람의 전기 사실을 여러 편에 분산하여 서술하는 방식을 말한다. 본전에는 그 해당 인물에게 보다 긍정적인 표현으로 서술하고 나머지 관련 인물들의 서술에 그 사람의 상이한 성격 등을 고루 분산시키는 것이다. 이는 마치 퍼즐을 맞추는 듯한 방식으로 『사기』 전체를 다 읽어보지 않으면 그 사람의 면모를 제대로 파악할 수 없게 된다. 이를테면 한고조 유방(劉邦)을 알려면 그의 본기뿐만 아니라 그와 관련 있는 인물들인 항우(項羽)와 장량(張良), 소하(蕭何), 한신(韓信), 번쾌(樊噲) 등의 전기를 다 읽어보아야 그에 대한 제대로 된 그림이 나온다는 것이다. 이 책에서는 사마천이 고안한 호견법은 물론 『사기』의 언어 예술이라든가 후세에 끼친 영향 등에 대해서도 상세히 분석하였다. 역자가 생각건대 『사기』를 읽기 위한 안내서로 이만큼 충실하기는 힘들 듯하다.

이 책에서 특히 뛰어난 부분은 방대한 『사기』의 원문을 적재적소에서 잘 인용하여 전거로 삼은 것이다. 결국 사마천의 생애에 대한 1차 자료가 『사기』라는 점을 감안할 때 이런 점은 매우 뛰어난 부분이라고 할 수 있다. 이런 풍부한 원전 인용 부분은 그냥 버려두기가 아까워 모두 미주(尾注)로 처리하여 가급적이면 독자들이 읽어나가는 데는 방해를 받지 않게 하면서도 또 하나의 자료로 갖추어 놓았다. 원래 중국에서 나온 책들은 통상적으로 원문을 백화(白話)나 다른 방법으로 해석을 하거나 별도의 풀이를 하지 않는다. 단락 단위로 길게 인용한 부분 또한 미주로 처리하여 독자들이 읽는 데는 시야의 방해를 받지 않게 하면서도 대조하여 볼 수 있는 자료로 갖추어 놓았다.

중국에서 발간된 원서의 맨 앞부분에는 중국의 저명한 학자인 리쉐에친(李學勤)이 쓴 서문이 있다. 그리고 가장 뒷부분에는 저자의 후기(後記)가 수록되어 있다. 리의 서문은 정확하게 말하면 이 책의 서문이라기보다 총서 전체에 딸린 서문이다. 그리고 후기에서는 이 책을 쓰게 된 배경 같은 것을 간략하게 언급하고 있는데, 책의 내용과는 직접적인 관련이 없는 것이므로 번역을 하지 않았음을 밝혀둔다.

『사기열전』을 낼 때부터 이 책이 『사기』를 이해하는 데 훌륭한 나침반 역할을 할 수 있을 것으로 인정하고 선뜻 출판을 결정해 준 권오상 대표께 깊이 감사를 드린다. 특히 원고를 꼼꼼히 읽어보고 전문 학자들에게나 통할 만한 어려운 용어에 대한 풀이를 해줬으면 좋겠다며 일일이 표시를 한 부분에 대해서는 더욱 고마움을 느낀다. 이는 독자들이 이 책에 쉽게 접근을 하는 데 매우 중요한 요소이다. 그리고 이제는 하나의 의례가 되다시피 하여 이 책의 첫 번째 독자로서, 교열은 물론이고 거친 문장까지 잘 읽히도록 매끄럽게 다듬어준 아동문학가이자 역자의 누나인 장세련 선생에게도 지면을 빌려 큰 고마움을 전한다. 아울러 최종 원고를 통독하고 좋은 의견을 제시하여 책이 전체적으로 더욱 가다듬어지는 데 많은 도움을 준 남계순 선생에게도 고마움을 표한다.

2015년 가을 대구 매호동에서
장세후

14

1장

용문에서 빼어난
인재가 나다

龍門有靈秀

사마천의
집안 형편 및
소년시절

중국에서 봉건사회가 성립된 후 첫 번째 전성기는 서한 무제 때다. 이때는 정치와 경제, 군사, 문화가 전에 없던 발전을 이루던 시기다. 국력은 크게 신장되고 통합을 이룬다. 출중하고 빼어난 인물들까지 모여들어 서한 왕조는 최고조에 달한다. 용문(龍門)의 사마천은 시대의 부름을 받고 태어난 사람이다. 이 성세에 또 자기만의 색채가 농후한 필치로 역사를 써내려간다. 그 결과 전에 없던 역사서인 『태사공서』, 곧 후세에서 이른바 『사기』라 일컬어지는 대작을 완성한다.

1. 집안 형편과 가학(家學)의 내력

사마천의 자는 자장(子長)이다. 한나라 좌풍익(左馮翊) 하양(夏陽: 지금의 陝西省 韓城) 사람으로, 한나라 경제(景帝) 중원(中元) 5년(B.C. 145)에 태어났다. 그가 태어난 해는 확정짓기 어려우므로 이 책에서는 왕국유(王國維)와 양계초(梁啓超)의 설을 따랐다. 사마천의 집안은 헤아릴 수 없을 만큼 깊은 역사를 가지고 있다. 그의 선대는 전욱(顓頊) 때 천지를 관장한 중려 씨(重黎氏)의 후손이다. 주선왕(周宣王) 때에 이르러 정(程)의 백작에 봉하여진 후예가 있는데 그가 바로 휴보(休甫)다. 휴보는 대대로 천지를 관장해오던 관직을 잃고 사마(司馬)의 관직을 얻었다. 이 정백 휴보로부터 성을 사마(司馬)씨로 바꾸었다. 사마 씨는 대대로 주나라의 역사를 담당했다. 주혜왕(周惠王)과 주양왕(周襄王)에 이르렀을 때 사마 씨는 주나라를 떠나 진(晉)나라에 이른다. 진나라의 중군원수(中軍元帥) 수회(隨會)는 진(秦)나라로 달아났으며, 사마 씨의 한 갈래도 진양공(晉襄公) 7년(B.C. 621) 진나라의 내란 때문에 소량(少梁)으로 옮겼다. 소량은 곧 지금의 섬서성에 속한 한성(韓城)시다. 옛날에는 양(梁)나라에 속하였으며 진(晉)나라의 속국이었던 곳이다. 진목공(秦穆公)에 의하여 멸망당하였으며 진(秦) 혜문왕(惠文王) 11년(B.C. 327) 하양(夏陽)으로 바뀐다. 사마 씨가 주나라를 떠나 진(晉)나라로 가자 일족은 분산되고 만다. 일부는 위(衛)나라에 있게 되고, 일부는 조(趙)나라에, 또 일부는 진(秦)나라에서 살게 된 것이다.

사마천의 조상이 되는 갈래는 진(秦)나라를 택한다. 진나라에 있는 사마 씨는 혜문왕 때 유명인사인 사마착(司馬錯)을 배출한다. 그는 종횡가인 장의(張儀)와 논쟁을 벌인 적이 있다. 이에 진나라 혜문왕은 그가 군대를 거느리고 촉국(蜀國)을 함락시킨 후 바로 그곳에 주둔하게 한다. 그의 손자인 사마근(司馬靳)은 진나라

무안군(武安君) 백기(白起)를 섬겼다. 진나라 소양왕(昭襄王) 47년 (B.C. 260) 사마근은 백기와 함께 장평(長平: 지금의 山西省 高平縣 서북쪽)에서 조나라의 군사 40만 명을 대파한 뒤 모두 생매장하여 죽였다. 한 구덩이에 처넣고 죽였는데 이를 갱살(坑殺)이라 한다.

그러나 모든 일은 뜻대로 되지 않는 법. 개선을 했음에도 사마근은 진나라에서 백기와 함께 억울한 일을 당했다. 포상을 받아 봉하여지기는커녕 도리어 함양(咸陽)의 두우(杜郵)에서 죽임을 당한 것이다. 사마근은 나중에 하양의 화지(華池)에 묻혔다. 사마근의 손자인 사마창(司馬昌)은 진시황 때 철기를 주조하는 관직을 맡았다. 사마창은 사마무택(司馬無澤)을 낳았는데 사마무택은 한나라 초기에 능력을 드러냈다. 경성(京城) 장안(長安)의 상업구역에서 시장(市場)을 관리하는 최고 우두머리에 해당하는 관직[市長]을 맡게 된 것이다. 사마무택의 아들은 사마희(司馬喜)로 오대부(五大夫)의 관작에 봉하여진 적이 있다. 그들은 죽은 후에 모두 하양의 화지(華池)에서 3리 떨어진 고문(高門)에 묻혔다. 사마희는 사마담(司馬談)을 낳았는데, 사마담은 태사공(太史公)이 된다.

사마천의 가계(家系)는 역사적으로 유서가 깊다. 다만 먼 조상은 세상을 떠나고 사마천에게 가장 크고 또 직접적으로 영향을 미친 사람은 조부인 사마희와 부친인 사마담이다.

사마희는 명성을 좋아해서 한문제(漢文帝)가 조조(晁錯)의 건의를 받아들여 매작령(賣爵令)을 반포하자 매우 기뻐했다. 4천 석의 곡식으로 최고의 관작인 오대부를 샀을 정도다. 오대부는 원래 진나라 때의 제도로 한나라에서도 그대로 이어받아 설치하였는데, 20등급의 작위 가운데 아홉 번째 등급에 해당한다. 한나라 당시의 규정에 의하면 앞의 8등급은 민(民: 地主)에 속한 관직이다. 아홉 번째 등급은 관작 가운데 가장 낮은 등급이다. 실제로 허울뿐인 직함이었을 뿐 구체적인 직무는 없다. 그럼에도 사마희는 관작을 사느라 4천 석의 곡식을 쓴 것이다. 그 양은 다섯 식구 기준으로 40가구에 해당하는 보통 농민의 연간 수입과 맞먹는다. 이로써 추측해 보건대 사마희의 가정 형편은 굉장히 부유하였음을 짐작할 만하다.

사마담은 한무제 때 태사령을 지냈다. 건원(建元)과 원봉(元封) 연간에 벼슬을 하다가 원봉 원년(B.C. 110)에 죽었다. 태사령은 하대부의 반열에 속하여 연봉이 6백 석이다. 겨우 박사관(博士官)의 봉록과 동등한 수준이었지만 사마담은 이 관직을 매우 아꼈다. 상고시대 이래 대대로 전하여 온 조업(祖業: 조상 대대로 전해 내려오는 가업)으로 여겼을 정도다. 사마담은 건원 연간에 사관(史官), 곧 태사령이 되었지만 통상적으로 높여서 태사공이라 부른다. 사관의 관직은 무제 때 신설된다. 천문과 역법을 관장하는 직책이다. "(왕실에 속한) 점쟁이의 무리에 가까웠으며"라는 내용에서 미루어 보건대 무제의 눈에는 배우(광대) 정도로 보일 뿐이었음을 알 수 있다. 세속적으로 볼 때는 매우 가볍고 낮은 직책인 것이다. 그러나 사마담은 이 관직을 매우 중히 여겼다. 사관은 역사에 대한 자세한 기록을 하는 직책 외에도 기록과 전적(典籍)의 수집과 보존까

사마천의 조부 사마희와 부친 사마담의 무덤. 섬서성 한성시 외동향(嵬東鄕)의 고문촌(高門村)에 있다.

지 관장하였기 때문인데 이는 하나의 전통이다. 사마담은 스스로 깨달아 이 전통을 계승했다. 이는 바로 역사적인 자료를 모아 편집하려는 이상(理想)을 완성하기 위함이다. 아울러 이를 사마천에게 전하여 "대대로 주나라의 역사를 맡은(世典周史)" 영광스러운 가문의 계보가 밝고 크게 기세를 떨치기를 바라는 마음에서다.

사마담은 박학다식한 학자다. 사마천의 말에 의하면 사마담의 학문은 주로 세 방면에서 표현된다. 첫째는 "당도(唐都)에게서 천문학[天官]을 배운 것"이다. 천문학을 배웠다는 것은 해와 달의 운행을 관측하고 성상(星象: 天文)이 바뀌어가는 것을 관측하는 것이다. 이런 모든 것이 그의 연구 계열에 속한다. 당시의 학자들은 하늘과 사람이 서로 비슷하며 또한 군신(君臣)과 존비(尊卑)의 구분이 있다고 여겼다. 천문에는 오관(五官)이 있는데 관(官)은 일련의 별자리 군(群)을 가리키며 별자리에는 존비가 있다. 이는 사람의 관직에 등급이 있는 것과 같기 때문에 천관(天官)이라고 하였다. 당도는 유명한 성상 관측 전문가로 만년에는 사마천과 함께 새로운 역법(曆法), 곧 태초력(太初曆)을 만들어내기도 했다.

두 번째는 "양하(楊何)에게서 『역』을 전수받은 것"이다. 『사기·유림열전(儒林列傳)』의 기록에 의하면 양하는 자가 숙원(叔元)이며 자중(子仲)에게서 『역』을 전수받은 한나라 초기의 유명한 『역』 전문가다. 무제 원광(元光) 원년(B.C. 134) 양하는 『역』 전문가의 지위로 관직이 중대부(中大夫)에 이른다. 세 번째는 "황자(黃子)로부터 도론을 익힌 것"이다. 도론을 익혔다는 것은 한나

라 초기 황로(黃老) 일파의 사상 이론을 배운 것을 가리킨다. 황자
는 바로 황생(黃生)으로 경제(景帝)의 면전에서 『시』를 전한 원고
생(袁固生)과 변론을 한 적이 있다. 그 목적은 신민(臣民)이 난리에
빠지는 것을 막고 유 씨(劉氏)가 세운 한나라 왕조의 천하를 공고
히 하기 위함이었다. 당시의 통치사상은 바로 청정무위(淸淨無爲)
를 주장하고 백성과 통치자를 줄이자는 모순으로 천하를 태평하
게 하자는 데 있다. 사마담이 황자에게서 도론을 배운 것은 확실
히 이런 사상의 영향을 받은 것이다. 사마담은 한무제 건원(建元)
연간(B.C. 140~135)에 벼슬길에 나서 사관(史官), 곧 태사령이 되었
다. 황로사상의 영향을 받은 그는 한무제가 제창한 유학(儒學)에
대하여 동의하지 않았다. 당시의 학자들이 제가(諸家)의 학설의
요지를 이해하지 못하고 배우는 것이 또한 혼란스럽고 모순됨을
우려한 까닭이다. 이에 음양가와 유가, 묵가, 법가, 명가, 그리고
도덕가의 육가(六家)의 요지를 전적으로 논했다. 잠깐 원문을 인
용한다.

　　『역 · 대전』에서는 '천하가 일치하지만 생각은 백 갈래로 갈라졌
고 함께 돌아가지만 길이 다르다'고 하였다. 저 음양가와 유가, 묵가,
명가, 법가, 도덕가는 다스리는 데 힘쓰는 자들이지만 곧 말을 따르
는 것이 길이 다른데 살핀 것도 있고 살피지 않은 것도 있을 따름이
다. 일찍이 가만히 음양가의 학설을 살핀 적이 있는데, 크게 길한 것
을 따져 기휘하는 것이 많아 사람들로 하여금 얽매여 두려워하게 함

이 많다. 그러나 사철(춘하추동)의 큰 순서는 잃을 수 없다. 유가는 넓으나 요점이 적고, 수고는 많으나 공이 적어, 그 일은 모두 따르기 어렵다. 그러나 군신과 부자의 예를 바로잡고 부부와 장유의 구별을 늘 어놓았으므로 바꿀 수가 없다. 묵가는 검약하여 따르기가 어려우므로 그 일은 두루 따를 수가 없다. 그러나 그들은 근본을 강조하고 쓰임을 절약하니 폐할 수가 없다. 법가는 엄격하나 은혜가 적다. 그러나 그 군신과 신하의 명분을 바르게 하는 것은 고칠 수가 없었다. 명가는 사람으로 하여금 단속하게 하여 진실을 잘 잃어버리게 하지만 그 명과 실을 바로잡음은 살피지 않을 수 없다.

　도가는 사람으로 하여금 정신을 하나로 오로지 하게 하여 행동이 형체가 없음을 합하여 만물을 넉넉하고 풍족하게 한다. 그 학술은 음양의 큰 법도를 따르고 유가와 묵가의 장점을 가리고 명가와 법가의 요점을 취한다. 때와 함께 옮아가고 사물에 응하여 변화하며 풍속을 세우고 일을 베푸니 옳지 않은 곳이 없다. 그 뜻이 간략하고 행하기가 쉬워 일은 적고 공은 많다. 유가는 그렇지 않다. 임금은 천하의 의표이므로 임금이 제창하면 신하는 응하고 임금이 선창하면 신하는 따라야 한다고 생각한다. 이러하면 임금은 수고롭지만 신하는 편안하다. (도가의) 큰 도의 요체에 이르러서는 탐욕을 버리고 총명함을 물리치는 것인데 (유가는) 이것을 놓고 술책에 맡긴다. 대체로 정신은 크게 쓰면 고갈되고 육신은 크게 피로해지면 피폐해진다. 육신과 정신이 크게 흔들리면서 천지와 오래도록 함께 하고자 하는 것에 대해서는 들은 적이 없다.

대체로 음양가는 사시와 팔위, 12도, 24절기에 각기 교령을 두어 순응하는 자는 창성하고 역행하는 자는 죽지 않으면 망한다고 하였는데 반드시 그렇지는 않으므로 '사람들로 하여금 얽매이어 많이 두렵게 한다' 하였다. 대체로 봄에는 싹이 나고 여름에는 생장하며 가을에는 수확하고 겨울에는 저장하는 것이 천도의 큰 법도다. 순응하지 않으면 천하의 강기(나라의 법도와 사회의 도덕)가 되지 못하게 되므로 '사시의 큰 순서를 잃을 수가 없다' 한 것이다.

유가는 『육경』을 법도로 삼는다. 『육경』의 경문과 전은 천만을 헤아려 여러 대에 걸쳐서도 그 학문에 통달할 수 없다. 당대에 그 예법을 궁구할 수 없기 때문에 '넓으나 요점이 적고 수고는 많으나 공이 적다'고 한 것이다. 임금과 신하, 아비와 자식의 예를 열거하고 부부와 장유의 구별을 밝힌 것은 백가라 하더라도 바꿀 수 없다.

묵가 또한 요임금과 순임금의 도를 숭상하여 그 덕행에 대하여 말하였다. '대청의 높이는 석 자이고 흙으로 만든 계단은 세 층이며 띠로 이은 지붕은 자르지 않았고 상수리나무 서까래는 다듬지 않았다. 흙을 구워 만든 그릇에 밥을 먹고 흙으로 구운 그릇에 국을 먹으며 현미와 기장으로 지은 밥에 명아주와 콩잎으로 끓인 국을 먹었다. 여름에는 칡의 섬유로 짠 옷을 입었고 겨울에는 사슴 갖옷을 입었다.' 장례를 지낼 때는 세 치 두께의 오동나무 관을 썼으며 곡을 할 때도 슬픔을 다하지 않았다. 상례를 가르칠 때는 반드시 이를 만민의 기준으로 삼았다. 천하의 법이 이렇게 된다면 존비의 차별이 없어지게 될 것이다. 대체로 세상이 달라지고 때가 옮기어 가면 사업이 반드시 같지 않게 될 것이므로 '검약하여 따르기가 어렵다'고 하였다. 요점은 본업에 힘쓰고 쓰는 것을 절약하는 것이 사람들에게 (충분히) 대고 집안을 풍족하게 하는 도라는 것이다. 이것이 묵가의 뛰어난 점으로 백가라 하더라도 폐할 수 없다.

법가는 친함과 친하지 않음을 가리지 않고 귀천을 달리하지 않는다. 일관되게 법으로 단죄하니 친속을 가까이하고 높은 이를 높이는 은혜가 끊어졌다. 한때의 계책으로는 행할 수 있으나 오래 쓸 수는 없으므로 엄격하나 은혜가 적다고 하였다. 임금을 높이고 신하를 낮추며 직분을 밝혀 서로 넘지 못하게 한 것 같은 것은 백가라 하더라도 고칠 수 없다.

명가는 엄격하고 살피어 뒤죽박죽 얽히어 사람으로 하여금 그 뜻을 되돌리게 하지 못한다. 오로지 명분으로만 결정하여 인정을 잃어버리므로 사람으로 하여금 단속하게 하여 진실을 잘 잃어버리게 한다. 명분을 당기어 실질을 따지며 이리저리 얽힌 것을 잃지 않음과 같은 것은 살피지 않을 수 없다.

도가는 무위(無爲)이면서 또한 무불위(無不爲)라고도 하는데 그 실질은 행하기 쉬우나 그 말은 알기 어렵다. 그 학설은 허무를 근본으로 삼고 순응하는 것을 쓰임으로 삼는다. 이루어진 형세도 없고 일정한 형태도 없기 때문에 만물의 정세를 궁구할 수 있다. 사물에 앞서지도 않고 사물에 뒤지지도 않으므로 만물의 주재자가 될 수 있다. 법이 있는가 하면 법이 없기도 하다. 때에 따라서 사업을 하며, 도가 있는가 하면 도가 없기도 하여 사물에 따라 더불어 합치된다. 그러므로 말하기를 '성인은 썩지 않고 때의 변화를 지킨다. 빈 것은 도의 법도이고 따르는 것은 임금의 기강이다'고 하였다. 뭇 신하들이 함께 이르면 각자 스스로 밝히게 한다. 그 실질이 그 명성에 맞는 것을 단(端)이라 하고 실질이 명성에 맞지 않는 것을 관(竅)이라 한다. 관의 말을 듣지 않으면 간사함이 생기지 않으며 현명함과 불초함이 절로 나누어지고 흑백이 곧 형체를 드러낸다. 하고자 하는 바를 쓰는 데 있을 따름이니 무슨 일인들 이루지 못하겠는가? 곧 큰 도와 합치되어 원기가 하나로 뒤섞인 상태가 된다. 천하를 밝게 비추어 무명의 상태로 되돌린다. 무릇 사람이 사는 것은 정신이며 기탁하는 것은 육신이다. 정신을 크게 쓰면 고갈되고 육신이 크게 피로해지면 피폐해지며 육신과 정신이 떨어지면 죽는다. 죽은 자는 다시 살 수 없고 (靈肉이) 분리된 자는 다시 되돌릴 수 없으므로 성인이 중시한 것이다. 이로써 살펴보건대 정신은 사는 근본이며 육신은 사는 도구이다. 먼저 그 정신과 육신을 정해놓지 않고 '내게 천하를 다스릴 방법이 있다'고 하는 것은 무슨 연유인가?[1]

「논육가요지」는 춘추전국시대 이래 있어 온 백가의 학문인데 육가로 그 내용의 줄거리나 요점을 한데 뭉뚱그려놓았다. 그는 평론 중에서 도가를 전면적으로 긍정했다. 기타 다섯 학파에 대해서는 그 장점에 대해서는 긍정하나, 단점에 대하여서는 비평을 가함으로써 사마담이 받은 시대적인 영향을 뚜렷하게 표현했다. 이런 사상은 한무제가 나중에 백가를 배척하고 유가만을 높인 것과도 모종의 융합 관계를 지니고 있다. 유가와 도가, 음양가, 법가사상을 겸하여 쓴 것이다. 바로 『한서 · 원제기(元帝紀)』에서 말한 "한나라는 나름대로 제도를 가지고 있었는데 패왕(霸王)의 도에 근본을 두고 그것을 섞었다"고 한 것과 같다. 즉, "순수하게 덕교(德敎: 가르침)에 맡긴 것"은 아니다. 「논육가요지」는 무제 때의 복잡한 통치사상을 반영하고 있다. 백가의 학문은 길은 다르나 귀의하는 곳은 같음을 강조했다. 모두 다스림에 힘써 임금이 금하여 끊으면 안 된다는 주장이다. 또 그 뛰어난 점을 크게 키우고 단점은 피하여야 한다고 하여 사마담의 학문 연구에 함께 쓰는데, 두루 포용하는 넓고 큰 기상을 표현하고 있다. 사마천이 나중에 완성한 『사기』는 백과전서적인 지식을 포괄하였다. "『육경』의 다른 해석을 맞추고 백가의 뒤섞인 말을 가지런히 한 것"[2]은 그 부친의 지혜로운 계략과 가르침으로 더하여진 것임은 말하지 않아도 분명한 사실이다.

사마담은 오랜 기간 사관으로 지냈다. 그 직책은 "복축(卜祝)에 가까워" 무제의 제사와 전례, 사방의 순유 등에 그는 모두 참여하는 것이 임무다. 뿐만 아니라 사마담은 "대대로 주나라의 역사를 맡은" 가문의 학식에 대한 내력에 자부심을 갖는다. 아울러 숭고한 역사 서술의 이상도 가지고 있었다. 이 이상은 그가 사마천에게 유언으로 당부한 부탁 가운데서 더욱 분명하게 드러난다. 사실상 사관으로 있은 30년 간 그는 이미 『사기』의 몇몇 글을 남겼다. 원봉(元封) 원년(B.C. 110) 낙양에서 머무르느라 사마담은 무제의 봉선(封禪)에 참여할 수 없었던 것이다. 이에 분통을 발하고 죽으면서 사마 씨의 역사 논저의 중요한 책임을 아들인 사마천에게 부탁했다.

2. 용문에서 출생하다

사마천은 하양(夏陽)에서 출생했다. 다만 그 스스로는 출생지를 하양이라 하지 않고 용문(龍門)이라 하였는데 이는 깊은 의미가 있다. 용문은 『상서·우공(禹貢)』에 기록되어 있는 고대의 명산이다. 또한 용문은 하양의 경계에 있으며 황하의 동서 양안을 끼고 있어 형세가 궁궐의 문과 같다. "양쪽 벼랑이 모두 산을 깎아놓은 듯한 절벽으로 문처럼 마주하고 있으며 신령한 용만이 뛰어넘을 수 있으므로 용문이라고 한다"[3]는 내용에서도 잘 알 수 있다. 황하는 북에서 남으로, 협곡에서는 물이 여울져 급히 흐른다. 용문을 뚫고 지나간 후에는 들판으로 들어가 갑자기 가로로 강폭이 넓어진다. 남쪽으로 흘러내려서는 곧장 화산(華山)을 통과한 후 큰 물결을 이루며 동해로 흘러든다.

용문에 대해서는 전설이 있다. 매년 음력 3월이면 천 마리는 됨직한 잉어가 용문산 아래에 모여든다. 모두가 용문으로 뛰어오르는데 그 일에 성공한 잉어는 용이 되어 하늘로 올라가고, 실패한 잉어는 돌아와 그대로 보통 물고기가 된다. 이 전설은 용문이라는 명산에 또 하나의 신비하고 신성한 색채를 더하여 준다.

사마천이 스스로 본관을 용문이라 한 것은 대략 이 명산 때문임은 부연할 필요가 없다. 또한 물고기가 용이 된다는 뜻을 취한 것은 용문을 인용하여 고향을 높인 것이다. 실제로 사마천의 탄생지는 화지(華池)로 용문 남쪽 수십 리 지점에 있다.

그 조부가 오대부의 관작을 살 수 있을 정도의 가계수입으로 미루어보아 사마천의 가정 형편은 넉넉하였음을 알 수 있다. 그가 출생한 첫 몇 년 동안 그의 부친은 여전히 출사하지 않고 대체로 집에서 글을 읽기도 하고 농사를 짓기도 하였을 것인데, 이렇게 하여 자연히 가계의 수입은 갈수록 풍부해졌다. 사마천이 6세 때 사마담은 태사령이 되었다. 이는 연봉이 6백 석에 버금가는 하대부이기는 하였지만 가계에 또한 고정된 수입을 더하여 주었으리라는 것은 짐작이 가능하다. 더욱 중요한 것은 이를 바탕으로 어린 사마천을 양육하고 인도한 것이다. 또한 곧이어 경사에서 문학의 대사(大師)인 동중서(董仲舒)를 스승으로 모셔 『공양춘추(公羊春秋)』를 배우게 했다. 사마천은 고문학의 대사인 공안국(孔安國)에게서도 『고문상서(古文尙書)』를 접했다. 이런 배움들이 이후의 역사를 다루는 데 직접적이고 큰 영향을 끼쳤다.

사마천 스스로도 어린 시절에 "황하의 북쪽과 (용문)산 남쪽에서 농사를 짓고 가축을 쳤다"[4]고 하였다. 이는 곧 어린 시절을 고향인 화지에서 보냈다는 것을 말한다. 화지는 황하의 서쪽 용문의 남쪽에 위치하는 까닭에 "황하의 북쪽과 (용문)산 남쪽(河山之陽)"이라고 하였다. "농사를 짓고 가축을 쳤다"는 말은 실제로 농

황하 용문. 용문은 사마천의 고향 화지촌(華池村: 고문촌과 이웃하고 있다) 북쪽
수십 리 지점에 있다. 용문은 전설에 의하면 대우(大禹)가 뚫었다고 한다.

사를 짓고 목축을 했다는 말로 이해할 필요는 없다. 다만 결코 생계 때문에 바쁘게 보내지는 않았다는 것을 뜻한다. 그만큼 사마천이 고향에서 보낸 유년기가 아름다웠음을 회상하는 부분이다. 농사[耕]라는 것은 성인의 경작을 놀이삼아 흉내 냈다는 것이 비교적 뛰어난 해석이다. 물론 목축[牧]이라는 것을 방목하는 놀이로만 이해할 수는 없겠다. 다만 "목동은 아득히 행화촌을 가리킨다(牧童遙指杏花村)"[5]는 아동의 정취를 가리킨다. 농사와 목축은 이외에도 그 또한 어쩌다 성인들이 일할 때 조금 도움을 주었다는 것에 지나지 않는다. 황하의 북쪽과 (용문)산 남쪽의 장려한 풍광과 인문 경관에서 갈고 닦은 깊은 학문은 그에게 생활에 대한 깊은 애착을 갖게 한다. 뿐만 아니라 흉금을 활짝 열어주었으며 백성들을 매우 사랑하게끔 만들었다. 사마천에게 이러한 유년시절은 영원히 좋은 기억으로 남았다.

3. 10세에 고문을 외다

사마천의 총명함은 훌륭한 가정환경 속에서 더욱 발휘된다. 훌륭한 유년기 교육을 받아들이면서 집안에서 집중적으로 익힌 덕분에 10세에 고문을 줄줄 욀 정도가 되었다. 『좌전(左傳)』과 『국어(國語)』, 『세본(世本)』 등의 고문 사적(史籍)을 읽어내는 것은 물론, 제자(諸子)의 문장 및 『시경』의 몇몇 편장들도 읽어내게 되었다. 후에 태사령이 된 부친을 따라 장안에서 살게 되면서 배움의 영역이 넓어졌다. 문학과 경학의 대사들과 접촉하면서 좋은 독서와 학습의 기회가 더 많이 생겼을 것은 당연하다. 나중 몇 년간은 동중서와 공안국이라는 두 큰 스승의 문하에서 『춘추』 및 유가의 학문을 배우기도 했다.

여기서 언급해야 할 중요한 점이 있다. 동중서가 젊었을 때 『춘추』를 연구하여 경제 때 이미 박사가 되었다는 점이다. 무제(武帝) 원광(元光) 6년(B.C. 134)에 이르러서는 강도상(江都相)이 되었다. 그 벼슬을 얻은 방식도 특이했다. 성품이 어질고 벼슬이 높은 이가 임금의 물음에 답하여 글을 쓰는 방식으로 뽑힌 것이다. 강도상의 직책으로 이왕(易王: 武帝의 형 劉非는 景帝에 의하여 이왕에 봉하여졌다)을 섬기다가 나중에 중대부(中大夫)가 되었다. 그는 말하였다.

"『춘추』에서 하나로의 통일을 중시한 것은 천지의 중요한 법이요, 고금에 통용되는 올바른 것이기 때문이다."[6]

그가 내세운 '대일통'은 제후를 억눌러서 천자에게 하나로 통일되게 하자는 내용이다. 아울러 사해(四海)가 '내신(來臣)'이 되게 하는 방식이다. 그러나 만약의 경우를 대비한 내용도 있다.

"스승마다 도를 달리하고 사람마다 논의를 달리하여 백가가 향방을 달리하며 지향하는 뜻이 같지 않다면 임금은 일통을 견지할 방법이 없게 될 것이다."[7]

이에 따른 대책을 이렇게 제기했다.

"여러 육예의 학과에 속하지 않는 것과 공자의 학술에 속하지 않은 학술은 그 길을 끊어버림으로써 나란히 하여 나아가지 못하도록 하여야 한다."**8**

또 음양가의 사상을 차용하여 유가 경전을 해석하고, 문제와 경제 이래의 경제와 정치 양 방면에 대한 발전의 요구를 적용시켰다. 황로의 학술을 중시한 두태후(竇太后)가 죽자 무제는 유술(儒術)을 좋아하는 전분(田蚡)을 재상으로 기용했다. 더불어 동중서의 건의를 받아들여 백가의 학문은 모두 내치고 유가의 학문만 높였다. 아울러 유생 수백 명을 예우하여 불러들였다. 이후로 대부분 유생 출신의 관리를 등용했다. 향후 2천여 년 동안 유학을 정통으로 하는 국면을 연 것이다. 사마천은 동중서를 스승으로 삼는 과정에서 자연스레 유가의 가르침에 따른 사상을 갖게 되었다.

또한 이 시기에 사마천은 공안국으로부터 『상서』를 배웠다. 공안국은 박사관(博士官)이다. 가르친 것으로 '나이 18세 이상으로 태도가 단정한 자는 박사제자라는 보직을 받았는데' 사마천은 제자가 되기에 걸맞았다. 총명함이 남보다 뛰어나고 부지런히 배우기를 좋아했기 때문이다. 『한서·유림전(儒林傳)』에서는 "공안국은 간대부(諫大夫)가 되고 도위조(徒尉朝)에 임명되었으며 사마천 또한 공안국을 따라 문고(問故)하였다"고 적었다. 문고(問故)는 다년간 학습한 경험을 쌓아 의혹된 점이 있으면 질문을 하여 더욱 진전이 있기를 추구하는 것이다. 그러므로 사마천이 고문을 외게 된 것은 이전에 시작되었고 '문고'는 이후에 시작되었다. 이로써 추론해 보건대 사마천은 10세에서 19세 사이에 항상 스

사마천은 소년 때 총명하다는 칭찬을 받았는데 열 살 때에는 고문을 욀 수 있었다.
사마천이 다니던 서당 자리에 있는 사마서원(司馬書院).

승을 따라 배웠던 만큼 학습에 자못 성과가 있었을 것이다. 『한서·공안국전』에서는 "(사마)천의 글에는 「요전(堯典)」과 「우공(禹貢)」, 「홍범(洪範)」, 「미자(微子)」, 「금등(金縢)」 등 여러 편이 실려 있으며 고문의 설이 많다"고 하였다. 동중서에게서 받은 영향이 더욱 커서 「태사공자서」에서 상대부 호수(壺遂)에게 공자가 무엇 때문에 『춘추』를 지었는가에 대하여 대답할 때 그는 "내가 동생(董生: 董仲舒)에게 듣자하니"라는 내용으로 대답했다. 이처럼 동중서의 『춘추』 학설은 사마천이 『사기』를 완성하는 데 큰 영향을 끼쳤다.

4. 무릉으로 이주하다

한무제 유철(劉徹)은 16세 때 제위를 이어받았다. 그 이듬해에 17세의 어린 나이로 진시황 및 그 부조(父祖)들을 본받아 능침(陵寢)을 수축(修築)했다. 이는 한대(漢代)에서 고조의 장릉(長陵)과 혜제(惠帝)의 안릉(安陵), 문제의 패릉(霸陵), 경제의 양릉(陽陵)을 잇는 또 하나의 황제의 능이다. 능의 터는 괴리현(槐里縣: 지금의 陝西省 興平市 경내)의 무향(茂鄉)으로 정했으므로 무릉현을 설치했다. 진시황릉이 36년간 수축된 데 비하면 한무제의 무릉은 기간이 상당히 길었다. 무려 53년의 재위기간에 걸쳐 수축된 까닭이다. 막 무릉읍을 설치하였을 때는 건원(建元) 2년(B.C. 139)이다. 무릉을 처음 설치한 이듬해에 그는 경제 유계(劉啓)가 했던 방법을 본받아 또한 무릉으로 백성을 이주시켰다. 경제가 양릉읍을 설치한 것은 경제 5년(B.C. 152)이다. "(그해 여름) 5월에 백성을 모집하여 양릉으로 옮기고 20만 전을 내렸다."⁹ 무제는 무릉읍을 설치하면서 세 차례에 걸쳐 백성을 옮겼다. 앞의 두 차례 중 한 번은 건원 3년(B.C. 138)에 이루어졌다.

"무릉으로 옮겨가는 자에게는 한 가구당 20만 전(錢)의 금액과 농사지을 땅 2경(頃)¹⁰을 내렸다."

또 한 번은 원삭(元朔) 2년(B.C. 127)에 이루어졌다. 군국의 호걸 및 재산이 3백 만 전 이상인 자들을 우선으로 무릉으로 옮겼다. 『사기·평진후주보열전(平津侯主父列傳)』에 의하면 1년에 네 번 승진한 주보언(主父偃)이 무제에게 말했다.

"무릉을 막 세웠으니 천하의 호걸과 겸병하는 가문, 소요를 일으킬 만한 백성들을 모두 무릉으로 옮길 만하니, 경사로는 내실을 기하고 밖으로는 간교하고 교활함을 없애는 것으로 이것이 이른바 죽이지 않아도 해가 사라진다는 것입니다."¹¹

무제는 그의 주장을 따랐다. 이렇게 일거양득으로 무릉은 부호들의 취락지가 된다. 뿐만 아니라 조정에서 공개적이면서 집중적으로 강한 호족을 통제하는 지역으로 바뀐다. 유협 곽해(郭解)가 이주자의 대열에 선 것은 좋은 예다. 곽해는 지현(軹縣: 지금의 河南省 濟源縣) 사람이다. 집이 가난하여 재산이 그다지 없었다. 즉, 무릉읍으로 이주할 수 있는 기준에 미달했음에도 이주자 명단에 들게 되었다. 부당함이 분명했으나 관리들은 감히 토를 달 수 없었다. 후환을 두려워하여 이주시키지 않을 수 없었던 것이다. 곽해에 대한 무제의 신임이 어땠는지를 짐작케 하는 대목이다.

대장군 위청(衛青)이 곽해 대신 무제에게 말하였다.

"곽해는 집이 가난하여 이주의 표준에 미달하옵니다."

무제는 개의치 않았다.

"곽해는 일개 평민인데도 권력이 있어서 장군임에도 그를 위해 말하게 하였으니 이는 그가 가난하지 않다는 것을 증명하는 것이 아니오?"

이리하여 곽해 일가는 마침내 무릉읍으로 이주하게 되었다. 그러나 권력은 영원하지 않는 법. 후일에 어사대부 공손홍에 의해 대역무도의 죄명으로 몰린 곽해의 가족은 사형에 처해졌다.

사마천의 부친 사마담이 당시 태사령으로 무제를 호종하여 그 가족이 무릉으로 이주한 이유는 명확하지 않다. 건원(建元)과 원광(元光) 연간에 당시의 혜택을 받는 조건으로 자원하여 이주를 한 것인지, 아니면 원삭 2년에 제정된 규정에 따라 이주를 해야 했던 것인지 명확한 기록이 없는 까닭이다. 『박물지(博物志)』에서는 사마담 일가가 무릉의 현무리(顯武里)로 이주하였다고 하였다. 이곳에서 사마천이 자연스레 알게 되는 사건들이 있다. 무릉을 수축하면서 천하에서 모은 거액의 재산을 소모한 것과, 정치적인 압박을 실행하는 제왕의 독재(獨裁)적인 수단에 대해서도 명백히 알게 된다. 또한 진정으로 복잡한 사회에 대해서도 접촉하는 계기가 되기도 했다.

● 2장

사람 가운데
용을 낳아 기르다

鍾毓人中龍

사마천의 청년 시기의
장도 및 벼슬에
나선 시기

큰 뜻을 품은 사마천은 20세까지 만권의 책을 읽었다. 또한 그 부
친인 사마담의 배려로 몇 년에 걸친 여행길에 올랐다. 이는 경력
의 대대적인 증가와 더해지는 직무에 앞서 점점 큰일을 감당할
역할, 즉 나중에 『사기』를 짓는 데 가장 필수적이면서도 가장 귀
중한 전기(前期)의 준비과정이 된다. 과연 출사한 사마천은 매사
에 송곳 끝이 튀어나오듯 뛰어난 면을 드러냈다. 한무제는 그가
이미 당시의 많은 "분별력과 식견이 빼어나고 문사가 넘치는" 저
명한 인물의 하나로 인식한 것이다. 무제는 하늘과 산천에 제사
를 지내는 봉선 때나 변방의 행차에나 늘 그를 따르게 했다. 이처
럼 늘 황제의 주변에 있다 보니 식견이 더욱 넓어졌다. 태사령직
을 맡게 되자 본업 외에도 동료인 호수(壺遂) 등과 역법을 수정하
여 유명한 태초력(太初曆)의 제정에도 가담하게 되었다. 사마천은
풍부한 학식과 강렬한 사명감으로 우뚝 일어서 거인의 기준에 닿
기까지 매진했다.

1. 20세 때의 장도(壯途)

역사를 편찬하기 위한 노력을 하는 상황에서도 사마담은 아들인 사마천의 장래만 생각했다. 장차 사관을 맡을 관직에 종사하게끔 배양하는 데 주의를 기울인 것이다. 매우 어렵고도 거창한 『사기』를 자신과 함께 완성하게 되기를 꿈꾸었다. 사마천이 10세 때 고문을 외고 나중에 또한 동중서와 공안국을 스승으로 모신 일은 좋은 예다. 집안에서는 사마담에게 배워 10년의 학습과 연마를 거쳐 학업과 학술 조예 방면에서 신속한 향상을 보게 된 것도 같은 맥락이다. 더불어 사마담은 사마천이 더 많은 감성적 지식을 얻기를 바랐다. 사회와 접촉하고 고대와 근대의 역사 고사 및 각종 사료를 얻게 배려했다. 또 사학가로서 안목을 넓히기 위하여 20세 때는 꼼꼼하고 빈틈없는 배려로 목적성을 띤 여행을 시켰다. 이 여행에서 사마천은 한 가지 중요한 사명을 가지게 되었다. 천하 각지의 도서를 모으는 것이 그것이다.

사마천의 사명은 크지 않을 수가 없었다. 진시황이 협서율(挾書律), 곧 장서(藏書)를 금하는 법령을 반포한 적이 있었기 때문이다. 법령에 의하면 박사관의 직책이 아니면서 천하에서 감히 『시』와 『서』, 그리고 백가의 책을 소장하고 있는 자는 전부 관부로 넘기게 했다. 책은 태워 없애게 하고, 드물게라도 『시』와 『서』에 대하여 말하는 자가 있으면 기시(棄市: 사형 후 시신을 전시함)하였다. 옛것을 가지고 지금을 비난하는 자는 멸족시켰으며,

없애지 않아도 되는 것은 의약과 복서(卜筮: 점치는 일)에 대한 몇 종의 책에 한한다고 규정하였다. 천하의 도서는 진나라의 분서를 겪은 후 영영 사라지게 된 것이 매우 많았다. 진나라의 협서율은 한고조 때까지도 계속 행해지다가, 혜제(惠帝) 4년(B.C. 191)에 이르러서야 비로소 폐지되었다. 문제(文帝)는 천하의 도서를 모아들였으며 한무제 때도 여전히 이를 행하였다. 이런 여건 아래지만 사마천으로서는 이미 사서를 짓는다는 사명이 있었으니 천하의 도서를 모은다는 직무가 막중할 수밖에 없었다.

장도에 올랐을 때 사마천은 관부의 직무를 받들어 역(驛) 소유의 수레를 타고 출행했고 비용은 나라에서 부담했다. 시간도 상대적으로 넉넉한 데다 여정도 상대적으로 자유로웠다. 근대사람 왕국유(王國維)는 이를 '환학(宦學)' 여행이라 하였다. '환학'이라는 말은 『예기·곡례(曲禮)』에서 나온 말로 관리가 되는 것을 배우는 것과 육예(六藝)를 배우는 것을 가리킨다.

사마천의 말에 따르면 이 장도에 오른 여정은 남쪽으로 장강과 회수[江淮] 유역의 유람이다. 회계에 올라 우혈(禹穴: 우임금이 죽어서 묻혔다는 곳)을 찾고, 구의산(九疑山)을 엿보며 원수와 상수[沅湘]에 배도 띄운다. 북으로는 문수와 사수[汶泗]를 건너 제(齊)나라와 노(魯)나라의 도읍에서 학문에 대해 토론하고 공자의 유풍을 살핀다. 추현과 역산[鄒嶧]에서 향사(鄕射)의 대례에 참여하고 파현(鄱縣)과 설현(薛縣)을 유람한다. 다시 양(梁)나라와 초(楚)나라를 거쳐 경성인 장안으로 돌아오는 일정이다. 왕국유는 사마천의 여정을 다음과 같이 정리한 적이 있다.

  - 장사(長沙)로 가서 굴원(屈原)이 스스로 빠져죽은 곳을 봄(「屈
    原賈生列傳」)
  - 원수와 상수에 배를 띄움(「太史公自序」)
  - 구의산을 엿봄
  - 남으로 여산(廬山)에 올라 우임금이 틔운 아홉 강을 보고 마
    침내 회계(會稽)의 대황(大湟)에 이름(「河渠書」)
  - 회계에 올라 우혈을 찾음(「태사공자서」)
  - 고소(姑蘇)에 올라 오호(五湖)를 바라봄(「하거서」)
  - 초나라로 가서 춘신군의 옛 성과 궁실을 봄(「春申君列傳」)
  - 회음으로 감(「淮陰侯列傳」)
  - 회수와 사수, 제(濟)수와 탑(漯)수를 감(「하거서」)
  - 북으로 문수와 사수를 건너 제나라와 노나라의 도읍에서
    학업을 강학하고 공자가 남긴 기풍을 살펴보고 추현과 역
    산에서 향사례(鄕射禮: 옛날 활을 쏘고 술을 마시는 예법)를 봄(「태사
    공자서」)
  - 노나라로 가서 중니의 묘당(廟堂)과 거복(車服), 예기(禮器)를
    보고 제생(諸生)이 때맞춰 그 가문의 예를 익히는 것을 봄(「맹
    상군열전」)
  - 풍(豊)과 패(沛)로 감(「樊酈滕灌列傳」)
  - 양나라와 초나라를 거쳐 돌아옴(「태사공자서」)

-대량(大梁)의 유지를 감(「魏世家」 및 「信陵君列傳」)

사마천은 원수와 상수 사이에 배를 띄우고 장사에서 굴원이 스스로 빠져죽은 곳을 보고 홀로 굴원을 추모했다. 동정하고 우러르는 마음을 갖게 되었고 나중에 지은 「굴원가생열전」을 서술하면서 감정이 충만하여졌다.

"굴평은 왕이 듣는 것이 총명하지 못하고 참소하고 아첨하는 자들이 밝음을 가리며, 바르지 못한 자들은 공정함을 해치고 반듯하고 바른 사람이 용납되지 않는 것을 통한하고 근심스레 깊이 생각하여 「이소」를 지었다"[1], "이 뜻을 미루어보건대 해와 달과 함께 그 빛을 다툰다 할 수 있을 것이다."[2]

이로 인하여 또한 굴원을 조문하는 가의(賈誼)를 언급하였는데 비슷한 사물을 나란히 비교하면서 감격했다. 눈물을 흘리며 다른 시대의 인물의 합전(合傳: 전기를 합침)과 유전(類傳: 유사한 인물의 전기)을 창조하였다. 구의에서 그는 장로들이 순임금의 공덕을 칭송하는 것을 들었다. 전설에 의하면, 순임금은 남쪽을 순행하다가 창오(蒼梧)의 들판에서 죽었다. 구의에 장사지냈는데 이곳이 곧 영릉(英陵)이다. 남으로 여산에 올라 우임금이 구강(九江)을 소통시킨 것을 보았다. 거기서 세 번이나 집 문을 지나면서도 들어가지 않은 정신에 깊이 감동되어 그 치수의 공적을 충심으로 찬양하였다. 회계(지금의 절강성 소흥 동남쪽)에도 이르렀는데 전하는 바에 의하면 우임금이 강남에서 제후를 모아[會] 공을 따지고

[計] 죽어 이곳에 장사지냈다고 했다. 이곳을 회계(會稽)로 명명한 이유다. 회계(會稽)는 곧 회계(會計)로 제후들을 불러 모아 그 공로를 일일이 따진다는 뜻이다. 이어서 고소(姑蘇: 지금의 江蘇省 蘇州)로 들어가 오호(五湖)를 바라보고 춘신군의 옛 성을 살펴보고 궁실이 번성하였음을 알게 되었다.

북으로 회음(淮陰: 지금의 江蘇省 淮陰市 동남쪽)에 올라갔다. 이곳은 한초(漢初) 3걸(傑)의 하나인 한신의 고향이면서 그가 제후에 봉해진 곳이다.

"내가 회음에 갔을 때 회음 사람들이 내게 말해주기를 '한신은 비록 평민이었을 때라도 그 뜻은 뭇사람들과 달랐다'고 하였다. 그 어미가 죽었을 때 가난하여 장례도 치르지 못하였지만 높고 넓은 땅을 찾아서 그 곁에 만 호를 둘 수 있게 하였다. 내가 그 어미의 묘를 보니 실로 그러하였다."**3**

사마천이 회음을 돌아보고 한 말이다. 이에「회음후열전」에서 한신을 특별히 생동감 있게 묘사하였다. 다시 북으로 가서 회수와 사수, 제수와 탑(漯)수에 이르렀다. 이곳의 회수와 사수 어귀는 또한 대서특필할 만하다.

한경제 3년(B.C. 154) 오초(吳楚) 7국이 반기를 들었다. 경제는 곧 태위(太尉) 주아부(周亞夫)와 대장군 두영(竇嬰)에게 명하여 군사를 거느리고 가서 치게 하였다. 주아부는 회수와 사수의 어귀를 끊고 오나라의 군량을 운반하는 통로를 막음과 동시에 격파하여 평정하였다.

대우릉(大禹陵)의 대우상. 절강성 소흥시의 회계산에 있다.

다시 북으로 올라가 문수와 사수를 건너 제나라와 노나라의 도읍에서 학업을 토론하였다. 노나라의 도성 곡부(曲阜: 지금의 山東省 曲阜)에서 공자의 무덤을 본 내용도 있다. "사람들이 전하기로 노나라 사람들은 대대로 해마다 공자의 무덤에 제사를 지낸다. 여러 유생(儒生)들 또한 늘 이곳에 와서 술을 마시고 활을 쏘는 예의를 배운다. 공묘에는 공자의 의관과 금(琴), 수레와 서책을 보관하고 있었다"는 내용이다. 사마천은 친히 공묘의 수레와 의복이며 예기(禮器), 여러 유생들이 그 집안에서 예의를 익히는 것을 목격했다. 그 후 공자를 우러르는 마음을 품어 그곳을 떠나고 싶어 하지 않았다. 공자를 십분 숭배하여 "높은 산 우러르고, 큰 길 가며(高山仰止, 景行行止)" 공자에 대해 "지극히 성스러운(至聖)" 사람이라고 생각하였다. 마침내 『사기』에서 공자를 열전에 넣지 않고 세가에 편입시켰다. 또한 보고 듣고 느낀 점을 가지고 오로지 공자 제자의 전기인 「중니제자열전」을 지어주었다. 그가 제나라의 도성으로 간 것도 공자의 유풍을 보기 위함이었다.

그는 또한 추(鄒: 지금의 山東省 鄒縣)나라 땅도 들렀다. 추나라는 맹가(孟軻)의 고향이다. 공자 학설을 전승한 사람이라 맹가를 「열전」에 넣었다.

"내가 『맹자』를 읽다가 양혜왕이 '어떻게 해야 내 나라를 이롭게 하겠는가?'라 물은 부분에 이르러 책을 내려놓고 탄식을 하지 않은 적이 없었다."[4]

맹가의 뜻을 읽고 마침내 「맹자순경열전(孟子·荀卿列傳)」을 지은 이유다.

이곳의 역산(嶧山)을 유람한 사마천은 이곳에서 술을 마시고 활을 쏘는 예절을 배웠다. 이 여정이 순탄치만은 않아서 사마천은 파(鄱)와 설(薛), 팽성(彭城)에서 곤경을 당한 적이 있다. 설(薛: 지금의 山東省 滕縣 동남쪽)은 전국시대 맹상군 전문(田文)의 봉읍이었다. 사마천은 이곳의 민풍을 고찰하고 보고 들은 것을 가지고 나중에 감명을 받은 것을 「맹상군열전」에서 이렇게 풀어놓았다.

"내 일찍이 설현에 들른 적이 있다. 그 마을에는 거의가 흉포하고 사나운 자제들로 추나라 노나라와는 달랐다. 그 까닭을 물었더니 사람들이 말하였다. '맹상군이 천하의 임협(용맹하고 호방하며 의협심이 있는 사람)들을 불러서 오게 했는데, 간사한 사람들이 설현에 들어온 것이 6만여 가구나 되었습니다.' 세상에서 전하기를 맹상군이 객을 좋아하여 정말 기뻐한다 하더니 명성이 헛된 것이 아니다."[5]

팽성(彭城: 지금의 江蘇省 徐州)은 진나라와 초나라, 초나라와 한나라 전쟁의 요지이다. 항우는 진나라를 멸하고 동쪽으로 돌아와 스스로 서초패왕(西楚霸王)으로 등극했다. 9군(郡)을 다스리고 팽성에 도읍을 두었다. 그러므로 진나라와 초나라, 초나라와 한나라가 쟁패할 무렵의 수많은 사료(史料)에서 언급하고 있는 중요 인물과 중요한 사건은 모두 이곳에서 수집하여야 한다.

부근의 풍패(豊沛)는 한고조 유방의 고향이다. 진나라와 초나라, 초나라와 한나라가 패권을 다툴 무렵의 무대다. 한초의 수많은 유명한 인물도 모두 이곳 사람이다. 사마천은 이곳에서 많은 자료를 수집하였다. 많은 인물을 직접 방문하기도 하였는데, 나중에 『사기』에 써넣은 중요 인물은 다음과 같다.

패풍(沛豊)의 유방은 정장(亭長)에서 떨쳐 일어났는데 애주가에 호색한으로 한나라의 건립자이다. 패현의 소하(蕭何)는 고조 때 재상[相國]까지 올랐으며 패현의 공조연(功曹掾)을 지냈다. 패현의 조참(曹參)은 한나라의 재상까지 올랐으며 진나라 때 패현의 옥리였다. 강후(絳侯) 주발(周勃)은 패현 사람으로 잠박(蠶箔)을 짜서 생계를 유지하였다. 또한 늘 상을 당한 사람의 집에서 퉁소를 불면서 만가를 연주해주기도 하였다. 장안후(長安侯) 노관(盧綰)은 유방과는 동향 사람으로 대대로 교유를 맺었고 또한 같은 날 태어났다. 패(沛) 사람 번쾌는 무양후(舞陽侯)에 봉하여졌으며 젊었을 때 개 잡는 일을 생업으로 삼은 적이 있다. 패 사람 하후영(夏侯嬰)은 여양후(汝陽侯)에 봉하여졌다. 팽성의 전투에서 유방이 대패하여 수레를 타고 도망을 칠 때 유방에게 죽임을 당할 뻔하였다. 유방은 형세가 위급해지자 수차례나 아들 유영(劉盈: 나중의 惠帝)과 노원공주(魯元公主)를 수레 밖으로 밀쳐버리고 홀로 도망을 쳤다. 그때마다 하후영이 부축하여 수레 위로 밀어 올렸다. 이에 노한 유방이 도중에 일어나 하후영을 죽이고자 한 것이 10여 차례나 되었다.

이로써 사마천이 쓴 『사기』는 실제로 답사를 통하여 고찰을 했음을 알 수 있다. 이러한 경험들이 그가 역사를 편술하는 데 있어 풍부한 소재를 누적시켰음도 짐작이 충분하다.

나중에 그는 「번역등관열전(樊酈滕灌列傳)」의 논찬(論贊)에서 말하였다.

"내가 풍패에 가서 그곳의 늙은이들에게 묻고 들었다. 그 다음 옛 소하와 조참, 번쾌, 등공의 집, 그리고 평소의 생활을 살폈더니 들은 것이 기이하였다. 바야흐로 그들이 칼을 휘둘러 개를 잡고 비단을 팔 때는 어찌 스스로 천리마의 꼬리에 붙어 한나라의 조정에 이름을 드리우고 덕이 자손들에게까지 미칠 줄 알았겠는가? 나는 번타광(樊他廣: 번쾌의 후손)과 친하였는데 고조의 공신들이 흥하였을 때는 이 정도였다고 말해주었다."[6]

사마천은 풍패에서 양나라와 초나라에까지 이르렀다. 여기서 그는 자연스레 한무제 원광 3년(B.C. 132)에 양나라와 초나라가 큰 홍수를 입은 일을 알게 되었다. 황하가 복양(濮陽)의 호자(瓠子)에서 터져 거야(巨野: 지금의 山東省 巨野縣)로 흘러들어 회수와 사수가 서로 통하게 된 것이다. 이때 황하의 터진 어귀를 막지 못한 까닭인데 이 사실은 나중에 「하거서」에 고스란히 기록하였다.

다음은 서쪽으로 향하여 대량(大梁)의 옛터(지금의 南開封)에 이르렀다. 사마천은 그가 방문하였던 사실을 『사기』에 명백하게 써 넣었다. 「위세가(魏世家)」의 찬(贊)에서는 이렇게 말하였다.

"내가 일찍이 옛 대량성을 찾았다. 그곳 사람들이 말하기를 '진(秦)나라 군사가 대량을 공격할 때 강물을 끌어들여서 대량성을 수몰시키는 작전을 펼쳤다. 석 달이 지나자 성이 물에 잠겼고 위나라 왕이 항복함으로써 위나라는 망하였다' 하였다. 평론가들이 이를 두고 말하기를 '위나라가 신릉군을 등용하지 않은 까닭에 나라가 쇠약해졌고 멸망하기에 이르렀다' 하였으나 나는 그렇게 생각지 않는다. 당시에는 하늘의 뜻이 진나라로 하여금 천하를 평정하도록 되어 있었다. 아직 그 과업이 완수되지 않았는데 위나라가 비록 아형(阿衡) 같은 현신의 보좌를 받았다고 한들 무슨 소용이 있었겠는가?"[7]

「위공자열전」의 찬에서도 말하였다.

"내가 대량의 옛 터를 지나면서 이른바 이문을 찾아서 물었다. 이문은 성의 동쪽 문이다. 천하의 여러 공자들 가운데 선비를 좋아한 자가 있었지만 신릉군은 특별했다. 바위굴에 숨은 자를 맞이하며 아랫사람과 사귀기를 부끄러워하지 않았으니 이유가 있는 것이다. 제후들 사이에 명성이 으뜸인 것이 빈말이 아니다. 고조는 지날 때마다 백성들로 하여금 제사를 받들어 끊이지 않게 하였다."[8]

사마천의 장도는 여러 해나 걸렸다. 유람한 땅이 매우 넓고 만나본 사람도 매우 많았다. 깊게 살피고 탐문한 일도 매우 많았다. 명산과 대천은 그만큼 사마천의 안목을 넓혀주었다. 조사하고 연구하여 풍부한 사료를 수집하여 누적시키기에도 좋은 기회였다. 백성들과의 접촉이 흉금을 크게 넓혀주기도 했다. 만권의 책을 읽은 후에, 만 리의 여정을 행했으니 이는 매우 귀중한 성과였다. 나중에 그가 '육경의 이전(六經異傳)'과 '백가의 잡어(百家雜語)'

를 정제(整齊)하는 작업에 힘을 보태는 계기가 되었다. 우뚝하고 웅대하고 힘찬 문풍을 형성하고 그가 빚어낸 역사 인물의 살아 있는 듯한 형상을 형성하는 데도 어마어마하게 작용했다. 그의 문장 구사는 탁 트이고 호탕하다. 기이한 기운도 있는데 이는 장도와 불가분의 관계가 있다. 조사 연구를 중시하는 정신 또한 그가 사서를 지어 성공하게 된 주요 요소이다.

명청 연간의 고염무(顧炎武)는 『일지록 · 사기통감병사조(日知錄 · 史記通鑑兵事條)』에서 지적하였다.

"진나라와 한나라 땅의 군사가 드나든 길과 곡절의 변화는 태사공만이 손바닥 보듯 훤하였다. 산천과 군국을 밝히기가 쉽지 않았으므로 동이니 서니, 남이니 북이니 하였으나 한 마디로 형세가 환하였다. …… 대체로 옛 사서 가운데 군사적인 지형의 상세함은 이보다 나은 것이 없다. 태사공의 흉중에는 실로 온 천하의 대세(大勢)가 있었다. 이는 후대의 서생이 거의 미칠 수 있는 것이 아니다."

사마천 또한 이 장도에서 "천하의 잃어버린 구문(舊聞)을 망라"하였을 뿐만 아니라 광대한 사회적 지식을 얻었다고 했다. 정통적인 관념과는 차이가 있고 모순이 큰 탁월한 역사 지식을 형성한 것이다.

장도에 소요된 시간은 물론 우리가 정확하게 단정을 지을 수는 없지만 동한의 사학가인 위굉(衛宏)의 견해를 참고할 만하다.

"사마담은 대대로 태사가 되었다. 아들인 사마천이 13세 때

역거(驛車)를 타고 천하를 다니면서 옛 제후의 역사[史記]를 구하
게 하였다."

여기 적힌 '13세'는 '23세'가 되어야 한다. 사마천이 여행을 떠
났다가 돌아온 해를 가리킨다. 사마천은 「자서」에서 "20세에는
남쪽을 유람하였다"고 분명히 밝혔다. 그 많은 곳을 유람하려면
대략 2~3년이라는 시간이 소요되었을 것이기 때문이다.

2. 낭중으로 벼슬에 나서다

20세 때 시작한 장도를 끝내고 몇 년 뒤 사마천은 낭중직으로 벼
슬길에 나선다. 왕국유는 사마천이 낭중으로 출사한 명확한 연대
는 결코 고찰할 수 없다고 하였다. 그의 고증에 의하면 그 시간은
원수 2년(B.C. 121)에서 원정 원년(B.C. 116)까지일 것으로 보인다.
그의 나이 25세부터 30세 사이다. 이 또한 사마천이 「보임안서」
에서 "저는 선친의 공로에 힘입어 경사에서 태사령이라는 관직
을 맡은 지 20년이 넘었습니다"라고 자술한 데서 입증할 수 있다.

조금 앞선 시기인 원삭 5년(B.C. 124) 여름 6월에 무제는 명령
을 내렸다.

"대체로 듣자하니 예(禮)로 백성을 이끌고 음악으로 교화한다
고 하였다. 지금 예가 허물어지고 음악이 붕괴되어 짐은 매우 근
심스럽다. 그러므로 천하의 방정하고 학식이 많은 선비를 모두
맞아들여 다 조정에 등용하였다. 예관으로 하여금 학문을 권장

하게 하는 것은 강의로 학식을 넓히고 예를 일으켜 천하의 급선무로 삼고자 해서이다. 태상도 논의하여 박사에게 제자를 주어 향리의 교화를 높여 현명한 인재를 널리 배양하라."[9]

이에 승상 공손홍은 박사관(博士官)에 제자원(弟子員)을 설치했다. 박사는 유가 경전으로 생도들을 가르칠 것을 청하였다. 『한서 · 유림전』의 기록에 의하면 공손홍은 박사관에 제자 50명을 두었다. 태상관(太常官) 공장(孔臧)은 만 18세 이상의 외모가 단정한 자를 선택하여 박사의 제자에 보하였다.

"매해 고과를 매겼다. 1예(藝) 이상에 능통하면 문학장고(文學掌故)의 결원을 보하였다. 고제(高第)는 낭중이 될 수 있었고 태상(太常)이 명부를 작성하여 올렸다. 수재로 남다른 재주가 있으면 바로 이름이 알려졌다."

공손홍의 주청은 무제의 윤허를 받아 "이 이래로 공경대부의 사리(士吏) 가운데 문질(文質)이 빈빈한 문학지사가 많아졌다"고 기록되었다.

사마천은 10세에 고문을 줄줄 외웠다. 이후 10여 년간 학문은 일취월장하여 발군의 재주를 가졌다. 동중서와 공안국을 스승으로 삼은 덕분에 문학의 기초가 더욱 빼어나고 두터워져 박사의 제자원이 되기에 모자람이 없었다. 그럼에도 그가 낭중으로 출사한 원인을 지금으로써는 살피기조차 어렵게 되었다. 당시에 통행하던 방법에 따르면 낭관은 주로 연봉 2천 석의 고관과 부유한 집의 자제들로 충원하였다. 한나라 왕조 때 낭관의 직무는 "문호를 지키는 것을 관장하고 나아가 거기(車騎)의 행차에 충원하였다", 곧 황제가 궁중에 있을 때는 궁문에서 갈래창인 극(戟)을 든 무장 시위(侍衛)가 되었고, 황제가 출행할 때는 거가(車駕)의 시종(侍從)이 되었다. 낭관에는 의랑(議郎)과 중랑(中郎), 시랑(侍郎), 낭중(郎中)의 네 등급이 있다. 의랑과 중랑은 연봉 6백 석에 버금갔으며 시랑은 연봉 4백 석에 버금갔다. 낭중이 가장 낮아 연봉 3백 석이었다. 낭관은 정해진 인원이 없었으며 많은 경우에는 천 명 이상을 둘 수도 있었다. 이런데도 사마천이 어떻게 해서 낭중이 되었는지에 대해서는 알 수가 없다. 그저 부친인 사마담이 비록 연봉 6백 석에 불과했지만 태사령으로 늘 무제의 곁에 있어서 파격적으로 등용되었다고 짐작할 만하다. 혹은 사마천이 제자원에서 우수한 성적을 거두어 자연스레 낭중이 되었을 수도 있다. 그도 아니라면 사마천이 이때 이미 무리 가운데 발군의 실력을 보여 무제의 신임을 얻었기 때문일 수도 있다.

사마천은 낭중이 된 후로 무제를 모셨다. 무제가 곳곳을 유람하며 교사(郊祀: 종묘가 아닌 야외에서 올리는 제사)를 올릴 때면 그는 자연스레 그 자리에 끼었다. 그러나 뜻밖에도 무제는 즉위 초기에 귀신을 공경하는 제사를 많이 올렸다. 사마천이 낭중이 되기 몇 년 전에 무제는 수차례나 옹(雍) 땅으로 가서 오제(五帝)에게 올리는 사전(祀典)을 거행하였다. 그 후로는 늘 3년에 한 번씩 교사(郊祀)를 거행하였다. 그 가운데 처음으로 제사를 지낸 후의 10년을 제외하면 그는 내정을 다스리고 흉노에 대한 공격과 방어에

사마천이 사사한 유학의 대사(大師) 동중서(좌)와 공안국(우)

바빠 지방의 시찰을 떠나지 못하였으며 이후에는 종종 교사를 지냈다. 이를테면 원수 원년(B.C. 122) 겨울 10월에 무제는 옹 땅으로 가서 오치(五時)에서 제사를 지냈다. 흰 기린이 잡히자 상서로운 조짐으로 생각하여 「백린지가(白麟之歌)」를 짓고 아울러 연호를 원수(元狩)로 바꾸었다. 원정 4년(B.C. 113) 겨울 10월에도 무제는 옹 땅으로 가서 오치에서 제사를 지냈다. 이에 '지금 상제(上帝)는 나로 말미암아 친히 교제에 임하였지만 토지신에게 제사를 지내지 않았으니 예제(禮制)가 완비되지 않았다'는 의견이 오가기도 했다. 결국 관부(官府)의 주관자와 태사공 사마담, 예관(禮官) 동중서 등이 의논 끝에 못 가운데에 있는 원구(圜丘: 못 가운데 외형이 둥글고 높은 작은 언덕만한 단 5개를 세웠다)에 후토사(后土祠)를 세우기로 했다. 이에 무제는 마침내 동쪽으로 가서 하양(夏陽)을 거쳐 분양(汾陽)으로 행차하였다. 이때부터 천자가 비로소 군국을 순시하였다.

　하동(河東) 태수는 천자의 어가가 왕림할 것이라고는 생각도 못한 터였다. 미처 이 성대한 행렬을 접대할 준비를 제대로 하지 못하고 물자의 공급도 따라주지 못하자 두려워하여 자살하였다. 무제는 분양의 명승지에 이르러 사마담 등이 논의한 결과대로 행했다. 후토사를 세우고 상제(上帝)의 예로 멀리서 바라보며 제사를 올리고 절하였다. 예를 마치고 무제는 마침내 형양(滎陽: 지금의 河南省 滎澤縣 서남쪽)까지 이르렀다가 돌아오면서 낙양을 지날 때 하명하였다.

"기주(冀州)의 땅에 제사를 지내고 하락(河洛)을 바라보았으며 예주(豫州)를 순시하고 주나라 왕실을 살펴보았도다. ……"

무제의 이 제사와 순유에는 사마담과 사마천 부자가 모두 수행하였다. 이 해에 무제는 비로소 군현을 순시하고 점점 태산 일대에 가까이 하기 시작하였다.

원정 5년(B.C. 112) 겨울 음력 10월, 무제는 옹 땅에서 오치에 제사를 지낸 후 또 서행하여 농판(隴坂)을 건넜다. 농서군(隴西郡: 치소는 지금의 甘肅省 洮縣 동남쪽) 태수의 자살은 사마천이 몸소 목격한 고관의 자살 사건이었다. 그 후에도 무제를 따라 공동산(崆峒山: 지금의 감숙성 平涼縣 서쪽에 있다)에 올랐고 서쪽의 조력하(祖歷河)에까지 다다랐다. 그런 다음에 북쪽으로 소관(蕭關: 지금의 寧夏省 固原縣 동남쪽에 있다)을 나섰는데 수만 명의 기병을 따르게 하였다. 수행병인 셈이다. 그들을 거느리고 신진중(新秦中: 지금의 內蒙古 河套 일대)에서 사냥을 하고 변방의 부대를 검열한 후에 돌아왔다. 신진중의 어떤 곳에서는 사방 천리 내에 강정(崗亭)에 초소가 없어 이에 북지(北地) 태수 이하의 관리를 죽이기도 했다. 이어서 무제는 감천궁(甘泉宮: 지금의 陝西省 淳化縣 서북쪽 甘泉山에 있다)에 이르러 태일(泰一)의 사단(祠壇)을 세우고 태사령 사마담과 예관 관서(寬舒) 등에게 사(祠)의 규모와 형태 및 제사의 예제(禮制)를 논의하여 정하게 하였다.

앞서 서술한 무제의 교사와 군현의 순시에 사마담은 모두 참여하였고, 사마천도 대부분 참여하였다. 이는 그들이 사서를 저술하는 데 매우 직접적인 영향을 끼쳤음에 틀림없다.

3. 사명을 띠고 서정(西征)하다

낭중의 직책이 낮고 신분이 미천하였지만 송곳 끝이 주머니를 삐져나오듯 빛을 발하는 사마천의 재주는 조금도 가려지지 않았다. 그의 빼어난 문재(文才)는 단번에 한무제의 주목을 받게 되었다. 원정(元鼎) 6년(B.C. 111) 신선에 대하여 함부로 말하던 방사(方士) 공손경(公孫卿)이 이미 낭관(郎官)이 되어 하남(河南)에서 신선을 살피다가 구지(緱氏)의 성 위에서 신선의 흔적을 보았노라고 말하였다. 봄이 되자 무제 또한 친히 그곳으로 가서 신선술을 추구해 보고자 하여 하동(河東) 좌읍현(左邑縣)의 동향(桐鄉)에 이르렀다. 여기서 남월(南越)이 정권을 할거하여 격파되었다는 말을 듣고 크게 기뻐하였다. 그 현의 이름을 문희현(聞喜縣: 지금의 山西省 聞喜縣)으로 고쳤을 정도였다. 급현(汲縣)의 신중향(新中鄉)에 이르러서는 이미 남월의 승상 여가(呂嘉)를 생포했다는 것을 알게 되었다. 이에 그 현의 이름도 획가현(獲嘉縣: 지금의 河南省 新鄉縣 서남쪽)으로 고쳤다. 치의후(馳義侯) 유(遺)가 이끄는 파촉(巴蜀)의 군사가 미처 번우(番禺)에 도달하지 못하였는데도 남월이 이미 기타 네 갈래의 대군에게 평정되자 무제는 크게 기뻐했다. 즉시 서남이(西南夷)를 정벌하도록 명했는데, 서남이는 곧 지금의 사천성 서남쪽 및 운남·귀주성 일대이다. 마침내 서남이를 평정 후 안

정시키고 그곳에 건위(犍爲)와 무도(武都), 장가(牂柯), 월휴(越巂),
익주(益州), 침리(沈犁), 문산(汶山) 등 7개 군을 설치하였다. 무제의
순유를 수행하였지만 사마천은 벌써 명인(名人)의 반열에 들었
다. 이미 동중서, 사마상여(司馬相如) 등과 나란히 논해진 것이다.
한무제는 이들에 대하여 평가하기를 "논변의 재주가 크게 통달
하였고 문사가 넘친다"(『漢書·東方朔傳』)고 하였다. 당시 밖으로
는 호월(胡越)과 일이 있었고, 안으로는 각종 제도를 제정하느라
이런 사람들은 국외로 사명을 받들어 나가는 일이 많았다. 사마
천이 이때 무제를 수행하여 사명을 받들어 서정한 것은 곧 사마
천 개인적인 요소와 무제가 그를 신임한 결과였다.

　이미 무제의 사자(使者)가 된 사마천의 사명은 무엇이었을
까? 「태사공자서」에 의하면 "사명을 받들어 서쪽으로 파(巴)와
촉(蜀) 이남을 정벌하고 남으로는 공(邛)과 작(笮), 곤명(昆明)을 공
략하였다"고 하였다. 또 이 사행의 목적은 무제의 서남이를 '정
벌하고(征)' '공략(略)하는' 명령을 전달하는 것이었다. 사마천은
조정의 사자로 감군(監軍)과 수군정략(隨軍征略)으로 가면서 군을
설치하는 글을 책으로 내기에 이르렀다.

　한무제의 서남이 경영은 일찍이 많은 어려움을 겪은 바가 있
다. 원삭 3년 한나라는 서남이와의 교통을 트고 있었다. 하지만
어사대부 공손홍이 반대를 하면서 시끄러워졌다. 그 일은 국력을
소모하게 하고 쓸모없는 땅을 경영하는 것이라는 생각이 팽배하
게 된 것이다. 서남이의 여러 임금들 가운데 일부는 안으로 복속

하는 것을 반대하기도 하였다. 왕의 호칭을 일컫는 지위를 나누어 갖는 데 미련이 남아 종종 반기들 드는가 하면 때로는 복속하기도 하였다. 게다가 서남이로 통하는 도로는 험난하여 개통을 할 때 현지 백성의 부담을 가중시켰다. 이런 이유들이 적지 않은 소동을 야기하는 구실이 되었다. 무제의 서남이 경영은 끊어졌다 이어졌다 할 수밖에 없었다. 이런 현상은 건원 6년 무렵부터 원정 6년까지 전후로 25년간에 걸쳐 지속되었다.(B.C. 135~B.C. 111)

건원 6년 사마천은 겨우 11세였다. 이때 한나라는 '밖으로 호월(胡越)의 일'을 경영하는 중이었다. 번양령(番陽令) 당몽(唐蒙)은 무제에게 건의하는 글을 올렸다. 남월(南越: 지금의 兩廣 일대)을 점령하여 정권을 할거하고자 하는 데 따른 것이다.

"지금 장사(長沙)와 예장(豫章: 지금의 江西省 南昌)에서 나아가야 하며, 수로(水路)는 끊어진 곳이 많아 앞으로 나아가기가 어렵습니다. 서남이의 야랑(夜郞)에는 10만은 됨직한 정병이 있습니다. 저의 사견으로는 장가강(牂柯江: 지금의 盤江)에 배를 띄워 불의에 기습을 하는 것이 남월을 제압할 수 있는 가장 뛰어난 계책이라 여겨집니다. 한조의 강대함과 파촉의 부요함에 힘입어 야랑으로 가는 길을 연다면 그곳에 관리를 두기가 매우 용이할 것입니다."[10]

무제는 이 건의를 받아들였다. 마침내 당몽을 낭중장(郎中將)에 임명했다. 파촉의 이졸(吏卒) 천 명 및 양식과 치중을 휴대한 1만여 명도 징발했다. 야랑 및 그 서남쪽의 북중(僰中)을 대략 개통하게도 했다. 당몽은 전쟁을 하면서 법규로 대수(大帥)를 죽였다.

서안 남성의 담장 아래에 있는 하마릉로(下馬陵路)와 동중서의 무덤

이에 파촉의 백성들은 매우 놀라고 두려워하였다.

무제는 이 소식을 듣고 말썽이라도 날까 걱정했다.

"짐이 유독 이 사람과 한 시대에 살 수 없단 말인가!"[11]

무제가 생각해낸 사람은 평소 매우 칭찬해마지않던 사마상여였다. 사마상여는 낭중의 벼슬에 있으면서 당지의 지형에 매우 익숙한 촉땅 사람이었다. 이에 그를 파견하여 당몽을 책망하고 파촉의 백성들에게 알리게 했다.

군사를 내고 법을 일으켜 자제들을 놀라게 하고 두렵게 하였다 들었다. 장로들을 근심케 하고 군에서는 또한 멋대로 군량을 (징수하여) 운반하였다 하니 모두 폐하의 뜻이 아니다. 차출되어 간 자들이 도망치기도 하고 스스로 목숨을 끊기도 한다니 또한 신하의 절개가 아니다.[12]

당몽은 당시 이미 야랑과 대략 통하게 하였다. 부대를 이끌고 파촉의 작관(笮關)으로 야랑에 진입하여 야랑후(侯) 다동(多同)을 만나 위엄과 덕으로 타일렀다. 이에 야랑은 주위의 소읍들과 함께 안으로 한나라에 복속되기를 원하였다. 당몽이 돌아와 보고하자 무제는 그곳에 건위군(犍爲郡)을 설치하였다. 파촉의 군졸 수만 명을 보내어 도로도 정비하였는데 북(僰)에서 곧장 장가강까지 닦아 나갔다. 그러나 길을 닦기 시작한 지 2년이 되도록 길은 개통되지 못하였다. 인력과 재력의 손실만 매우 컸다. 촉(蜀)

의 백성 및 한나라의 당권자들은 이 방법을 좋지 않게 생각하였다. 바로 이때 공(邛)과 작(筰)의 군장들이 남이와 한조가 내왕하고 있으며 많은 상을 받았고 거의 모두 귀순할 생각이라는 말을 들었다. 따라서 그들에게도 관리를 설치해주고 남이와 같이 해줄 것을 청하였다.

"공과 작, 염, 방은 촉군과 가깝고 길도 쉽게 통하여 진나라 때 일찍이 통하여 군현으로 삼았었는데 한나라가 일어서서 없어졌습니다. 지금 실로 다시 통하여 군현을 설치한다면 남이보다 나을 것입니다."[13]

무제의 고민에 사마상여가 대답했다.

무제는 이를 매우 옳게 여겼다. 사마상여를 곧장 중랑장에 임명하고 그에게 부절을 들고 출사하게 하였다. 또한 부사(副使) 왕연우(王然于)와 호충국(壺充國), 여월인(呂越人)을 보내어 속히 그곳으로 가서 위엄과 덕, 이익을 함께 행하였다. 이를 본 그곳의 군장들은 모두 한나라에 귀부하기를 원하였다. 사마상여는 서이를 평정한 것이다. 공(邛)과 작(筰), 염(冄), 방(駹), 사유(斯楡)의 군장들은 모두 한조(漢朝)에 신하로 복종하기를 원하였다. 사마상여가 돌아와서 무제에게 보고하자 무제는 크게 기뻐하면서 서남이에 도위(都尉) 하나를 두고 10여 개의 현을 촉군에 예속시켰다.

원삭 3년(B.C. 126) 공손홍이 어사대부가 되었다. 서남이로 통하는 도로가 매우 험난하며 그곳에서 수차례나 반란을 일으킨 것을 살피고자 했다. 사마상여도 이전에 직접 가서 살펴보아 알았는데, 조정에서는 삭방성을 수축하여 흉노에 맞서 격퇴할 인원을 조직하고 있었다. 이에 여러 차례나 서남이의 해로운 곳을 개통시켜야 한다고 말하였다. 흉노에 맞설 힘을 집중시키는 것이 유리할 것이라 생각한 것이다. 무제는 서남이로 통하는 길을 개통하려던 일을 잠시 멈추었다. 다만 남이의 야랑에 2개의 현과 도위 하나를 설치하여 건위군으로 하여금 스스로 보전하고 아울러 조금씩 그 군현체제를 완비해 나가도록 하였다.

원정 6년에 치의후(馳義侯) 유(遺)가 서남이를 평정하였다. 한조는 이곳에 7개 군을 설치하였다. 사마천은 이때 35세라는 한창의 나이였다. 그는 조정 사자의 자격으로 서남이로 갔다. 사마천은 감군의 신분으로 사신직을 수행하게 되었다. 직무는 서남이를 정벌하여 평정하고 군을 설치한 뒤 관리를 두는 사명을 완수하는 것이었다. 『한서』의 저자 반고(班固)는 이에 대해 매우 높이 평가하였다.

무제가 이미 영재와 준걸들을 불러 그 재능을 파악하여 쓰기를 미치지 못할 듯이 하였다. 당시는 바야흐로 밖으로는 호월의 일이 있었고 안으로는 제도를 일으키는 등 나라에 일이 많았다. 위로는 공손홍으로부터 아래로 사마천에 이르기까지 모두 국외로 사명을 받들어 나갔다.[14]

사마천은 사명을 받들고 서정(西征)하면서 새로운 군을 개척하는 일을 수행하였다. 뿐만 아니라 민정과 민속을 깊이 이해하고 대량의 정보자료까지 파악하였다. 이 모든 실천과 연구검토는 사마천에게 민족일통사상을 형성시키고 견실한 생활기초를 다져주었다. 그는 민족의 역사 전기를 창시하고 민족의 일통을 칭송하였다. 이런 것들은 사마천의 진보적인 민족통일 사상을 구성하였다. 이번의 사명을 띤 서정은 나중에 쓰인 「화식열전」에 그 풍부한 체험이 보인다. 「서남이열전」은 더욱 믿음직하고 좋은 증명이 된다. 거시적으로 보면 직접 답사를 하고 붓으로 쓰는 것은 매우 중요하다. 피상적인 것만 알고 할 수 있는 일이 아니기 때문이다. 첫 번째 사명을 받든 서정에서 사마천은 사명을 욕되이 하지 않았다. 그는 「태사공자서」에서 "사명을 받들어 서쪽으로 파와 촉 이남을 정벌하고 남으로는 공과 작, 곤명을 공략하고 돌아와 복명하였다"라 하였다. 여기서 '돌아와 복명하였다'는 것은 곧 공을 세우고 조정으로 돌아와 종합적으로 보고하였다는 뜻이다.

4. 봉선을 호종하다

사마천은 매우 만족스러웠다. 서남에서 돌아와 사명을 완수한 일을 조정에 보고한 것은 이듬해 봄이었다.

이 해에 한나라 왕조에서는 성세를 널리 알리는 중대한 행사인 봉선이 있었다. 봉(封)이라는 것은 태산의 산정에 단을 쌓고 하늘에 제사를 올리는 것이다. 선(禪)이라는 것은 태산 아래에 있는 양보산(梁父山)과 소연산(蕭然山)에서 땅을 닦고 땅에 제사를 올리는 것이다. 즉 하늘과 땅에 제사를 올리는 행사인 것이다. 이 전례를 거행하고 난 다음에 한무제는 스스로 명실상부하게 하늘의 명을 받았다. 하늘의 유일한 대표자임을 느낀 것도 이때다. 이런 논리로 한무제는 인간에 대한 통치를 실행한 것이다.

봉선의 일은 큰 공로를 좋아하는 자가 중시하는 행사다. 전국시대의 제례(祭禮)에서 기원하며 나중에 진시황이 실제로 실행하였다. 한무제 당시에 이르러서도 마찬가지였다. 봉선의 의식을 거행한 해는 한나라가 건국된 지 이미 백년이 지난 때였다. 무제가 통치한 지도 또한 어언 30년에 달한 시점이다. 실로 무제의 전성기로 남월이 정권을 할거하여 귀부하기도 했다. 서남이외 민월도 내적으로 귀부하였다. 무제의 업적은 이뿐만이 아니다. 흉노의 한나라에 대한 위협이 기본적으로 해제된 것이다. 진나라 말기와 한나라 초기 이래로 변경은 늘 불안했다. 노략질을 일삼는 북방의 강적 흉노가 문제였다. 무제는 세 차례의 중대한 전투를 거쳐 마침내 흉노를 몰아낸다. 흉노는 몽골고원의 대사막 남쪽 [漠南]으로 축출되어 조금씩 서북쪽으로 옮겨가게 되었다.

흉노를 물리친 세 차례의 큰 전투는 다음과 같다. 원삭 2년(B.C. 127)에 벌어진 첫 전투는 장군 위청(衛靑)과 이식(李息)이 맡았다. 장군 위청은 안문(雁門)을 나서고 장군 이식은 대(代) 땅을 나서 적의 머리를 베고 포로로 잡은 것이 수천 명이다. 하남의 땅을 수복하고 삭방(朔方)과 오원군(五原郡)도 설치하였다. 원수 2년(B.C. 121)에는 장군 곽거병(霍去病)이 나섰다. 곽거병은 농서를 나서 고란(皐蘭)에 이르러 적의 머리 8천여 급(級)을 베었다. 내친 김에 장군 곽거병과 공손오(公孫敖)는 북쪽 땅을 나서 거연(居延)을 지나 적의 머리 3만여 급을 더 베었다. 원수 4년(B.C. 119)에 치른 세 번째 전투에서는 대장군이 된 위청과 곽거병이 함께 공적을 세웠다. 위청은 정양(定襄: 朔州의 지명)을 나서 적의 머리 1만 9천 급을 베었고, 장군 곽거병은 대(代) 땅을 나서 적의 머리 7만여 급을 베었다. 그런 다음 낭거서산(狼居胥山)에서 하늘에 제사를 올리고 돌아왔다. 이 일련의 큰 전투에서 승리함으로써 변경의 근심은 사라졌다. 왕업도 번성하였으며 한나라는 전성시기에 접어들었다.

한무제에게는 봉선을 거행하고자 하는 욕망이 일찍감치 있어 왔다. 특히 원정 원년(B.C. 116) 분수(汾水) 가에서 보정(寶鼎)을 얻은 후에는 더욱 간절해졌다. 이를 상서로운 조짐으로 여겼던 까닭이다. 그는 유생들에게 봉선의 의례를 제정해 낼 것을 희망했다. 일단의 신하들의 부추김 또한 무제가 봉선을 서두르게 한 원인의 하나였다. 특히 사마상여는 잇달아 「자허부」와 「유렵부」를 지어 무제의 사랑을 많이 받았다. 「대인부」를 짓자 "천자는 크게 기뻐하여 표표히 구름에 오르는 기운이 있었는데 천지 사이에서 놀고 있는 듯한 기분이 들었다."[15] 사마상여는 병이 들어서도 암암리에 봉선에 관한 문장을 지어 집에 숨겨놓았다. 그 또한 성대한 전례[大典], 곧 봉선의 의식을 도우려는 재주를 계획하고 있었던 것인데 안타깝게도 모두가 알게될 무렵에 사마상여는 이미 세상을 뜬 뒤였다. 이후 8년 만에 한무제는 봉선에 대한 활동을 실시하였다.

원봉(元封) 원년(B.C. 110) 10월에 무제는 운양(雲陽)에서 행차하여 북으로 상군(上郡)과 서하(西河), 오원(五原)을 거쳐 장성을 나서 삭방에 이르러 북하에 임하여 18만 기를 훈련시켰다. 이때 늘어선 깃발이 천여 리에 이를 정도였고 이 위세로 흉노를 짓눌렀다. 돌아오던 도중에는 교산(橋山: 지금의 陝西省 黃陵縣 城郊)에서 황제(黃帝)의 제사를 지냈다. 정월에는 구지(緱氏)로 행차하여 숭산(嵩山)에 예배를 올렸다. 그런 다음에 해상(海上)을 향하여 동쪽을 시찰하였고, 4월에 해상에서 돌아와 태산에서 봉선을 올렸다.

사마천의 부친 사마담은 태사령으로 무제의 봉선의식의 전례를 매우 중시하였다. 무제를 호위하며 따르는 대열에 들게 된 것은 자연스러운 일이었다. 그런데 예기치 못한 일이 일어났다. 장안에서 동으로 가던 중에 낙양에 이르러 사마담이 병을 얻게 된 것이다. 병든 몸으로 무제를 수행할 수가 없어서 부득이 그곳에 머무르게 되었다. 봉선의식 전례에 참여할 수 없게 된 사마담의 가슴에는 울분과 번민이 가득 찼다. 그럴수록 병은 더욱 위중해져 목숨이 위태로운 지경에 이르렀다. 그야말로 아침에 저녁을 장담할 수 없었다. 이때 아들 사마천은 사명을 받들고 서남이에 갔다가 돌아와 조정에 업무를 보고해야 했는데 무제는 이미 태산으로 간 뒤였다. 사마천은 달리는 말에 채찍질을 하여 하락(河

황제릉(위)과 한무제가 교산(橋山)에서 황제에게 제사를 올리고 지은 한무선대(漢武仙臺)

洛) 사이에서 부친인 사마담을 뵈었다. 중병을 앓는 사마담은 아들 사마천의 손을 잡고 눈물을 흘리면서 말하였다.

우리 선조는 주나라 왕실의 태사였다. 상세로부터 일찍이 우하 때 공명을 드러냈으며 천문을 관장하는 일을 담당하였다. 후세에 중간에 쇠퇴하여 내게서 끊어지려는가? 네가 다시 태사가 된다면 우리 조상을 잇게 될 것이다. 지금 천자께서는 천세의 대통을 이어 태산에서 봉선을 거행하는데 나는 수행을 하지 못하게 되었으니 이는 운명이로다, 운명이로다! 내가 죽으면 너는 반드시 태사가 될 것이며, 태사가 되면 내가 하고 싶었던 논저를 잊지 말거라. 또한 대체로 효도는 어버이를 섬기는 데서 비롯되고 임금을 섬기는 것이 중간 단계이며 입신양명하는 것으로 마친다. 후세에 이름을 떨쳐 부모를 드러내는 것이야말로 효도 가운데서도 큰 것이다.

대체로 천하에서 주공을 칭송한 것은 문왕과 무왕의 덕을 칭송한 것이다. 문왕과 무왕은 주공과 소공의 풍교를 폈으며 태왕과 왕계의 사상에 통달하였다. 이에 공류까지 미쳐서 후직을 높일 수 있었음을 말하는 것이다. 유왕과 여왕 이후로 왕도는 이지러지고 예악이 쇠퇴해졌지 않느냐? 이에 공자가 옛 전적을 정리하고 폐하여졌던 것을 일으켜 세워 『시』와 『서』를 논하고 『춘추』를 지으니 학자들이 지금까지도 그것을 법도로 삼는다. 기린이 잡힌 이래 4백여 년이 되도록 제후들은 서로 겸병하기만 하여 역사가 단절되고 말았다. 이제 한나라가 흥하여 해내가 하나로 통일되었다. 명주와 현군, 충신과 의를 지켜 죽는 선비가 있었는데 내 태사가 되어 그것을 논하여 기록하지 못하는구나. 이에 천하의 역사기록이 황폐해져 내 이를 매우 두려워 하니 너는 명심할지어다!**16**

사마담이 임종을 앞두고 사마천에게 한 유언은 자신이 미처 마치지 못한 포부를 이루라는 것이었다. 사서의 수찬을 대신해 줄 것을 강조하였다. 아울러 사서를 수찬하는 세 가지 중요한 단서를 말하였다. 주공을 본받아 "문왕과 무왕의 덕을 논하여 노래하고" 공자를 모범으로 삼아 『춘추』를 이어 "옛것을 닦고 쓰러져 없어진 것을 일으키며", "한나라가 흥하여 해내가 하나로 통일되었으며", "명주와 현군, 충신과 의에 죽는 선비"를 찬송하게 하였다. 이 세 가지 중요한 단서에 의하면 부자지간에 사서를 편찬하고자 하는 윤곽은 이미 드러났다. 인물을 중심으로 하고 제왕과 장상(將相)이 주체가 되는 기전체(紀傳體)로 한조가 사해를 하나로 통일한 위엄과 덕을 칭송하는 것이었다. 진시황이 창건한 봉건중앙집권제는 한대, 특히 무제시기에 이르러 한걸음 더 나아가 이를 계승하여 발전이 이루어졌다. 이런 대일통사상은 중화민족의 다원적이면서도 일체가 되는 형국을 형성하였다. 뿐만 아니라 한 단계 더 나아가 앞길을 개척하였고 국가의 통일을 유지하고 지켜나가는 데 적극적인 작용을 했다. 사마담은 바로 이런 시대적 사상을 적시에 파악했다. 아들인 사마천에게 사서를 편찬하는 학술 방면에 그런 점을 반영할 것을 요구하였다.

부친의 가르침을 접한 사마천은 고개 숙여 눈물을 흘리며 말하였다.

"소자가 불민하오나 선인께서 편차(編次)한 옛 전적을 모두 논하여 감히 빠뜨리지 않겠습니다."[17]

이는 폐부 깊숙한 곳에서 나온 말이었다. 사서를 편찬하겠다는 결심이 이미 확고하게 수립된 말이기도 했다.

사마담은 결국 사마천에게 사서 편찬이라는 뒷일을 넘기고 세상을 떠났다. 이어서 사마천은 계속 동쪽으로 나아갔다. 이유는 두 가지다. 첫째는 무제에게 서정에 대한 복명을 하고자 함이었다. 둘째는 태사령 사마담이 갑자기 자리를 비웠기 때문이다. 당시 낭중이던 사마천이 무제를 모시게 된 것은 자연스런 일이었다.

무제가 동악인 태산에 올랐을 때는 태산의 초목에 잎이 아직 나지 않은 때였다. 이에 태산 정상에 비석을 세워 기념하게 하였다. 그런 다음 동쪽을 시찰하여 해상에 이르러 여덟 신(天主와 地主, 兵主, 陰主, 陽主, 月主, 日主, 四時主)을 제사지낸 뒤, 수천 명을 파견하여 봉래산의 선인(仙人)을 찾아오게 하였다. 4월에 무제는 태산에서 봉선을 올렸다. 풍우의 재난이 없어 명당(明堂)에 앉았으며 신하들은 번갈아 장수를 기원하였다. 여기서 무제는 방사(方士)의 호언장담에 혹하였다. 다시 동쪽 해상에 이르러 봉래선인을 만나게 되기를 희망한 것은 그 때문이다. 그런데 봉거도위(奉車都尉) 곽자후(霍子侯)가 갑자기 병들어 죽게 되었다. 때문에 무제의 신선을 찾고자 하는 흥취는 사라졌다. 이에 해안을 따라 북으로 가서 갈석(碣石: 지금의 河北省 昌黎縣 북쪽)에 이르렀다. 요서(遼西: 治所는 지금의 遼寧縣 서쪽에 있다)에서부터 순유하여 북부의 변경까지 두루 거쳤다. 구원현(九原縣: 지금의 內蒙古 包頭市 서쪽)을 들러 5월이 되어서야 비로소 감천궁으로 돌아왔다. 이 해를 원봉(元封) 원년(B.C. 110)으로 개원하였다. 당시 사마천의 나이는 36세였다.

5. 섶을 지고 황하를 막다

『사기』의 '팔서(八書)' 가운데 「하거서(河渠書)」는 비교적 특별하다. 이른바 하거서는 물의 이로움과 해로움에 대하여 기록한 것이다. 사마천은 나중에 왜 「하거서」를 지었는가를 이렇게 언급했다.

　"우임금이 하천을 치자 구주(九州)가 평안해졌다. 선방궁(宣防宮을 지을 즈음)에 미쳐서는 하천을 틔우고 내를 뚫었다."[18]

　「봉선서」의 기록에 의하면, 원봉 원년(B.C. 110) 태산에 봉선을 올리기 이전은 바로 무제가 해상을 시찰하면서 팔신(八神)에게 제사를 지낼 때였다. 공손경(公孫卿)은 종종 부절을 지니고 명산에서 신선에게 공손히 문후(問候: 웃어른의 안부를 물음)하는 일을 선행하였다. 동래(東萊)에 이르자 그는 밤에 키가 몇 길은 됨직한 사람을 만났다. 가까이 다가서면 오히려 보이지 않을 정도였다. 발자국이 얼마나 큰지 마치 날짐승이나 길짐승의 발자국 같았다고 하였다. 이듬해 2월에는 동래산에서 신선을 보았다. 공손경은 그 신선이 '천자를 보고 싶다'고 말했다는 것이다. 천자 유철(劉徹)은 이에 구지산으로 행차하고 공손경을 중대부로 임명하였다. 그리고는 동래산에 이르러 여러 날을 머물렀다. 거인의 발자국을 보려 함이었다. 그런데 그럴 수가 없게 되자 마음이 달갑지 않았다. 유철은 거듭 방사를 파견하였다. 신비하고 괴이한 것을 찾게 하고 영지 따위의 약물(藥物)을 채취하는 사람들도 백방으로 수소문하게 했다. 이 해에는 큰 가뭄이 들었다. 천자는 이미 다른 곳으로 떠나기는 하였지만 정당한 명분이 없어서 만리사(萬里沙: 지금의 山東省 掖縣 북쪽)의 신묘(神廟)에 이르러 기우제를 지냈다. 지나는 길에 태산에 제사를 지내고, 돌아오는 길에 호자구(瓠子口: 옛터가 지금의 河南省 濮陽 동남쪽)에 이르렀다. 거기서 친히 부서(部署)에 다다라 황하의 터진 곳을 막고 이틀간 머무르며 백마와 옥벽 등의 제물을 황하에 던져 넣고 떠났다. 황하의 터진 곳을 막는 일에는 급인(汲仁)과 곽창(郭昌) 등에게 사졸들을 거느리고 참여하게 하였다.

원래 한무제 원광 3년(B.C. 132) 황하는 호자에서 터져 동남쪽으로 거야(巨野)의 못으로 흘러들어갔다. 당시 거야가 잠기고 회수와 사수[淮泗]까지 침범하니 회사가 범람했다. 수재를 당한 양(梁)과 초(楚)의 16주(州)의 백성들은 처절한 피해를 입었다. 당시 조정에서는 10만 명을 동원하여 황하가 터진 것을 구제하게 하였었지만 성공하지 못하였다. 사람들에게 막게 하였지만 곧 다시 무너진 것이다. 그 당시의 승상은 무안후(武安侯) 전분(田蚡)이었다. 전분은 무제의 외숙이다. 식읍은 유(鄃: 지금의 山東省 平原縣 서쪽)였는데 유는 황하의 북쪽에 있었다. 둑이 터진 곳은 황하의 남쪽이어서 유는 수해를 입지 않았고, 봉읍의 수확물은 많았다. 전분은 호자를 막은 후에 황하가 다시 이곳의 북쪽에서 터진다면 유가 재해를 입어 자기에게 불리할 것이라 두려워하여 무제에게 말하였다.

"양자강과 황하가 터지는 것은 모두 하늘의 일이니 사람의 힘으로 가벼이 억지로 막아서는 안 됩니다. 막으면 하늘이 응답을 하지 않을 것입니다."[19]

구름 점을 치는 사람들 또한 그렇게 생각하였다. 무제는 전분의 말을 믿고 호자에서 황하를 막는 공사를 중지시켰다.

그 후 20여 년 가까이나 황하의 물이 범람하여 재난이 되어 종종 수확이 좋지 않았는데 이는 양과 초의 지역에서 더욱 심하였다. 무제의 귀에도 이 사실이 보고되었지만 신경을 쓰지 않았다. 원봉 2년(B.C. 109)에 이르러서야 그는 다시 급인과 곽창 등을 보내어 수만 명을 동원하여 호자의 터진 곳을 막게 했다. 4월에 무제는 황하의 치수를 하는 곳에 이르렀다. 당시 그를 수행하던 신하들과 장군(將軍) 이하 모두에게 섶을 지고 황하의 터진 곳을 막도록 명하였다. 이때 동군(東郡)의 사람들은 풀을 태웠다. 이 때문에 섶이 모자랐다. 기원(淇園)의 대나무를 베어 터진 곳을 막는 방죽으로 삼았을 정도였다. 그런 다음 섶과 풀, 토석(土石) 등으로 채웠다. 그런 가운데 무제는 당시 황하를 막는 일이 23년 전과 마찬가지로 성공할 수 없을까 두려워하여 이에 「호자가(瓠子歌)」를 지었다.

瓠子決兮將柰何　호자에서 황하 터짐이여 어이할꼬?

皓皓旴旴兮閭殫爲河　호호탕탕 물바다 됨이여

모두 하수로 변했도다!

殫爲河兮地不得寧　모두 하수로 변했음이여

이 지방 편안치 못하게 되었다네.

功無已時兮吾山平　공사 끝날 때 없음이여

어산(吾山: 魚山) 평평해졌도다.

吾山平兮鉅野溢　어산 평평해짐이여 거야택(鉅野澤)

범람하는도다.

魚拂鬱兮柏冬日　물고기 불안해함이여 겨울 닥치는도다.

延道弛兮離常流　길 무너짐이여

옛 흐름에서 이탈하였다네.

蛟龍騁兮方遠遊　교룡 내달림이여 멀리 달아났도다.

歸舊川兮神哉沛　옛 내 되돌림이여 수신은 힘을 내소서!

不封禪兮安知外　봉선 행하지 않았더라면

바깥의 일 어찌 알았으리오.

爲我謂河伯兮何不仁　내 대신 하백에게 일러줌이여

어찌 어질지 않느냐고.

泛濫不止兮愁吾人　범람하여 그치지 않음이여

우리 사람 시름스럽게 하네.

齧桑浮兮淮泗滿　설상정 물에 뜸이여

회수와 사수 넘치는구나.

久不反兮水維緩   오래도록 돌아오지 못함이여

　　　　　　　　　물은 느리게 흐르네.

河湯湯兮激潺湲   황하 넘실넘실 급하게 흐르네.

北渡迂兮浚流難   북으로 건너는 길 멀어짐이여

　　　　　　　　　준설하여 흐르게 함 어렵도다.

搴長茭兮沈美玉   긴 대밧줄 취하여 흙과 돌 나름이여

　　　　　　　　　아름다운 옥 가라앉혔다네.

河伯許兮薪不屬   하백 허락함이여

　　　　　　　　　나무 이어지지 않는구나.

薪不屬兮衛人罪   나무 이어지지 않음이여

　　　　　　　　　위인들의 죄로다.

燒蕭條兮噫乎何以禦水   태워 쓸쓸해짐이여

　　　　　　　　　아! 무엇으로 물 막을꼬?

頹林竹兮楗石菑   대나무 숲에서 쓰러뜨림이여

　　　　　　　　　방죽 세우고 돌 채우는도다.

宣房塞兮萬福來   선방 막힘이여 만복 찾아오리라.

"옛 내 되돌림이여 수신은 힘을 내소서! 봉선 행하지 않았더라면 바깥의 일 어찌 알았으리오(歸舊川兮神哉沛, 不封禪兮安知外)."

　이 부분은 무제의 자백이기도 하고 변명이기도 하다. 이렇게 해서 호자의 터진 곳은 마침내 막혔다. 흐뭇해진 무제는 그곳에

행궁(行宮)을 하나 세우고 이를 선방궁(宣房宮)이라 하였다. 황하의 북쪽 물줄기를 이끌어낸 데다 두 갈래 큰 시내를 내어 대우(大禹)가 치수했던 원래의 물길을 회복했기 때문이다. 양·초 지방은 이에 다시 평안해져서 물난리가 없게 되었다.

20세 무렵에 장도에 오르면서 사마천은 양·초 지방에 들러 그곳에서 당시에 재난을 당한 상황을 몸소 목격한 적이 있다. 무제를 호종(扈從: 수행)하던 사마천 또한 직접 섶을 지고 황하를 막는 노역에 참가하였다. 사마천은 나중에 "나는 섶을 지고 선방(宣房)을 막으면서 「호자」의 시를 슬퍼하여 「하거서」를 지었다"[20]면서 「하거서」를 짓게 된 연유를 밝혔다. 호자를 막던 당시 사마천의 나이는 37세였다.

6. 태사령에 임명되다

원봉 3년(B.C. 108)은 사마담이 세상을 뜬 지 3년째 되던 해이다. 이런 일은 미처 생각지도 못한 채 38세의 사마천은 부친의 관직을 이어 태사령이 되었다.

"임금께서 다행히 저의 선친의 연고로 인하여 미약한 능력이나마 바칠 수 있는 기회를 주시어 궁중을 드나들 수 있게 되었습니다."[21]

사마천은 이를 겸허히 받아들였다. 사실상 사마천은 이미 직무에 임할 수 있는 조건을 갖추고 있었다. 무제 또한 당시의 유명한 학자 가운데 사마천을 점지하겠다고 말해왔던 터였다.

다만 태사령은 낭중과는 달랐다. 낭중의 일반적인 직무는 "문호를 지키는 것을 관장하고 나아가 거기(車騎)의 행차에 충원하는 것"이었지만 태사령은 "문학과 역사, 천문과 역법"에 익숙하여 황제의 자문 역할을 갖추어야 한다. 중대한 제도의 개혁이나 의전(儀典)과 의례의 절차를 제정하고 실시하는 일에도 태사령은 모두 참가하여야 한다. 낭중은 직급은 낮지만 내정에서 시종하는 일을 맡았다. 태사령은 비록 품급이 한 등급 높기는 하지만 업무가 고급스러울 수는 없었다. 오히려 외정(外廷)으로 가서 하대부의 반열에 몸을 두고 "외정 말석(末席)에서 논의에 참여"해야 했다. 그럼에도 사마천은 자신에게 주어진 직무를 매우 아꼈다. 그 일을 위하여 더 이상 빈객 및 친구들과 내왕도 하지 않았다. 집안 일조차 잊고 살얼음을 밟듯 전전긍긍 몸과 마음을 다하여 몰입하여 본직에서 두각을 나타내려고 하였다. 태사령의 임무 가운데 그의 주요 작업은 "역사 기록과 석실 및 금궤의 책을 모아서 엮는 것", 곧 사서 및 국가의 장서를 모아서 이를 엮어내는 것이었다.

삼대(三代)에서 진(秦)나라까지의 사적(史籍) 및 기타 서적은 진나라의 분서(焚書)에 의해 거의 훼손되었다. 그나마 다행인 것은 진나라의 분서를 겪은 후 다시 전하여지게 되었다는 것이었다. 한혜제 때는 책의 소지를 금하는 협서율이 없어지고, 무제 때가 되자 국가의 장서는 꽤 풍부해졌다. 사마천의 면전에 모두 펼쳐져 이른바 "천하의 유문과 고사가 태사공에게 다 모이지 않음이 없었다"[22]고 한 말이 당시의 상황을 잘 설명해준다. 사마천은 이런 유문과 고사들을 열독하고 정리하고자 했다. 얽히고설킨 실타래 같은 자료(어떤 것은 여전히 파본이었다)까지도 일일이 분석을 해야 했다. 그런 일은 높은 안목이 있어야 했고 출중한 능력이 있어야 가능한 일이었다. 빼어난 분부도 있어야 했는데, 이런 것이 아니면 소임을 다하기가 어려웠다.

사마천이 소임을 다한 것은 모든 조건이 충족된 덕분이다. 태사령의 직무 또한 그가 이미 시작한 『사기』의 준비 작업을 완성시키는 데 크게 작용을 하였다. 그러나 그는 전적으로 저술에만 매달릴 수는 없었다. 무제가 봉선을 올리고 천지산천에 제사를 올리는 전례를 그가 준비를 해야 했기 때문이다. 나중에 그는 「봉선서」에서 "나는 천자를 따라 순행하며 천지의 여러 신과 명산대천에 제사를 지내고 봉선을 거행하였다"[23]고 하였다. 이를테면 그가 태사령에 임명된 지 2년째 되던 해인 원봉 4년(B.C. 107)에 무제는 옹(雍) 땅으로 행차하여 교제(郊祭: 교외에서 지내는 제사)를 지낸 일, 회중(回中: 남쪽의 汧水 河谷에서 시작하여 북쪽의 蕭關으로 나간다)의 길을 통해 북으로 소관으로 나가서 독록산(獨鹿山)과 명택(鳴澤: 둘 다 지금의 河北省 涿縣에 있음)을 지난 일, 대(代: 지금의 河北省 蔚縣 서남쪽)에서 돌아와 하동군으로 행차하였으며 후토사(后土祠)에 제사지낸 일 등이 그런 업무의 일환이었다. 원봉 5년(B.C. 106)에는 남쪽을 두루 돌며 성당(盛唐: 廬江에 있음)에 이르러 구의산에서 우순(虞舜)의 망사(望祀)를 지냈다. 천주산(天柱山: 지금의 安徽省 潛山

縣 서북쪽)에도 올랐으며, 심양(尋陽: 지금의 湖北省 黃梅縣 서남쪽)에서 강에 배를 띄워 북으로 향했다. 낭야(琅邪: 지금의 山東省 諸城縣)에 이르러 바다와 나란히 하였는데, 지나는 곳에서는 그 명산과 대천에 예를 갖추어 제사를 지냈다. 3월에는 태산에 이르러 제단을 높이 쌓았다. 4월에는 감천궁(甘泉宮)으로 돌아와 태치(泰畤)에서 교제를 지냈다. 원봉 6년(B.C. 105)에는 회중(回中)으로 행차하였으며, 하동으로 행차하여 후토사(后土祠)에 제사를 지냈다.

이런 모든 일은 사마천의 시야를 넓혀주었다. 성세 때의 천자의 기세도 알게 해주었고 식견을 늘리는 동시에 또한 무제가 미신에 혹하면서도 깨닫지 못함을 깊이 살피게 되었다. 그러므로 나중에 지은 「봉선서」는 대체로 이런 이유로 지은 것이다. 이는 「봉선서」의 찬에서 "나는 천자를 따라 순행하며 천지의 여러 신과 명산대천에 제사를 지내고 봉선을 거행하였다…, 이에 물러나 예로부터 귀신에게 제사지낸 사실을 순서대로 논술하여 그 표리(表裏)를 갖추어 보인다"[24]고 하여 분명히 밝혔다. 무제에 대한 춘추필법(春秋筆法)을 『사기』에 반영하여 써넣은 것도 자연스러운 일이다.

태초 원년(B.C. 104) 한무제는 봉선을 이은 후 또 하나의 중대한 조치를 취하였다. 사마천 등에 의하여 완성된 새로운 역법의 반포였다. 한나라는 건국 1백 년이 되었을 즈음, 무제에 이르러 최전성기에 달하였다. 각종 제도는 크게 구비되었으나 여전히 진나라의 역법(曆法)을 그대로 사용하여 10월을 한 해의 첫 달로 삼았다. 전국시대 추연(鄒衍)이 제기한 '오덕시종설(五德始終說)'에 따른 것이다. 오행의 목(木)·화(火)·금(金)·토(土)·수(水)라는 오덕 중의 하나를 얻는 사람이 천자가 되어 한 조대의 통치자가 되는데 그 명을 받은 증거가 바로 길상의 조짐인 '부서(符瑞)'이다. 진나라는 오행 가운데 수덕(水德)을 얻었다. 한고조 때는 한나라가 수덕일 것이라 생각하여 여전히 수덕의 색인 흑색(黑色)을 숭상하였다. 문제 때에 이르러 어떤 이가 한나라는 오행 가운데 토덕(土德)일 것이라고 제기하였다. 그러나 수덕이라는 설을 견지한 승상 장창(張蒼)의 거부로 무시되었다.

이후 황룡(黃龍)이 성기(成紀: 지금의 甘肅省 秦安縣 북쪽)에서 나타났다는 설에 의하여 문제는 마침내 한나라가 토덕임을 수용했다. 토덕의 색인 황색(黃色)을 숭상하였지만 역법 개혁은 시행되지 못했다. 그러던 것이 무제 원봉 원년(B.C. 110) 봉선을 올린 후에야 실행되었다. 역법을 개혁하는 일을 적극적으로 추진하고 참여한 사람 가운데 사마천이 있었다. 한나라가 사용한 것은 여전히 진나라의 「전욱력(顓頊曆)」이었다. 전욱력은 4분력(分曆)으로 한 해를 365와 4분의 1로 나누었으며, 윤달 및 매 달의 크기는 76년을 하나의 주기로 하였다. 이 역년의 연대는 오래되어 계산한 일월의 오차가 점점 쌓여 이미 교정할 방법이 없게 되었다. 심지어 "초하루와 그믐이 같은 달에 보이고 상현(上弦)과 보름의 차고 이지러짐이 거의 옳지 않게 된" 현상이 출현하기에 이르렀다.

사마천은 태사령이 된 후 원봉 7년(B.C. 105) 태중대부 공손경,

호수 등에게 의견을 제시했다.

"역법의 벼리가 허물어졌으니 정삭을 고쳐야 합니다."[25]

사마천의 의견을 수용한 사람은 무제였다. 경술(經術)에 밝은 어사대부 예관(兒寬)에게 조직을 내려 사마천과 함께 율력을 정하게 하였다. 이에 공손경과 호수, 사마천과 시랑(侍郎) 존(尊), 대전성(大典星) 사성(射姓) 등이 무제의 명을 받아 공동으로 한력(漢曆)을 제정하였다. 천문에 환한 방사 당도(唐都)와 파군(巴郡)의 천문에 밝은 낙하굉(洛下閎)이 산법을 계산하고 전력(轉曆)을 추산하였다. 또한 역법을 연구한 등평(鄧平) 및 장악(長樂) 사마(司馬) 가(可), 주천(酒泉) 후(侯) 의군(宜君), 시랑 존(尊) 및 백성 가운데 역법을 연구한 자 등 모두 20여 명을 선발하여 참여하게 하였다.

새로운 역법의 이름은 「태초력(太初曆)」이었다. 이에 원봉 7년을 태초(太初) 원년(B.C. 104)으로 개원하였다. 이 역법은 실측과 장기적인 천문기록에 의하여 만들어진 것이다. 그 법은 하루를 81분으로 나누었기 때문에 '팔십일분력(八十一分曆)'이라고도 불렀다. 「태초력」은 정월을 한 해의 첫 달로 규정하였고, 24절기를 역법에 넣었다. 이에 이 해 5월에 역법을 바로잡고 정월을 한 해의 첫 달로 정하였다. 토덕의 계통에 의하여 개혁한 부분은 색은 황색을 높이고, 수는 5를 쓰며, 관명을 정하고 음률을 조화롭게 하는 것이었다. 「태초력」은 중국 역법사상 한 차례의 큰 개혁이었다. 역사상 첫 번째의 비교적 완정한 계통의 역법인 것이다. 「태초력」은 농사에 대한 지도(指導), 사회생활의 영향에 대해서 모두 도드라졌다. 더욱이 정월을 새해의 첫 달로 하는 것은 10월을 첫 달로 하여 조성되기 쉬웠던 혼란을 극복하였다. 뿐만 아니라 나중의 율력에도 영향을 끼쳤다. 이때부터 시작된「태초력」이 2천여 년이 지난 현재까지 줄곧 사용되고 있다.

봉선과 역법의 개혁은 서로간의 시차가 겨우 6년이다. 즉, 무제가 집권하고부터 30년 뒤의 두 큰 성전(盛典)이었다. 봉선은 신왕조가 천지로부터 명을 받았음을 상징하는 것으로 명실상부하게 신왕조의 강대함을 증명하고 있다. "성세를 맞이할 때면 봉선으로 보답한다."[26] 역법의 개혁은 사명(史命)의 완성을 상징한다. 이는 봉건제도에서 최전성기인 무제조이니 한 시대를 구분 짓는 크나큰 쾌거이다. 이처럼 사마천의 적극적인 조직과 참여는 사회의 진보와 발전에 적극적인 추진 작용을 일으켰다. 또한 나중의 『사기』에도 새로운 자료를 제공하였다.

3장

재능을 안고 형벌을 받음을 불쌍히 여기다

憐才膺斧鉞

사마천이 '이릉의 화'를 당하게 된 전말

대일통의 강산에는 자못 원대한 책략을 가진 웅주(雄主)와 강성한 국력, 수많은 충신과 의사(義士)가 있었다. 이것이야말로 사마천의 부친인 사마담이 『사기』를 짓게 되는 동력이자 『사기』의 골간을 이루는 내용이었다. 사마천은 고개를 숙이고 사마담이 끝내지 못한 사업을 이었으며, 의연히 역사의 수찬이라는 중임을 맡았다. 태사령으로 있으면서 그는 가슴 벅차게 대일통 사상을 노래하고 칭송하는 『사기』를 쓰기 시작하였다. 그러나 뜻밖에도 계획이 크게 어긋나는 사건이 일어난다. 그 사건으로 사마천은 말로 인한 화를 입어 잔혹하고도 치욕적인 부형(腐刑: 곧 宮刑)을 당하게 되었다. 『사기』는 초고만 구상하고 완성하지 못한 상태여서 하마터면 중도에서 이어지지 못하고 요절당할 처지에 놓이고 만 것이다. 사마천이 욕을 참아낸 것은 『사기』 때문이다. '『사기』 완성'이라는 중책을 지고 하늘이 놀라고 귀신이 흐느낄 만한 인격적 역량을 표현해낸 것이다.

1. 저술을 시작하다

태사령에 임명되었을 때 사마천은 역사를 써내려갈 조건을 갖추고 있었다. 한혜제 후로부터 문사경적의 서책이 모두 나와 조참(曹參)이 갑공(蓋公)을 천거하여 황룡을 말했다. 가의(賈誼)와 조조(晁錯)는 한비(韓非)를 밝혔다. 공손홍도 유자 출신으로 세상에 나아가 이름을 드날린 이래 백년에 걸친 천하의 유문과 고사(古事)가 태사공에게 모이지 않은 것이 없었다. 원봉 연간에 봉선을 거행하고 태초 연간에 역법을 개혁한 것은 서한의 번성이 극에 달하는 계기가 되었다. 이는 사마천이 성세를 몸소 만났다는 것을 상징한다. 무엇보다도 직접 태초의 역법 개혁에 참여한 것은 그 의미가 크다. 게다가 태사령에 임명된 지 5년째 되던 해, 곧 태초 원년(B.C. 104)에 그 부친의 뜻을 계승하여 이미 써내려가던 『사기』를 계속 이어가게 되었다. 이 해가 42세로 사마천의 나이 한창 때였다.

사마천이 사서를 집필한 데는 부친인 사마담의 영향이 컸다. 역사 집필에 대한 사마담의 의지를 익히 알고 있던 터였다.

"이제 한나라가 흥하여 해내가 하나로 통일되고 명주와 현군, 충신과 의를 지켜 죽는 선비가 있었다. 내 태사가 되어 그것을 논하여 기록하지 못하여 천하의 역사기록이 황폐해졌다. 내 이를 매우 두려워하니 너는 명심할지어다!"[1]

사마담이 사마천에게 이른 말이다. 뿐만 아니라 사마담은 보

『사기』 영인본(世界書局)

다 직접적으로 모든 희망을 사마천에게 기탁하였다.

"주공이 죽고 난 뒤 5백 년 만에 공자가 있었다. 공자가 죽은 후 지금까지가 5백 년이니, 능히 밝은 세상을 이어 『역전』을 바르게 하고 『춘추』를 이으며 『시경』 및 『서경』, 『의례』, 『악경』에 근거하여야 할 때가 아니겠느냐?"[2]

"아버지의 뜻이 여기에 있으니 소자가 어찌 감히 그것을 사양하겠습니까?"[3]

사마천은 부친의 명을 받들어 확고부동하게 표명하였다.

사마천이 강렬한 사명을 지고 부친이 창시한 『사기』의 작업을 계속한 것은 당연하다. 먼저 천하의 흩어진 옛 전적과 사실을 망라하여 왕의 자취가 흥성한 것에 대해 시작과 끝을 살폈다. 성쇠를 관찰하며 그 행한 일을 논하고 깊이 살피기도 하였다. 진·한은 삼대를 대략 추산해서 기록하였다. 위로는 헌원을 기록하고 아래로는 태초(太初)에까지 이르렀다.

사마천이 잡은 『사기』의 상한선은 당도(唐陶)에서 황제(黃帝)까지로 거슬러 올라가 잡았다. 하한선은 (흰 기린[白麟]이 잡힌) 원수(元狩) 원년(B.C. 122)에서 아래로 태초 연간까지다. 이 하한선은 한조의 20여 년 간 전성기 역사를 모두 편입하였다. 안으로는 토목공사를 일으키고 밖으로는 사방의 오랑캐를 친 무제는 큰 성공을 거두었다. 대규모로 흉노에게 반격을 가하는 전쟁도 연속으로 일으켰다. 장건(張騫)을 거듭 대원(大宛) 등지로 사행을 보냈으며, 남월에 할거하던 정권을 소멸시켰다. 더불어 서남이를 평정하는 등등 국력이 더할 수 없는 번성기를 맞도록 하였다.

『사기』를 집필하는 과정에서 함께 역법을 개혁한 상대부 호수(壺遂)와 역사를 작성하는 의리를 밝히는 사례에 대하여 토론할 때 사람을 깊이 성찰하게 하는 대화를 나눈 적이 있다.

"옛날에 공자는 무엇 때문에 『춘추』를 지었습니까?"**4**

"'주나라의 도가 쇠미하여 없어지고 공자가 노나라의 사구가 되자 제후들은 그를 꺼려하였고 대부들은 그와 담을 쌓았다. 공자는 말이 소용없고 도가 행하여지지 않을 것을 아셨다. 이에 242년간의 시비를 가려 천하의 의표로 삼으시고, 천자를 폄하하고 제후들을 물리치셨으며 대부들을 성토하여 왕도를 이루려하셨을 따름이다'고 하였습니다. 공자께서는 말씀하셨습니다. '내가 빈 말을 실으려하는 것보다는 이미 일어났던 일이 아주 절실하게 드러남을 보여줌만 못하였다.'"**5**

호수가 묻자 사마천은 스승인 동중서의 말을 인용하여 말하였다.

이어서 동중서 일파인 춘추가(春秋家)의 웅건하고 호방한 태도를 가지고 『춘추』를 찬양하였다.

대체로 『춘추』는, 위로는 삼왕(三王)의 도를 밝혔으며 아래로는 사람 사는 일의 기강을 변별하고 의심스러운 것을 구별하였으며, 옳고 그른 것을 밝히고 애매한 것을 확정하였습니다. 훌륭한 것을 아름답게 여기고 악한 것을 미워하였으며, 어진 이를 공경하고 못난이를 천하게 여겼습니다. 망한 나라를 보존하고 끊긴 세대를 이었으며 해진 것을 보충하고 폐한 것을 일으켰으니 왕도 가운데 큰 것입니다.[6]

그는 『춘추』와 『역(易)』, 『예(禮)』, 『서(書)』, 『시(詩)』, 『악(樂)』을 가지고 비교해가면서, 그런 경전들은 각기 장점을 가지고 있으니 변(變), 행(行), 정(政), 풍(風), 화(和) 등과 같은 것인데 다만 『춘추』는 더 뛰어나다고 하였다.

"『춘추』는 옳고 그름을 변별하였으므로 사람을 다스리는 데 뛰어납니다."[7]

"『춘추』를 가지고 의(義)를 말합니다. 난세를 다스려 정도로 돌아가게 하는 데는 『춘추』보다 가까운 것이 없습니다."[8]

"『춘추』는 글이 수만을 이루고 그 담긴 뜻은 수천이나 됩니다. 만물의 성패가 모두 『춘추』에 있습니다."[9]

사마천은 임금이 되든 신하가 되든, 아비가 되든 자식이 되든 간에 『춘추』의 뜻이 통하지 않는다면 반드시 화를 당할 것이라고 생각하였다.

"『춘추』는 예의의 큰 근본인 것이다."[10]

사마천은 이렇게 결론을 지었다. 즉, 『춘추』를 지극히 높은 최고의 지위까지 밀어 올려 그 중요성을 강조한 것이다. 사마천이 이렇게 『춘추』를 찬미한 목적은 자신이 『사기』를 쓰는 중대한 의의를 표명하는 데 있었다. 그가 공자를 이어 『사기』를 짓는 가장 중요한 뜻은 바로 여기에 있었다.

孔 子 行 教 像

공자상. 공자는『춘추』를 지었고 사마천은 공자를 이어『사기』를 지었다.

호수가 또 물었다.

"공자 때는 위로는 현명한 임금이 없었고 아래로는 임용될 수가 없어서 『춘추』를 지어 (당대에서는 적용할 수 없는) 빈 문장을 남겨 예의를 단정하고 (후세에서는 이를) 천자의 법도로 삼게 되었습니다. 이제 선생께서는 위로 현명한 천자를 만났고 아래로는 직책을 지킬 수 있어 만사가 이미 갖추어졌으니 모두들 각자 그 타당함을 펴고 있습니다. 선생께서 논하시려는 것은 무엇을 밝히려는 것입니까?"[11]

호수의 이 반문은 『춘추』에 대한 긍정이며 사마천에 대한 선의의 경고와 방심을 하지 말라는 의미였다. 경고는 사마천이 『춘추』를 이어 (역사를) 짓는 것은 지금 세상을 난세와 다름없이 보는 것으로 재화(災禍)를 초래할지도 모르니 조심하라는 것이다. 방심을 하지 말라는 것은 사마천의 『사기』에서 이미 이렇게 지었건 짓지 않았건 이미 그렇게 실시하고 있으니 하루아침에 관가에 알려지기라도 한다면 하옥되어 참상을 당하게 될지도 모른다는 것이다.

사마천은 친구의 말을 이해는 하면서도 동의를 할 수 없다고 느끼면서 겸허하게 말하였다.

"예예, 아니아니 그렇지 않습니다. 저는 선친께서 말씀하시는 것을 들었습니다. '복희씨는 지극히 순수하고 도타워 『주역』의 8괘를 지었으며, 요임금과 순임금의 성세는 『상서』에 기록되어 있으며 예악도 이때 지어졌다. 탕임금과 무왕의 융성한 때는 『시경』

의 저자들이 노래했다. 『춘추』는 선한 것은 채택하고 악한 것은 폄하하였으며 삼대의 덕을 미루어 주왕실을 기렸는데 이는 다만 풍자일 따름만은 아니었다.' 한나라가 흥한 이래 현명한 천자에 이르기까지 상서로운 것이 잡히고 봉선을 세웠습니다. 역법을 고치고 복색을 바꾸었으며 부드럽고 맑은데서 천명을 받았습니다.

임금의 은혜와 혜택은 끝이 없었습니다. 풍속이 다른 해외의 민족들도 말을 거듭 통역하고 관문을 두드려 와서 (공물을) 바치고 (임금을) 뵙기를 청하는 자들을 이루 다 말할 수가 없습니다. 신하와 백관이 있는 힘을 다하여 거룩한 덕을 칭송한다 해도 그 뜻을 다 펴낼 수는 없을 것입니다. 또한 선비로서 현명하고 능력이 있는데도 등용되지 않는 것은 나라를 통치하는 자의 수치입니다. 임금님께서 밝고 거룩하신데도 덕이 널리 들리지 않는다는 것은 유사의 잘못입니다. 내가 일찍이 그 관직을 맡았는데도 밝고 거룩하며 융성한 덕을 버리고 기록하지 않았습니다. 공신과 세가, 현명한 대부들의 공적인 업적도 말하지 않았습니다. 이는 선친께서 남기신 말씀을 저버린 것으로 이보다 더 큰 죄는 없습니다! 내가 이른바 옛일을 전술하고 세세에 전하여 온 것을 정돈한 것은 이른바 창작이 아니니 그대가 그것을 『춘추』에 비기는 것은 잘못일 것입니다."[12]

사마천과 호수의 대화는 친구간의 우정 어린 충고에 관한 것만이 아니었다. 그보다는 사마담이 짓기 시작한 『사기』의 틀이 이미 정하여졌음을 표명한 것이다. 곧 인물의 전기를 핵심으로

하는 틀, 특히 한나라가 흥한 백년간의 가까운 연대와 당시의 인물을 틀로 한다는 사실이었다. 이는 '밝고 거룩하고 융성한 덕을 버리고 기록하지 않았으며 공신과 세가, 현명한 대부들의 공적인 업적을 말하지 않았으니 이는 선친께서 남기신 말씀을 저버린 것으로 이보다 더 큰 죄는 없습니다!'라 한 말에서 입증할 수 있다. 동시에 이 책은 그때 이미 상당한 정도를 찬술하고 있음을 표명하고 있다. 그렇지 않았더라면 호수도 『춘추』를 가지고 비교를 하지 않았을 것이다. 사마천이 비록 『춘추』에 비교할 수 없다고 겸손히 칭하기는 하였지만 사실 그는 『사기』를 스스로 매우 높게 보았다. 특히 그것을 '밝은 세상을 이어 『역전』을 바르게 하고 『춘추』를 이으며 『시경』 및 『서경』, 『의례』, 『악경』에 근거하여야 할 때'로 보고 지었다고 하였다.

호수와 말을 나눈 후에 사마천은 『사기』를 찬술하는 정의(情意)가 더욱 돈독해졌다. 더욱 부지런히 힘을 써서 "이에 그 문장을 논하여 편차를 매겼다"[13]고 했다. 이 한 마디 말은 가벼이 간과할 수 없다. 이른바 논하여 편차를 매기는 것(論次)은 바로 논하여 결정(論定)하여 차례를 매기는 것이다. 곧 평의(評議)와 편차(編次)다. 그 문장을 논하여 차례를 정한다는 것은 초고를 창시하는 단계에 정하여진 원고가 있으며, 계속 찬술하는 것 또한 수정하고 개정하는 것이 있다는 의미다. 사마천은 이 초고를 창시할 때 과감하게 '일가지언(一家之言)'을 새롭게 창조하여 완성시켰다. 당시의 강성한 국력과 웅대한 재략의 천자, 광대한 강역이라는 판도는 모두 그에게 새로운 동력을 주었다. 대일통사상을 선양하여『사기』의 역사적인 하한선을 모두 전후로 늘여 황제(黃帝)에서 시작하여 태초(太初)에서 그쳤다.

사마천이 득의만만하게『사기』를 찬술할 때 호수의 충고는 불행히도 적중하였다. 이는 곧 사마천이 "그러나 일이 크게 잘못되어 그렇게 하지 못한 것(事乃有大謬不然者)"이라며 개탄한 것으로 어쩌다 구설로 '이릉의 화'를 당한 것이다.

2. '이릉의 화'를 당하다

사마천은 낭중으로 출사하였을 때부터 자기의 일에 매우 돈실하고 엄숙하게 임했다. 직무에 대해 마음 씀을 매우 삼갔고, 힘을 씀에는 매우 부지런하였다. 장기간 무제를 수행하고 궁궐을 드나들던 중에 그는 곧 동이를 이고 하늘을 바라보는 것이라 생각하였다. 이에 빈객들과 알고 지내는 것을 끊고 집안의 일도 잊은 채 밤낮으로 재주와 힘을 다하였다. 전심전력으로 관직의 일에 매진하여 무제에게 잘 보이기를 추구하였다. 그런 중에 뜻밖의 일이 터졌다. 이릉의 일이 생긴 것이다. 그 일로 그는 마침내 부형이라는 참사를 당하게 되어『사기』의 집필은 당장 중단될 위험에 처하게 되었다.

이릉(李陵)은 자가 소경(少卿)으로 명장 이광(李廣)의 손자다. 장년이 되어서 건장영(建章營)의 감독관으로 선임되어 기병들을 감독하게 되었다. 활쏘기에 뛰어났고 사람들을 사랑하였다. 겸양하여 선비들에게 몸을 낮추어 매우 큰 명예를 얻었는데, 무제는 이광(李廣)의 기풍이 있다고 하여 기도위(騎都尉)에 임명했다. 그 직책은 단양(丹陽)의 초(楚)지방 사람 5천 명을 거느리고 주천(酒泉)과 장액(張掖)에서 활쏘기를 가르치며 주둔하여 오랑캐를 방어하는 일이다.

한나라는 흥한 이래 백 년 동안 여러 번 흉노의 위협을 받았다. 흉노에 대해 전쟁을 벌이기도 하고 대치를 하기도 하였으며, 은혜를 베푸는가 하면 또한 어떤 때는 화친을 이루기도 하였다. 무제 때에 이르러 대장군 위청(衛靑)과 표기장군 곽거병(霍去病)이 흉노와 싸워 크게 승리하였다. 흉노가 잠시 피하여 화친을 구한 것은 무제의 뜻과도 같았다. 그러나 나중에 흉노는 마음을 바꾸었다. 전후로 한나라의 사신인 노충국(路充國) 등 10여 무리를 잡아가둠과 동시에 부단히 변경에서 살인과 약탈을 일삼았다.

그러다가 천한(天漢) 원년(B.C. 100) 저제후(且鞮侯) 선우(單于)가 막 즉위하자 한나라의 기습을 두려워하였다. 한나라의 사절 가운데 항복하지 않은 노충국 등을 모두 한나라로 돌려보낸 것은 그 때문이다.

선우는 이에 스스로 말하였다.

"나는 아이이니 어찌 감히 한나라의 천자를 바라겠는가! 한나라의 천자는 나의 어른 항렬이다."[14]

무제는 그 뜻을 가상히 여겼다. 이에 중랑장 소무(蘇武)를 파견하여 부절을 지니고 한나라에 구류되어 있는 흉노의 사신을 돌려보냈다. 선우에게도 풍성한 예물을 보내게 하였다.

그러나 뜻밖에도 저제선우는 더욱 교만하여졌다. 한나라의 바람을 크게 저버린 것이다. 소무도 결국 구류되어 한나라로 돌아가지 못하게 되었다. 이듬해인 천한 2년(B.C. 99) 이사장군 이광리(李廣利)는 3만 기의 기병을 거느리고 주천(酒泉: 지금의 甘肅省 酒泉)을 나서 천산(天山)에서 흉노의 우현왕(右賢王)을 쳤다.

무제는 이릉을 이사장군의 후위 지원부대로 삼고자 하였다.

"신이 지휘하는 변방의 군사는 모두 형초(荊楚)의 용사로 기재를 가진 검객이옵니다. 스스로 한 부대가 되어 난간산(蘭干山)에 이르러 남북으로 선우의 병력을 분산시켜 적병이 오로지 이사장군에게 몰리어 달려들지 못하게 하였으면 합니다."

이릉은 머리를 조아리며 자청하였다.

"흉노를 정벌하느라 군사를 매우 많이 일으켜 너에게 줄 기병이 없다."

"기병은 필요 없사오며 신이 바라는 것은 적은 군사로 많은 군사를 치는 것으로, 보병 5천 명을 거느리고 선우의 왕정(王庭)을 곧장 쳤으면 합니다."

무제는 이릉의 청을 허락하였다.

이릉은 이에 보병 5천 명을 거느리고 거연(居延: 지금의 甘肅省 額濟納旗 동남쪽)을 나섰다. 북쪽으로 30일을 행군하여 준계산(浚稽山: 대략 지금의 蒙古 圖拉河와 鄂爾渾河 사이)에 이르러 영채를 세웠다.

그런 다음 부하 진보악(陳步樂)에게는 지나온 산천지형도를 가지고 서울로 돌아가 보고하게 하였다. 무제가 진보악을 만나보았는데 이릉이 군사 5천 명의 사력을 다한 옹호를 받고 있다고 말하였다. 무제는 매우 기뻐하였다.

이때 이릉은 고립무원의 군대를 가지고 적진 깊숙이 들어갔다. 준계산에서 흉노 선우의 3만 기병을 만났다. 선우는 한나라 군사가 적은 것을 보고 포위하여 공격하였다. 이릉이 맞받아 싸워 수천 명의 적을 죽였다. 흉노는 크게 놀라 좌우의 8만여 기의 병력을 불러 포위 공격하였다. 이릉은 싸우기도 하고 유인도 하면서 남쪽으로 여러 날을 가서 한 산골짜기에 이르렀다. 연전연투 속에 적병의 머리 3천여 급을 베었다. 또 동남쪽으로 군사를 끌어들여 옛 용성(龍城)의 길을 따라 가서 4~5일 후에는 큰 못의 갈대밭에 이르렀다. 적군이 바람이 부는 쪽에서 불을 지르자 이릉은 군중에 맞불을 놓았다. 군사들이 스스로 구원하도록 하고 자신은 남쪽을 향했다. 산 아래에 이르자 선우는 남쪽 산에서 올라와 그 아들에게 기병을 이끌고 이릉군을 공격하게 하였다. 이릉의 군사는 나무 사이에서 뛰어다니며 싸워 다시 수천 명의 적병을 죽이고 선우에게 강궁을 쏘았다. 선우는 산 아래로 도망을 치면서 한나라의 복병이 있을까 두려워하였다. 이때 전투가 빈번하여 한나라 군사는 적병 2천여 명을 더 죽였다. 선우는 전세가 불리한 것을 보고 물러나고자 하였다.

이때 뜻밖의 사건이 벌어졌다. 이릉의 부하 가운데 관감(管敢)

이라는 척후병이 교위에게 능욕을 당한 후 흉노에 투항한 것이다. 이릉군은 후원군이 없으며 화살도 거의 바닥나 가고 있다는 걸 사실대로 이른 것이다. 선우는 크게 기뻐하며 이릉의 퇴로를 끊었다. 이릉은 중과부적의 막다른 길에 내몰려 마침내 흉노에 투항하고 말았다. 한나라 군사는 뿔뿔이 흩어져 겨우 4백여 명만이 돌아올 수 있었다. 이릉이 패한 곳은 변새에서 겨우 백여 리 떨어진 곳이다. 변새를 지키던 관리와 장군이 이를 조정에 보고했다. 무제는 분노하였다. 이릉이 장렬하게 전사하였을 것이라고 생각한 기대와 달리 투항하였다는 사실을 안 것이다. 신하들은 모두 이릉이 유죄라고 노하여 질책하였다.

사마천은 이런 처사에 대해 불만이 매우 컸다. 그는 이릉이 승승장구할 때 사자를 보내와 보고했을 때를 생각하였다. 그때는 한나라의 공경왕후들이 모두 술잔을 들어 축수했던 일이다. 그러나 한번 잘못된 이릉의 일을 비난만 하는 것이 몹시 실망스러웠다. 명철보신하는 신하들이 덩달아 우물에 떨어지는 사람에게 돌을 던지는 격이었다. 사마천은 이를 매우 가슴아파했다. 사마천과 이릉은 겨우 얼굴만 알 정도의 사이였을 뿐 결코 친밀한 관계도 아니었다. 뿐만 아니라 취향과 가는 길도 달랐다. 더구나 만나서 술 한번 같이 마신 적이 없었고, 은근한 정과 기쁨을 나누어 본 적도 없었다. 다만 이릉의 사람됨을 보고 국사(國士)의 풍도가 있다고 생각했을 뿐이다.

이릉은 5천이 안 되는 보병을 이끌고 적진인 흉노 땅 깊숙이

들어갔다. 호랑이 아가리에 미끼를 드리우고 강한 오랑캐에 용맹하게 도전한 것이다. 선우와 10여 일을 연속으로 싸워 능력으로 감당할 수 있는 인원을 초과해 죽여 선우 등이 공포에 떨게 했다. 이에 전국의 군사를 모두 징발하여 포위 공격하기까지 했다. 천리를 전전하며 싸워 화살은 다하고 길은 막바지에 달하도록 구원병은 오지 않아 사졸들 가운데 사상자가 쌓여만 갔다. 그러나 이릉은 군사들을 큰 소리로 위로했다. 그것이 사병들을 분발케 하여 떨쳐 일어나게 하는 힘이 되었다. 모두 감격하여 눈물을 흘렸을 정도였다. 이어 병사들은 온 얼굴에 피눈물을 흘리며 소리죽여 울면서 다시 빈 활을 잡았다. 이릉의 위로가 시퍼런 칼날도 무릅쓰고 북쪽을 향해 적에 대항하여 죽을힘을 다해 싸울 힘을 준 것이다.

그럼에도 이릉이 패했다는 소식을 전해 듣고 임금은 식사를 해도 음식 맛을 몰랐다. 조정에 나가 정무를 보아도 기뻐하지 않아 대신들도 걱정하고 두려워하여 어찌할 바를 몰랐다. 사마천은 안타까웠다. 자기의 신분이 비천함을 헤아리지도 않고 임금이 몹시 슬퍼하는 것을 보고 진심으로 마음 아팠다. 그는 자그마한 충성이나마 다하고 싶었다. 사마천은 이릉이 본래부터 사대부들과 동고동락하여 사람들의 사력을 다한 도움을 받을 수 있었으니, 설령 고대의 명장(名將)이라도 그를 능가할 수 없다고 생각하였다. 몸은 비록 패하였으나 그의 뜻을 본다면 적당한 기회를 얻어 한(漢)나라 조정에 보답하려 하고 있었음을 알 만했다. 일이 이미 돌이킬 수 없게 되었지만 그가 적을 무너뜨린 공로는 여전히 세상에 명백하게 밝히기에 충분했다. 사마천은 이러한 생각이 있다는 것을 이야기하려고 했지만 진언할 기회가 없었다.

마침 한무제가 스스로 먼저 사마천에게 이릉의 사건에 대한 견해를 물어왔다. 사마천은 자신의 의견을 말하였다. 객관적으로 말하면 사마천은 당시 이릉에 대하여 모종의 동정심 같은 마음을 품고 있었다. 나중에는 비록 '이릉은 살아서 적에게 항복하여 그 가문의 명성을 손상시켰다'고 생각하기는 하였지만 이릉 사건의 중요성에 대해 한 발짝 더 나아가 고려해 보지는 않았던 터였다. 그 때문에 당시에 그를 위해 좋은 말을 해준 것은 인식 면에서 어느 정도 착오가 있었을 것이다.

다만 이를 자세히 분석해보면 다음과 같다. 무제는 이릉이 흉노에 항복한 일 자체에 대해서는 결코 악감정이 없었다. 이에 대해서는 『한서·이광소건전(李廣蘇建傳)』에 매우 명확하게 기술하였다. 사마천이 형을 당한 후에도 그는 여전히 "인우장군(因杅將軍) 공손오(公孫敖)를 보내어 군사를 거느리고 흉노 깊이 들어가 이릉을 맞게 하였기" 때문이다. 그러므로 사마천이 당시 한무제의 분노를 건드린 까닭은 다르다. 이릉이 흉노를 친 공을 찬양하는 것이 실제적으로는 이사장군 이광리가 공을 세우지 못한 것을 폄훼한 것으로 비친 것이다. 그것이 이사장군에게는 타격을 입히고 이릉은 두둔한 것처럼 보였다.

한무제는 무자비했다. 사마천을 당장 감옥에 가두게 했다. 사마천은 주상의 뜻을 넓히고 노한 표정으로 하는 말을 막아보려 하였지만 소용없었다. 안타깝게도 정성어린 충성심을 끝내 스스로 말하지 못한 채 '주상을 무고한' 죄명이 덧씌워지고 말았다. 결국 관리들의 논의에 따라 마침내 사형이라는 판결을 받게 되었다. 당시의 법률 규정에 따르면 사형은 50만 전으로 속죄될 수 있었다. 부형으로 대신할 수도 있었다. 그러나 사마천에게는 모두 요원한 일. 집안이 가난하여 이런 돈을 마련할 수 없었다. 평상시 그와 왕래하면서 친하게 지내던 사람들도 모두 외면했다. 화를 입을까 두려워하여 멀리 떠나거나, 좌우의 가까운 사람들도 벙어리와 귀머거리가 된 듯 그를 위해서 한 마디도 변호해주지 않았다. 생과 사의 엄혹한 현실에 직면하여 사마천은 고심했다. 결국 '『사기』의 집필'을 위해서 부형이란 치욕을 선택했다.

한무제는 어째서 사마천에게 이릉이 항복한 사건에 대하여 질문하였을까? 사마천이 몇 마디 말로 죄를 짓고 또한 사죄(死罪)가 성립이 되었을까? 대체로 세 가지 측면의 원인을 파악할 수 있다.

첫째, 무제는 16세 때 즉위하였다. 천한 2년에는 이미 재위한 지가 42년째로 장대한 발전을 거쳤다. 즉, 태초 연간(B.C. 104~101)에 이르러서는 전성기에 달하였다. 한무제는 지존의 제왕이었다. 독재의 기풍 또한 날이 갈수록 드러난 시점이다. 이런 상황은 '만인지상 일인지하'라는 승상이 당한 사실을 가지고 말하면 그 일단을 볼 수 있다. 한무제 원수 2년(B.C. 121)에 이채(李蔡)가 승상으로 기용되기 시작하여 사마천이 이릉의 화를 당한 천한

23년까지 한무제가 기용한 승상은 모두 다섯 명이다. 이들 다섯 명은 이채와 장청적(莊青翟), 조주(趙周), 석경(石慶), 공손하(公孫賀)다. 이 중 석경만이 자연사했을 뿐 나머지는 최후가 좋지 않았다. '유죄'로 자살한 사람이 두 명으로 이채와 장청적이다. 조주는 하옥되어 죽었다. 유일하게 남은 공손하 또한 피살될 운명을 피하지 못하고 정화(征和) 원년(B.C. 92) 죄에 걸려 죽는다. 이로써 한무제가 형을 내려 사람을 죽이는 기풍이 횡행했음을 알 수 있다.

둘째, 한무제는 사마천의 뜻이 '이사장군을 저지'하는 데 있다고 생각한 것이다. 이릉의 변호는 결국 원칙적으로 자신을 '무고하고 속인' 것이라는 결론에 이르렀다. 이광리는 무제가 총애한 이부인(李夫人)의 오빠이다. 이부인은 용모가 아름답고 노래를 잘하였다. 역시 빼어난 노래 솜씨로 한무제의 총애를 듬뿍 받고 있는 오빠 이연년(李延年)이 무제의 면전에서 거듭 노래로 추천하였다.

"북쪽에 미인 있으니

세상에 더 없을 만큼 뛰어나 우뚝하네.

한 번 돌아보면 성곽이 기울어지고,

두 번 돌아보면 나라가 기울어진다네.

어찌 성을 기울게 하고 나라를 기울게 하는 미인을 모르는가?

미인은 다시 얻기 어렵다네."[15]

이부인은 이로 인해 총애를 받아 아들을 하나 낳았다. 창읍(昌邑) 애왕(哀王)인 유박(劉髆)이다. 그러나 미인박명이라고 했던가? 이부인은 젊어서 일찍 죽어 무제는 그리움에 사무쳐 지냈다. 방

사인 제나라 사람 소옹(少翁)은 이부인의 혼을 불러낼 수 있다고
무제를 속였다. 소옹은 밤에 등촉(燈燭: 등불과 촛불)을 켜고 장막을
설치하고 술과 고기를 갖춘 후에 무제에게 다른 장막에서 앉아
있게 하였다. 무제는 아득히 이부인을 닮은 여인이 장막 가운데
앉아 있는 것을 보았다. 반가운 마음에 천천히 다가갔는데 가까
이 다가서면 볼 수가 없었다. 무제는 그리움이 더욱 간절해져 이
에 시를 지어 말하였다.

"맞는가? 틀리는가? 서서 바로 보는데, 다만 너울너울 그 오는
것이 얼마나 더딘지."**16**

또 부를 지어 애도하기도 하였다. 그럼에도 이부인에 대한 애
틋한 감정을 다 드러낼 수는 없었다.

이부인이 병중에 있을 때 창읍 애왕과 형제를 부탁하자 무제
는 응답을 하였다. 약속 이행을 위해 이광리를 제후로 삼았다. 태
초 원년에 무제는 이광리에게 1만 남짓한 병력과 말을 이끌고 대
원(大宛)의 이사성(貳師城)에 있는 훌륭한 말을 취해 오게 하였다.
이로 인해 그를 '이사장군(貳師將軍)'이라고 불렀다.

천한 2년 '이사장군' 이광리는 3만의 기병을 이끌고 흉노를 쳤
다. 적이 대비를 하지 않은 까닭에 적병의 머리 만여 급을 얻게 되
었다. 그러나 뜻밖에도 돌아오던 도중에 흉노의 군대를 만나 포
위를 당하는 바람에 이광리는 자칫하면 벗어나지 못하게 될 뻔하
였다. 결국 한나라는 군사 6, 7할을 잃었다. 끝내 손실을 만회하지
못하고 패전을 당한 것이다. 그런데 이릉은 5천에 불과한 보졸로

도 오히려 만여 명의 적병을 죽였다. 공로를 따지자면 당연히 이릉의 공이 컸으니 이것이 '이사장군을 저지한 것'이었다. 그 사실이 알게 모르게 무제가 앓던 마음의 병을 은연중에 옮친 것이다.

셋째, '임금을 무고하였다[誣上]'는 것에 관한 죄명이다. 이 죄명은 판결을 받은 후에 죄목이 가중되는 것이다. 이 두려운 두 글자가 더해지면 죄를 지은 사람은 판결을 받은 곳에서 사형을 당해야 한다. 황제의 명을 받들어 범인을 압송하여 가두는 감옥을 조옥(詔獄)이라고 한다. 조옥은 당시에 널리 횡행하였다. 당시의 어사대부는 바로 유명한 혹리 두주(杜周)였다. 두주는 정위로 있던 11년 동안 "오로지 임금의 의중을 가지고 송사를 결정하여"[17], "조옥에 이른 자가 6~7만 명이었으며 관리들이 더 잡아넣은 자가 10여 만 명이었다"[18]는 기록이 있다. 두주는 임금의 의중을 잘 살펴 임금이 배척하고자 하는 자는 즉시 모함하였다. 반대로 임금이 풀어주고자 하는 자는 오래 가두어두었다가 물으면 은연중에 원통한 상황을 드러내었다. 누가 두주를 꾸짖어 말하였다.

"그대는 천자를 위해 공평하게 판결해야 하거늘 법률을 따르지 않고 오로지 임금의 의중을 가지고 송사를 결정합니다. 판결이 이래도 됩니까?"[19]

두주의 대답은 태연했다. 여전히 주상의 의중을 가지고 행사하는 것이지 고대의 법률을 따를 필요는 없다는 것이었다. 덕분에 천한 3년(B.C. 98)에는 어사대부로 승진하였다. 지위가 승상 바로 다음인 중앙의 가장 높은 장관으로 주요 직무는 감찰과 법의 집행이었다. 이런 사람이 있음으로 인하여 48세의 사마천은 결국 부형을 받기에 이른 것이다!

3. 극형을 당하였으나 원망하지 않다

이릉의 화를 당한 것은 사마천의 입장에서는 치명적인 타격이었다. 사마천은 고상한 인격을 가진 사람으로 변설로 화를 당하였으니 자연히 형용하기 어려운 고통에 빠져들었다. 오로지 주상의 뜻을 밝히고 노한 말을 막아보려 한 것일 뿐이었다. 그것이 어쩌다가 주상의 곡해로 말미암아 결국 극형을 당하게 되었으니 사마천의 정신과 육체는 지옥의 독한 불에서 단련을 받는 것과 다를 바 없었다.

감옥에 갇혀 있는 동안 그는 손과 발이 교차되게 형구를 쓰고 지냈다. 몸을 다 드러내고 채찍을 맞았으며 옥관(獄官)을 보면 머리를 조아려야 했다. 간수(看守)를 보면 바로 두려워 벌벌 떨게 되어 인격적이라고 말할 만한 것이 조금도 없었다. 사마천은 기개 있는 남아였다. 대장부가 세상에 처하는 존엄에 대해서도 잘 알고 있는 사람이다. 이런 생사의 갈림길에서 강개하게 죽음으로 나아가든가 부형을 당하든가 하는 문제를 선택해야 했다. 깊이 고민하여 깨달은 것이 이런 시점의 죽음은 기러기 털보다 가벼운 것이라고 생각하였다. 태산보다 중한 죽음이라면 충분히 인생의 가치를 체현할 수 있을 것이다. 결국 그는 살아서 부자 2대에 걸

한성 서촌은 사마천의 후손들이 사는 마을로 고문촌 및 화지촌과 몇 리 떨어져 있다. 서촌에는 법왕행궁(法王行宮)이라는 석패방이 있는데 거꾸로 읽으면 궁행왕법(宮行王法)이 된다. 이렇게 되면 "궁형은 법을 잘못 적용한 것(宮刑枉法)"이라는 뜻이 되어, 사마천에게 궁형을 남용한 지극한 분개의 표현이 된다.

쳐 심혈을 기울인 『사기』를 완성시키고 말리라 결심하였다.

여기까지 생각이 미치자 그는 마음이 편안해졌다. 고관과 현달한 사람들이 죄를 받고 욕을 당한 실례를 들어 정신적인 위안으로 삼았다. 주문왕(周文王) 희창(姬昌)은 구주(九州)의 우두머리였는데도 주왕(紂王)에 의해 감금당했다. 이사(李斯)는 진(秦)나라의 재상으로 있을 때 오형(五刑)을 받았다. 한신(韓信)은 초왕(楚王)이었지만 체포되었고, 팽월(彭越)과 장오(張敖)는 양왕(梁王)과 조왕(趙王)이었는데도 유방에게 체포되어 옥에서 벌을 받았다. 여씨(呂氏)들을 평정하여 권력이 오패(五霸)보다 더 컸던 강후(絳侯) 주발(周勃)은 하옥되었다. 위기후(魏其侯) 두영(竇嬰)도 대장군(大將軍)이었으나 옥에 갇히고 말았다. 계포(季布)는 장군이었는데도 머리가 깎이고 목에 칼을 쓰고 노예가 되어 팔렸다. 전공이 탁월했던 관부(灌夫)도 하옥되었다.

생각이 여기까지 미치자 그는 전대의 빼어난 사람들을 예로 들면서 스스로 격려하였다. 구금되어 『주역』의 뜻을 확장하여 넓힌 문왕(文王)도 떠올렸다. 공자는 온갖 고초를 다 당하고서도 『춘추』를 짓지 않았는가. 굴원이 「이소」를 지은 것도 추방당한 뒤였다. 좌구명은 실명을 한 채 『국어』를 지었으며, 손자는 월형(刖刑)을 당하고서도 병법을 지었다. 촉 땅으로 옮겨가서 『여람(呂覽: 곧 여씨춘추)』를 지은 여불위, 진나라에 갇혀서도 「세난(世難)」과 「고분(孤憤)」을 지었던 한비도 있다. 또 『시』 3백 편은 대체로 성현들이 분을 발하여 지은 것이다. 몸은 없어질 수 있지만 글은 없어질 수 없으니 그 글이 바로 천하와 후세에 불평(不平)함을 울리는 것이다.

『사기』는 사마천 부자가 2대에 걸쳐 10년 동안 초안을 잡고 창안한 것이다. 『사기』를 청사에 빛나게 하기 위하여 사마천은 개인의 영욕은 제쳐두고 생각지 않기로 하였다. 이것이 극형을 당하고서도 원망하지 않은 가장 큰 이유다. 잔혹한 궁형을 당한 후 그는 잠실(궁형에 처할 사람을 가두는 감방)에 처하여졌다. 3년이 지나 몸이 점차 회복되자 무제는 새로이 그에게 중서령을 맡겼다. 이는 무제가 환관을 위해 설치한 관직이었다. 세속적인 눈으로 보면 '높고 총애 받는 관직'이다. 나중에는 심지어 소제(昭帝) 때의 '염철회의(鹽鐵會議)'에 들기도 하였지만 어떤 사람이 이름을 말하지 않고 사마천을 질책하였다.

"행한 것도 없는 사람이 지금 하루아침에 잠실로 내려갔다가 상처도 다 낫지 않았는데 임금을 숙위하면서 궁전을 드나들며 봉록을 받고 있다. 태관이 내려주는 것을 먹음으로써 몸은 높아지고 영예롭게 되었으며 처자는 풍요함을 얻었다."

그러나 사마천이 보기에는 중서령이란 관직은 '청소나 하는 노예'나 다름없었다. 그는 그것을 다 해진 신발로 보았다. 그의 심중에서 떨쳐버리지 못하는 생각은 바로 '수치는 더욱 심해질 따름'이라는 것이었다. 이로 인해 창자가 하루에도 아홉 번이나 꼬여지는 것 같은 근심만 쌓였다. 집에 있으면 정신이 얼떨떨하여 마치 뭔가를 잃어버린 듯하였고, 문을 나서면 가야 할 곳이 어디인지를 알지 못하였다. 매번 이러한 치욕을 생각할 때마다 등에서 식은땀이 흘러내려 옷을 적시지 않은 적이 없었다.

"욕됨을 참고 구차하게 목숨을 유지하면서 더러운 감옥에 갇혀 있는 것도 달게 받아들이는 이유가 있습니다. 저의 개인적인 생각을 다 표현해 내지 못하고 비루하게 세상을 떠나면 아름다운 문채(文采)가 세상에 드러나지 못할까 한스럽기 때문입니다."[20]

이렇게 말한 사마천은 정신과 육체의 어려움을 견뎌내고 그 고통을 감내하면서까지『사기』를 위해 살아남았다. 살아가는 것이 곧『사기』때문이니 이것 외에는 아무것도 없다. 이는 바로 사마천의 숭고한 인격과 가슴에 품은 넓고 큰생각을 구체적으로 표현하였으며 후대인들에게 깊은 계도와 계시를 주었다.

4장 학식(學殖)이 전에 없이 풍부해지다

學殖空前富

『사기』는
사가(史家)의
절창(絶唱)

이른바 학식(學殖)이란 곧 학업의 진보를 가리킨다. 사마천의 학식이 전에 없이 풍부함은 『사기』에 찬란한 빛으로 풀어놓았다. 『사기』는 전사(全史)를 창시하였으며 체제는 방대하고 생각은 정밀하였다. 중화의 위로는 황제(黃帝)로부터 아래로는 한무제 태초 연간에 이르는 모두 3천 년의 통사(通史)를 성공적으로 기술하였다. 사학(史學) 상상 '높은 산을 우러르는(高山仰止)' 풍성한 비석을 세웠다. 그 내용은 하늘과 바다의 것은 물론 인물의 전기까지 포괄하였고 표(表)와 서(書)도 함께 담고 있다. 전혀 새로운 영역, 이를테면 「화식열전(貨殖列傳)」이라든가 「평준서(平準書)」를 두루 섭렵하였음을 알 수 있다. 중국 정사 기록의 선도적 역할을 했다고 할 만하다. 천관(天官)과 율(律), 력(曆) 등으로 자연과학 방면을 섭렵하고 있으며, 다섯 민족의 열전 또한 필법이 풍부하고 시각이 독특하다. 『사기』130편은 경전을 관통해서 고금을 내달리는 것이 출중하면서도 빼어나다. 과연 사가(史家)들의 궁극적인 표준이 되고 있다.

1. 『사기』의 구성

사마천이 지은 『사기』는 원래 이름이 『태사공서(太史公書)』다. 후
세에서 『사기』로 알고 있는 명칭은 몇 번의 변천을 거쳐 동한 말
기에 이르러서야 확정되었다.

　『사기』라는 위대한 역사책의 형식은 사마담에게서 시작되어
사마천에 이르러 완성되었다. 『사기』는 실로 사마천 부자가 심혈
을 기울인 결정체라 할 수 있다. 사마담이 태사령으로 있을 당시
에 『사기』의 찬술 작업은 이미 시작되었다. 사마천은 부친을 매
우 존중하여 '태사공'이라는 존칭을 쓰고 있다. 「자서」에서는 지
은 책을 "모두 130편 52만 6,500자이며 『태사공서』이다"라고 하
였다. 130편의 끝까지 「한흥이래장상명신연표(漢興以來將相名臣年
表)」를 제외하면 편마다 '태사공왈(太史公曰)'이라는 말이 있다. 사
마천도 나중에는 태사령이 되었고 『사기』는 부친을 이어서 완성
한 것이다. 그러므로 자신도 태사공이라 일컫는다. 태사공은 관
직 이름이 아니라 관직의 호칭이다. '공(公)'은 곧 존칭의 의미이
다. 『태사공서』와 '태사공왈(太史公曰)'은 사마천이 함부로 자신
을 크게 높인 것이 아니다. 그보다는 그 부친을 높여서 만든 풍격
이 일치하는 명명(命名)이다.

　태사공은 그가 지은 책을 『사기』라고 명명할 수 없었다. '사

(史)'는 사관이 임금의 언행을 기록한 것이기 때문이다. "좌사는 일을 기록하고 우사는 말을 기록(左史記事, 右史記言)"하니 『상서』는 기언(記言)이고 『춘추』는 곧 기사(記事)이다. 사마천 부자가 맡은 태사령은 결코 사관이 아니었다. 문사(文史)와 성력(星曆)을 맡은 관직이니 복축(卜祝)의 사이에 가깝다. 이른바 문사는 '역사 기록과 석실 및 금궤의 책을 모아서 엮는 것'[1]이며, 『한서 · 백관공경표(百官公卿表)』에서 말한 한나라 태사령의 직임(職任)은 문사와 성력을 관장하는 것이다. 문사의 주요 임무는 제왕의 언행을 기록하는 것이 아니라 한나라 황가의 도서를 주관하는 일이다. 이 때문에 사마천은 「보임소경서」에서 자신은 사관이 아니라고 밝혔다. 수찬(修撰)하는 역사는 사적인 편찬의 성격을 띠고 있는 것이지 공관에서 편찬하는 것 같은 성격에 속하지는 않는다며 이렇게 말하였다.

"제가 이 책을 다 완성하여 명산(名山)에 숨겨두었다가 저와 뜻을 같이하는 사람에게 전합니다."

그의 말처럼 책이 세상에 조금씩 모습을 드러낸 것은 사실상 한선제(漢宣帝) 때에 이르러서였다. 외손자인 평통후(平通侯) 양운(楊惲)에 의하여 알려졌다. 『태사공서』의 명칭이 차츰차츰 변하여 『사기』가 된 것은 동한 말기로 추측된다. 왕국유의 고증에 의하면 한대인들이 말하는 '사기'는 모두 옛 역사를 두루 말하는 것이지 결코 『태사공서』를 가리키는 것은 아니라고 하였다. 『태사공서』를 『사기』로 일컫게 된 데는 한대에 일련의 변화 과정이 있었다. 동한 명제(明帝) 때 『한서』의 저자 반고는 『태사공기(太史公記)』라 하였다. 응소(應劭)의 『풍속통·정실편(風俗通·正失篇)』에서는 『태사기(太史記)』라 하였으며, 순열(荀悅)의 『전한기(前漢記)』에서는 『사기(史記)』와 『태사공기(太史公記)』로 병칭하고 있다. 영용(穎容)의 『춘추조례(春秋條例)』에서는 이미 『사기(史記)』라 부르고 있다. 응소와 순열, 영용 세 사람은 모두 건안(建安) 연간에 죽었다. 그리하여 삼국시대부터는 『태사공서』를 모두 『사기』로 부르게 되었다.

『사기』는 12「본기(本紀)」와 10「표(表)」, 8「서(書)」, 30「세가(世家)」, 70「열전(列傳)」의 52만여 자로 된 방대한 저작이다. 앞을 잇고 뒤를 열어 천하가 따랐으며 포괄하고 있는 것이 매우 풍부해서 족히 후세의 본보기가 되었다. 『사기』가 쏘아올린 지혜의 섬광은 체대사정(體大思精: 체제가 크고 생각이 정밀하다)이라는 넉 자로 압축되어 두드러진다.

체대(體大)라는 것은 『사기』에서 오체(五體)의 형식 곧 본기와 표, 서, 세가, 열전을 가리킨다. 내용의 전면성과 계통성은 사정(思精)이라 일컫는다. 사마천은 이전의 역사 저작 가운데 중요한 것들은 체제가 모두 완비되지 않았고 모두 중외(中外)를 포괄하거나 고금을 관통할 수 없었다. 『상서』와 『춘추』를 일컫는 '춘추삼전', 『세본(世本)』과 『전국책(戰國策)』, 『국어(國語)』 등이 그것이다. 고금의 전적(典籍)은 사마천의 손을 거쳐 처음으로 집대성되었다. 창조성을 띤 작업을 통하여 마침내 "『육경(六經)』의 다른 해석을 맞추고 백가의 뒤섞인 말을 가지런히 하여"[2] 기전체(紀傳體)의 통사(通史)를 완성시킨 것이다. 이것은 한 시대를 구분 짓는 위대한 창조였다.

오체(五體)의 구조는 통일되고 완정된 체계이다. 「본기」는 당시 최고의 통치 권력을 장악한 사람을 기술한 전기로 제왕에 대한 서술이다. 그것은 『사기』 전체의 벼리가 된다. 왕조의 교체를 체계(體系)로 하여 편년(編年)의 방법으로 역사의 대사(大事)를 찬록(纂錄: 모아서 기록)하였다. 「세가」는 제후국의 기록으로, 주로 제후국과 제후의 세계(世系)를 기록하였다. 공자와 진섭(陳涉)을 「세가」에 편입한 것은 사마천의 존숭(尊崇: 높이 받들어 숭배함)을 나타낸 것이다. 「열전」은 인물의 기록이다. 한 대(代)의 군신의 정사(政事)와 현부(賢否)와 득실을 한 편(篇) 속에 망라하였다. 이는 전체 중에서 가장 중요한 부분이다. 그만큼 기록의 범위가 넓다. 고금을 통틀어 사회 각계각층의 대표 인물들을 포괄하고 있다. 「표」는 시사(時事)와 관련된 것이다. 「본기」의 보충이 되고 복잡하게 얽혀 있는 사실(史實)의 표지로 역사 발전의 단서(방법)를 표현한다. 『사기』 기타 부분의 기사와 보완적인 천명(闡明)이기도 하다. 제도를 밝힌 「서」에서는 전장제도, 곧 천문, 정치, 지리와 사회경제생활 등 방면에서 분야별로 문화의 전사(專史)를 볼 수 있다.

오체의 각부는 상호 독립적으로 역사 발전을 기술하고 있는데 이는 하나의 종적인 체계이다. 그러나 오체의 각 부분은 또한 횡적인 체계로 사마천은 '호견법(互見法)'을 창안하였다. 이곳에서는 상세히 하고 저곳은 약술하여 편장을 잘 배치했다. 오체로 하여금 지극히 과학적인 하나의 완정된 체계를 구성하였다.

이런 몇 가지 체례는 사마천 이전에 이미 나누어 출현하기도 하였다. 이를테면 연대순으로 기술하는 '편년체'로는 『춘추』가 있다. 『국어』와 『전국책』은 지역별로 한정된 각 나라의 역사를 다루고 있다. 문고(文告: 기관의 통지문. 공고문)와 당안(檔案: 기관에서 보관하는 공문서) 형식을 보존해 내려온 정치사로는 『상서』가 있고, 연표류로는 『보첩(譜諜)』(이미 망실)이 있다. 『세본(世本)』은 세가(世家)와 전(傳), 보(譜)의 세 가지 체제를 포괄한 것이다. 그러나 당시에는 모두 고립적으로 이 체제를 운용하였다. 조직은 그다지 엄밀하지 못한 상태였다. 이 오체의 결구를 의식적으로 하나의 완정된 체계로 창조하여 서로 배합시키고 서로 보충한 것은 사마천의 위대한 업적이다. 이는 실로 과학적인 것은 물론, 문학적인 경지까지 들게 한 것은 독창적이다. 그는 위로는 황제로부터 아래로는 한무제 태초 연간에 이르기까지 모두 3천 년의 통사(通史)를 성공적으로 기술하였다. 이는 중국 역사상 첫 번째로 내용이 완정되고 구성이 주도면밀한 역사의 거대한 저서다. 사학사상 고산앙지(高山仰止)의 큰 비석을 세워 사가의 '궁극적인 표준'을 이루었으니 그 의의 또한 중차대하다.

청대의 역사가 조익(趙翼)은 논평하여 이렇게 말하였다.

"사마천은 고금을 참작하고 범례를 일으켜 완전한 역사[全史]를 창조하였다 ……. 이 체제가 일단 정하여지고부터 역대의 역사가들은 그 범위에서 벗어날 수 없었다."

이로부터 지금에 이르기까지 2천여 년 간『사기』의 체제를 준수하여 만든 것이 대부분이다. 반고(班固)의『한서』이하『명사(明史)』및 민국(民國) 연간에 수찬한『청사고』와『신원사』에 이르기까지 모두 일대 일대의 대전(大典)을 만들어낸 것이다. 반짝반짝 빛나는『사기』는 구멍을 뚫기가 어려웠으나 끝내 구멍을 뚫은 셈이다. 궁극적인 표준을 세우기가 어려웠으나 끝내 세웠으며 정사의 기초를 닦았으니 과연 찬수(纂修: 글을 모아서 정리하여 책으로 만듦)의 비조라 할 수 있다.

2.『사기』의 사실 추구 정신

사마천 부자는『사기』를 진실되고 꾸밈없는 역사로 만들어 2천여 년 동안 사람들의 존경을 받았다. 진실되고 꾸밈없는 역사 중에서도 가장 빛나는 것은 바로 사실을 추구하는 정신이다.『한서 · 사마천전』의 찬(贊)에서는 "그 문장은 곧고 그 사건의 핵심을 짚어 서술하며 허투루 찬양하는 법이 없고 악한 것을 숨기지 않았다. 그러므로 실록이라 일컫는다"[3]고 하였다. 실록은 주로 사실의 고증과 붓을 잡고 곧게 써내려가는 두 방면을 표현한다.

"육예(六藝)에서 사실을 고증하였다."

사마천은 어지럽고 복잡한 역사 자료를 마주해서 거짓을 제거하고 진실만을 남겨놓았다. 마침내 육예[六經]를 사실 고증의 표준으로 삼은 것이다. 당시의 역사적 조건 하에서는 공자 등이 전한 이런 유가경전을 통하는 것이 비교적 과학적으로 엄밀한 것이었다. 게다가 이런 저작 자체가 가지고 있는 자료는 믿을 만한 것이란 까닭도 있다.

「진본기」에서 진목공(秦穆公)은 39년간 나라를 다스리다 죽었으며 옹(雍)에 장사지냈다고 기록하였다. 이때 함께 순장(殉葬)한 사람이 177명에 달하였다. 사마천은 이 사실을 『시경』에 의거하여 기록하였다. 곤륜산(昆侖山)은 『우본기』에서 "높이가 2,500여 리로 해와 달이 서로 숨고 피하여 광명이 되는 곳이며 그 위에는 예천(醴泉)과 요지(瑤池)가 있다"[4]고 하였다. 장건(張騫)이 대하(大夏)에 사신으로 나가 다함이 있음을 알게 된 사마천은 이에 대하여, "그러므로 구주(九州)와 산천(山川)에 대하여 말한 것은 『상서』가 그에 가깝다. 『우본기』와 『산해경』에 있는 괴물은 내 감히 말하지 않는다"[5]고 하였다.

인물에 관해서는 사실의 고증 면에서 더욱 전형성을 보여준다. 허유(許由)는 옛날에 현자라 일컬어졌지만 사마천은 오히려 그에 대한 열전을 짓지 않았다. 이유는 다음과 같다.

전설상 요(堯)가 천하를 허유에게 물려주기는 하였지만 허유는 받지 않고 이를 부끄럽게 여겨 도피하여 숨었다. 그러나 사마천이 기산(箕山)에 오르니 그 위에 허유의 묘가 있었다. 공자는 차례로 고대의 어질고 성스러운 현인을 논하였다. 이를테면 태백(太伯)과 백이(伯夷)를 논한 것은 상세하지만 허유를 기록한 문자

진목공의 무덤. 「진본기」에 의하면 진목공은 옹(雍: 지금의 鳳翔)에 장사지냈다고
하는데, 순장된 사람이 무려 177명에 달하였다.

는 없다. 공자가 허유에 대하여 논급하지 않았기 때문에 그의 전기를 지을 필요성을 느끼지 못했다. 학자들은 중니의 제자를 70자(子)의 무리라 많이 일컫는다. 칭찬하고 기리는가 하면 헐뜯고 비방하기도 하여 모두 그들의 진실된 면모를 보지 못하였다. 그런 논의와 설명은 많은 제자들에 관한 자료가 공 씨의 고문에서 나온 것이라야 비교적 실제적인 상황에 가깝다.

"나는 제자의 성명과 문자를 모두 『논어』의 제자의 질문에서 취하였고 아울러 편차하였는데 의심이 가는 것은 빠뜨렸다."[6]

사마천이 한 말이다. 이는 사마천이 공자의 『논어』에서 사실을 고증하였음을 밝힌 것이다. 중니의 제자와 관련 있는 자료를 모두 뽑아내어 그들을 한 편(篇)으로 엮었지만 의문이 가는 것은 빠뜨렸다는 말이다. 빠뜨리는 것 또한 사실의 추구를 반영한 것을 뜻한다. 『사기』의 몇몇 「본기」 가운데서는 사마천의 사실 고증이 더욱 잘 드러난다.

"백가들이 황제에 대하여 이야기하였지만 그 문장은 우아하지도 못하고 온당하지도 못해서 현귀하고 학식 있는 사람들은 그것을 말하기를 꺼려한다. 유생들 가운데는 공자가 전한 『재여문오제덕(宰予問五帝德)』과 『제계성(帝繫姓)』에 대해서 전수하지 않는 이도 있다. 나는 일찍이 서쪽으로는 공동(空桐)까지 이르렀고, 북쪽으로는 탁록(涿鹿)을 지나왔으며, 동쪽으로는 바다까지 가고, 남쪽으로는 장강(長江)과 회수(淮水)를 건넌 적이 있다. 그곳의 원로(元老)들이 왕왕 황제와 요, 순을 칭송하는 곳에 가보았다."[7]

황제(黃帝)에 대하여 사마천이 밝힌 바다. 사마천은 황제의 존재를 믿었으며, 다시 『춘추』와 『국어』의 연구를 통하여 황제의 존재를 확신하였다. 수집한 자료 중에서 관련 있는 문헌을 논차하면서는 "그 가운데 보다 전아하고 합리적인 것을 골라 본문을 저술하여 「본기」의 첫 편으로 삼았다"[8]고 하였다. 「은본기」의 찬에서 사마천은 이렇게 밝혔다. 자신이 『시경』의 「송(頌)」 부분의 문헌에 근거하여 은나라 시조 설(契)의 일을 기술하였고, 성탕(成湯: 곧 탕임금) 이래로는 『시』와 『서』에서 채록하였다는 것이다.

사실의 고증은 또한 다른 방면에서도 표현된다. 바로 실사구시(實事求是)이다. 실제 고증과 조사 연구에 주의하였기 때문에 편파적인 것을 바로잡았다. 부족한 것은 보강하여 완전하게 되도록 하여 사람들에게 본모습을 보여주었다.

"혹자는 말하기를 우가 강남에서 제후와 회합하여 공적을 심사하다가 붕어하여 그곳에 묻혔기 때문에 그곳을 회계(會稽)라 명명하였다 한다. 회계는 회계(會計: 회합하여 심사하다)라는 뜻이다."[9]

회계(會稽)라는 지명의 유래에 대해 사마천은 「하본기」 찬에서 위와 같이 밝혔다.

학자들이 주나라가 은나라를 친 이후에 경성을 낙읍(洛邑)에 두었다고 생각하는 관점에 대해서도 사마천은 「주본기」 찬에서 이렇게 밝혔다.

"학자들은 주(周)가 주(紂)를 정벌한 후 낙읍에 도읍을 정했다고 하지만 그 실상을 종합해 보면 그렇지 않다. 무왕이 낙읍에 도읍을 건설하고 성왕이 소공에게 점을 치게 했다. 과연 살기에 적당한지를 물어서 그곳에 구정(九鼎: 9개의 보정)을 옮겨왔으나 주는 다시 풍(豊)과 호(鎬)에 도읍을 정하였다. 견융이 유왕을 물리치자 비로소 낙읍으로 동천했다. '주공이 필(畢)에서 장사지내다'에 나오는 필(畢)은 호경의 동남쪽에 있는 두중(杜中)이다."**10**

전국(戰國) 말년 조(趙)나라의 훌륭한 장수 이목(李牧)이 피살되자 태사공은 말하였다.

"내가 풍왕손(馮王孫)이 말하는 것을 들으니 '조나라 왕 천(遷)의 어머니는 창기였는데 도양왕(悼襄王)의 총애를 받았다. 도양왕은 적자 가(嘉)를 폐하고 천을 태자로 세웠다. 천은 원래부터 품행이 단정하지 못하였고 참언을 믿어 훌륭한 장수 이목을 죽이고 곽개(郭開)를 기용하였다'고 하였다."**11**

「자객열전」의 찬에서는 이렇게 말하였다.

"세상에서 말하는 형가의 일 가운데 태자 단의 운명에 대하여 말하기를 '하늘에서 곡식을 내리고 말에게서 뿔이 났다'고 하는데 너무 지나치다. 또한 말하기를 형가가 진왕에게 부상을 입혔다고도 하는데 모두 옳지 않다. 전에 공손계공과 동생이 하무저와 교유를 하여 그 일에 대하여 샅샅이 알고 있어서 내게 이와 같은 것들을 말해주었다."**12**

사마천은 고증하고 연구하여 실상을 보이는 것을 중시하였다. 학습 연구 방면에서의 체현만 중시한 것이 아니라 현장에서 고찰하는 것 또한 중시한 것이다. 장도에 올랐을 때도 마찬가지였다. 수천 리나 되는 길을 거치면서 매우 많은 곳을 지나게 되었는데, 그는 보고 들은 것의 조사를 통하여 유관 인물과 사건의 진상을 밝혀냈다. 이는 『사기』의 적지 않은 곳에서 그대로 고스란히 드러나고 있다.

한나라 초의 소하와 조참, 번쾌, 등공은 모두 유명한 승상과 장군이었다. 사마천은 그들을 조사한 바를 이렇게 말했다.

"풍패(豊沛)에 가서 그곳의 늙은이들에게 물어보고 옛 소하와 조참, 번쾌, 등공의 집, 그리고 평소의 생활을 살폈더니 들은 것이 기이하였다! 바야흐로 그들이 칼을 휘둘러 개를 잡고 비단을 팔 때는 어찌 스스로 천리마의 꼬리에 붙어 한나라의 조정에 이름을 드리우고 덕이 자손들에게까지 미칠 줄 알았겠는가? 내 번타광(樊他廣)과 친하였는데 고조의 공신들이 흥하였을 때는 이 정도였다고 말해주었다."[13]

장도를 통하여 이 인물과 일들에 대하여 사실 고증을 한 것은 아주 볼 만하다.

"내가 대량(大梁)의 옛 터를 지나면서 이른바 이문(夷門)을 찾아서 물었다. 이문은 성의 동쪽 문이다."[14]

"내 일찍이 설(薛)현에 들른 적이 있는데 그 마을에는 거의가 흉포하고 사나운 자제들로 추(鄒)나라 노(魯)나라와는 달랐다. 그까닭을 물었더니 이렇게 말하였다. '맹상군이 천하의 임협들을 초치하니 간사한 사람들이 설현에 들어온 것이 6만여 가구나 되었습니다.' 세상에서 전하기를 맹상군이 객을 좋아하여 정말 기뻐한다 하더니 명성이 헛된 것이 아니다."**15**

"내가 일찍이 대량성을 찾았다. 그곳 사람이 말하기를 '진(秦) 나라 군이 대량을 공격할 때 강물을 끌어들여서 대량성을 수몰시키는데 3개월이 지나자 성이 물에 잠겼다. 이에 위나라 왕이 투항함으로써 위나라가 멸망하였다'고 하였다."**16**

이런 사실의 고증은 자연히 진실 되고 꾸밈없는 역사를 남기게 되었다.

붓을 잡고 곧게 써내려가는 것은 사마천이 사실을 추구한 정신 가운데서도 가장 광채를 발하는 체현이다. 역사 인물에 대한 평가에서 올곧은 문장으로 사실을 파헤쳤다. 이를테면 전국시대의 종횡가 소진(蘇秦)의 경우를 보면 알 수 있다. 조(趙)·한(韓)·위(魏)·제(齊)·연(燕)·초(楚)의 육국 합종(合縱)을 발동시킴으로써 진나라가 제호(帝號)를 폐하고 승복하게 하였다. 또한 부분적으로 침탈한 땅을 돌려주게끔 압박하였다. 나중에 이간질로 떼어놓는 계책인 반간계(反間計)를 시행하다가 피살되어 천하의 사람들이 모두 그를 비웃고 그의 권모와 술수를 회피하게 되었다. 그러나 세상에 전하는 소진의 사적에는 다른 곳이 많다. 심지어는 시기적으로 같지 않은 일도 소진과 비슷하면 모두 그에게 갖다 붙였다. 사마천은 사실의 추구를 위해서 그가 써낸 소진의 지모가 출중한 합종책을 바로잡기로 했다. 시간 순서대로 그 경력과 사적을 배열하여 그가 사람들에게 좋지 않은 명성을 뒤집어쓰

풍패(豊沛) 출신의 유방(위 왼쪽)과 소하(위 오른쪽), 번쾌(아래 왼쪽), 그리고 조참
(아래 오른쪽)

는 것을 면하게 하였다.

진나라 장수 몽염(蒙恬)에 대한 것도 있다. 진(秦) 2세 황제에게 피살된 몽염에게 사람들은 동정심을 많이 가지고 있었다. 몽염 스스로도 자기가 죽는 까닭을 장성을 수축하면서 지맥을 끊어놓 았기 때문이라고 생각하였다. 사마천은 전 뒤의 찬에서 몽염을 이렇게 평하였다.

"내가 북쪽의 변새로 갔다가 직도(直道)로 돌아오는 길에 가면 서 몽염이 진나라를 위하여 쌓은 장성과 보루를 보았다. 산을 파 고 골짜기를 메워 직도를 통하게 하였으니 실로 백성의 힘을 가 볍게 하였다. 저 진나라가 막 제후를 멸하였을 때는 천하의 마음 이 채 안정되지 않았고 상처가 채 낫지도 않은 때였다. 몽염은 명 장으로 이때 힘껏 간하여 백성의 급박함을 떨쳐 일으키고 노인을 봉양하고 고아를 지켜주어야 했다. 뭇 사람들이 화합하도록 힘 쓰지는 않고 뜻에 아부하여 공을 일으켰으니 이에 그 형제가 죽 임을 당하는 것도 또한 마땅하지 않겠는가! 어찌하여 곧 지맥에 죄를 돌리는가?"[17]

선을 헛되이 하지 않고 악을 숨기지 않는 것, 특히 악을 숨기지 않는 것이야 말로 사가(史家)의 인격, 심지어는 생명에 대한 고증 과 증거이다. 제나라 태사의 간독(簡牘)에 보이는 것과 진(晉)나라 동호(董狐)의 붓에서 보이는 것이 바로 붓을 잡고 곧게 써내려가 는 것의 전범(典範)이다. 사마천의 실제 정신은 당대의 시사(時事) 중에서 표현한 것이 지극히 보배롭다. 여기서는 한고조 유방(劉

邦)과 한무제 유철(劉徹)에 대한 일 한 가지씩만을 들어 본보기를
보인다.

한고조 유방은 천하를 얻었다. 그러나 사마천의 붓 아래서는
결코 신이 아니었다. 군권(君權)을 하늘이 준 것이 아니라 생생하
게 살아가는 사람이자 평민에서 황제가 된 사람이었을 따름이었
다. 그는 남보다 월등한 지략을 가졌고 사람을 잘 썼지만 몸에는
늘 건달기질이 있었다. 초나라와 한나라가 패권을 다툴 때였다.
한번은 항우가 유방의 부친인 태공(太公)을 삶아 죽이겠다고 위
협하였다.

유방은 즉시 건달의 말투로 말을 꺼냈다.

"나와 항우는 모두 북면하여 회왕(懷王)의 명을 받고 '형제가
되기로 약속한다'고 하였으니 나의 아버지가 곧 그대의 아버지
이니 반드시 네 아버지를 삶고자 한다면 나에게도 국 한 그릇을
나누어주기 바란다."[18]

황제가 된 후에는 미앙궁(未央宮)의 전전(前殿)에서도 그의 아
버지에게 빈정거리듯 말하였다. 그것도 신하들의 면전에서 건달
기질을 펼쳐 보인 것이다.

"당초에 대인(大人: 부친인 태상황)께서는 항상 내가 재주가 없어
서 생업을 꾸려나가지 못할 것이며 둘째 형 중(仲)처럼 노력을 하
지 않는다고 하였습니다. 그런데 지금 내가 이룬 업적을 유중과
비교하면 누가 더 많습니까?"[19]

이 말을 듣고 전상(殿上)의 신하들은 모두 만세를 부르고 크게

웃으며 즐거워하였다. 그 맏형수에 대해서도 좋지 않은 감정을 숨기지 않았다. 유방은 미천하였을 때 늘 맏형수의 집에 가서 빈객과 함께 밥을 먹었다. 형수는 그런 그를 싫어했다. 한번은 유방이 또 빈객과 함께 형수의 집에 이르자 형수는 거짓으로 밥을 다 먹은 척하면서 국자로 솥을 긁었다. 빈객은 돌아갈 수밖에 없었으나 교활한 유방은 그냥 지나치지 않았다. 밥솥에 아직도 국이 있는 것을 보았고 이때부터 형수를 원망하였다. 그 일은 황제가 된 후 보복으로 드러냈다. 유방은 가족들에게는 모두 이런저런 관작을 주어 봉해주었다. 다만 형수의 아들에게만은 미적미적하며 어떤 관작도 봉하지 않았다.

태상황이 재촉을 하자 유방은 그제야 기억을 해낸 듯 무심히 대꾸했다.

"그 어미가 후덕하지 못해서입니다."[20]

이렇게 말하고는 형수의 아들을 갱힐후(羹頡侯)로 봉하였는데 국자로 솥을 긁었기 때문임을 깨닫게 하기 위함이었다.

신하를 대할 때면 유방의 건달기질은 더욱 심하였다. 「역생육가열전(酈生陸賈列傳)」에서 "선비를 좋아하지 않아 유관을 쓴 손님들이 찾아오면 패공은 바로 그 관을 벗기고 그 속에 오줌을 눈다"[21]고 하였다. 면전에서 유생의 모자에 오줌을 눈다면 무슨 체통이 있겠는가! 장락궁(長樂宮)이 완성되자 신하들이 모두 숙손통(叔孫通)이 정한 조정의 의례를 가지고 내조하였다. 이때 어사가 법을 집행하여 의식대로 행하지 않으면 바로 끌고 나갔다. 마침내 조정에 술을 차려놓아도 감히 떠들썩하게 예를 잃는 자가 없었다. 이에 고제가 말하였다.

"내 오늘에야 황제가 되는 것이 귀한 것임을 알았도다."[22]

무제 유철은 사마천으로 말하면 '자신이 살고 있는 시대'의 임금이었다. 그럼에도 결코 미화하려 하지 않았다. 오히려 아주 가까운 당대의 일을 드러내는 말은 공자도 기피하고 꺼린다고 하여 이렇게 말했다.

"공자가 『춘추』를 지을 때 은공(隱公)과 환공(桓公) 사이는 (기록이) 분명한데 정공(定公)과 애공(哀公) 사이에는 간략하였으니 당대에 가까운 문장이라 기릴 수 없어서 기휘한 말이기 때문이다."[23]

노은공과 노환공 사이의 일은 기록이 분명한데 노정공과 노애공 때의 기술은 숨기고 드러내지 않았다. 이는 당대에 가까운 것이어서 헛된 미화를 하는 것을 꺼린 문장이기 때문이라는 것이다. 이런 생각으로 사마천은 오히려 무제의 단점을 그대로 폭로하였다. 이를테면 장생(長生)에 대한 망상과 미신으로 귀신을 섬긴 일 따위이다. 이는 「봉선서」에 충분히 체현되어 있다. 속임수에 능한 방사 이소군(李少君)이 무제에게 부엌신에 제사지내고 벽곡(辟穀: 오곡의 곡기를 끊음)의 도(道)와 늙음을 물리치는 도를 바쳤는데 그 말은 이러하였다.

"부엌신에 제사지내면 기이한 물건을 얻을 수 있습니다. 기이한 물건을 얻으면 단사(丹沙)를 이용하여 황금으로 바뀌게 할 수 있으며, 황금으로 음식 담는 용기를 만들어 사용하면 장수하게 됩니다. 장수하게 되면 바다에 떠 있는 봉래(蓬萊)의 신선을 볼 수 있으며, 이를 본 이후에 천지에 제사를 지내면 불로장생할 수 있습니다."

무제는 과연 그것을 맹목적으로 믿어 일일이 그대로 행하였는데 이소군이 병에 걸려 죽게 될 줄은 꿈에서조차 생각지 못하였을 것이다. 무제는 마침내 이소군을 신선이라고 생각하여 '신선으로 화하여 떠난 것이지 죽지 않았다'고 생각하였다. 나중에는 끝내 미신이라는 수렁으로 더욱 깊이 빠져들었다.

제나라 사람 소옹(少翁)이 귀신을 불러들이는 방술로 한무제를 배알하자 무제는 소옹을 문성장군(文成將軍)에 임명하였다. 소옹은 또 무제에게 신과 말을 할 수 있다는 아부까지 했다. 결국 거짓이 탄로 나는 바람에 소옹은 무제에게 죽임을 당하였다. 그러나 "천자는 문성(소옹)을 죽이고 나서 그가 일찍 죽은 것을 후회하고 그 방술을 다하지 않은 것을 안타깝게 여겼으며" 방사 난대(欒大)를 만나자 매우 기뻐하였다. 난대는 감히 큰소리를 쳤다. 늘 바다를 왕래하면서 안기생(安期生)과 선고문(羨高門) 같은 신선을 만났다고 떠들었다. 그 스승도 난대에 대해 과장해서 말했다. 황금을 연금하여 만들어낼 수 있고 황하의 터진 둑도 막을 수 있으며, 장생불사하는 약을 얻을 수 있고 마음만 먹으면 신선도 불러올 수 있다고 하였다. 무제는 이를 경솔하게 믿어 난대에게 오리장군(五利將軍)직을 주고 낙통후(樂通侯)에 봉하였다. 아울러 위황후(衛皇后)의 장녀를 그에게 시집보내기에 이르렀다. 마침내 그에게 여섯 인장을 차게 하여 천하에 현귀(顯貴: 지위가 드러나게 높음)하게 되었으나 나중에 난대 또한 죽임을 당하였다. 선사(仙師)를 보았다는 망언에도 그 방술이 징험을 보일 수 없었던 까닭이었다.

그럼에도 무제는 여전히 미신에 집착했다. 자신의 무지함을 깨닫지 못하고 신선술과 장생을 추구하게 되었다. 동쪽으로 바닷가를 순시하면서 제나라 사람이 상소하여 신기하고 괴이한 말을 만(萬)을 헤아릴 만큼 하였지만 효험이 없었다. 이에 아예 배를 띄워 수천 명을 보내어 봉래의 신선을 찾아보게 하였다. 나중에는 방사의 괴이한 말에 싫증을 느꼈으나 무제는 스스로가 여전히 얽매여 헤어나지 못했다. 진정한 신선을 만나기만을 바랄 뿐이었다. 사마천은 이러한 무제의 가소로운 행위에 깊이 메스를 들이댄 것이다. 귀신에 대한 미신과 장생불사를 바라는 무제의 행위가 어리석음에 대해 정곡을 찔렀던 것이다.

사마천의 사실을 추구하는 정신은 고수하기 어렵고 귀중한 것이다. 그 때문에 세상에 진실 되고 꾸밈없는 역사를 남긴 것이다. 이처럼 정기가 청사에 충만하여 사마천『사기』는 후세의 사가들에게 영원한 전범을 드리울 만한 것이 되었다.

3. 『사기』의 민족관

사마천의 민족사관이라는 진보적인 역사관의 주요 방면은 중화민족의 발전사상 현저한 지위를 가지고 있다. 그는 첫째 대일통의 민족 개념을 제기하였다. 그 전에는 중원을 중심으로 자기는 높이고 남은 낮추는 관점이 보편적이었다. 자기를 높이는 것은 지존이며 지대하여 다른 사람이 범할 수 없는 것이 정통이다. 남을 낮춘다는 것은 동이(東夷)와 서융(西戎), 남만(南蠻) 그리고 북적(北狄)이다. 『시경·노송·비궁(魯頌·閟宮)』에는 이런 구절이 있다.

"융적 응징하고, 형서 징벌하네.(戎狄是膺, 荊舒是懲)"

"해변에 이르니, 회이와 만맥과, 저 남쪽의 오랑캐들이 따르지 않는 이 없다네.(至于海邦, 淮夷蠻貊, 及彼南夷, 莫不率從)"

전국시대에 유행한 관점은 이적(夷狄)의 나라에 임금이 있는 것이 화하(華夏)의 나라에 (임금이) 없는 것만 못하다는 것이었다. 사마천은 대일통의 역사관을 가지고 『사기』를 지었다. 그는 중화민족 3천 년의 발전사를 관통해서 황제로부터 시작하여 하(夏)·상(商)·주(周)·진(秦)을 거쳐 한나라에 이르기까지 대일통의 형국은 형제민족으로 아울러 열전을 지었다. 다섯 민족의 사전(史傳)은 중화민족에 대한 응집과 나중의 발전에 모두 중요한 작용을 하였다.

대일통의 역사관은 사마천이 화하민족을 응집시킨 탁월한 식견이었다. 이는 전설과 역사에서 제련해낸 민족 일통의 이론에 근거한다. 황제에서 시작하여「오제본기」의 나머지 네 사람은 모두가 황제의 자손이다. 손자는 전욱(顓頊)이고 증손자는 제곡(帝嚳)이다. 제곡의 아들은 제요(帝堯)이고 황제의 8세손은 제순(帝舜)이다. 하왕조의 건립자 하우(夏禹)는 황제의 현손(玄孫)이며, 상

왕조의 건립자 성탕(成湯)의 선조는 은설(殷契)이다. 그 어머니는 제곡의 둘째 비(妃)이다. 주문왕의 선조 후직(后稷)도 그 어머니는 제곡의 비이다. 진(秦)나라에 이르러서 "진나라의 선조는 제 전욱의 아득한 후예이다." 한나라가 천하를 얻어서는 더욱 주(周)나라를 이어서 그렇게 하였다. 이것이 큰 단서(端緒)이다.

제후국과 형제 민족에 대한 '뿌리' 또한 사마천이 많이 천발(闡發: 드러내어 나타내거나 밝힘)하였다. 「오태백세가(吳太伯世家)」의 찬에서는 말하였다.

"내가 『춘추』의 고문을 읽어보고서야 중국의 우(虞)와 형만(荊蠻)의 구오(句吳)가 형제임을 알았다."(태백은 형만으로 달아나 자호를 구오라 하였다.) 「제태공세가(齊太公世家)」에서는 태공망(太公望) 여상(呂尙)이 큰 공을 세웠음을 밝혔다. 그 선조가 사악(四嶽)의 관리를 지낸 적이 있는데 대우(大禹)를 도와 물과 땅을 안정시킨 것이다. 「초세가(楚世家)」에서는 초나라의 선조는 제 전욱과 고양(高陽)에게서 나왔다고 하였다. "진호공(陳胡公) 만(滿)은 우제순(虞帝舜)의 후손이다"라고 한 것은 「진기세가(陳杞世家)」다. 「월왕구천세가(越王句踐世家)」에서는 또 이렇게 말했다.

"월나라 구천은 그 선조가 우(禹)의 아득한 후손이다. 그리고 하후제(夏后帝) 소강(少康)의 서자이다."

정(鄭)과 조(趙), 위(魏), 한(韓), 노(魯), 연(燕) 등과 같은 제후국은 모두 황제 및 그 후예들과 혈연관계가 있다. 다섯 형제 민족은 사마천의 고증에 의하면 모두가 중화민족의 일원이다.

"남월왕(南越王) 위타(尉佗)는 진정(眞定) 사람으로 성은 조(趙)씨이다."

"민월왕(閩越王) 무제(無諸) 및 월동해왕(越東海王) 요(搖)는 그 선조가 모두 월왕 구천의 후손으로 성은 추(騶)씨이다."

서남이(西南夷) 또한 안으로 복속하기로 청하였으니 이는 모두 천자의 신민(臣民)이다. 그래서 사마천은「태사공자서(太史公自序)」에서 각 민족의 역사가 통일을 향해 달려가는 추세와 결과를 크게 긍정적으로 보았다.

"한나라가 이미 중국을 평정하였을 때 조타(趙佗)는 양월(楊越)을 안정시켜 남쪽 변방을 지킬 수 있었으며 공물을 바쳤다.「남월열전」제53을 지었다."[24]

"오나라가 반란을 일으키자 동구(東甌)의 사람들은 유비(劉濞)를 참하였으며 봉우(封禺)를 보위하여 신하가 되었다.「동월열전」제54를 지었다."[25]

"당몽(唐蒙)이 야랑(夜郎)을 빼앗고 개통시키자 공(邛)과 착(筰)의 임금은 내신이 되기를 청하여 관리를 받아들였다.「서남이열전」제56을 지었다."[26]

양월(兩越)과 서남이 등 주변민족은 모두 천자의 치하에 있기를 바라 함께 한나라의 판도로 들어갔다. 이런 것은 모두 민족 일통 사상임을 선명하게 표현하였다.

서남이 각 민족은 각자의 특징을 가지고 있다. 그들은 한조의 서부 변방에 소재한 군인 파·촉을 중심으로 남쪽은 남이(南夷),

黃帝

奉贊兩儀
創興百制德靡
摩文澤流萬世

夏禹

孔聖無間廣寧傳心
澤流萬世勤惜寸陰

帝嚳

九詔中和萬方悅服
動時親中德裝色郁

后稷

主我烝民其匪爾極
終古蒙恩與天合德

중화민족의 시조인 황제(위 왼쪽)와 하나라의 시조 우(위 오른쪽), 제곡(아래 왼쪽)과
주나라의 선조 후직(아래 오른쪽). 상의 선조인 은설(殷契)의 어머니는 제곡의 두 번
째 비이고, 주나라의 선조 후직의 어머니는 강원(姜嫄)의 비이다.

서쪽과 북쪽은 서이(西夷)이다. 서남이의 지리 형세는 복잡하고 민족의 성분 또한 복잡하다. 다만 당몽(唐蒙)이 사신을 통한 후에 서남이 각 부락은 전후로 한조와의 연계를 강화하여 마침내 일통의 도로로 달려갔다.

한나라 북방에 거주하는 흉노의 선조 순유(淳維)는 하후(夏后) 씨의 먼 후예다. 당요와 우순 이전에 산융(山戎)과 험윤(獫狁) 그리고 훈육(葷粥)이 있었다. 이들은 북부의 황량한 곳에 거주하면서 목축을 따라 옮겨 다녔다. 흉노의 역사는 유구하다. 중국 고대 북방의 강한 민족인데 「오제본기」의 기록에 의하면 황제가 훈육을 북쪽으로 쫓아냈다. 훈육은 곧 흉노다. 흉노는 훈육의 음가가 바뀐 것이거나 또 다른 일종의 표기법이다. 이는 흉노가 일찌감치 중원과 이해관계가 얽혀 있었다는 것을 설명한다. 중화민족은 3대를 거쳐 발전하여 진한에 이르러 일통을 이룬다. 흉노는 전국 시대 후기에 흉노 및 동호(東胡)의 두 큰 부족으로 통합을 이루었다. 진한 때 이르러 흉노의 묵특(冒頓)이 그 아비 두만(頭曼)을 죽이고 스스로 선우가 되었다. 그 후 동호를 멸하고 월지(月氏)를 쳤으며 남으로 연대(燕代)를 침략하여 통일되기 시작했다. 이러한 흉노는 중원의 정권에 매우 위협적이었다. 이에 진나라 때 몽염이 30만의 군사를 거느리고 장성을 쌓아 흉노를 막았다. 한대에 이르러 흉노는 수차례의 중대한 군사적 투쟁을 진행했다. 흉노의 한나라에 대한 위협은 한무제 때에 이르러서야 해결이 되었다.

이에 대해 사마천은 이렇게 말하였다. "삼대 이래로 흉노는 늘 중국의 근심과 재해거리였다. 강하고 약한 때를 알아야 대비하고 토벌할 수 있었으므로 「흉노열전」 제50을 지었다."[27]

이것이 바로 사마천이 흉노를 상세히 연구한 원인이다. 또한 9천여 자나 되는 편폭(篇幅: 길이)을 할애하여 만 리나 떨어진 흉노에 한 민족의 실체를 부여하여 서술한 까닭이다.

「대원열전」은 『사기』에서 아주 돌출되어 부각되도록 처리하였다. 태사공은 「태사공자서」에서 이를 밝혔다.

"한나라가 대하(大夏)와 사행을 트자 서쪽 끝의 먼 오랑캐도 목을 늘이고 안을 향하여 중국을 보고자 하였다. 「대원열전」 제63을 지었다."[28]

장건(張騫)이 대원을 찾아가 만나본 다음 부분에 이어서 말하였다.

"천자는 대원(大宛) 및 대하(大夏) · 안식국(安息國) 등이 모두 대국인 데다 기이한 물건이 많고 정착하여 살았다. 자못 중국과 생업이 같으며 군사는 약하고 한나라의 재물을 귀하게 여겼다. 그 북쪽에는 대월지(大月氏)와 강거(康居) 등의 나라가 있으며 군사가 강하여 재물을 보내주고 이익을 주면 조회할 수 있다는 것을 들었다. 또한 실로 얻어서 의로 복속시키면 만 리의 땅을 넓힐 수 있을 것이다. 여러 차례의 통역을 통하여 다른 풍속을 이르게 하면 위엄 있는 덕이 사방에 두루 펼쳐질 것으로 보았다."[29]

천자는 기뻐하며 마침내 서남이와 통하고 오손(烏孫), 대원, 대하의 여러 나라와도 손을 잡았다. 장건은 전략적 측면을 고려하여 사신으로 나가 무제에게 진언했다. 오손이 흉노를 제어할 만한 중요한 역량을 가지고 있다고 간하였다. 이에 무제는 장건의 의견을 받아들여 오손에 이어 그 서쪽 대하의 족속까지 모두 불러와 외신(外臣)으로 삼았다. 장건은 이에 오손과 대원, 대하 등지 및 여러 이웃 나라로 출사하였다. 이 국가들은 마침내 한나라 왕조와 내왕하였다. 장건의 서역 출사는 한나라의 위엄과 덕을 전파하고 전에는 들어보지 못했던 많은 정보를 얻어냈다. 덕분에 전에는 미처 알지 못했던 상황에 대하여 알게 되어 이러한 '착공(鑿空: 새로이 길을 뚫어냄)'은 아주 큰 성공을 이루었다.

장건이 세상을 떠난 후 한나라는 영거(令居) 서쪽에 비로소 성을 쌓았다. 처음으로 이곳에 주천군(酒泉郡)을 설치하여 서북방의 나라와 왕래하였다. 나중에 대원이 한나라 사자를 공격하여 죽이고 그 재물을 빼앗았다. 무제는 대노했다. 결국 흉노의 대원에 대한 통제를 깨뜨린 것이다. 또한 대원의 한혈마를 얻기 위한 목적으로 한나라는 대원을 상대로 전쟁을 일으켰다. 한나라는 대원에게 한나라와 강화하도록 압박하였다. 이로부터 한나라 정부는 윤태(輪台)와 거리(渠犁) 등지에 수백 명의 군사를 주둔시켰다. 둔전의 개간과 사장교위도호(使長校尉都護)를 설치하기에 이르렀다. 이는 곧 한나라 왕조가 서역에다 행정기구를 설치하기 시작한 시초이다. 천산(天山) 남북지구는 제1차로 내지와 일체가 되어 중화민족 발전사상 매우 심원한 의의를 가지고 있다.

다섯 민족의 사전(史傳)에서 사마천은 그 생활지역, 경제, 문화

장건서역출사상(張騫西域出使像)

및 민족 풍속 등을 모두 일일이 소개하였다. 이를테면 흉노의 물과 풀을 따라 이동하는 목축 생활이라든가 서남이 각 부락 민족의 특징, 대원의 풍속 특산과 서역의 풍정(風情) 등이다. 또 남월이 형성된 원인 및 한나라에 예속되게 된 상황, 동월이 진나라에 반기를 들고 한나라를 도운 것, 내신이 되기를 청한 대략적인 맥락 등도 있다. 그는 첫 번째로 민족의 구역을 한나라 제국의 판도 내로 편입시켜 서술하였다. 각 민족을 모두 천자의 신민(臣民)으로 본 것이다. 아울러 민족 실체의 객관적인 존재를 가지고 역사를 기술하였다. 사마천은 민족의 일통을 찬송하고 또한 정치와 경제, 문화의 여러 방면의 논증에서 일통의 추세와 조건을 지향하였다. 사마천의 진보된 민족 일통사상은 매우 귀하여 나중의 다민족이 통일된 중국에 끼친 영향 또한 매우 크다.

4. 『사기』의 경제 사상

『사기』는 사마천의 정치 군사 문화 등과 같은 여러 가지 방면의 사상을 관통하고 있을 뿐만 아니라 경제 사상 또한 그 중심을 관통하고 있다. 이런 경제사상은 사마천이 홀로 우뚝 서서 행한 표지이자 획기적인 공헌이다. 그 이전의 사학에서는 경제 방면은 언급될 수 없었다. 그 후의 관찬 사서에서도 이 방면의 내용에 대해서는 그다지 세세하게 제기하고 있지 않다. 이른바 「식화지」 같은 것은 토지제도 및 징세(徵稅)에 대하여 거듭 말하고 있다.「화식열전」의 이론 체계와 사상의 고도(高度) 또한 사마천이 집대성한 치생술(治生術)로 발전시키고 생산한, 경제사상으로 커다란 차별성이 있다. 사마천은 전에 없이 상업경제의 특징을 고찰하였다. 경제 및 정치와 도덕 민속간의 관계를 고찰하여 완정한 발전경제 이론을 제기하였다. 생산의 발전, 교환의 확대는 국가와 집을 부유하게 한다. 이런 새로운 사유와 새로운 관점을 포함하고 있는 경제사상은『사기』에서 찬란한 광채를 발하고 있다.

사마천의 경제사상은 주로「화식열전」과「평준서」등 몇 편에서 표현된다.「화식열전」의 명칭은 식(殖)은 키우는 것이고, 화식(貨殖)은 재화(財貨)와 재리(財利)를 키운다는 뜻에서 취하였다.「평준서」의 명칭은 관부(官府)의 물자를 융통하고 물가를 잡는 조치에서 따왔다. 곧 비싸면 팔고 싸면 사들임으로써 부유한 대상인들이 큰 이익을 점하지 못하게 하는 것이다. 만물의 물가가 맹렬히 뛰지 못하게 하는 것이므로 근본으로 돌아가는 것이 중심사상이다. 천하의 사물을 누르는 것을 평준(平準)이라고 한다. 이런 면에서「화식열전」과「평준서」는『사기』의 다른 편장과는 큰 차별이 있다.「화식열전」은 여러 가지 설명과 논의를 섞어가며 의론을 주로 한다.

"천하가 왁자한 것은 모두 이익 때문에 오는 것이고, 천하가 시끌벅적한 것은 모두 이익 때문에 가는 것이다."[30]

범려(范蠡)와 자공(子貢), 백규(白圭), 의돈(猗頓) 같은 무리 30여 명을 의론의 증거로 삼아 기타 인물의 열전과는 크게 다르게 하였다. 「평준서」는 한무제의 이(利)를 다투는 정책이 가져온 병폐에 치중하여 논평 서술하였다. 즉 염철(鹽鐵)의 관영(官營)과 평준의 균수(均輸), 민전령(緡錢令), 고민령(告緡令) 등 "중류층 이상이 대체로 모두 해를 입게 한"**31** 것은 지극히 완전하여 결함이 없이 공교로우니, 둘을 합쳐서 재산을 불리고 이익의 기회를 다투며 근본을 없애고 말을 추구하여 경제적인 쇠퇴에 이르는 것을 서술하였다. 「화식열전」이 문제와 경제 때의 경제의 상승을 긍정하고 상업을 찬송한 데 비하여 「평준서」는 다르다. 무제 때의 경제정책을 풍자하고 옳고 그름과 선악을 판단하여 구분하여 서로 상반된다. 사마천의 경제사상은 주로 다음의 네 방면으로 표현된다.

농공상우(農工商虞)를 모두 중시한 것이 그 첫째다. 본(本)업을 중시하고 말(末)업을 억누르는 사상은 주나라와 진나라가 일관되게 추진하였다. 이곳의 '본(本)'은 농(農)을 가리키고 '말(末)'은 상(商)을 가리킨다. 상인은 재부를 창조하지 않는 자로 간주되었다. 한비(韓非)는 심지어 상공에 종사하는 사람을 '다섯 좀벌레[五蠹]' 중의 하나로 배척하기까지 했다. 사마천은 이런 정책이 사회생산력의 발전을 저해한다고 생각했다. 상업의 생산과 발전은 더더욱 사회가 진보해나가는 데 꼭 필요하고 필연적인 것이라고 하였다. 그는 「화식열전」의 첫머리에서 노자(老子)의 소국과민(小國寡民)의 무지(無知)와 무욕(無欲)은 일찌감치 그 시기가 지나갔다고 했다. 경제발전의 추세와 인욕이 변천하는 이치는 역사의 필연이라는 설명도 덧붙였다.

『시』와『서』가 우하(虞夏)를 말한 이래 다음과 같이 설명했다.

"귀와 눈은 성색의 좋음을 다하고자 했다. 입은 가축의 고기 맛을 다하고자 하며, 몸은 한적하고 안락함을 편히 여기고 마음은 권세와 권능의 큰 부림을 자랑한다"[32]고 하였는데 바로 경제의 발전에 따라 점진적으로 형성된 것이다. 경제와 사람 사이 풍속의 발전에서 보듯이 농공상우(虞: 산림과 하천·저수지에 관한 일을 관장하는 벼슬)의 일이 나누어진 것은 자연히 그렇게 된 것이다. 그는 산서(山西)와 강남(江南), 용문(龍門)에서 갈석(碣石) 이북의 산물을 예로 들었다. 하늘이 내려주고 백성들이 창조한 재부(財富)를 이렇게 설명했다.

"농부들이 경작하고 산림과 천택의 일에 종사하는 사람들이 내며, 공인들이 가공을 하고, 장사치들이 유통시킨다."[33]

이는 정부의 정령(政令)이 시킨 것이 아니라 필연적인 일이다. 그는『주서(周書)』의 말을 인용하여 말하였다.

"농부가 생산해내지 않으면 먹을 것이 부족해지고, 공인들이 생산해내지 않으면 일이 부족해진다. 장사치가 내지 않으면 (농공상의) 세 가지 보물이 끊기며, 산림천택의 종사자들이 내지 않으면 재화가 모자라게 된다.[34] 이 네 가지는 백성들이 입고 먹는 근원이다."[35]

본원(本原)이 넓고 크면 부요(富饒)해지고 본원이 좁고 작으면 빈곤해진다. 본원이 넓고 크면 위로는 부유한 나라가 되고 아래로는 부유한 가정이 된다. 사마천은 이 네 가지가 동시에 행해져야 한다고 강조하면서 중농 정책을 펴려면 상업을 결코 억압해서는 안 된다고 하였다. 상업으로 백성의 의식에서 근원의 고도를 끌어올려 그것을 국민생산의 총체적인 구조 가운데 놓고 고찰을 진행하였다. 아울러 제나라의 발전 역사를 끌어다 증명하였다. 제환공 때 제후를 규합하여 천하를 한번 바로잡은 것이 바로 이 네 가지 산업을 함께 행하여 국가를 부강하게 한 까닭이라고 설명하였다. 이런 농공상우를 함께 중시하는 것은 전국시대부터 한무제 때까지 봉행된 '본업을 중시하고 말업을 억압하는(重本抑末)' 정책에 대한 부정이다. 또한 한무제의 경제 정책에 대한 부정이다. 사마천은 농공상우 네 가지 산업을 함께 행하는 것이 나라와 국민을 부유하게 해주는 형세이며 생산력을 발전시키는 형세라는 것을 알았다. 이런 탁월한 역사 인식은 「평준서」의 찬에서 8자로 응축시켜 예리하게 표현하였다.

"사물의 추세가 흐르는 것은 서로 부딪쳐 그렇게 한다."[36]

사물의 발전과 시세의 변화는 사회경제의 발전이 형성되게끔 촉진시켰다. 처음에는 이 발전이 규율성이 되는 탐색에 대해 창시하였다. 평평해지면 붙였고 아래쪽으로는 깊게 하였다. 옆으로는 넓혔으며 위쪽으로는 뛰어넘었으니 더욱이 역사 인식의 탁월함을 보여준다.

두 번째로는 물질에 대한 추구는 사람의 본성이라는 것을 긍정적으로 보았다. 이(利)와 의(義), 물질과 도덕이라는 여러 명제에 관해서는 사마천에 앞선 사상가들 사이에 각기 설이 있었다.

144

백성이 먹을 것을 하늘로 여긴다는 것은 변할 수 없는 것이며 사람들의 물질에 대한 추구는 본성에서 나온다는 설이다. 그는 반박할 수 없는 사실의 지적이라 여겼다. 재상이나 장군, 미녀나 유협을 막론하고 모두 다 재물을 사랑한다. 이는 입으로는 인의와 도덕을 이야기하면서도 마음속으로는 돈을 생각하는 통치계급에 대한 영향력 있는 까발림이자 조롱이다. 사마천의 문필은 솟구쳐 오르고 세상의 물정[世情]에 통달하였다. 과감히 사실대로 말하면서 고담준론을 하지 않으니 이것이야 말로 바로 종횡무진으로 걸출한 표현이다.

무엇 때문에 이렇게 재부(財富)를 추구하게 되는지를 감안했다. 사마천은 그것이 자신들이 누리는 이외에도 또한 사회의 기풍과 도덕 등의 방면에도 영향을 끼치기 때문이라고 생각하였다. 그러기 때문에 창고가 차야 예절을 알고 의식이 족해야 영욕을 안다고 하는 것이다. 주나라와 진나라 사람들이 추숭한 '예(禮)'에 관하여 사마천은 물질 재부와 관련이 있다고 했다.

"예는 있는 데서 생겨나고 없는 데서 폐하여진다."[37]

부가 있다면 군자나 백성을 막론하고 모두 예가 있다. 군자의 부는 그 덕을 잘 행하고 소인의 부는 그 힘에 알맞게 한다. 못이 깊으면 물고기가 생기고 산이 깊으면 짐승이 산다. 사람이 부유하면 인의가 따라서 거기에 붙게 된다는 것이다. 부자가 세력을 얻으면 더욱 빛나고 세력을 잃으면 가는 손님이 없다. 그것 때문에 즐겁지 않게 되는데 이것이 바로 사람들이 재부를 추구하는 원인이다. 그래서 물질과 이익에 대하여서는 누구라고 말할 것도 없이 모두 서로 다투려 한다. 즉, "저 천승의 왕과 만호의 제후, 백 집의 봉군도 오히려 가난을 근심하거늘 하물며 필부며 호적에 편 입된 백성들이겠는가!"[38]라 하였다.

셋째, 경제는 사람의 사회적 지위와 국가의 정치 동향을 결정한 다. 사마천은 연구를 통하여 물질과 재부의 소유는 바야흐로 사람 들의 사회적 지위를 결정할 수 있다고 생각하였다. 이는 결코 통 치계급이 선양하는 부귀는 하늘에 달려 있다는 천명론이 아니다. 그는 「화식열전」에서 말하였다.

지금 녹봉이나 작위와 봉읍의 수입이 없는데도 즐겁기가 그와 비 견될 만한 사람이 있는데 '소봉(素封: 벼슬이나 작위가 없는 큰 부자)' 이라 한다. 봉해진 사람은 조세로 먹고 사는데 해마다 대략 호당 2 백 전이다. 천호의 봉군은 20만 전으로 조현하고 빙문, 헌납하는 것 이 거기서 나온다. 서민인 농부와 공인, 장사치들은 대략 연간 만 전 이면 이식이 2천으로 백만의 집이라면 20만이 되는데 순번의 요역과 세금이 거기에서 나온다. 입고 먹고자 하는 것을 좋아하는 대로 할 수 있다.[39]

소(素)는 공(空)이라는 뜻이다. 벼슬을 하지 않고 작록이 없는 사람을 일컫는다. 나름대로 거두어 길러줄 전원이 있으면 그 이 익은 봉군(封君)에 비견되므로 '소봉(素封)'이라고 하는 것이다. 돈을 가지면 달라져서 작읍이나 봉록이 없는 '소봉'인 사람도 봉록이나 작읍이 있는 봉해진 자와 비슷하게 된다. 백성이 집에 만 전을 가지게 되면 이율에 따라 매년 2천 전의 이식을 갖게 되고 이렇게 되면 모든 것이 여유만만 해지게 된다.

반대로 피지배인이나 피노역자로 전락하는 사람의 경우는 다음과 같다.

무릇 호적에 편입된 평민들은 부가 열 배이면 비하하고, 백 배이면 두려워하여 꺼리며 천 배이면 부림을 당하고, 만 배이면 종이 되는 것이 사물의 이치이다.[40]

보통 백성들은 재부가 다른 사람과의 격차가 열 배, 백 배, 천 배, 만 배가 나게 되면 그 정도 상황까지 비천하게 될 수 있다. 그래서 사마천은 「화식열전」과 「평준서」에서 이렇게 말한 것이다. 돈이 있으면 세력을 가져 "천금의 아들은 저자에서 죽지 않으며"[41], 돈이 있으면 "사람이 부유해지고 인의는 거기에 붙는다"[42]고 하였다. 돈이 있으면 속죄를 받을 수 있는데 사형도 거기에 포함된다.(사마천은 집이 가난하여 속죄금을 낼 수가 없어 부형에 처해졌다.) 돈이 있으면 "부를 빙자하여 오만방자한 짓을 저지르고 마을에서 제멋대로 날뛰었다."[43] 돈이 있으면 "부유한 장사꾼 가운데 어떤 사람은 재화를 모으고 빈민들을 사역시켜서 그 화물을 실은 수레가 수백 량에 이르렀다. 어떤 자는 성안에 살면서 싸게 사서 비싸게 팔아 읍에 봉해진 사람들이 모두 머리를 숙이고 돈을 빌렸다."[44] 부유한 상인들은 경영을 농단하여 마침내 국가 경제와 민생에까지 영향을 끼치게 되었다. "철기를 주조하고 소금을 만들어 어떤 사람은 재산을 억대로 모았으나 오히려 그들은 국가의 위급함은 돌보지 않아 백성들은 더욱더 곤궁에 처하게 되었다."[45] 빈자들은 노복의 지위로 전락하여 지배하고 부리는 대로 맡겨둘 수밖에 없었다.

경제는 한 국가의 정치동향에 밀접한 관계가 있어서 예로부터 하는 말이 있다. "정국거(鄭國渠)가 완성되자 진흙이 섞여 있는 경수의 물을 끌어왔다. 염분이 섞인 관중지방의 4만여 경에 달하는 농토에 관개하여 마침내 1무마다 1종씩 수확하게 되었다. 이리하여 관중평야가 비옥한 농토로 변하여서 흉년을 모르고 지냈다. 진나라는 이로 말미암아 부강해져서 마침내 여러 제후국들을 병탄하게 되었다."[46] 이것이 발전 생산과 부국강병을 강조하는 것이다. 단편적으로 이른바 인의도덕을 강조하는 까닭은 아니다.

지금으로 말할 것 같으면 그는 무제가 즉위한 몇 해의 일을 읊었다. 한나라가 흥한 70여 년간 나라에는 일이 없고 사람들은 자급자족을 했다. 미곡 창고는 꽉 차 있었고 창고에는 재화가 남아돌아 경제 역량이 장대하게 발전하였다. 지배계층의 생활 또한 한창 변화가 일어나고 있는 중이었다. "사물이란 성하면 쇠하기 마련이니 원래 이렇게 변하는 것이다."[47] 한무제는 대외적으로 확장을 하여 동구(東甌)를 불러들여 양월(兩越)을 평정하였으나 "강수와 회수 사이가 늘 소란스러워 많은 힘을 거기에 소비하였으며"[48], 조선을 평정하여 사군(四郡)으로 만들었다. 흉노와도 전쟁을 하는 등 병사(兵事)가 이어져 끊이지 않았다. 천하는 그것을 괴로워하였으며 전쟁은 날이 갈수록 불어났다. 전쟁을 위하여 백성들에게 약탈을 할 수밖에 없었다. 약탈성 정치는 공공연해졌고 심지어 혹리들을 불러들여 발톱을 세워가며 자기의 뜻을 관철하였다. 그 결과 한나라는 번영에서 급격히 쇠락의 길을 걷게 되었다.

넷째, "세리를 숭상하고 빈천을 부끄러워한다(崇勢利, 羞貧賤)." 이 말은 『한서』의 저자인 반고(班固)가 사마천을 완곡하게 표현한 말이다. 그는 사마천을 비평했다.

"화식(貨殖)을 서술하였으니 권세와 재리(財利)를 숭상하고 빈천을 부끄러워한 것이며 옳고 그름이 성인을 자못 그르쳤다."[49]

이는 분명 전통적인 관념을 가지고 비평한 것이다. 반고는 사마천의 경제 방면에 관한 탁월한 식견을 이해하지 못한 것이다.

사마천은 관자의 말을 인용하였다.

"창고가 차야 예절을 알고 의식이 족해야 영욕을 안다."[50]

"예는 있는 데서 생겨나고 없는 데서 폐하여진다. 그러므로 군자가 부유해지면 그 덕을 잘 행하고, 소인이 부유해지면 그 능력에 적합하게 된다."[51]

이어서 결론을 도출하여 다시 말했다.

"사람이 부유해지면 인의가 거기에 붙는다."[52]

그는 또 몇몇 실례를 열거하였다. 범려(范蠡)는 회계(會稽)의 치욕을 씻고 도읍(陶邑)으로 가서 주공(朱公)이라 일컫고 경영에 종사하여 물건을 쌓아 모아 때맞춰 이익을 좇았다. 19년간 세 차례나 천금을 벌었으며, 두 번이나 가난한 벗과 멀리 있는 본가의 형제들에게 나누어주었다. 이것이 바로 부유하면서 그 덕을 행하기를 좋아하는 군자인 것이다. 백규(白圭)의 장사 기술과 의돈(猗頓)의 염전으로 집안 일으키기, 곽종(郭縱)의 야철(冶鐵)은 왕자(王者)와 부가 버금갔다. 더욱이 한나라가 흥한 이래 각지와 다양한 사람을 표현하면서, 조정의 현달한 자이거나 또한 믿음을 지키고 절개에 죽으며 깊은 산의 바위굴에 은거하는 인사를 막론하고 자기의 명예를 높일 방법이 없었음을 지적하였는데, 이는 부귀를 지향함이 매우 중하였기 때문이다. 그러나 사마천은 인의로 빈민들을 위해 불평만을 표현했다.

「유협열전」에서 "인의를 어찌 알겠는가? 이미 이익을 누리는 것은 덕이 있는 것이다"[53]라고 하였고, 또 선철(先哲)의 말을 인용하여 "걸쇠를 훔치는 자는 죽임을 당하고 나라를 훔치는 자는 제후에 봉하여지며 제후의 문에 인의가 보존된다"[54]라고도 하였다. 여기서 '덕이 있고'와 '인의가 보존된다'고 한 것은 모두 격분해서 한 말이다. 통치계급의 가식적인 도덕에 질책을 가하고 심지어 예봉(銳鋒: 공격이나 언변의 날카로움을 비유적으로 이르는 말)을 공자에게 향하게 하였다. 70제자의 무리 가운데 원헌(原憲)은 조악한 식사도 싫어하지 않고 궁벽한 골목에 살았는데 자공(子貢)은 장사로 큰 재물을 벌어 열국의 군주와 분정항례(分庭抗禮: 손님과 주인이 뜰의 동서에 나누어 서서 서로 대등한 예로 상견하는 일)를 할 정도였다. 공자는 명성이 천하에 드날렸는데 이는 곧 자공이 물심양면으로 도와준 결과였다. 이것이 바로 통상 말하는 세력을 얻으면 퍼진다는 것이 아니겠는가? 따라서 산야에 은거하며 기이한 선비의 덕행이 없으면서 "오래도록 빈천하고 인의를 말하기를 좋아하는"[55] 거짓 군자에 대해서는 또한 부끄러워할 만하다. 이런 "빈천을 부끄러이 여기는" 내용은 분명 광대한 빈민을 위해 불만을 표현한 것이다. 또한 "제후의 문에 인의가 보존된다"는 것에 대한 매정한 풍자이다.

거만금의 재부를 가지면 왕과도 즐거움을 함께 할 수 있으니 이것이 '소봉(素封)'론의 또 하나의 중요한 내용이다. 진(秦)나라 때의 오나(烏倮)는 비루한 사람으로 목축을 했다. 궁벽한 시골의 과부인 청(淸)은 만승의 군왕에 필적할 만큼 예를 높일 수 있어서 이름이 천하에 드러났으니 또한 그들의 재부에 의지한 것이 아니겠는가? 한나라가 흥한 이래 거상과 큰 장사치들은 천하를 두루 다니면서 교역물이 유통되지 않음이 없었다. 상인들은 하고 싶은 것을 크게 얻어 문제와 경제 때는 조조(鼂錯)가 놀라서 "지금의 법률은 상인을 천하게 여기는데 상인은 이미 존귀해졌다"[56]고 외치기도 했다. 사마천은 전통적으로 상업을 경시하던 관점을 뒤집어서 '소봉'이라는 참신한 견해를 내놓았다.

아울러 당대의 현인(賢人)들이 부유하게 된 것을 크게 떠벌렸다. 촉군(蜀郡)의 탁 씨(卓氏)는 곤궁할 때 멀리 임공(臨邛)으로 옮겨지자 크게 기뻐했다. 철이 나는 산에서 철을 정련하고 계획을 잘 운용하여 전(滇)과 촉(蜀)일대의 백성을 기울여 노예 천 명을 부릴 만큼 부유하게 되었다. 들과 못에서 사냥하는 즐거움이 임금에 비길 정도였다. 이곳의 정정(程鄭) 또한 산동(山東)에서 옮겨 온 강제 이주민이었다. 그도 야철 산업에 종사하여 철기 등을 그 지방의 거주민들에게 팔아 그 부가 탁 씨와 대등하였다. 오초칠국의 반란 때 무염 씨(無鹽氏)는 관군(官軍)에게 천금을 출연하여 빌려주었는데 그 이식이 원금의 10배였다. 석 달 뒤에 오초가 평정되자 한 해만에 무염 씨의 이식은 열 배에 달하였다. 그 일가의 부는 관중(關中) 전체의 부와 필적할 정도였다.

사마천의 소봉론은 부귀와 빈천은 하늘이 정한 것이라는 전통적인 견해를 인정하지 않는 것이다. 갖가지 산업에 종사하는 사람들이 자기의 총명함과 지혜로 치부할 수 있음을 지적하였다. 동시에 경제적인 관점에서 사람이 사람을 착취하고, 사람이 사람을 핍박하는 현실에 대해 폭로하였다. 군후와 관리의 재부는 권력에 기대어 빼앗은 것이며 몇몇 거상들의 재부 또한 사람을 착취하여 얻은 것이다. 그는 빈민들의 곤궁이 상당한 정도는 압박과 착취를 받아서 나온 결과임을 알게 되었다. 그것은 무제 때 통치계급과 압박받고 착취당하는 많은 농민들과 첨예한 모순을 보여주고 있다. 그래서 그는 "가장 낮은 단계는 함께 다투는 것이다"[57]라고 생각하였다. 이는 정부가 취하는 가장 낮은 단계가 백성들과 이익을 다투는 것임을 말하는 것이다. 아울러 「평준서」에서는 무제가 백성들과 이익을 다투어 재정이 바닥나는 정치를 열거하면서 "성세(盛世)를 보고 쇠퇴를 살폈다"[58]고 하였다.

사마천은 '소봉론'을 가지고 백성들이 돈을 벌어 치부할 것을 격려하고 통치계급의 '인의'를 가지고 가려 덮은 착취의 본질을 폭로하였다. 하늘이 부귀를 낳는다는 유심론을 비판·반박하였는데 강렬한 투쟁 의식을 갖추었다. 이는 그가 「화식열전」의 끝에서 말한 것과 같다.

> 이로써 살펴보건대 부에는 고정된 직업이 없고 화물에는 영원한 주인이 없이 재능이 있는 자에게는 (재물이) 폭주하고 못난 자는 와해시킨다. 천금을 가진 가문은 한 도읍의 임금과 비기고 거만금을 가진 자는 곧 왕자와 즐거움을 함께 누린다. 어찌 이른바 '소봉'인 자이겠는가? 아니겠는가?[59]

사마천은 「화식열전」과 「평준서」를 처음으로 세워서 중국의 정사에서 생산 활동을 기록하는 선구자 역할을 하였다. 이는 학술 사상 의의가 매우 크다. 그는 사람의 욕심이 생산 활동의 동력임을 통찰하였다. 농공상우는 함께 중시되어야 한다고 생각하였으며 양생(養生)의 기술을 총결하여 '소봉론'이란 재부관을 제기하였다. 모두 앞선 시대의 사상가들을 크게 뛰어넘었으며, 공헌은 그 탁월함을 극대화시킨 것이다. 현대인 치엔중수(錢鍾書)는 이에 대해 매우 적절하게 논평하였다.

"사마천이 「유협전」을 지은 것은 이미 파격적이었지만 그래도 여전히 인물 중심의 전기 위주였다. 이 「화식열전」은 완전히 '대사기(大事記)'와 '인물지(人物志)'가 아니며 신사학(新史學)에서 다만 손으로 개벽을 한 것뿐만이 아니었다."

5. 『사기』의 민본주의

『사기』에서 내뿜은 민본주의란 광휘는 사마천의 탁월한 역사 인식의 체현이다. 그는 전대에 나온 사서들이 군왕과 경상(卿相), 장군과 대부 등 존귀한 자들을 위해 전기를 짓는 전통을 뒤집었다. 중하층 인물들을 위해 전기를 지어 그들이 재상이나 경대부들과 마찬가지로 세상에 전해지도록 한 것이다. 백성들이 강포함에 반항하는 것을 동정하였는데 이는 그의 민본사상에 대한 발양이 큰 것이다. 제왕의 전제와 폭력사상에 대한 비판은 두려움이 없는 그의 담략(膽略)을 표현해 내고 있다. 그중에서 포폄을 하는가 하면 애증(愛憎)을 갖기도 하는 등 사마천의 손에서 나온 것은 백성의 마음에서 발원하였다. 이런 전형적인 인물들은 『사기』에서 매우 전형적으로 표현되었다.

① 중하층 인물들의 전기를 짓다

사마천은 『사기』를 지으면서 열전에 들어가게 될 인물에 대하여 엄격하게 취사(取捨)하였다. 상층의 인물이라도 들어갈 만하지 못한 사람은 열전에 넣지 않았다. 또한 중하층 인물이라도 들어가야 할 사람은 열전에 넣었다. 진·한 사이에는 각종 사건이 빈번하였고 변수가 많았다. 인재도 워낙 많아 열전을 세워야 할 목록에 대해 자못 고민을 하여야 했다. 허다한 풍운의 인물들에게 모두 열전을 만들어주지는 못하였다. 이를테면 초나라의 군신(君臣)인 회왕(懷王) 웅심(熊心)과 진(秦)나라의 세 항장(降將) 장한(章邯)과 사마흔(司馬欣), 동예(董翳: 三秦의 왕에 봉해짐), 초나라의 장수인 범증(范增), 종리매(鍾離昧), 용저(龍且), 주은(周殷) 등의 무리와 한나라 초기의 여러 여 씨(呂氏)의 외척, 장사왕(長沙王) 오예(吳芮) 등은 모두 다만 연표나 다른 사람의 전기에 부수적으로 들어가 실려 있을 뿐이다. 그 까닭은 진나라에서 폭정을 하고 전쟁을 하였거나 초나라 장수로 항우를 도와 학정을 일삼았기 때문이다. 또 여 씨들의 경우에는 천하를 기울여 위태롭게 하였고, 오예는 공이 매우 낮았거나 해서였다.

무제가 제위를 잇고 태초 연간에 이르기까지 승상은 모두 11명이 있었다. 다만 두영(竇嬰)과 전분(田蚡)만 함께 「위기무안후열전(魏其武安侯列傳)」이란 온전한 열전을 지었다. 공손홍(公孫弘)은 다른 사람과 함께 「평진후주보열전(平津侯主父列傳)」으로 합하여 열전을 지었다. 나머지 사람들은 모두 열전이 없다. 이것이 바로 사마천이 열전을 짓는 표준이다. 이 표준에 의하여 전국 사공자에 대해서는 열전을 지었다. 유협과 자객, 일자(日者: 점쟁이), 복의(卜醫) 등 평민들에 대해서 열전을 만들어준 것이다. 빛낼 만한 업적은 빛내고, 전할 만한 일은 전하였다. 「자객열전」을 예로 하여 그 결말을 보여준다.

자객은 유협 중에서 전형적인 인물이라고 할 수 있다. 그들 가운데 걸출한 자들은 그 행위가 결코 금전에 의해서 부림을 당한 것이 아니다. 약소한 사람들을 돕고 주로 '의(義)'의 분함 때문에 마침내 의를 위해 죽음으로 내달았다. 「자객열전」의 조말(曹沫)과 전제(專諸), 예양(豫讓), 섭정(聶政) 그리고 형가(荊軻) 같은 인물들은 정의감이 충만하고 헌신하는 정신이 있어서 과감히 강포함에 반항하였다.

오나라의 전제는 오왕 료(僚)를 척살(찔러 죽임)하였다. 공자 광(光)이 자신이 이어야 할 왕위를 료에게 빼앗겼다고 생각하였기 때문에 그를 찔러 죽인 것이었다. 이날 공자 광은 갑사(甲士)를 지하실에 매복시켜두고 연회를 열었다. 그런 다음 오왕 료를 초청하여 전제로 하여금 비수를 익은 생선요리의 배에 넣게 해서 갖다 바치게 하였다. 료의 면전에 이르자 전제는 생선의 배를 갈라 비수를 꺼내어 료를 죽였으며, 전제 또한 료의 좌우에 있는 무사들에게 죽임을 당하였다. 이어서 공자 광이 군사를 내보내 왕 료의 부하들을 공격하여 모두 없애고 스스로 즉위하니 그가 바로 합려(闔閭)이다.

진(晉)나라의 예양은 지백(智伯)의 총애를 받았다. 조양자(趙襄子)가 한(韓), 위(魏)와 연합하여 지백을 죽인 후 예양은 지백을 위하여 복수를 하려고 성명을 바꾸고 죄수로 분장하였다. 그리하여 조양자의 궁중의 변소로 잠입하여 조양자를 죽이려고 하였으나 미수에 그쳤다. 예양은 다시 온몸에 옻칠을 하여 부스럼이 나게 했다. 숯을 삼켜 벙어리처럼 목소리도 변조하였다. 철저하게 남이 자신의 모습을 알아보지 못하도록 하고 시장에서 구걸을 하였다. 그의 아내마저도 그를 알아보지 못하였다. 그는 다리 아래 숨어 있다가 양자를 죽이려 하였는데 그만 발각되고 말았다. 그러자 검으로 양자의 옷을 치게 해 달라고 청하여 지백을 위한 복수의 뜻을 나타냈다. 그런 다음에 검에 엎어져 자살하였다. 전제와 예양은 '선비는 자기를 알아주는 사람을 위하여 죽는다'[60]는 사상에 근본을 두어 의의가 그다지 크지 않다. 그들이 주로 체현한 것은 일종의 불의를 보면 참지 못하는 정신이다. 나머지 세 사람은 행동의 의의가 승화되었다. 자각적으로 강포함에 반항하여 몸을 버리고 의를 취한 것이다.

한(韓)나라의 섭정은 한나라의 재상 겹루(俠累)를 찔러 죽였다. 이는 자신과 깊이 사귀던 엄중자(嚴仲子)를 위해 복수를 한 것이다. 그 결과 겹루를 찔러 죽이고 곁에서 호위하던 사람 수십 명을 죽인 다음에 스스로 얼굴을 훼손하고 눈알을 파내고 배를 갈라 죽었다. 이것이 태사공으로부터 제대로 긍정적인 반응을 끌어내게 된 것이다.

노나라 사람 조말은 노나라 장수로 제나라와 싸워서 세 차례나 패했다. 끝내는 노나라가 땅을 떼어주고 강화를 청하였다. 조말은 제나라와 노나라가 회맹하는 자리에서 비수로 제환공을 위협하였다. 제나라에게 노나라의 빼앗은 땅을 돌려받게 하고자 해서였다. 환공은 피살될까 두려워하여 이에 침공하여 점령하고 있는 노나라의 땅을 돌려주었다. 조말은 세 차례 전투에서 잃었던 땅을 모두 다시 노나라에 되돌려준 것이다.

위(衛)나라의 형가는 진왕 영정을 저격하였다. 위태롭게 망해가던 연나라를 구하기 위해서였는데 나는 듯이 진나라 궁정으로 들어가 진나라 왕을 저격하였다. 사마천은 「자객열전」의 전체 분량 가운데 5분의 3에 달하는 지면을 할애하여 형가가 약소국인 연나라를 위해 진왕의 저격을 모의하는 전 과정을 써냈다. 주로 용감하게 희생하는 협의 정신을 찬양하였다. 그의 문장은 관점이 일견 흐릿해 보이는 듯하면서도 열었다 닫았다 하면서 기탁한 뜻이 끝이 없고 생동적이면서도 깊다. 마지막으로는 노구천(魯句踐)의 말을 빌려 개탄한다.

"아아! 안타깝도다, 그 칼로 찌르는 기술을 익히지 않았음이."**61**

「자객열전」의 자객에 대하여 사마천은 논평했다.

"조말에서 형가까지 다섯 사람은 그 의거가 성공을 거두기도 하였고 실패하기도 하였다. 그러나 그 뜻을 세움이 분명하여 뜻을 속이지 않았으니 명성이 후세에까지 전해진 것이 어찌 허망한 것이겠는가!"**62**

그들의 '의'만 찬양한 것이 아니다. 그들이 강포한 통치자에 과감히 맞서 죽음의 투쟁을 맹세한 것까지 찬미하고 있다.

당연히 『사기』에서는 중하류 계층 인물에 대하여 쓴 것이 매우 많다. 전국 사공자의 전에서는 얼마나 많은 인물들을 그려냈는가!「위공자열전」에서는 신릉군 공자 무기(無忌)를 기려 찬양하면서 출신이 평범한 여러 인물들을 써내어 평범하지 않은 인물로 삼았다. 이들 가운데는 대량(大梁)의 동쪽 문인 이문(夷門)의 감독관 후영(侯嬴)과 시정의 도축업자 주해(朱亥), 그리고 몸을 숨기고 도박을 일삼거나 술을 파는 처사 모공(毛公)과 설공(薛公) 등을 포괄하고 있다. 위공자는 현자를 예우하고 선비에게 몸을 낮추었다. 평범한 자에게도 몸을 굽혀 사마천의 각별한 추앙을 받았다. 이 열전에서 공자를 말한 곳은 모두 147곳이나 된다. 명나라 사람 모곤(茅坤)은 평론하기를 "신릉군은 태사공의 흉중의 뜻을 얻은 사람이므로 본전 또한 태사공의 뜻을 얻은 글이다"라고 하였다. 기타「유협열전」의 몇 사람과「골계열전」의 몇몇 인물,「중니제자열전」의 대다수와「일자열전」의 사마계주(司馬季主),「편작창공열전」의 전국시대의 명의 진월인(秦越人: 扁鵲)과 한나라 초기의 명의 순우의(淳于意: 倉公)와「조세가」의 정영(程嬰)과 공손저구(公孫杵臼) 등과 같은 일련의 인물들은 이런 중하류 계층 인물 가운데서 인(仁)과 의(義), 정신(精神)으로 후세에 빛을 밝힌 사람들이다. 사마천은 중하류 계층 인물들에게 열전을 만들어주어 민본주의를 돌출시켰다. 이런 진일보한 역사관은 그 식견이 발군이라는 것을 입증하였다.

② 백성을 동정하고 강포함에 반항하다

압박 받는 백성을 동정하고 약소자를 동정하며 강포한 통치에 반항하는 것은 『사기』에서도 표현이 돌출된다. 위의 글에서 언급한 자객들은 바로 전형적인 예증이다. 「평원군열전」에는 진(秦)나라 군사가 한단을 포위하자 조나라 평원군이 초나라에 구원을 청하는 대목이 나온다. 문객 모수(毛遂)가 스스로 추천하여 따라갔는데 초왕이 조나라와 초나라의 합종에 대해 결정을 내리지 않았다. 그러자 모수가 검을 어루만지면서 올라갔는데 불만을 품은 기색이 있었다.

이런 행동은 초나라 왕의 질책을 초래하였다.

"모수는 검을 어루만지면서 앞으로 나아가 말하였다. '왕께서 모수를 꾸짖는 까닭은 초나라의 백성이 많기 때문입니다. 지금 십 보 안에서는 왕께서 초나라의 많은 백성을 믿을 수 없고 왕의 목숨은 이 모수의 손에 달려 있습니다. 제 주군이 앞에 있사온데 꾸짖음은 어째서입니까?' …… (또한 이해를 따져서 말하기를) '합종은 초나라를 위한 것이지 조나라를 위한 것이 아닙니다. 제 주군이 앞에 있사온데 꾸짖음은 어째서입니까?'라 하였다. 놀란 왕이 이어서 말하였다. '예예, 실로 선생의 말대로 하여 삼가 사직을 받들어 합종을 하겠습니다.' 모수가 말하였다. '합종이 결정된 것입니까?' 초나라 왕이 말하였다. '결정되었습니다.' 모수가 초나라 왕의 좌우에게 말하였다. '닭과 개, 말의 피를 가져오시오.' 모수가 구리 쟁반을 받들어 꿇어앉아 초나라 왕에게 바치며 말하였다. '왕께서 피를 마시면 합종이 결정될 것이며 다음은 우리 주군 다음은 저입니다.' 마침내 대전에서 합종이 결정되었다."**63**

사마천은 매우 분명한 어조로 모수가 강포함에 반항하는 정을 드러내었으며 나아가 그를 매우 칭송하였다.「염파인상여열전」에서는 다시 약소국인 조나라의 인상여가 두 번에 걸쳐 강한 진나라를 면전에서 꿇리는 일을 써내었다. 첫째는 완벽귀조(完璧歸趙)로 사마천은 매우 추숭하여 전 뒤의 찬에서 이렇게 말하였다.

"바야흐로 인상여가 벽옥을 끌어안고 기둥을 흘겨보며 진왕의 좌우를 꾸짖었을 때 형세는 죽음에 지나지 않았으나 선비 가운데 혹 겁이 나고 나약한 자는 감히 이렇게 하지 못한다. 인상여는 한번 그 기세를 떨쳐 위세가 적국에 펼쳐졌다."**64**

민지(澠池)의 회합 때 한 번은 이런 일이 있었다. 그는 조왕이 진왕과 대등한 지위를 갖게 하려고 진나라 왕이 강제로 따르게 하였다. 진왕이 강함을 믿고 약자를 깔보는 행동을 하는 것에 반격을 가한 것이다. 이는 실로 생사를 치지도외시한 장사로 웅대한 모략을 가진 지혜로운 자이다.「진섭세가」에서는 진(秦) 2세 황제가 왕위를 이은 후의 상황을 그대로 그려내었다. 그는 극히 어리석고 극히 가혹하고 포학했다. 형법이 준엄하여 백성들이 받아들이기 어려울 정도로 압박하는 황제였다.

진승과 오광은 곧 2세 원년(B.C. 209) 7월 어양(漁陽)으로 귀양가 수자리를 서고 있었다. 동행한 9백 명은 대택향(大澤鄕)에서 주둔하였고 그들은 주둔군의 우두머리가 되었다. 천하에 큰 비가 내려 길이 통하지 않았다. 아무래도 목적지에 도착할 기한을 어기게 될 것 같았다. 기한을 어기면 모두 법에 의해 참형을 당할 것이 분명했다.

진승과 오광은 이에 모의하여 말하였다.

"지금 도망을 친다 해도 죽을 것이고 거사를 하여도 죽을 것이어서 죽기는 매한가지인데 나라를 위해 죽음이 옳지 않겠는가?"[65]

그들은 계획적으로 수졸을 호송하는 위관(尉官) 두 사람을 죽이고 무리들을 불러 모아 말하였다.

"너희들은 비를 만나게 되어 모두 기한을 어기게 되었다. 기한을 어기면 마땅히 죽임을 당해야 한다. 설사 죽지 않는다 하더라도 변경을 지키다 죽는 사람이 본래 열에 일여덟 명은 된다. 하물며 장사는 죽지 않을 뿐인데 만약 죽으려면 즉 세상에 커다란 명성을 남겨야 하는 것이다 왕후장상이 어찌 씨가 있겠는가?"[66]

"삼가 명을 받들겠습니다."[67]

부하들은 모두 진승과 오광의 뜻에 따랐다. 나무를 베어 병기를 만들고 대나무를 들어 기를 만들어 팔뚝을 떨치며 한번 고함을 치니 천하에서 구름이 몰려들 듯 호응하였다. "무도한 자를 토벌하고 강포한 진나라를 쳐서"[68] 장초(張楚) 정권을 세웠다. "왕후장상이 어찌 씨가 있겠는가?"라 한 이 호방함이 충만한 구호로 봉건 특권 세습 제도에 선전포고를 하고 마침내 강포한 진나라를 무너뜨렸다. 중국 역사상 첫 번째 농민혁명 정권을 세운 것이다.

사마천은 추숭함을 더하여 「태사공자서」에서 이렇게 말했다.

"걸(桀)왕과 주(紂)왕이 도를 잃자 탕(湯)왕과 무(武)왕이 일으켰으며 주나라가 도를 잃자 『춘추』가 일어났다. 진나라가 정치(의 도)를 잃자 진섭이 자취를 털고 일어났으며 제후들이 난을 일으키어 구름이 일고 구름이 피듯 하니 마침내 진나라를 망하게 하였다. 천하의 단서가 진섭이 난을 일으킨 데서 비롯되었다. 「진섭세가」 제18을 지었다."[69]

진섭 및 상나라 탕왕, 주나라 무왕과 공자가 창작한 『춘추』를 나란히 들어 논하면서 파격적으로 「세가」를 지어주었으니 수졸(戍卒)에서 일어난 진섭에 대한 역사적인 경앙(敬仰)을 알 수 있다. 「전횡전(田橫傳)」과 「추양전(鄒陽傳)」의 찬어(贊語)를 비교해 보면 사마천이 당대의 폭거에 반항한 것에 대한 존경의 뜻을 더욱 잘 알 수 있다. 유방은 천자가 된 후 제(齊)나라의 재상 전횡을 불러들이려 했다. 전횡이 민심을 두터이 얻고 있는 데다 이후에도 계속 한나라에 항거하는 것을 두려워한 것이다. 이에 전횡의 죄를 용서하고 불렀으나 허사였다. 전횡은 기꺼이 천자인 유방을 보러가려 하지 않고 결연히 자결하는 쪽을 택했다. 전횡을 안장한 후에 두 문객이 또 전횡의 묘 곁에 구덩이를 파고 자살하였다. 바다의 섬에 있는 전횡의 빈객들도 전횡이 죽었다는 말을 듣자 모두 자살하였다. 사마천은 찬에서 말하였다.

"전횡의 절개는 고상하다. 빈객들이 의를 흠모하여 전횡을 따라 죽었으니 어찌 지극히 현명하지 않겠는가! 내 이에 그것을 늘

어놓는다. 잘 그리는 자가 없지 않은데도 아무도 그림을 그릴 수 없으니 어째서인가?"[70]

천하에 그림을 잘 그리는 자가 없는 것은 아니었다. 그럼에도 누구 하나 전횡과 그의 문도들이 의와 절개를 지켜 죽은 일을 그리러 가지 않았으니 이는 무슨 원인인가?

추양은 제나라 사람이다. 처음에는 오왕(吳王) 유비(劉濞)의 수하로 임직(任職)하였는데 문사로 저명해졌다. 오왕은 반란을 획책하면서 추양이 간해도 듣지 않았다. 추양은 이에 곧 유력(遊歷)하다가 양(梁)나라에 이르러 장기부자(莊忌夫子), 매승(枚乘) 등과 내왕하였다. 글을 올려 스스로 천거하여 양효왕(梁孝王) 유무(劉武: 효경제의 아우)의 총애를 받았다. 그 정도가 양승(羊勝)과 공손궤(公孫詭)의 사이에 있을 정도였다. 추양은 사람됨이 재주와 지혜가 있고 책략에 뛰어났다. 쉽게 영합하지 않을 만큼 강개하여 양승 등이 시기 질투하였다. 그들은 양효왕의 면전에서 추양에 대한 험담을 하였다. 효왕은 노하여 그를 형을 집행하는 관리에게 넘겨 죽이려고 하였다. 추양은 참언으로 체포되었다. 죽은 다음에도 깨끗하지 못하다는 죄명을 질까 두려워하여 옥중에서 양효왕에게 글을 써서 올렸다. 반복하여 진정(陳情)하는 글마다 언사가 간절하고 사리를 잘 분석하고 이해(利害)를 밝혔다. 웅변에 힘이 있고 사람을 믿고 따르게 하였다. 사마천은 그 '강직하여 꺾이지 않는'[71] 정신을 매우 칭찬하였다.

민본주의에 입각하여 『사기』에서는 특별히 순리와 혹리의 열전을 넣었다. 백성을 사랑하고 아낀 순리는 직무를 받들어 이치에 따르고 사람을 아끼는 마음으로 나라를 다스렸다. 그러므로 손숙오(孫叔敖)가 한마디 말을 꺼내자 영(郢)의 시장이 회복되었다. 자산(子産)이 병으로 죽자 정(鄭)나라 백성들은 통곡하였다. 공의휴(公儀休)는 녹봉을 받는 자들에게 백성과 이익을 다투지 못하게 하였다. 석사(石奢)와 이리(李離)는 검에 엎어져 죽었으니 이는 모두 법 때문이었다. 순리들에 대해 사마천은 평가하여 말하기를 "직무를 잘 받들고 이치를 따르면 또한 잘 다스려질 것이니 왜 반드시 위엄을 내세워야겠는가?"[72] 라 하였다. 백성들에게 준엄한 형법을 쓰지 않고 잘 다스려진 정사를 따르기만 하면 이것이 바로 자연히 백성을 사랑하는 자선인 것이다.

순리와는 반대로 혹리가 있다. 혹리는 모두 가혹함으로 명성을 떨쳤다. 「혹리열전」에서 기술한 혹리는 모두 한나라 때의 사람이다. 특히 무제 시기의 관리들이 많았다. 이는 무제 때의 국가정치의 장점과 단점을 잘 표명하고 있다. 이 열전에 등장하는 10명의 혹리 중 질도(郅都) 단 한 사람을 제외하면 나머지 9명은 모두 무제 때의 관리이다.

조우(趙禹)와 장탕(張湯)은 무제가 매우 아긴 혹리다. 그들은 각종 법령을 제정하였다. 견지불고(見知不告)의 징벌 조례를 제정하여 관리들끼리 서로 감시하고 서로 검거하게까지 하였다. 법률이 갈수록 엄혹해진 것은 바로 이 시기였다. 그들 두 사람의 직무는 상승하여 모두 어사(御史)로 임직하였다. 조우는 "임금이 능력이 있다고 생각하여 태중대부에 이르렀다."[73] 장탕은 "임금이 능력이 있다고 생각하여" 조금씩 승진하여 태중대부에 이르렀다. 그후에 조우는 소부(少府)가 되었고 장탕은 정위(廷尉)가 되었다. 이때 무제는 바야흐로 유학(儒學)을 지향하는 정사를 펼쳤다. 장탕은 옥사를 판결할 때 명의상으로는 옛 뜻에 부합한다 하고는 실제로는 무제의 안색을 살펴서 사안을 처리하였다. 그가 심리한 사건들이 무제가 엄하게 처리하고자 한 일이었으면 곧 법의 집행을 엄혹한 감사(監史)에게 처리하게 하였다. 반대로 무제가 석방시키고자 한 것이었다면 법의 집행을 가볍고 온화한 감사에게 보내어 처리하게끔 하였다. 다스리는 자가 호족이라면 반드시 법령을 교묘히 적용하여 기필코 죄에 빠뜨렸다. 또 빈민에 나약한 자라면 때때로 구두로 말하여 법령에 걸리기는 하지만 임금께 재량껏 살피라고 하였다. 이에 무제는 왕왕 장탕이 말한 사람을 풀어서 석방해주었다.

대농(大農) 안이(顔異)가 죽임을 당한 것이 바로 전형적인 예이다. 무제와 장탕은 흰 사슴 가죽으로 만든 화폐가 40만 전의 가치가 나가는 일에 대하여 안이에게 의견을 물은 적이 있다. 안이는 현재의 제후왕들은 조현하여 하례할 때 푸른 벽옥을 가지고 하며, 그 가치는 몇 천 전에 불과한데 벽옥에 까는 가죽화폐는 오히려 40만 전이나 나가서 본말이 서로 맞지 않는다고 하였다. 무제는 기뻐하지 않았다. 장탕은 또 안이와 갈등이 있던 터였다. 마침 어떤 사람이 다른 문제로 안이를 고발하자 이 사건을 장탕에

여산 봉화대. 주나라 유왕(幽王)이 포사(褒姒)의 웃음을 사기 위하여 강산을 잃고
이곳 여산 아래서 피살되었다.

게 보내어 판결하여 다스리게 하였다. 장탕은 안이가 몇 차례 손님과 만난 일을 조사하였다. 손님이 무제의 전폐(錢幣)와 관련 있는 조령이 막 반포되었을 때 불편해하는 기색을 보이며 안이가 "입술을 조금 삐죽거렸다"[74]고 말하자 장탕은 이에 의하여 상주하였다. 안이는 이미 구경(九卿)의 신분으로 정령이 편리하지 않은 곳을 보고 조정에서 논하지 않고 '복비(腹誹: 속으로 비방)'하였다 하여 사형에 처해졌다. 이 이후로 복비의 법이 생겨 조례대로 행하여졌다. '복비의 법'은 말을 할 필요도 없이 다만 사람의 표정만 보고도 '비방'한다고 지적할 수 있는 법이다. 무고와 모함에 아주 편리한 방법이었다. 이는 관계(官界)의 기풍에도 큰 영향을 미쳤다. 공경대부들은 대부분 아첨하면서 황제의 환심을 사는 것을 꾀하기 시작하였다.

장탕은 황제의 뜻을 받들어 백금 및 오수전(五銖錢)을 만들 것을 청하였다. 천하의 염철(鹽鐵) 경영권을 농단하여 거상들에게는 타격을 입혔다. 고민령(告緡令)을 발포하여 권세가의 세력도 근절시켰다. 법률의 조문을 제멋대로 주물렀다. 교묘하게 다른 사람들을 무함하면서 법률을 추진해나가는 것을 도왔다. 장탕은 조정에서 일을 주청할 때마다 국가의 재용(財用)에 대하여 담론하였다. 그때마다 한번 입을 열었다 하면 저녁때까지 이야기하기 일쑤였다. 황제 또한 밥 먹는 것을 잊을 정도였다. 승상은 직함만 있을 뿐 실제 천하의 일은 모두 장탕에게서 결정되었다. 백성들은 삶이 불안정하여 소요를 일으켰다. 관가에서 일으킨 사업은 그 이익을 얻지 못하였다. 간사한 관리들이 일거에 침탈하니 이에 엄격하게 죄를 다스렸다. 공경 이하 서민에 이르기까지 모두 장탕을 손가락질하기에 이르렀다. 장탕이 병이 났을 때는 천자가 몸소 문병을 갈 정도였으니 존귀하기가 이를 데가 없었다. 나중에 천자는 장탕이 속과 겉으로 다 속인다는 생각을 하게 되었다. 조우(趙禹)를 보내어 장탕을 심문하게 하자 장탕은 이에 마침내 자살하였다. 사마천은 「혹리열전」에서 3분의 1에 달하는 지면을 장탕에게 할애하였다. 장탕이 혹리 가운데서 차지하는 비중을 알 수 있다. 또한 장탕이 법을 곡해하여 백성을 해친 잔혹함을 알 수 있다. 이에 「평준서」에서는 "장탕이 죽었는데도 백성들은 아무도 그를 생각하지 않았다"[75]고 하였다.

장탕이 죽은 뒤에도 혹리는 끊이지 않고 나왔다. 그 가운데서도 중요한 자는 왕온서(王溫舒)와 두주(杜周)이다. 왕온서는 하내(河內: 郡 이름으로 치소는 懷縣이며 지금의 河南省 武陟현 서남쪽) 태수로 부임했다. 그는 강포하고 교활한 사람들을 체포하였는데 군의 강포하고 교활한 자 1천여 가구가 연좌되었다. 죄가 중한 자는 멸족을 시켰고 가벼운 자는 사형을 시켰다. 이런 사람들을 처결할 때 흐른 피가 10여 리에 이르렀다. 한나라 때는 형 집행을 겨울의 마지막 달에 하였다. 왕온서는 발을 구르며 탄식했다.

"아뿔싸, 겨울 달을 한 달만 더 늘렸더라면 내 일을 (충분히) 끝냈을 텐데!"[76]

살벌하게 위엄을 행하기 좋아함이 이와 같았다. 그러나 천자는 듣고 그가 유능하다 하여 중위(中尉)로 승진시켰다.

혹리 두주는 장탕의 정위사(廷尉史)가 된 적이 있다. 그는 송사를 판결할 때 전적으로 천자의 의중대로 하여 법률의 속박을 받지 않았다. 그가 정위로 승진된 후에 어명으로 처리한 안건은 더욱 많아졌다. 2천 석으로 체포된 사람이 신임과 구임이 서로 잇따라 백여 명에 모자라지 않았다. 두주가 판결한 안건은 매년 천여 건에 이르렀다. 사안이 중요한 경우 증인으로 연행된 자가 수백 명이었고, 작은 경우에도 수십 명이었다. 판결을 내릴 때는 관리가 고발장에서 탄핵한 대로 꾸짖으며 불복하면 태형을 가하여 형을 확정하였다. 이에 체포될 것이라는 말을 들으면 도망쳐 숨었다. 옥사가 오래되면 여러 차례 사면되어 10여 년 만에 고발을 받았고, 대부분 모두 대역부도(大逆不道) 이상의 판결을 받았다. 정위 및 중도관이 어명으로 투옥한 자가 6~7만 명이었고, 관리들이 더 잡아넣은 자들까지 치면 10만여 명이었다. 천한(天漢) 3년(B.C. 98) 2월 두주는 집금오(執金吾)에서 어사대부로 승진하였다. 승상의 중앙최고장관 바로 다음으로 주요 직무는 감찰과 법의 집행이었다. 바로 이 해에 사마천은 이릉의 사건으로 인하여 부형에 처해졌다. 두주의 혹렬하기가 이와 같았는데 이는 그 아들도 마찬가지였다. 그의 두 아들은 각기 하내와 하남 태수가 되었는데 그 잔인하고 혹렬하기가 왕온서 등보다 더 심하였다.

혹리가 총애를 받았다는 것은 관리의 다스림이 제대로 되지 못하여 "불을 끄고 끓는 물을 식히는 것과 같았음"[77]을 설명하니 이는 태평성세의 모습이 아니다. 성세인데도 혹리를 중용한다면 반드시 쇠패(衰敗)하게 되어 있다. 한무제의 전제정치와 한무제 때의 잔혹함과 암흑은 여기에서 굴절되어 나온 것이다. 사마천의 비분하고 혐오하는 마음 또한 지면에서 생동감 있게 표현되었다. 그는 첨예하게 지적하기를 국가 정치의 좋고 나쁨은 너그럽고 후덕함에 있지 잔혹한 형벌에 있는 것이 아니라고 하였다. 굳이 한무제를 일일이 비평하지는 않았다. 다만 잔혹한 형벌의 남용이야말로 한무제의 '왕법(王法)'이 파산한 움직일 수 없는 증거이다.

③ 제왕의 전제와 폭력사상에 대한 비판

『사기』에서 높은 사람을 꺼리지 않고 민본주의를 돌출시킨 까닭은 또한 군주의 전제통치와 폭력사상의 비판에 있다. 「하본기」의 걸(桀: 帝履癸)은 혼암(昏暗: 몹시 어둡고 캄캄함)하고 포악한 임금이다. 대다수 제후가 하왕조를 배반하게끔 하였는데 걸은 "덕행을 힘쓰지 않고 무력으로 백성을 다치게 하여 백성들이 그것을 견디지 못하였다."[78] 이는 곧 걸이 힘껏 덕치를 세우지 않고 오히려 폭력으로 백관과 귀족들을 상해하여 귀족들조차 받아들이지 않았다는 것을 말한다. 「은본기」 중의 주(紂: 帝辛)는 주지육림에 "음란함이 그치지 않았으며"[79], "포학하고 사람 죽이는 것을 좋아하였고, 간사한 사람을 임용하였으며, 간언을 물리치고 그릇되게 꾸며 천인공노"하게 만들었다. 결국 주무왕(周武王: 姬發)이 제후를 이끌고 주를 치니 갑자일에 주는 패하였다. "주는 달아나 궁궐로 들어가 녹대에 올라 보옥으로 장식한 옷을 입고 불로 뛰어들어가 죽었다."**80**

「주본기」의 여왕(厲王: 姬胡)은 포학한 데다 사치하고 오만하였다. 이미 백성들이 명을 견딜 수 없는 지경에 이르렀으며 그를 비방하였다. 여왕은 곧 사람들을 시켜 비방한 사람들을 감시하게 하여 발견하면 보고하게 하였다. 보고를 받으면 그 사람들을 죽였다. 이렇게 해서 비방하는 사람들은 줄었지만 제후조차 조회를 하러 오지 않았다. 나중에 여왕은 더욱 엄혹하고 가혹해졌다. "백성들이 감히 말을 하지 못하였고 도로에서 눈짓만 하였다."**81** 백성들은 함께 배반하여 연합해서 공격하니 여왕은 도망쳐 달아나 체(彘)에 이르렀다. 주유왕(周幽王: 姬宮湦)은 포사가 한번 웃는 것을 보기 위해 강산을 잃고 결국 여산(驪山) 아래서 피살되었다. 이상의 여러 혼암한 폭군은 사람과 신이 모두 분개하였다. 시호(謚號)를 정하는 법[謚法]에 따르면 사람을 해치고 많이 죽이는 것(賊人多殺)을 걸(桀)이라 한다. 잔인하게 의를 버리는 것(殘忍損義)을 주(紂)라 하고, 무고한 사람을 죽이는 것(殺戮無辜)을 여(厲)라 한다. 막혀 통하지 않는 것(壅遏不通)은 유(幽)라고 한다. 사마천은 사심 없이 폭로하고 힘 있게 채찍을 가하여 이런 폭군들을 역사 속 치욕의 기둥에 못 박았다.

「진본기」에서 사마천이 군주의 폭력 사상에 대하여 비판한 것 또한 춘추오패의 하나인 진목공의 신상에 체현되어 있다. 먼저 당시에 시행된 순장제도에 강한 견책을 가하고 있다. 목공이 죽

진목공은 죽을 때 산 사람을 순장시켰다. 사진은 20세기 들어 1990년대에 발굴한 봉상의 진경공(진나라의 열네 번째 임금)의 대묘로, 이곳에서는 다수의 순장자가 발견되었다.

자 1백여 명을 순장시켰다. 그 가운데는 훌륭한 신하인 엄식(奄息)과 중항(仲行), 침호(鍼虎) 등 자여 씨(子輿氏) 세 사람도 들어 있었다. 진나라 사람들이 이를 슬피 여겨 이에「황조(黃鳥)」라는 시를 지었다. 이 시는『시경』에 수록되어 있는데 제1장에서는 이렇게 말하였다. "이리저리 나는 꾀꼬리, 가시나무에 앉았도다. 누가 목공 따르는가? 자거 엄식이라네. 이 엄식이여, 백부 중에 뛰어난 자로다. 그 구덩이에 임하여, 두려워 벌벌 떠는도다. 저 푸른 하늘이여, 우리 훌륭한 사람을 죽이도다. 만일 바꿀 수 있을진댄, 사람마다 그 몸을 백 번이라도 바치리로다.(交交黃鳥, 止于棘. 誰從穆公? 子車奄息. 維此奄息, 百夫之特. 臨其穴, 惴惴其慄. 彼蒼者天, 殲我良人. 如可贖兮, 人百其身)" 시에서는 한탄을 하는 동시에 분개하고 있다. 사마천은 군자의 말을 인용하여 냉혹하게 진목공의 순장을 질책하였다. 사람을 순장시키는 것은 진목공의 현손인 진경공(秦景公) 때에 이르기까지도 여전히 계속되었다. 1990년대에 옛 옹(雍), 곧 지금의 섬서성(陝西省) 봉상현(鳳翔縣)에서 진나라 임금의 대묘(大墓), 곧 진공(秦公) 1호(號) 대묘를 발굴하였다. 이 무덤은 진나라 임금의 여러 묘 중의 하나로 고증한 바에 따르면 진경공의 묘이다. 그 안에서는 많은 순장자가 나와 사람의 눈과 마음을 놀라게 하였다. 비인도적인 포학성을 드러내고 있었기 때문이다.

「진시황본기」에는 수레는 바퀴 폭을 함께 하고 기록은 문자를 함께하여 천하를 통일한 것에 대해서는 긍정을 하고 있다. 하지만 그 전제와 포학에 대하여서는 가차 없이 폭로하였다. 진시황

진시황

은 불로장생을 믿어서 방사 서불(徐市) 등으로 하여금 바다로 들어가 약을 구하게 하였다. 토목공사를 크게 일으켜 관중(關中)의 궁전이 3백을 헤아렸고 관외에 4백여 개가 있었다. 여산릉과 아방궁을 짓느라 징발한 죄수가 70여만 명이었고, 분서갱유를 행하여 문화사상 경천동지의 큰 재앙을 초래하였다. 우민정책으로 전제를 행하였다. 채찍으로 천하에 폭력을 휘둘렀으니 모두 민의를 위반하는 패도정치의 행위였다. 사마천은 가의(賈誼)의「과진론(過秦論)」을 인용하여 말하였다.

"진왕은 탐욕스럽고 비루한 마음을 품고 독단적인 지모를 행하여 공신들을 믿지 않고 백성과 선비들을 가까이 하지 않았다. 왕도를 버리고 개인의 권위를 내세워서 문서를 금하고 형법을 가혹하게 하였다. 사술과 무력을 앞세우고 인의는 뒷전으로 여겼으며, 포학함을 천하 통치의 시작으로 삼았다."[82]

진나라는 급속하게 멸망의 길을 걸어 3대째 만에 망하고 말았으니 이 모든 화근은 진시황에게서 기인한 것이다.

한나라에 이르러 사마천 당대의 황제 유철은 웅대한 재지와 책략[才略]을 가진 황제였다. 한나라 왕조의 전성기는 바로 그의 재위기간 중에 있었다. 중화민족이 한 단계 큰 발전을 이루게 된 데는 그의 공헌이 매우 크다. 이에 대해 사마천은 충분히 긍정을 하였다. 다만 그 전제와 국력을 돌보지 않아 민심을 이반한 폐정에 대해서는 용감하게 폭로하였다. 사마천이 기탄없이 날카로운 폭로를 한 것은 전제 통치를 옹호하고 혹리를 중용한 일 때문이다.

이에 직간을 좋아한 주작도위 급암(汲黯)의 말을 인용하여 이렇게 말했다.

"폐하께서는 내심 욕심이 많으시어 겉으로만 인의를 베푸시며 어찌 당우(唐虞)의 다스림을 본받으려 하십니까!"[83]

『한서·형법지(刑法志)』의 기록에 의하면 장탕과 조우 등이 형법을 정하고 "고의로 죄에 빠뜨리는 것은 늦추고 법을 곡해하여 석방시킨 후 사형에 처함은 빨리 하였다"[84]고 하였다. 조례를 정하는 것을 거쳐 율령은 359장이 증가하였다. 대벽(大辟: 죄 중에서 가장 무거운 죄인 사형(死刑))에 해당되는 죄는 409조목 1,882가지였는데, 사형의 죄를 받은 판례는 13,472가지나 되었다. 형법의 조정은 비록 횡포를 부리는 사람을 뿌리 뽑는 일과 관련이 있기는 하지만 더 중요한 것은 오히려 농민을 진압하는 것이었다. 형법의 번다함과 복잡함으로 인하여 옥사를 다스릴 때는 늘 죄는 같은데 논죄는 달라졌다. 게다가 관리들이 법을 달리하여 "살리려고 하는 자는 논의를 넓게 하고 빠뜨리려고 하는 자는 죽음에 이르게 하였으니"[85] 억울하게 죽은 자를 이루 헤아릴 수 없다.

「하거서」와 「평준서」에는 한무제에 대해 비평한 표현이 다방면에 걸쳐 드러난다. 특히 임금의 직무를 소홀히 하고 백성들의 고통과 해내의 일에 관심을 가지지 않은 것에 대한 것이 가장 뛰어나다. 원광 3년(B.C. 132) 황하가 호자에서 터졌는데 무제는 오히려 20여 년이나 범람하도록 방치하였다. 오랫동안 심한 흉년이 들었는데 양(梁)과 초(楚)의 16주는 더욱 심하였다. 무제는 하동 태수 파계(番係)의 말을 경솔하게 믿고 군사 수만 명을 징발하여 시내를 뚫고 분수를 막았다. 피지(皮氏)와 분음(汾陰) 일대의 토지에 관개를 했다. 황하를 끌어 분양과 포판 일대의 토지에도 관개를 하여 시내를 만들었다. 그렇게 밭을 만들어 수년 동안 개척하였지만 오히려 힘만 낭비하고 공이 없었음을 지적하여 책망하였다.

그 후 어떤 사람이 글을 올려 포야도(褒邪道)와 조운(漕運)을 개통시켜야 한다고 했다. 무제는 또 가볍게 믿었다. 장탕의 아들 장앙(張卬)을 한중(漢中) 군수로 삼아 수만 명의 사람을 징발하여 포야도의 길 5백여 리를 만들었다. 새 길을 만들고 보니 과연 편리하고 가깝기는 하였지만 물길이 격류인데다 돌도 많아서 양식을 운반할 수가 없었다. 주요 목적인 조운의 일을 감당하는 일까지는 도달하지 못했다. 그런데도 또 장웅파(莊熊罷)의 말을 가벼이 믿었다. 이번에는 만여 명에 달하는 사람을 동원하여 내를 뚫었다. 그길로 낙수를 끌어다가 중천성(重泉城) 동쪽 만여 경의 염지에 관개를 하고자하였다. 10여 년 만에 내는 자못 개통이 되었지만 풍년이 들지는 않았다.

사마천은 이렇게 무제가 사람을 알아보지 못하고 일을 잘 살피지 못한 것을 써내어 환히 드러내었다. 황하가 호자에서 터진 20년 간 무제는 막연하게 보고만 있었다. 그가 중시한 것은 봉선과 순유, 제사였다. 원봉 2년(B.C. 109)에 이르러 신선을 구하여 제사를 지낸 후 태산에서 황하의 치수를 하는 곳에 이르러 「호자가

(瓠子歌)」를 지었다. 이는 무제의 변명이다. 사마천은 오히려 이를 빌려 무제가 직무를 소홀히 하고 백성들의 고통에 관심을 가지지 않은 것에 대해 질책을 하였다. 이는 끝 부분의 찬에서 드러난다. 지극히 우회적인 설법으로 호자의 시를 슬퍼함을 말하였고 「하거서」를 지었는데 바로 춘추필법(春秋筆法)이다.

「평준서」에서는 무제시기의 경제정책에 대하여 비평을 하였다. 무제는 "외적으로 오랑캐를 물리치고 내적으로 공업(功業)을 일으켜"[86] 물자의 쓰임이 고갈되는 지경을 초래하였다. 백성들로서는 "해내의 토력(土力)이 농사를 지어도 먹을 양식이 부족하였고, 여자들은 길쌈을 하여도 의복이 부족하였으며"[87], 조정에 있어서는 "조정이 텅 비었다."[88] 이에 천자는 공경들과 의논하여 화폐를 바꾸어 쓰임을 충족시켰다. 날뛰어 다른 사람의 재물을 교묘하게 빼앗는 상인들에게 타격도 가하였다. 또한 "이(利)를 일으키는 신하"[89]를 중용하였다. 동곽함양(東郭咸陽)과 공근(孔僅), 상홍양(桑弘羊) 등이 그들이다. 이 세 사람은 재물을 모으는 데 매우 능했다. 소금과 철을 관영(官營)으로 하였으며, 산민(算緡)과 고민(告緡)이라는 부호가 재산을 은닉하는 것을 고발하는 제도를 천하에 유통시켰다. "이에 중산 이상의 상인들은 대부분 파산하였고 백성들은 단지 눈앞의 먹고 입는 것에 급급하였을 뿐 자신들의 사업에 종사하면서 재산을 더 이상 축적할 수 없었다. 그러나 조정은 소금과 철을 관영하고 민전을 고발한 연유로 재산이 갈수록 풍족해졌다. …… 이때 산동 지구는 황하가 범람하는 재해를 만나 계속해서 몇 년이나 농작물을 거두어들이지 못하니 사람들이 서로 잡아먹기도 하였으며 재해지구가 사방 1~2천 리에 달하였다."[90] 원봉 원년 상홍양은 관리들에게 장사를 하게 하였다. 사마천은 복식(卜式)의 말을 빌려 "상홍양을 죽이면 하늘이 비를 내릴 것입니다"[91]라고 하여 무제의 그런 이(利)를 일으키는 신하들에 대한 분개를 나타내었다.

송나라의 황진(黃震)은 『황씨일초(黃氏日抄)』 권46에서 「평준서」를 쓴 의도에 대하여 논급하면서 말하였다.

"무제 50년간 전쟁으로 인하여 재화가 소모되었고 재화의 소모로 인하여 형법이 엄혹해졌다. 사해가 솥이 끓듯 펄펄 끓어올라 백성들은 수족을 둘 곳조차 없었다. 말년에 이르러 평준(平準)을 설치하니 천하는 쓸쓸해졌다. 호구(戶口)가 반으로 줄었으며 몰래 백성을 수탈하는 화가 이때 극에 달하였다. 사마천은 시종 서로 잇따라 일어나는 변화를 잘 갖추어 드러냈다. 특히 「평준」이라 명명한 서(書)는 '상홍양을 죽이면 하늘이 비를 내릴 것이다'는 말로 끝을 맺었으니 아아, 뜻이 깊도다!" 이는 견해가 매우 뛰어남을 알 수 있다.

『사기』의 민본주의에 대한 도드라짐은 바로 사마천 사필(史筆)의 높고 빼어난 곳이다. 앞에서 비추고 뒤에 모범을 드리웠으니 사마천은 지극하다고 하겠다.

5장

문장이 자웅을 겨룰 자가 없다

文章曠代雄

『사기』는
운을 달지 않은
「이소」

사서에서 인물을 기록하기는 쉬우나 그 인물에 생동감을 풍만하게 불어넣기는 어렵다. 즉, 인물을 훨훨 살아 있는 듯 묘사하기는 쉬운 일이 아니다. 『사기』는 다르다. 완벽하고 아름답게 인물의 형상을 빚어내었다. 『사기』에서는 호견법(互見法)을 처음으로 만들어내어 인물 형상을 특히 포만감 있고 생동감 있게 하였다. 절묘한 필치로 깎고 다듬어 재료의 취사를 가장 적절하게 하였으며 구성의 안배에도 장인(匠人)의 마음을 갖추었다. 세목(細目)의 묘사에 치중하여 주제를 돌출시켰으며 대대적으로 작품의 감응력을 증대시켰다. 세목의 묘사를 통하여 전형적인 환경 안에서 전형적인 인물을 재현해내었다. 그 인물들은 부르기만 하면 금방이라도 책 밖으로 툭 튀어나올 것 같다. 전대의 역사에 비하여 『사기』의 웅장하고 왕성한 기세는 탁월하여 볼 만하다.

1. 『사기』의 호견법(互見法)

청나라 사람 이입(李笠)은 『사기정보(史記訂補)』에서 말하였다.

"사관이 사건을 서술하면서 본전(本傳)에서는 빠져 있으나 다른 전(傳)에서 상세히 다룬 것을 일러 '호견(互見)'이라고 한다. 태사공은 말을 잇고 사건을 배열하여 호견(互見)을 하고 있다."

이른바 '호견'은 바로 한 인물과 한 사건을 여러 편에 분산시켜 서로 엇갈리게 하는 것이다. 서로 보충하여 중점을 돌출시켜 중점이 아닌 것을 기타 편장에서 서로 드러내 보이는[互見] 것이다. 호견법은 사마천이 처음으로 창시하였다. 이 호견법이 있음으로써 『사기』의 인물 중심의 전기는 포만과 조화, 체제가 갖추어 드러나게 되었다. 그것은 대체로 다음의 몇 가지 방면으로 표현된다.

이곳에서 상세히 기술하고 저곳에서는 간략히 하여 서로 더욱 빛나게 한다. 한 가지 사건은 여러 사람에게 얽혀 있고 한 사람에게는 여러 가지 사건이 있다. 고르게 기록을 한다면 반드시 중복되어 매우 번잡해질 것이다. 어떤 데서는 상세히 기술하고 딴 데에서는 간략히 기술하는 호견법은 사건을 서술할 때 본전의 인물을 돌출시킬 수 있다. 그것과 유관한 편장에서는 '이 일은 아무 편에 있다'고 밝혀서 말한다. 「진본기」에서는 "진왕 정은 즉위 26년 만에 처음으로 천하를 합병하여 36군을 설치하였으며 칭호를 시황제라고 하였다. 시황제는 51세에 서거하고 그의 아들 호해(胡亥)가 즉위하니 그가 2세 황제이다. 3년에 제후들이 분분히 일어나서 진에 반기를 드니 조고(趙高)가 황제를 죽이고 자영(子嬰)을 세웠다. 자영이 즉위한 지 한 달여 만에 제후가 그를 죽이고 결국 진나라를 멸망시켰다. 이러한 일은「진시황본기」에 자세히 나와 있다."[1] 시황과 진나라 2세 황제, 자영은 혹은 황제로 혹은 진왕으로 그 본기는「진본기」와 일맥상통한다. 그리하여「진본기」에서 개괄하여 생략하고「진시황본기」에서는 상세히 기록했다. 상세함과 간략함을 이루고 서로 엇섞이게 하여 스스로 사마천의 절묘한 필법을 보였다.「진시황본기」에서는 시황의 출유(出游)와 사구(沙丘)의 평대(平臺)에서 죽은 것, 조고와 호해, 이사가 유조(遺詔)를 위조하여 음모를 꾸미고 결탁하는 일을 말하였다. 그 전기를 상세하게 기록하였으니 매우 적절하다 하겠다. 한나라 초기의 몇몇 중요한 인물의 전기에는 이런 '호견법'을 많이 썼다.

「여태후본기」에서는 제왕(齊王)이 여치(呂雉: 여태후)가 죽자 여씨들이 정권을 농락하는 것을 보고 함께 군사를 일으켜 토벌하고자 하였음을 적고 있다. 그 승상인 소평(召平)이 따르지 않자 마침내 죽이고 낭야왕의 군사를 거짓으로 빼앗아 그들을 거느리고 서쪽으로 간 것을 말하였다. "말은 제나라 왕의 말에 있다."[2]

「효문본기」에는 고후가 세상을 떠나자 "여 씨의 일족과 여산(呂産) 등이 반란을 일으켜 유 씨의 천하를 탈취하려고 하였으나 대신들이 함께 힘을 모아서 그들을 죽이고 대왕(代王: 곧 나중의 효문제 劉恒)을 맞아 황제로 세울 것을 도모했다. 이 일은「여태후본기」에 상세하게 기록되어 있다"[3]고 하였다.

「소상국세가」에서는 소하(蕭何)가 한신을 추천하여 한왕이 한신을 대장군으로 삼은 것을 말하였다. "이 말은 회음후의 일에 있다"[4], "한 11년 회음후가 관중(關中)에서 모반하였는데 여후는 소하의 계책을 써서 회음후를 죽였으며 회음후의 일에 상세하다."[5]

「유후세가」에서는 항우가 홍문(鴻門)에 이르러 패공(沛公)을 치려 하자 장량이 훌륭한 계책을 내어 항백(項伯)을 맞아 항우를 설득시키는 것을 "말은 항우의 일에 있다"[6]고 하였다. 한나라 4년 한신이 제나라를 격파하고 스스로 제나라의 왕이 되려하자 한왕은 노하였다. 장량이 한왕에게 말하여 한왕은 장량으로 하여금 제왕의 인장을 주게 하였다. "말은 회음후의 일에 있다."[7] 그 해 가을 한왕은 초나라를 추격하여 양하(陽夏)의 남쪽에 이르렀다. 전세가 불리하여 고릉(固陵)에서 군게 지키고 있었지만 제후들이 기약한 날이 되어도 이르지 않았다. "말은 항적의 일에 있다."[8]

「강후주발세가」에서는 여후(呂后)가 죽은 후 여 씨들이 권력을 쥐고 유 씨들을 위협했다. 주발이 진평과 모의하여 여 씨들을 몰살시키고 효문황제를 세우는 것을 말하였다. "그 말은 여후와 효문의 일에 있다"[9]고 한 것이 그것이다. 이런 유의 말이 『사기』에는 아직도 많이 있으나 그 용의(用意)는 독립적으로 아무 편이라고 간주할 수 없다. 상관된 편과 연계하여 상호보충하고 있는데 그래야만 그 전모를 알 수 있게 된다. 기타 호견법이면서도 이름을 갖다 붙이지 못할 것은 작용이 더욱 현저하다. 신릉군이 진(秦)나라를 두려워하여 망명한 우경(虞卿)과 위제(魏齊)를 받아들이지 않으려 한 사실은「범저전」에 보인다. 평원군이 이익 때문에 판단력이 흐려져 장평(長平)의 화를 불러 40만의 군사가 진나라에 의하여 생매장되어 죽은[坑殺] 것은「조세가」에 드러난다. 평원군이 조세를 들이려 하지 않아 조사(趙奢)가 법대로 다스려 평원군의 용사자(用事者: 권력자) 9명을 죽인 일도 있다. 이는「조사전」에 보이는데 조사의 성격과 특징을 돌출시키고 있다.

「형연세가(荊燕世家)」에서는 유택(劉澤)이 제나라에 속은 일을 기록하지 않고,「제도혜왕세가」에 상세히 서술하였다. 주가(朱家)는 본래 유협(游俠)과 연관이 있어서 몰래 계포(季布)를 곤경에서 벗어나게 해주었다. 이 일은 주가의 본전에서는 한 마디만 하고「계포전」에서 상세히 서술하였다. 홍문연에서는 유방과 장량, 번쾌가 모두 주인공이다. 이 일은 세 사람의 기전(紀傳)에서는 몇 마디씩 나누어 잠깐씩만 언급했다. 그런데「항우본기」에서는 수백 자에 달할 정도로 상세히 서술했다. 항우의 직설적이고 강퍅한 성격을 보여주는 것을 표현하기 위함이다. 이런 호견법은 교묘한 편집과 합리적인 귀납을 통하여 인물의 형상이 본전과 기타 전에서 서로 보완이 되게 한다. 번잡함과 간략함이 서로 어울리고 중점(重點)이 돌출되게 하려는 것이다. 더불어 보충적으로 빛을 발하고 더욱 빛나게 하는데 대가의 솜씨가 아니면 그렇게 하기가 어렵다.

피휘(避諱)와 질악(嫉惡). 높은 사람을 꺼리고 가까운 자를 꺼리며 현자를 꺼리는 것은 춘추필법에서 나왔다. 당대에 가까워질수록 허식으로 꾸미게 되는데 이는 기휘(忌諱)의 문사이다. 사마천은 『춘추』를 "천하의 의법(儀法)으로 후세에 육예(六藝)의 통기(統紀)를 드리웠다"고 생각하였다. 유방에 대하여 쓴 것을 보면 유방은 관중에서 군사를 지휘하여 진왕 자영의 항복을 받아냈다. 또 4년간의 초·한 전쟁을 거쳐 한나라를 세웠다. 이를 "전대의 폐정을 계승하여 그 폐단을 개혁함으로써 백성들이 지치게 하지 않았으니 이는 천통을 얻은 것이었다"[10]고 하였다. 유방이 풍류를 홀로 차지했다고 할 수 있다. 본기 중에서는 거의 건달과 무뢰배의 기질과 교활하게 속이는 성격의 특징을 꺼리는 것이 있지만 다른 전기에서는 이런 성격을 오히려 폭로함으로써 단점을 피하는 마음을 보여준다. 다만 유방을 질책하는 말은 「유후세가」와 「소상국세가」, 「회음후열전」, 「역생육가열전」 등에 보일 뿐이다.

유후 장량(張良)은 사마천이 한껏 찬양한 인물이다. 박랑사(博浪沙)에서 진시황을 저격했던 일에 대해서 「진시황본기」에서는 "29년 시황이 동쪽을 순유하였다. 양무(陽武)의 박랑사에 이르러 강도[盜] 때문에 놀랐다. 잡으려 했지만 잡지 못하여 이에 천하에 열흘간 크게 수색하게 하였다"[11]고 말했다. 「유후세가」에서는 장량이 "역사(力士)를 찾아 120근 짜리 철퇴를 하나 만들어주었다. 진시황이 동쪽을 순유할 때 장량은 객[力士]과 함께 박랑사에서 매복하였다가 진황제를 저격하였는데 잘못하여 부거(副車)를 맞추었다. 진시황은 크게 노하여 천하를 대대적으로 수색하여 급거 자객[賊]들을 잡아들였는데 장량 때문이었다"[12]고 하였다. '도(盜)'니 '적(賊)'이니 한 것은 폄하한 것이지만 '부거를 잘못 맞추

었다'고 한 것은 기린 것인데 오(誤)자를 씀으로써 안타깝다는 뜻
을 드러낸 것이다.

법가의 상앙 변법에 대하여 적은 「상군열전」에서는 "시행한
지 10년 만에 진나라 백성들은 크게 기뻐하여 길에서 (남이) 흘린
것을 줍지 않았다. 산에는 도둑이 없어졌고 집집마다 모두 풍족
하게 되었다. 백성들은 나라를 위해 싸우는 전쟁에서는 용감해졌
다. 사적으로 다투는 것은 겁을 내었으며, 향읍이 아주 잘 다스려
졌다"[13]고 하였다. 또한 "진나라 사람들은 부강해졌으며 천자가
효공(孝公)에게 제사지낸 고기를 내려주니 제후들이 모두 축하하
였다"[14]고 하였는데 이는 칭송한 것이다. 그러나 본전의 찬에서
는 오히려 달리 썼다. "상군은 그 타고난 바탕이 각박한 사람이
다"[15] 운운하면서 폄하한 것이다. 이런 것은 보기에 따라 모순이
있을 듯도 하지만 사실은 호문(互文)으로 서로 보충한 것이다. 전
(傳)에서는 사실을 기술하고 찬(贊)에서는 법가의 각박함을 보충
하여 사마천이 악을 미워하는 감정을 표현하였다.

전국시기의 종횡가 소진과 장의는 호문으로 서로 보완하였는
데 그 또한 두드러진다. 「소진열전」에서는 소진이 합종책으로 제
후들을 존속시키고 강한 진나라를 눌러 "이에 여섯 나라는 합종
을 하여 힘을 아울렀다. 소진은 합종의 맹약의 우두머리가 되었
으며 여섯 나라의 재상을 아울렀다"[16], "진나라 군사가 감히 함곡
관을 엿보지 못한 것이 15년이었다"[17]고 한 것을 찬에서는 보충
하여 말했다. "소진은 반간으로 죽어 천하에서 모두 그를 비웃었

으며 그의 학술을 배우기를 꺼렸다. 그러나 세상에서 소진을 말하는 것이 많이 달랐으며 훗날의 일에 비슷한 것이 있으면 모두 소진에게 갖다 붙였다. 소진은 민간에서 일어나 여섯 나라를 이어 합종으로 친하게 하였으며 이는 그의 지혜가 남보다 뛰어남이 있어서였다. 내 그런 까닭에 그가 한 일을 열거하여 시간 순서대로 배열한 것은 오로지 오명을 쓰지 않게 하기 위해서이다"[18]라고 한 것이다. 「장의열전」의 정전(正傳)에서는 그가 진나라의 승상이 되어 연횡을 처음으로 창시하였으며, 각국에 유세하여 진나라에 복종하게 하여 제나라와 초나라의 연맹을 와해시켰다고 말하였다. 그 찬에서는 보완하였으며, 또한 「소진열전」의 찬과도 서로 보완하여 장의가 행한 일이 소진보다 심하다고 하였다. 세상 사람들은 소진을 미워하였는데 그가 먼저 죽음으로써 장의는 합종의 단점을 드러내놓고 폭로하였다. 따라서 자기의 언사를 유지하여 자기의 연횡의 외교를 주로 전하도록 촉진하였다는 것이다. 요컨대 이 두 사람이야말로 정말로 간교한 선비이다! 종횡가 두 사람에 대하여 사마천은 따끔한 질책을 가하였다.

위청과 곽거병에 대해 한 사람은 대장군이고 한 사람은 표기장군으로 본전에서는 그들의 공로를 밝혔다. "구불구불한 변새를 곧게 하였고 하남(河南)을 넓혔으며 기련(祁連)을 격파하고 서쪽 나라와 통하였으며 북쪽 오랑캐를 쓸었다"[19]고 하여, 공이 없다고는 할 수 없지만 사마천은 그들에 대하여서도 호견법으로 질책을 하고 있다. 위청은 흉노를 쳐서 포로를 사로잡아 선우가

한성 사마천사. '역사의 필치가 세상을 밝히다(史筆昭世)'라는 글자가 새겨진 석패방

거처하는 곳을 알아냈다. 전공을 다투어 "이에 직접 정병을 거느리고 달려가면서 이광에게는 우장군의 군사와 합세하여 동쪽 길로 나서게 하였다"[20]며 결국 이광을 자살하도록 핍박하였다. 위청의 이 행동은 「이장군열전」에 실려 있다. 이뿐만 아니라 본전의 뒤에 붙어 있는 찬(贊)의 말 가운데서도 현명한 자를 가려서 부르지 않았다고 비평하였다. 곽거병이 위청을 모방한 것도 비평하였다. 곽거병은 나이가 어려서 시중에 임명되었다. 그는 현귀해진 까닭에 사병(士兵)을 아낄 줄 몰랐다. 전쟁에서 돌아올 때는 치중거(군수물자를 실은 수레)에 허다하게 남은 쌀과 고기가 버려졌는데도 사병들 중에는 굶주리는 자가 있었다. 변경 바깥에 있을 때 사졸들은 양식이 모자라 스스로 일어날 수 없는 자도 있었지만 표기장군은 오히려 영역을 만들어 놓고 공을 차는 등 이와 비슷한 일이 많았다. 대장군 위청은 사람됨이 어질고 선량했다. 겸양하여 물러나 부드럽고 유순함으로 임금의 환심을 샀으나 천하에서는 일컫는 일이 없었다. 「영행열전」에서는 "위청과 곽거병 또한 외척으로 존귀해지고 총애를 받았다"[21]고 질책하였다. 이런 호견법은 위청과 곽거병의 '전모'를 반영하고 있다.

그 비리와 차마 그 일을 은폐하지 못함을 드러내놓고 말하는 것을 불편하게 여겼다. 사마천은 호견법으로 은유하고 풍자하여 전신에 화를 피하게 했다. 다만 때로는 완곡하게 당대사를 사실적으로 기록하였다. 한고조는 거만하고 무례하며 재물을 탐하고 여색을 밝히며 질투심이 강하다. 이처럼 냉혹한 인물이라는 사실 등의 일은 「고조본기」에는 싣지 않았다. 「항우본기」와 소하 및 유후의 세가, 한신, 번쾌, 주창, 역생 등의 열전에서만 폭로하였다. "한나라가 홍함에 고조는 지극히 거칠고 굳세었다"[22]고 한 평가는 오히려 「영행열전」에 있다. 한경제 재위 시의 가장 큰 사건은 천자의 제위와 관련된 오초칠국의 반란이었다. 사마천은 「자서」에서 "제후들이 교만 방자해져서 오나라에서 가장 먼저 난을 일으켰다. 조정에서 토벌을 행하여 7국이 엎드려 죄를 비니 천하가 평안해졌으며 크게 안정되고 부유해졌다. 「효경본기」 제11을 지었다"[23]고 하였다. 이 일의 전후로 관건이 되는 두 인물은 조조(晁錯)와 주아부(周亞夫)다. 그들은 경제를 위하여 충성심을 다하여 공적이 매우 컸지만 한 사람은 경제에게서 밀려나 대신 속죄양이 되어 결국 목이 잘렸고, 한 사람은 경제에 의해 투옥되어 죽었다. 이에 대해서 경제의 본기에서는 한번 슬쩍 언급하고 지나가기도 하고 한 자도 제기하지 않기도 하였지만 그 기록은 두 사람의 전기에 보인다.

먼저 「조조전」을 보자. 경제 유계(劉啓)의 즉위 초에는 "총애가 구경을 기울였으며"[24] 승진되어 어사대부에 이른다. 그 후에는 효경제의 제위를 위해 중앙집권을 강화하고 제후국의 땅을 삭감할 것을 건의하였다. 아울러 직접 법령 30장을 고치자 제후들은 모두 떠들썩하게 조조를 미워하고 싫어한다. 외지에 있던 조조의 부친이 이 소식을 듣고는 장안으로 가서 자초지종을 물었다. 조조가 대답하기를, "이렇게 하지 않으면 천자가 높아지지 않고 종묘가 안정되지 못하게 됩니다"[25]라고 하였다. 그의 부친이 말하기를 "유 씨는 안정되겠지만 조 씨는 위태롭게 될 것이다"[26]라고 하였다. 이어서 오초칠국이 반기를 들었는데 조조를 죽이는 것을 명분으로 삼았다. 경제는 자신의 지위를 지키기 위하여 조조의 목을 자르게 함으로써 사태를 진정시켰다. 그 또한 조조가 원통하게 죽었음을 분명히 알아 자기가 한 일이 마음을 이지러지게 하였다. 이에 "조조에게 조복(朝服)을 입게 하고 동쪽 저자에서 참수하였다."[27] 사마천은 오초를 토벌하는 장수 등공(鄧公)의 말을 빌려 따끔하게 지적하였다. "오왕이 반란을 획책한 지는 수십 년이 되었으며 땅을 삭감시킨 것에 화를 내어 조조를 죽이는 것을 명분으로 삼았을 뿐 그 저의는 조조에 있지 않았습니다."[28] 조조는 "땅을 삭감할 것을 청하여 서울을 높이려 했는데 이는 만세의 이로움이 있습니다. 계획이 막 시행되려는데 마침내 사형을 당하고 말았으니 안으로는 충신의 입을 막고 밖으로는 제후의 원수를 갚아준 것이니 신은 가만히 폐하께서 취하지 않으셔야 했다고 생각합니다."[29] 이에 경제는 한참 동안 잠자코 있다가 이렇게 말하였다. "공의 말이 훌륭하며 나 또한 유감스럽게 생각하오."[30] 이로써 경제의 비루하고 용렬한 본질을 알 수 있다.

조후(條侯) 주아부는 곧 강후 주발의 아들이다. 군사를 잘 통솔하여 효경 3년 오초가 반란을 일으키자 주아부는 중위(中尉)로 태위(太尉)의 관직을 대신했다. 동으로 오초의 반군을 쳐서 격파하고, 평정하여 중앙의 정권은 공고해졌다. 이로부터 5년 만에 승상이 되어 공정하게 일을 논의하였는데도 경제에 의해 소원해지게 된다. 경제 중(中) 3년(B.C. 147) 병으로 승상의 직무에서 면직되어 떠났다. 오래지 않아 경제는 주아부를 불러 궁중에서 음식을 내렸다. 주아부의 자리에는 큰 고깃덩어리 하나만 놓여 있었고 잘게 썬 고기나 젓가락은 놓여 있지 않았다. 주아부는 마음이 내키지 않았다. 고개를 돌려 연회를 주관하는 관리에게 젓가락을 가져오게 하였다. 경제가 보고 웃으면서 "이 일이 그대의 뜻과 같지 않소?"[31]라고 하였다. 주아부는 모자를 벗고 사죄하였다. 황제가 그에게 일어나라고 하니 그는 곧 빨리 걸어 나갔다. 경제는 그가 나가는 것을 보고는 말하였다. "저 불평 많은 사람은 어린 황제의 신하가 아니다."[32] 이에 곧 암암리에 죽일 기회를 품었다. 나중에 주아부의 아들이 부친을 위하여 5백 건의 황가의 순장용 갑옷과 방패를 구입해주었다. 이 일로 천자의 기물을 몰래 구입하였다는 이유로 고발을 당했다. 주아부까지 연루되자 경제는 주아부를 관리에게 넘겨 심문하게 했다. 정위에게 넘겨 죄를 다스리게 하자 정위가 반란을 일으키려 하였느냐고 물었다. 이에 주아부가 되물었다.

"내가 구입한 병기는 모두 부장품인데 어찌 반란을 일으킬 수 있겠는가?"[33]

"그대는 땅에서는 반란을 일으키지 않더라도 지하에서는 반란을 일으키려 할 것일 따름이다."[34]

관리의 심문은 더욱 심해졌다. 주아부는 닷새간 음식을 끊고 피를 토하며 죽었다. 주아부의 일은 경제의 음험한 심리를 매우 잘 드러낸 사건이다. 임금의 잔혹하고 각박하고 음흉하고 잔혹함을 또한 남김없이 폭로하고 있다. 한무제가 흉노에 맞서 싸울 때 사람을 임용하는 것에 대해서도 사마천은 분명히 말을 하지 않았으나 그 일을 그대로 기록하여 독자들에게 일목요연하게 보여주고 있다.

「이장군열전」에서 무제는 이미 이광을 전장군으로 삼으려고 하면서도 대장군 위청에게 몰래 주의를 시켰다. 이광은 연로한 데다 자주 운이 좋지 않았으니 (죽을지도 모르므로) 선우와 대적하여 공을 세우지 못하게 하도록 하였다. 결국 이광은 압력을 받아 자살하게 된다. 찬에서는 이에 대해 "(이광이) 죽는 날 천하에서는 아는 사람이든 모르는 사람이든 모두 그를 위해 눈물을 흘렸다. 그 충실한 마음이 실로 사대부들의 믿음을 산 것 아니겠는가?"[35]라고 하였다. 이런 무제에 대한 사마천의 질책은 드러내놓고 말하지 않아도 절로 분명해진다. 흉노와의 전쟁은 군국(軍國)의 대사인데 무제는 오히려 이따금 그것을 아이들의 장난으로 치부하였다. 「혹리열전」에는 흉노가 와서 화친을 청하자 신하들이 임금 앞에서 논의하는 것을 기록하였다. 박사(博士) 적산(狄山)이 말하였다.

"화친이 유리합니다."[36]

임금이 그 유리한 점을 묻자 적산이 말하였다.

"무기는 흉기이므로 가벼이 자주 움직이지 못 합니다. …… 지금 폐하께서 군사를 일으켜 흉노를 치고부터 중국은 (나라 안이) 텅 비고 변방의 백성들은 큰 곤란을 겪고 가난해졌습니다. 이로써 살펴보건대 화친함만 못합니다."**37**

임금이 장탕에게 묻자 장탕이 말하였다.

"저 우매한 유자는 무지합니다."**38**

적산이 도리어 비난하여 말하였다.

"신은 실로 어리석으나 충성스러운데 …… 신은 실로 장탕이 거짓으로 충성하고 있음을 압니다."**39**

이는 곧 무제의 아픈 곳을 찌른 것과 같은 말이었다. 노기를 띤 임금은 강하게 밀어붙였다. 적산에게 변방의 요새로 가서 지키게 하였는데 그 결과 겨우 한 달여 만에 흉노는 적산의 머리를 베어 가지고 떠났다. "이 이후로 신하들은 놀라서 벌벌 떨었다(自是以後, 群臣震懾)."**40** 이 여덟 자는 비록 분명하게 말하지는 않았지만 또한 무제의 강포(强暴)한 위엄을 나타내고 있다. 흉노에 반격하는 것에 관하여 사마천은 「흉노열전」의 찬에서 말하였다. "또한 제왕의 실마리를 흥기(興起)시키고자 하는 것은 오직 장수와 재상을 택하여 임명하는 데 있도다! 오직 장수와 재상을 택하여 임명하는 데 있도다!"**41** 이는 한(漢)나라 건국 이래 한무제 때에 이르기까지 흉노와의 일에 대하여 은연중에 비판을 제기하고 있다.

역사의 인물 형상도 잘 빚어낸다. 인물을 돌출시키기 위하여 중대한 의의가 있거나 사회의 본질을 가장 잘 반영할 수 있는 재료를 걸러서 문장을 구성했다. 전(傳)의 인물 형상이 풍부하여 부르면 당장이라도 튀어나올 것 같다. 호견법의 솜씨 있는 운용은 인물의 형상을 돌출시키는 데 적극적인 작용을 일으켰다. 여기서 두

가지 전형적인 예를 들어 사마천의 억누르는가 하면 기리고 주었다가 빼앗았다 하는 묘함을 보이고자 한다. 하나는 파격적으로 본기에 편입한 항우다. 하나는 파격적으로 세가에 편입한 공자이다.

「항우본기」에서는 거록의 전투와 홍문연, 그리고 해하의 전투를 통하여 완미하게 항우의 영웅적 형상을 빚어내었다. 항우의 과오와 결점은 본기에서는 제기하지 않거나 간단하게 언급하고 지나가지만 다른 전, 이를테면 「고조본기」와 「경포열전」, 「진승상세가」, 「회음후열전」 등에서 구체적으로 다루었다.

공자는 포의(布衣: 평민)인데도 세가에 편입시켰다. 시마천은 본전에서 이 위대한 인물에 대한 추숭이 극진한 것도 모자라 또한 「태사공자서」에서 공자를 언급했다. "천하에 의법을 제정해주어 육경의 기강을 후세에 드리웠다"[42]라며 공자 때문에 「중니제자열전」을 따로 세웠다. "공자가 학문을 전하고 제자들은 학업을 일으켜 모두 스승이 되어 인을 높이고 의를 연마하였다"[43]고 한 것이다. 공자의 전기를 보면 그의 일생의 언행과 때를 만남, 영향(影響) 등에 대하여 모두 세부적으로 분석하여 썼다. 형식과 바탕이 모두 빛을 발하여 공자의 정신을 한껏 기리고 있다. 태사공은 이곳의 호견법에서 종과 횡의 양방면에서 공자학설의 영향이 심원함을 써냈다. 이미 아주 볼 만하지만 호견법으로 공자의 죽음을 누누이 써내었다. 본전에서는 죽은 연월일과 노애공의 뇌사(誄辭: 죽은 사람을 애도하는 글) 및 장사를 지낸 곳, 제자와 노나라 사람의 애도와 가슴 깊이 그리워함 등을 분명히 써서 이미 애도하는 마음을 보였다. 그럼에도 많은 본기와 세가에서 반복적으로 공자의 죽음을 밝혔다. 위인이 죽은 데 대해 생각하고 생각하여 잊지 않음을 더한 것이다. 「주본기」에서는 경왕(敬王) 41년에 공자가 죽었고, 「진본기」에서는 혜공 원년에 '공자가 노나라 재상의 직무를 행하였다'[44]고 하였고 또한 "공자는 도공(悼公) 12년에 죽었다"[45]고 하였다. 「진(晉)세가」의 기록에는 정공(定公) 12년에 공자가 노나라의 재상이 되었고, 33년에 공자가 죽었다고 기록하였다. 「연세가」에서는 (獻公) 14년에 공자가 죽었으며, 「진(陳)세가」에서는 (成公) 24년에 공자가 죽었다고 하였다. 장공(莊公) 2년에 노나라의 공구가 죽었다고 한 것은 「위세가」다. 「정세가」에서는 성공(聲公) 14년에 공자가 죽었다고 하였다. 초소왕(楚昭王) 16년에 공자가 노나라의 재상이 되었다고 한 「초세가」도 있다. 「오자서열전」의 기록에서는 오왕 합려가 초나라를 깨뜨리고 "그 후 4년 만에 공자는 노나라의 재상이 되었다"[46]고 하였다. 사마천은 「공자세가」 외에도 다섯 번 공자가 노나라의 재상이 되었다고 기록하였다. 공자가 죽었다는 기록은 여덟 번으로 공자의 위대하고 숭고한 역사적 지위를 돌출시켰다.

역사의 본모습도 현시하였다. 모종의 인사(人事)에 대한 모종의 원인에 비추어 비호(庇護)도 해야 하고, 그 진실을 잃지도 않아야 한다. 명분을 다치게 할 수도 없고, 객관적인 사실에 대해서도 존중해야 한다. 사마천은 아주 현명하게 곧 호견법을 써서 보충함으로써 이들을 모두 살려내었다. 두 가지 예는 다음과 같다. 진시황 영정(嬴政)의 출신에 대한 「진시황본기」의 기록이다. "장양왕(莊襄王)이 조나라에서 진나라의 볼모[質子]가 되어 여불위의 첩을 보고 좋아하여 받아들여 시황을 낳았다. 진소왕 48년에 (시황은) 한단에서 태어났다."**47** 그러나 「여불위열전」에서는 좀 더 구체적으로 말한다. "여불위는 한단의 여인들 중 절색에 춤을 잘 추는 자를 취하여 함께 살다가 아이를 가졌음을 알았다. 자초(子楚: 곧 나중의 장양왕)가 여불위를 좇아 술을 마시다가 마음이 끌려 일어나 축수하고 그 여자를 청하였다. 여불위는 화가 났으나 여자를 바친 수밖에 없었다. 이미 가산을 탕진하다시피 하여 자초를 위하여 기이한 것을 낚으려 하였다는 것을 생각하였기 때문이다. 여자는 아이 가진 것을 숨기고 12개월이 되었을 때 아들 정을 낳았다. 자초는 마침내 여인을 부인으로 세웠다."**48** 이로써 진시황이 명의상으로는 장양왕의 아들이나 사실은 곧 여불위의 아들이라는 것을 알 수 있다. 사마천은 호견법으로 본기에서는 그 사실을 비호하였으나 여불위의 열전에서는 그 진실을 서술하였다.

회음후 한신은 모반하였다는 무고를 당하여 피살되었다. 이는 한나라 초에 있었던 가장 억울한 사건이었다. 사마천은 「회음후열전」에서는 곡진한 필치로 무고임을 변론하였으나 유관한 인물의 열전에서는 그의 억울함을 알렸다. 한신은 천재적인 군사전략가다. 초나라와 한나라가 다툴 때 한나라를 위하여 탁월한 공훈을 세웠다. 그 공이 높기가 임금을 위협할 정도여서 유방을 가장 시기하게 만들었다. 한신은 조나라를 격파하고 제나라를 평정한 후에 용저(龍且)가 이끄는 20만의 초군을 멸하였다. 항우가 두려워하여 무척(武涉)으로 하여금 한신에게 한나라를 배반하고 초나라와 연합하게 하였다. 제나라 사람 괴통(蒯通) 또한 천하의 (권력의) 추가 한신에게 있는 것을 알고 몇 차례나 한나라를 배반하도록 권하였다. "한신은 머뭇거리며 차마 한나라를 저버리지 못하였다. 스스로 생각하기를 공이 많아서 한나라는 끝내 우리 제나라를 빼앗지 않을 것이라 하였다."[49] 이 말은 모두 1,300여 자로 되어 있다. 전체 열전 가운데서 거의 4분의 1의 분량을 차지하고 있으니 태사공만이 운용하는 장인의 마음씀을 알 수 있다. "괴통의 말을 온전히 실어 회음후의 마음이 한나라를 위하는 데 있음을 보여준다. 괴통이 백방으로 설득을 해도 끝내 확고부동하였지만 훗날 반란한다는 무고를 당하여 멸족을 당한 억울함은 가슴 아파 말할 수가 없었다"고 한 것은 청나라 조익(趙翼)의 『이십이사찰기(卄二史札記)』에 서술한 바다. 과연 해하의 전투가 끝나자 유방은 마침내 "제왕(齊王)의 군진으로 들어가 그 군사를 빼앗았고"[50], 제왕을 초왕(楚王)으로 옮겼다. 이듬해인 한 6년(B.C. 201)이었다. "어떤 사람이 글을 올려 초왕 한신이 모반하였다고 고발하자"[51] 한신은 이렇게 외쳤다.

"과연 사람들이 말한 대로구나. '약삭빠른 토끼가 죽고 나면 훌륭한 개는 삶기고, 높이 나는 새가 다 잡히고 나면 훌륭한 활은 거두어지고, 적국이 격파되고 나면 계책을 낸 신하는 죽는다'더니. 천하가 안정되었으니 내가 삶기는 것은 실로 당연하다!"[52]

이 말은 사실 무고에 대한 변론이지만 또한 험준하고 중요한 정치에 대한 성토이기도 하다. 한신의 말은 유방이 대답을 할 수 없게 하여 다만 "어떤 사람이 공이 모반하였다고 고발하였느니라"[53]라고 하였다. 유방은 친히 이 일을 처리하여 모반자는 멸족을 시켜야 하나 이미 모반이라고 말을 하고는 오히려 그 죄를 용서했다. 다만 작위를 회음후로 낮추었을 뿐이었다. 이와 같이 사전에 미리 획책해놓은 억울한 사안에 대하여 사마천은 「진승상세가(陳丞相世家)」에서 철저하게 폭로하였다. 한 11년(B.C. 196)에 한신은 또 진희(陳豨)와 모반하였다는 지적을 받는다. 「고조본기」와 「소상국세가」에 이 일이 모두 수록되어 있다. 「회음후열전」에서는 말하였다. 진희가 거록(鉅鹿) 태수에 임명되어 한신에게 작별을 고하였다. 한신은 그에게 반란을 일으키게 하였으며 한 10년(B.C. 197)에 진희는 과연 반기를 들었다. 유방이 직접 군사를 거느리고 토벌하러 가는데 한신은 병을 핑계로 따르지 않았다. 몰래 진희에게 사람을 보내어 말하였다.

"군사를 일으키기만 하면 나는 이곳에서 그대를 돕겠소."[54]

한신은 이에 가신들과 밤에 모의하였다. 거짓 조서로 여러 관부의 역노들을 풀어주게 하고 거사하여 여후와 태자를 습격하고자 하였다. 배치가 다 정하여지고 진희의 소식을 기다렸다. 여후는 소하와 모의를 하여 한신을 속여 입조하게 하였다. 여후는 무사들로 하여금 한신을 포박시켜 장락궁의 종이 있는 방에서 참하게 하였다. 한신은 참수를 당하려던 찰나 말하였다.

"내 후회스럽게도 괴통의 계책을 쓰지 않아 이렇게 아녀자에게 속고 말았으니 어찌 하늘의 뜻이 아니겠는가!"[55]

이 단락은 일부러 다음과 같은 사실을 폭로하고 있는 것이다. 진희는 처음에 반기를 들 뜻이 없었는데 한신이 갑자기 반기를 들게 하였다. 한나라가 이미 안정되었는데 쓸데없이 반기를 드는 것이 아무 공로가 없을 것이라는 것을 모른 것이 아니겠는가? 진희가 폭로하는 것을 두려워하지 않은 것이 아닌가? 한신이 제왕(齊王)이었을 때는 많은 군사를 보유하고서도 모반을 하지 않았다. 회음후로 강등이 된 후에 오히려 반란을 일으켰다. 이때의 한신은 모반할 군사도 가지고 있지 않았을 뿐만 아니라 모반할 힘도 없었다. 겨우 가신과 종 몇몇에 의지하여 거사를 생각하였으니 어찌 우스운 이야기가 아니겠는가?

또한 걸출한 군사전략가인 한신이 이를 몰랐을 리가 있겠는가? 한밤중에 거짓으로 조령을 전하여 이미 믿을 수가 없었는데도 바로 그렇게 하도록 한 것은 일이 조정에 알려지는 것을 두려워하지 않은 것이 아닌가? 그의 종들은 몇 명 정도만이 지휘를 따를 수 있었을 것이다. 겨우 이런 오합지졸을 믿고 어떻게 경비가 삼엄한 여후와 태자가 있는 곳을 습격할 수 있겠는가? 유방이 진희를 칠 때 한신은 몰래 천리 까마득한 곳에 있는 진희에게 사람을 보내어 쓸데없는 말을 전하게 할 필요가 있었겠는가? 거사를 할 배치가 모두 이미 정하여졌는데 천리 바깥에 있는 진희의 대답을 기다려야 하는 것이 아니라면 이 사이에 일의 실패를 두려위하지 않았는가? 한신이 정말로 모반을 하였다면 여후가 무엇 때문에 그 죄를 정확하게 밝히지 않고 그를 죽여 천하에 사죄하였으며, 장락궁의 종이 있는 방에서 참하지 않으면 안 되었던가? 하물며 한신을 죽인 것은 경천동지할 큰일인데도 결국 유방에게 알리지 않고 총망하게 참하였으니 사리에 맞지 않는다. 이에 사마천은 전의 말미에서 괴통이 유방에게 한 말을 차용하여 호견법으로 그를 위해 변명을 해주었다.

"덜 떨어진 놈이 제 계책을 쓰지 않아 이곳에서 스스로 죽게 한 것입니다. 저 덜 떨어진 놈이 제 계책을 썼더라면 폐하께서 어찌 그 놈을 없앴겠습니까!"[56]

고조는 진희의 군중에서 장안으로 돌아와 한신이 죽은 것을 보았다. "기쁘기도 하고 가엾은 생각이 들기도"[57] 하였는데, 이는 사전에 미리 계획된 무고에 의한 살인이었음을 증명하는 것이다. 고조는 노하지 않고 기뻐하였다. 기뻐한 것은 그가 두려워하고 미워하던 한신이 이미 죽은 것이며, 무고로 죽임을 당한 것은 가엾게 여긴 것이다. 「소상국열전」의 찬에서는 말하였다. "소상국 하는 진나라 때 도필리였지만 …… 회음후와 경포 등이 모두 주멸되었지만 소하의 공훈은 찬란하였다."[58] 이 호견법으로 사마천이 소하를 기롱하고 한신을 안타깝게 여기는 것을 다시 보여주는 것이다.

상술한 것을 종합하면 『사기』의 호견법은 역사를 기술하고 인물을 빚어내는 데 참조가 된다. 또 연결이 되며 밀접한 관계가 있어 각각의 편장으로 나뉜 130편을 한데 섞어 유기적으로 융합하

한신이 유방에 의해 대장군에 임명된 곳인 배장대

게 해준다. 서로 연관시켜 보여줌으로써 서로 더욱 드러나게 하고 인물과 사물의 본래의 면모를 잘 드러내 보여준다. 이 가운데 운용의 묘는 일은 반이지만 공은 배가 되니 이는 태사공이 '일가의 말을 이루는' 유기적인 결합 방식이다.

2. 재료의 취사와 구성의 안배

『사기』는 상한선과 하한선의 시간적 간격이 3천 년에 달하는 복잡다단한 사실(史實)인 통사(通史)다. 그 중에서 사마천은 서까래 같은 붓으로 흡사 지리를 나누고 주요 맥락을 나타내듯이 주안점을 돌출시켰다. 전면적인 모습을 돌아보아 전형적인 환경에서의 전형적인 인물과 사건을 써내었다. 재료는 꼼꼼하게 선택을 하고 구성은 정교하게 안배하였다. 절묘한 곳을 잘라내는데 칼과 가위를 써서 잘라내는 것이 아니며 태사공의 필법은 미증유의 것이다.

① 재료의 취사선택

『사기』 130편 가운데 인물의 전기는 무려 112편에 달하고 있다. 그 가운데서 언급한 사실(史實)과 인물이 워낙 많았다. 가장 전형(典型)을 갖춘 재료를 선택하여 문장을 짜 맞추어야 하니 이는 반드시 취사선택의 기준이 있어야 했다. 사마천이 「유후세가」에서 언급한 한 구절에서 재료를 취사선택하는 표준을 알 수 있다. 장량에 대해서는 일이 중대하고 전형적인 것에 관련 있는 것은 취하였고, 평범하며 전형적인 것이 없는 것은 버려두었음을 이렇게 적었다. "황제와 함께 조용히 천하 대사를 논한 것이 매우 많았지만 그것들은 천하존망에 관계된 일이 아니므로 여기에서 기록하지 않는다."[59] 재료에 대한 취사는 자연히 전기에 들어간 인물에 대한 취사도 언급한다. 이를테면 고대에 관한 것은 기록이 매우 간략하지만 근대와 현대에 대한 것은 기록이 매우 상세하다. 선진시대에는 풍운아랄 수 있는 인물이 매우 많았는데 『사기』에서는 다만 몇몇 중요하고 대표성을 띤 재료만 선택하여 전기에 넣었다.

이는 진한시기에 와서도 마찬가지였다. 진(秦)나라 승상 왕관(王綰)은 열전이 없다. 대장군 장한(章邯)은 열전을 세우지 않았다. 왕분(王賁)은 연나라를 깨뜨리고 위나라를 취하였으며 제나라를 멸하였는데도 열전을 짓지 않았다. 진 2세 황제도 전기가 없다. 한나라가 건국한 이래 지위가 지극히 높은 승상들도 거의 열전을 세우지 않았다. 그 원인은 "모두 열후로 (승상직을) 이어받았는데 잘 정돈하여 청렴하고 삼가 승상의 자리만 채우고 있었을 뿐 공명을 발휘하여 당대에 드러낼 만한 것이 없었기" 때문이었다.

그러나 열전을 세워준 인물들에 대해서는 한 일이 같지 않고 형태가 각기 다르다. 필요하면 가장 간단한 필치로 가장 두드러진 성격과 특징을 묘사해 내었다. 전국시대 악의(樂毅)는 미약한 연나라를 도와 제나라의 70여 성을 함락시켜 천하를 진동시켰다. 이 공로로 악의는 창국군(昌國君)에 봉하여졌다. 「악의열전」은 이 일을 기본 플롯으로 하여 악의와 연소왕의 지우를 입은 은혜를 써내었다. 연혜왕이 즉위하여 악의가 쫓겨난 후에 죽임을 당할까 두려워하여 조나라에 항복한 것도 적었다. 제나라가 반격을 하여 연나라가 패하자 원래 점령했던 제나라의 땅을 포기하는 과정까지 다 써내었다. 이것이 복선이 되어 주된 문장인 「보연혜왕서(報燕惠王書)」를 끄집어낸다. 악의의 이 글은 정취가 완곡하면서도 충후(忠厚)한 뜻이 있다. 거리낌 없는 흉회와 소왕(昭王)과의 군신으로서의 의리를 써내었다. 전체 열전의 뜻을 세운 곳은 바로 여기에 있다. 여기서 말미암아 강한 제나라를 격파한 공을 기탁하였다. 또한 자신의 훗날에 대한 조우(遭遇)를 서술하고 있다. 나중에 연혜왕은 다시 악의의 아들 악간(樂間)을 창국군에 봉한다. 하지만 악간은 연나라가 부친인 악의의 계책을 쓰지 않은 것을 원망하여 분을 품고 조나라로 달아난다. 「유악간서(遺樂間書)」와 서로 대조가 되면서 이 글은 전체 열전을 이끌고 있다. "악의가 제나라를 벌한 등의 일에 대하여 사실대로 다 적지 않고 다만 편지글로 전후를 잘 뭉뚱그려 도리어 사실을 이어 붙였다. 이는 책의 각주와 같으며 사전(史傳: 역사와 전기)의 또 다른 하나의 격을 보여준다." 오견사(吳見思)의 이런 견해는 식견이 높은 것이다. 「악의열전」에서 제나라의 70여 성을 함락시킨 것을 이어 붙인 것과는 정반대다.

「전단열전」에서는 전단이 화우진(火牛陣)으로 연나라 군사를 대패시키고 제나라의 70여 성을 회복한 사실을 써내었다. 오히려 화우진에 대하여 상세히 기록한 것이다. 이것을 플롯으로 삼아 앞쪽에서는 부단히 복선을 깔았다. 먼저 연나라가 제나라를 쳤을 때 전단이 작은 지혜를 발휘하여 스스로 보전하였다. 다음에는 장군이 되어 반간계를 써서 연혜왕이 기겁(騎劫)으로 악의를 대신하게 하였다. 다시 반간계를 써서 연나라 사람들이 제나라에서 무덤을 파 시체를 태우게 하여 제나라 사람들을 격노하게하였다. 전투의 주권을 장악하고 화우진으로 적을 공격한 사실을 상세하고도 색채가 두드러지게 묘사해낸다. 그리하여 마침내기묘한 계책을 내어 승리를 하게 된다. 두 열전을 서로 비교하면제나라의 성을 빼앗았다가 되찾은 일에 대한 사료를 취하고 버림이 매우 적절하다.

전체의 열전에서 인상여와 염파는 재료의 취사를 통하여 전의주인공의 형상을 풍만하게 하고 곁가지와 군더더기는 줄였다. 인상여에 대하여 묘사하면서 벽옥을 완전히 하여 조나라로 돌려보낸 일과 민지(澠池)의 회합, 염파와 교유하는 세 가지 일을 상세히서술하여 인상여를 우뚝하게 세웠다. 인상여와 함께 열전을 합한염파는 조나라의 훌륭한 장수이다. 그의 전공을 기술한 것은 다만 몇 마디에 지나지 않는다. "염파는 조나라 장수로 제나라를 쳐서 크게 깨뜨려 양진(陽晉)을 빼앗아 상경에 임명되었다."[60] 인상여의 지위가 염파보다 위에 있게 된 뒤에 염파는 이에 불복하여그 공을 믿고 한 마디 하였다. "나는 조나라 장수로 성을 공격하고 들판에서 싸운 큰 공로가 있다."[61] 염파에 대한 묘사를 거듭 생략하고 줄인 것은 인상여를 거듭 상세하게 묘사한 것이나 마찬가지로 두드러지게 되었다. 인상여는 공은 크나 염파에게 양보하여 마침내 서로 친하게 된다. 재료의 이러한 선택은 혼연일체가 되어서 드러난다. 그러나 서로 친하여진 뒤에 또한 염파의 전공에 대하여 사실적인 필치로 묘사해내어 그가 훌륭한 장수라는 본모습을 드러내 보여준다. "이 해에 염파는 동으로 제나라를 쳐서 그 1군을 깨뜨렸다. 2년 만에 염파는 다시 제나라의 기(幾)를 쳐서 함락시켰다. 3년 후 염파는 위나라의 방릉(防陵)과 안양(安陽)을 공격하여 함락시켰다."[62] 재료의 이와 같은 취사는 사람들에게 그대로 신의 도움이 있었음을 깨닫게 한다. 「만석장숙열전」의 재료의 취사 또한 태사공의 상세함과 간략함이 체제를 갖춘 필법을 보여준다. 석분(石奮)과 그의 네 아들은 모두 관직이 연봉 2천석이다. 신하의 존중과 총애가 곧 그 집에 모였으므로 석분을 만석군이라 불렀다. 만석군의 집은 효도와 삼감으로 군국에 알려졌다. 만석군의 효도와 삼감은 이미 상세하게 서술하였는데 이런 말이 있다. "임금이 이따금 집에 음식을 내리면 반드시 머리를 조아리고 엎드려 먹었는데 마치 임금 앞에 있는 듯이 하였다."[63] 그 장자 석건(石建)이 한 일도 상세하게 서술하였는데 이렇게 말하였다.

"석건이 낭중령이 되어 글을 써서 일을 아뢰었는데 (비답하여) 일이 내려오자 석건이 읽어보고는 말하기를 '잘못 썼구나! '말 마(馬)'자는 꼬리까지 다섯 획이 되어야 하는데 지금 곧 네 획이니 한 획이 부족하다. 황상께서 꾸짖으면 죽어야 한다!'라 하며 매우 두려워하였다."[64]

그 작은아들 석경(石慶)의 효도와 매사를 삼감에 관한 일 또한 상세하게 서술하였다. "석경이 태복(太僕)이 되어 수레를 몰고 나갔는데 임금이 말이 몇 마리냐고 묻자 석경은 채찍으로 말의 수를 다 센 뒤 손을 들고 여섯 마리라고 말하였다."[65] 만석군 일가의 언행은 재료로 취한 것이 이미 많다. 같은 열전에 있는 어사대부 장숙(張叔: 張歐)은 만석 일가와 동류의 사람인데 담이 작다. 자잘한 일에까지 삼가 다시 재료를 많이 취하여 쓴다면 복잡다단함만 보이게 될 상황이었다. 사마천은 마침내 버릴 것은 버리고 전 전에서 다만 153자만 가지고 간략하게 말하였다. "위에서 판결한 옥사를 물릴 수 있으면 물렸고, 어쩔 수 없는 것은 어찌하지 못하였는데 눈물을 흘리며 마주 보고 봉하였다."[66] 이런 필법은 상세함과 간략함이 적당할 뿐만 아니라 또한 그들이 갖추지 못한 직무에 대한 자질 및 어리석음까지 폭로하는 식이다.

유사한 열전에서는 또한 재료를 취사하는 절묘한 필법이 많이 보인다. 「손자오기열전」 같은 데서 쓴 것은 두 명의 대(大) 군사가이지만 『손자』의 병법 13편과 오기의 『병법』에 대해서는 "세상에 많이 있으므로 그것은 논하지 않았다"[67]고 했다. 다만 손자가 제후들에게 이름을 내보였다는 것을 보여주었다. 손자가 군법을 펴서 오왕의 애희(愛姬)를 죽이는 것을 논했다. 용병에 능하여 장수가 되어 강한 초나라를 깨고 북으로 제나라와 진(晉)나라를 위협하여 이름을 드날린 것이다. 오기는 처를 죽여 장수가 되기를 바랐다. 위나라 서하(西河) 태수로 직무에 임하여 진(秦)나라와 한나라에 맞서 진나라 군사가 감히 동쪽으로 향하지 않도록 하였다. 이로써 한나라와 조나라가 따르게 한 것만 썼을 뿐 그가 용병에 능하다는 것은 쓰지 않았다. 초나라의 재상이 된 후에는 "각박하고 모질며 은혜가 적었는데"[68] 초나라를 강성하게 하였다. 도왕(悼王)이 죽자 초나라의 종실 대신들이 난을 일으켜 오기를 공격했다. "오기는 왕의 시신이 있는 곳으로 달아나 엎드렸다. 오기를 공격하는 무리들은 오기를 쏘아 맞히면서 도왕을 함께 맞혔다. 도왕을 장사지내고 태자가 즉위하였다. 이에 영윤으로 하여금 오기를 쏘다가 왕의 시신을 함께 맞힌 자를 모두 죽이게 하니 오기를 쏘다가 연좌되어 종족이 멸족되어 죽은 자가 70여 집이나 되었다."[69]

「관안열전」은 사마천이 먼저 그의 저작을 보고 또한 그가 행한 사적을 관찰하고서야 편집해 넣었다. 다만 그의 열전에서는 단지 정치적 측면의 두드러진 특징만 썼다. 관중은 환공의 승상으로 제하(諸夏)의 패권을 잡아 천하를 한번 바로잡았다. 태사공은 이 재료를 잘 엮어서 관중의 정치군사 방면에서의 재능을 보여주었다. 안영(晏嬰)은 태사공이 흠모해 마지않던 사람이다. 열전에서 그가 제나라를 섬긴 것과 사람을 알아주고 임용한 두 가지 일을 돌출시켰다. 관중과 안영의 저작에 대하여 정문(正文)에서는 버리고 다만 "태사공은 말한다. 내 관 씨의 「목민(牧民)」과 「산고(山高)」, 「승마(乘馬)」, 「경중(輕重)」, 「구부(九府)」편과 『안자춘추』를 읽어보았는데 그 말한 것이 상세하였다. 그가 지은 책을 보고 나니 그가 한 일을 살피고 싶었으므로 그의 전기를 편차하였다. 그(가 지은) 책은 세상에 많이 있으므로 여기서는 논하지 않고 그 일사만 논하였다"[70]고 하였다. 관중전은 내용이 겨우 6~7백 자뿐이다. 또 안영전은 겨우 3~4백 자에 지나지 않지만 말이 함축적일수록 뜻이 풍부해짐을 더욱 잘 보여준다.

이런 재료의 취사는 많은 전기에서 성공적으로 표현되고 있다. 「순리열전」에서 진문공 때의 옥관(獄官) 이리(李離)를 기록하면서 그의 정치적 업적에 대해서는 쓰지 않았다. 다만 잘못 듣고 사람을 죽여 부끄러워하여 칼에 엎어져 죽었다. 그 일을 문공도 말리지 못하였다는 것만 서술하였다. 이는 도리어 이리가 옥관으로써 법을 집행함이 공정하였다는 것을 나타낸 것이다. 「대원열전」에서는 대원의 정치와 경제 상황, 그 주변 국가, 풍토와 인정 및 한나라와의 관계 등등을 썼다. 분별하여 서술하였다면 말머리가 많아지고 복잡해졌을 가능성이 있다. 그렇지만 태사공은 장건(張騫)이 목격한 것을 갖추어 말함으로써 주도면밀함을 나타내었다. 이런 점은 다만 인물의 전기에만 국한되지 않는다. 8서(書)에도 이러한 예가 보인다. 「하거서」에서는 한(韓)나라에서 수리관개공[水工] 정국(鄭國)을 파견하여 "진(秦)나라에 간첩으로 보내어 유세하여"[71] 동쪽을 치지 못하게 하고 도랑을 만드는 일에 인력을 투입하여 진나라의 국력을 소모시킴으로써 한나라가 존속되기를 꾀한다. 간첩의 일은 간략하게 말하고 정국거의 일은 상세하게 썼다. 수리(水利)로 진나라가 앞으로 얻게 될 사실적인 혜택을 말하고 있다.

재료의 취사에서 만개한 꽃은 남겨두고 가지와 덩굴은 제거하여 중점을 돌출시켰다. 나머지는 생략하고 버려 태사공이 교묘하게 편집하여 그 체제를 얻었음을 보여준다. 재단한 흔적이라고는 전혀 보이지 않는다. 다만 사람들로 하여금 절묘하게 절로 이루어진 것 같아 완연하기가 신의 도움을 받은 듯 느껴지게 한다.

② 전기의 구성 배치

『사기』의 인물 전기는 재료의 선택을 제외하고 구성 또한 하나의 중대한 특징이 있다. 한 문장에 하나의 법칙이 있다. 절로 구성이 빼어나고 하나의 일에 하나의 의론이 있어 절로 발군인 곳이 있다. 본기를 총강(總綱)으로 하고 세가와 열전을 목(目)으로 한다. 세가와 열전은 또한 강목(綱目) 관계로 이 세 가지는 서로 빛내고 서로 보완하면서 그 쓰임을 다한다. 특징을 경쾌하게 쓰면서도 매우 뜻에 적합하다. 근인인 린수(林舒)의 『춘각재논문(春覺齋論文)』에서는 이렇게 말하였다.

『사기』의 열전을 살펴보면 한번 착수하기만 하면 전반적인 것을 생각할 수 있다. 중요하게 말해야 할 것이 있고 간략하게 말해야 할 것이 있다. 번다하게 말해야 할 것이 있는데 있어야 할 곳을 거쳐 정연하지 않은 것이 없다. 이는 오직 전의 인물의 우열(優劣)에 대해서는 알게 하지만 앞뒤에서 이끌며 경중을 드러낸다. 그 사람의 일생에 대해서는 지극히 당기어 더 숨긴 흔적이 없다. 이는 식견이 있는 고견이 아니면 어찌 다 밝혀 남기지 않을 수 있겠는가? 그 120전을 보면 각 전에 주재하는 것에 따라 고루 주제를 돌출시켰다. 구성의 안배 또한 장인의 마음 씀을 보이고 있다.

단선(單線)적인 변화는 주제를 돌출시킨다. 이런 구성은 열전에 비교적 많이 보인다. 「항우본기」를 보더라도 모두 101명의 인물을 등장시켰으며 사건도 매우 많다. 사마천은 오히려 매우 정연하여 조리 있게 써내었다. 인물의 묘사는 항우를 둘러싸고 큰 방면에서 보고 있다. 자기 쪽에서는 범증(范增)을 주로 하며, 항백(項伯)과 항장(項莊), 초왕 웅심(熊心), 장군 송의(宋義) 등이 그 다음이다. 적의 방면에서는 유방이 주가 되며 한신과 장량, 진평, 번쾌, 기신(紀信) 등이 그 다음이다. 먼저 적의 편이었다가 나중에 귀순하여 항복한 자로는 진장(秦將) 장한 등이 있다. 사건은 경천동지할 거록전투라든가 혼비백산할 만한 홍문연, 분봉된 제후의 패왕의 기운, 초나라를 배반한 제후들의 마음과 덕이 떠났음을 적고 있다. 또 팽성 전투에서의 초나라의 승리와 한나라의 패배, 형양(滎陽)의 포위의 초나라의 패배 및 한나라의 승리, 최후에 이르러 해하의 전투에서 영웅이 길을 잃는 비애를 써내었다. 구성상으로는 항우가 중심이 되고 군사의 진퇴와 병력의 소장(消長)이 주된 플롯이 된다. 더불어 각각의 중대한 전역(戰役)을 중점으로 하는데 매우 특징적이다. 그 필력이 말이 내닫는 듯한 곳에는 몰래 탄식하고 질타하는 기풍이 있다.

「진섭세가」는 일관되게 관통해 나간다. 그 거사의 기치를 높이

든 것을 돌출적으로 서술하고 곧장 마지막에 가서 실패를 하게
되는 전 과정을 겪게 된다. 그 뒤에 옛 친구가 알아보는 것과 사람
을 쓰는 것의 부당함이란 두 가지 일로 보충을 했다. 문장의 골격
을 훼손하지 않게 하면서도 실패의 원인을 보여주는 대목이다. 또
한 태사공이 진나라에 대한 실정과 진섭이 난을 일으킨 것에 대한
긍정적인 측면을 보여준다. 「양후열전」은 하나의 기운으로 관통
한다. 진나라가 동쪽을 향하여 영토를 확장하고 천하를 석권하며
대량을 포위해서 공격한다. 제후들이 손을 거두어 서로 향하는 것
이 모두 양후의 공로임을 말하였다. 사마양저의 열전에서 돌출된
것은 군사를 다스리는 방법이다. 괴성후(蒯成侯) 주설(周緤)의 열전
은 190자에도 미치지 않으나 돌출된 것은 "상(유방)이 '나를 사랑
한다'고 생각하는 것"[72]이다. 이런 단선적인 구성은 또렷해서 눈
이 확 뜨이게 하며 가장 직접적으로 주제를 돌출시킨다.

　이중 구성의 발전은 서로의 장점을 더욱 잘 드러낸다. 이런 구
성의 다양화는 문장을 하나의 격식에 얽어매지 않고 더욱 생동적
인 모습을 드러낸다. 「이장군열전」에서 이광의 명운(命運)을 써내
면서 두 갈래의 구성으로 안배하였다. 활솜씨가 뛰어남과 자주 운
이 좋지 못함[數奇]이었다. 그 작품의 구성은 정면으로는 활솜씨가
뛰어남을 쓰고 그의 군사적인 재능을 써내었다. 반면 측면으로는
자주 운이 좋지 못함을 써내었다. 일생 동안 크고 작은 70여 차례
의 전투를 겪고도 제후에 봉해지지 못하였으며 결국 자살을 하도
록 다그침을 받는 상황이 그것이다. 활솜씨가 뛰어나다는 구성은

비장군(飛將軍) 이광의 높고 큰 형상을 우뚝하게 세워주었다. 적과 맞섬에 용감하고 사졸들을 아끼고 사랑하며 명령이 번다하지 않아 장수들이 그에게 다가선다는 것이다. 자주 운이 좋지 못하다는 구성은 사람들로 하여금 눈물을 흘리게끔 써내었다. 비록 주된 구성은 아니지만 이장군의 비극적인 명운에 대해 적은 것이다. 두 갈래 구성의 상호작용은 인물의 개성 특징을 더욱 돌출시킨다.

「위기무안후열전」은 두 개의 구성이 종횡으로 교차하면서 서로 엇바뀌어 혼연일체가 된다. 하나는 위기후이고 하나는 무안후다. 이것을 날줄로 삼고 관부(灌夫)를 씨줄로 삼았다. 두(竇)·왕(王) 두 태후를 안목(眼目)으로 삼고 빈용(賓容)을 구성으로 삼았다. 양왕(梁王)과 회남왕, 조후(條侯) 등의 인물은 윤색으로 삼아 귀보(鬼報)로 거두어 묶었다. 그것을 맥락을 나누었다 합쳤다 하여 엇섞이면서도 주밀하게 하여 세 사람을 하나의 기운으로 써내었는데 흔적이라고는 전혀 없다. 위기후 두영과 무안후 전분의 첨예한 투쟁을 눈으로 보는 듯 놀랍게 펼쳐내 보이고 있다. 관부 및 가인(家人)들은 피살되고 위기후는 위성(渭城)에서 사형을 시키고 시신이 전시되게 한다. 무안후 전분은 이어서 병으로 쓰러져 오로지 울부짖으며 죄를 용서해달라고 하였다. 귀신을 보는 무당을 시켜 그를 보게 하였더니 위기후와 관부가 함께 지키면서 그를 죽이려는 것을 보았다고 하였다. 그는 곧 죽었다. 이어서 회남왕이 모반한 일이 발각되었다. 한무제는 전분이 일찍이 회남왕의 금품을 받은 적이 있다는 것을 듣고 낭패하여 말하였다. "무안후가 살아 있었다면 멸족 당하였을 것이다."**73** 은혜와 원망을 연결하여 권세가 서로를 기울일 만한 잔혹함이 완연히 시야에 들어온다. 이로써 또한 통치 집단 내부의 알력과 잔혹한 살해의 어두운 현실을 보여준다. 따라서 작품이 더욱 깊은 전형적인 의의를 갖추게 하였다. 혹리열전 중의 열 사람의 사적을 쓴 것 또한 서로 교차시킨 그 물식의 구성에 속한다. 이런 구성은 껴안아 두르고 지극히 취지(뜻)를 잘 보여주며 문장 구사법을 지극히 잘 보여주고 있다.

비슷한 유형의 전기를 하나로 합하여 구성이 다양하다. 비슷한 유형의 전기를 통합하여 하나의 열전으로 구성하는 것은 사마천이 인물의 전기를 쓰는 데는 하나의 창조물이다. 비슷한 유형의 전기를 하나로 합하는 것은 그 전기의 주인이 공통된 특징을 갖게 된다. 그것을 하나의 전기로 연결시키는 것은 시기로 서로 연결된 것도 있고, 사건으로 서로 연결된 것도 있다. 종류에 따라 의의가 비슷하여 천고에 절로 하나의 체제를 이룬다. 이는 하나의 조대와 하나의 시기에 국한되지 않았다.

시기적으로 서로 연결된 것은 시간을 구성으로 한다. 서로간의 간격이 몇 십 년에서 심지어 몇 백 년이 되기도 한다. 그러한 인물과 사건을 연결시켜 하나의 전으로 조화를 이루어 배치하였는데 필묵을 생략하여 줄이고 또한 상대적으로 눈길을 끌게 한다. 「관안열전」은 정치가인 관중과 안자의 합전(合傳)이다. 사마천은 관중의 정적(政績)을 써낸 뒤에서 "관중이 죽은 뒤에도 제나라는 그의 정치를 따라 항상 다른 제후국보다 강하였다. 백여 년 뒤에 안자가 있었다"[74]고 하였다. 이 접속은 두 사람이 모두 제나라 승상이면서 동시에 제나라를 강성하게 했던 사실을 자연스레 함께 융합시키고 있다. 「범저채택열전」에서는 범저의 일을 서술한 후에 진소왕이 조정에서 탄식하는 말을 하였다.

"'안으로는 훌륭한 장수가 없고 밖으로는 정국이 많아 내 이 때문에 근심하는 것이오.' 응후를 격려하고자 한 것이었다. 응후는 두려워하여 대처할 바를 몰랐다. 채택이 듣고 진나라로 들어갔다."[75]

다시 범저와 채택의 일을 번갈아 서술하고 있다. 이 두 사람이 서로 잇달아 경상(卿相)이 된 것을 태사공의 글에서는 그와 함께 한 일을 서로 맞추어서 서술하였다. 비슷한 유형의 전기를 합하는 중에 시간을 플롯으로 하는 것은 전의 인물과 일이 가는 곳마다 죄다 없어지고 정절이 긴장되며 예술 효과가 강화된다. 「골계열전」의 인물들은 말하는 것이 미미한데도 분란을 해결할 수 있다. 거기에서 기록한 순우곤(淳于髡)과 우맹(優孟), 우전(優旃)은 시간적으로 하나로 융합시켰다. 순우곤전 뒤에서는 "그 후 백여 년이 지나 초나라에 우맹이 있었다"[76]고 하였다. 우맹전 뒤에서는 "그 후 2백여 년에 진나라에 우전이 있었다"[77]고 하였다. 시대적으로 멀리서부터 가까워지는데 핍진한 형상은 가깝다. 「자객열전」은 더욱 전형적이다. 조말(曹沫)은 비수를 들고 제환공을 위협하여 환공이 노나라 영토를 침략하여 점거한 노나라의 땅을 모두 노나라에 돌려주게 한다. 이어서 서로 연결하여 말하기를 "그 후 167년 만에 오나라에서는 전제의 사건이 일어났다"[78]고 하였다. 전제가 료(僚)를 찔러 죽인 후에는 "그 후 70여 년 만에 진나라에서는 예양의 사건이 일어났다"[79]고 하였다. 예양이 옷을 베고 자살한 후에는 또 시간적으로 이어서 "그 후 40여 년 만에 지(軹)에서는 섭정(聶政)의 사건이 일어났다"[80]고 하였다. 섭정이 한나라 재상 겹루(俠累)를 찔러 죽인 후에는 또한 시간적으로 이어서 "그 후 220여 년 만에 진나라에서는 형가의 사건이 일어났다"[81]고 하였다. 형가가 진왕을 저격한 것은 더욱 사람의 마음과 혼백을 감동시킨다. 5백 년간 다섯 자객에 대한 구상이 서로 비교된다. 그 뜻을 속이지 않아 매우 비장하고 긴장된 분위기가 갈수록 더하여진다. 사상적인 의의 또한 갈수록 승화된다. 형가의 전에 이르면 할애한 분량이 전체의 60%에 달하여 진나라 조정이 놀라 경악하는 것이 더욱 절묘하다. 사람들이 헤어날 수 없게 하고 눈을 뗄 수 없게끔 써내었는데 예술상 완미한 통일에 이르렀다.

사안으로 서로 연결시킨 것은 비슷한 것을 보고 드러난 것을 알아 각자 독립된 한 사람을 하나의 전체로 연결하여 문자의 구성이 혼연히 하나가 되게 하였다. 「굴원가생열전」에서는 굴원이 진실한데도 의심을 받으며 충성스러운데도 비방을 받고 결국에는 핍박을 받아 멱라에서 죽게 되는 일을 써내었다. 이어서 일을 가지고 서로 연결하여 "굴원이 멱라수에 빠져죽은 후 백여 년이 지나 한나라에서 가생(賈生)이 나왔는데 장사왕(長沙王) 태부(太傅)가 되어 상수(湘水)를 지나다가 글을 (지어) 던져 넣어 굴원을 조문하였다"[82]고 하였다. 그가 "바르지 못한 세상 만났음이여, 이에 그 목숨 잃었다네. 아아 슬프도다, 때 만남 상서롭지 못함이!"[83]
라 조문하고, 또 "아, 선생 괴로워하였음이여, 홀로 이 재앙 만났
다네!"[84]라고 조문하였으며, 또한 "강과 호수를 가로지르는 전어
며 고래여, 실로 개미와 땅강아지에게 제압당하리라"[85]면서 조문
하였다. 굴원을 조문하고 아울러 스스로를 조문하고 굴원의 위
대함을 나타내었을 뿐만 아니라 자신이 재능을 품고도 때를 만
나지 못하였음을 나타내었다. 동병상련의 처지를 서로 안타까워
하며 문장을 하나의 기운으로 관통시켰다. 이는 또한 태사공이
굴원과 가생을 조문하는 뜻이기도 하다.

맹자와 순경은 유가와 묵가의 문장을 섭렵하였으며, 예의의
통기(統紀)를 밝히고 지난날[往世]의 흥망성쇠를 나열하여 하나의
사안으로 연결시켰다. 편작과 창공은 맥(脈)과 요질(療疾)을 말하
여, 하나는 의술의 종사이고 하나는 계승자 가운데 뛰어난 자라
는 사안으로 연결시켰다. 저리자와 감무는 하나의 전으로 합쳤는
데, 진나라의 우승상과 좌승상이 되었으므로 하나의 사안으로 연
결시켰다. 감무와 그의 손자인 감라 또한 사안으로 연결시켰다.
원앙과 조조, 위표 팽월 등등은 모두 사람으로 사안을 일으켰으
며 사안으로 그 사람을 연결시켰다.

열전의 통합과 유사한 인물의 열전에서 인용한 것 같은 구성
은 사마천이 인물의 형상을 빚어내는 다른 기법을 드러내 보여준
다. 더불어 작품 예술성의 완미와 통일을 드러내 보여준다.

『사기』의 재료의 취사와 구성의 안배는 사공의 필력의 거침없

음과 장심(匠心)의 단독적인 운용을 더욱 잘 보여준다. 예술적인 구성이 풍부하며 문장은 면모를 많이 갖추었고 내용은 충실하고 중후하여 『사기』가 혹시라도 결함이 있을 수 없는 섬광의 포인트를 이루었다.

3. 세목의 묘사

인물의 형상을 빚어내는 데는 세목의 묘사가 중요한 작용을 일으킨다. 세목의 묘사가 부족하면 인물 형상은 창백하고 무미건조하게 된다. 문장의 진행도 흐리멍덩하고 공백이 느껴진다. 반대로 세목의 묘사가 곁들여지면 인물 형상이 더욱 풍부하고 생동감이 느껴진다. 문장의 진행 또한 더욱 '내실'과 가속성(可續性)이 있게 된다. 즉 인물 전기는 더욱 꽉 찬 느낌이 들고 또 중후해진다. 『사기』의 세목의 묘사를 보면 모두 칭찬할 만하다. 미묘하게 드러내어 인물의 본질을 나타내기도 하고 인물의 복잡한 성격을 나타내기도 하며, 주제의 표현에 대하여 모두 보탬이 되기도 한다.

세목의 묘사는 인물의 본질을 드러낸다. 『사기』의 인물전에서 절대다수의 전기의 주인공은 그 고유의 본질이 이미 정하여졌다. 그 전기의 내용은 그 가운데서 세목에 의탁하고 있다. 「흉노열전」에서는 진(秦)나라 때 흉노의 두만(頭曼) 선우에게 묵특(冒頓)이라는 아들이 있다고 하였다. 나중에 두만은 묵특을 폐하고 사랑하는 연지(閼氏)가 낳은 작은 아들을 세우려고 했다. 이에 묵특을 대월지국(大月氏國)의 인질로 보내게 된다. 두만이 월지를 급히 치자 월지가 묵특을 죽이려 했다. 이에 묵특은 도망쳐 돌아오게 된다. 두만은 이를 장하게 여겨 그로 하여금 만 기(騎)를 거느리게 한다. 그러나 묵특은 곧 스스로 선우가 되려는 생각을 한다. 다음과 같은 세목을 설정하여 이를 세세히 묘사하고 있다.

묵특은 이에 명적(鳴鏑: 소리를 내는 신호용 화살)을 만들어 그의 기병들에게 쏘는 법을 익히게 하고는 명하였다. '명적으로 쏜 곳을 일제히 쏘지 않는 자는 참수하겠다.' 조수(鳥獸)를 사냥하러 갔는데 명적이 쏜 것을 쏘지 않는 자가 있어 즉시 그를 참하였다. 얼마 후 묵특이 명적으로 그가 타던 훌륭한 말을 직접 쏘았는데 좌우에서 간혹 감히 쏘지 못하자 묵특은 즉시 훌륭한 말을 쏘지 않은 자를 참하였다. 얼마 있다가 다시 명적으로 그 사랑하는 처를 직접 쏘니 좌우에서 간혹 자못 놀라기도 하여 감히 쏘지 못하니 묵특이 또다시 그를 참하였다. 얼마 있다가 묵특이 사냥을 나가서 명적으로 선우의 좋은 말을 쏘았다. 좌우에서 모두 그를 쏘았다. 이에 묵특은 그 좌우가 모두 쓸 만하다는 것을 알았다. 그 아비 선우 두만을 따라 사냥하였다. 명적으로 두만을 쏘니 그 좌우에서도 또한 모두 명적을 따라 선우 두만을 죽이고 마침내 계모와 아우 및 대신 가운데 따르지 않는 사람은 모두 죽였다. 묵특은 스스로 선우가 되었다.[86]

잔인하고 악랄한 성격이 지면(紙面)에서 약동하고 있다. 묵특은 스스로 선우로 즉위한 후에 동으로는 동호(東胡)를 멸하고 서로는 월지를 무찔렀다. 남으로는 누번(樓煩) 등지를 병합하고 마침내 연대(燕代)를 침략하여 새로 건립한 서한 정권을 위협한다. "활을 당길 수 있는 군사가 30여 만이나 되었다."[87] 이 세목의 묘사에서 묵특의 철과 같은 수완과 살벌하게 위엄을 세우는 과정을 볼 수 있다. 한초에 여 씨들을 주멸하는 정치 투쟁 과정에서 큰 공을 세우는 유장(劉章)에 대해서도 사전의 세목의 묘사가 있다. 유장은 유방의 손자이자 제도왕(齊悼王) 유비(劉肥)의 아들이다. 해제가 죽은 후 여후가 권력을 쥐고 여 씨들이 전권을 휘둘러 "세조왕(趙王)이 모두 폐하여지는"[88] 것을 보았다. 그는 20세 때 기력이 있었고 유 씨들이 직책을 갖지 못하는 것에 분한 마음이 들었다. 이에 「제도왕세가」에서는 세목을 만들어 말하였다.

(유장은) 일찍이 연회석에서 여후를 모신 적이 있는데 여후는 그로 하여금 주리(酒吏)를 담당하게 하였다. 그는 자청하여 다음과 같이 말하였다. "신은 장군 가문의 출신이므로 청컨대 군법으로 주리를 담당하게 해주십시오." 이에 여후는 "좋다"고 하였다. 술자리가 무르익을 무렵 음주 때에 감상하는 가무 판이 벌어졌다. 잠시 후 유장은 다음과 같이 말하였다. "청컨대 태후를 위하여 경전가(耕田歌)를 부르게 해주십시오." 여후는 그를 아직 어린 아이로 취급하고 웃으면서 말하기를 "너의 부친이나 경전을 알지 너는 왕자로 태어났는데 네가 어찌 경전을 알겠는가?"라고 하였다. 이에 유장은 "신도 경

전을 압니다"라고 하였다. 태후는 "그러면 어디 나에게 경전가를 불러다오"라고 하였다. 유장은 "논밭을 깊이 파서 조밀하게 파종하고, 싹은 듬성듬성 남겨둔다네. 같은 종자가 아니면 호미질 하여 뽑아버린다네"라고 노래하였다. 여후는 잠자코 아무 말도 하지 않았다. 잠시 후 여 씨 집안의 한 사람이 취하여 술자리에서 빠져나오자 유장은 그를 쫓아가서 칼을 뽑아 베고는 자리로 돌아와서 다음과 같이 고하였다. "술자리에서 도망하는 자가 있어 신이 삼가 군법을 집행하여 그를 죽였습니다." 태후와 좌우의 사람들은 모두 크게 놀랐다. 그러나 이미 군법에 따라 술을 마시기로 한 이상 그에게 죄를 물을 수는 없었다. 자연히 연회는 끝났다. 이 일 이후로 여 씨들은 주허후 유장을 두려워하기 시작하였고, 조정의 대신들은 모두 주허후를 따르게 되어 유 씨는 더욱 강하여졌다.[89]

이러한 세목의 포석은 그가 여 씨들을 주멸할 때의 두드러진 표현이 있게 하는데 이 일은 「여태후본기」에 보인다. 이러한 세목은 인물의 성격을 묘사하고 사건을 부각시키는 데 충실하고도 화룡점정의 작용을 한다. 「이사열전」을 예로 들면 이사가 뱉은 다섯 번의 탄식을 통하여 그 극단적으로 사사롭고 비열한 행실을 볼 수 있다. 창고의 쥐를 보고 이사는 이에 탄식하여 말한다.

"사람이 현명하고 불초하기가 비유컨대 쥐와 같아 스스로 처하는 곳에 있을 따름이구나!"[90]

그러므로 평생 행사한 것이 다만 개인의 사사로움만 위하고 천하의 이익은 생각지 않았다. 그 바탕의 비열하고 더러움은 차제에 폭로된다. 이 탄식은 그가 아직 때를 만나지 않았을 때로 부귀를 얻지 못함을 탄식한 것이다. 승상이라는 고위직에 올라 지위가 신하들의 가장 높은 곳에 오르자 부귀를 얻었는데도 세력을 잃을까 걱정하여 마침내 아아! 탄식하여 말하였다.

"아뿔싸! 내 순경(荀卿)에게 듣기를 '사물은 크게 성한 것을 금한다'고 하였다. 이 몸은 곧 상채(上蔡)의 포의였는데 ……. 지금 신하의 지위가 나보다 위에 있는 자가 없으니 부귀가 극도에 이르렀다 하겠다. 사물은 극에 달하면 쇠퇴하는 것이니 내 멍에를 벗을지 모르겠도다!"[91]

진시황이 죽은 후 이사는 자신의 지위와 앞길을 생각하지 않을 수 없었다. 조고의 계획에 맞춰 그의 앞잡이 공범이 되어 함께 조서를 꾸며 공자 부소(扶蘇)와 대장 몽염(蒙恬)을 죽인다. 진나라 2세 호해(胡亥)를 세우는데, 그는 자립할 수 없는 인물이었다. 이에 형장으로 가게 될 두려움을 느껴 곧 하늘을 우러러 탄식하고 눈물을 흘리며 크게 한숨을 쉬며 말한다.

"아뿔싸! 다만 어지러운 세상을 만나 이미 죽을 수도 없게 되었으니 어디에 목숨을 맡기겠는가!"[92]

결국 조고의 계획에 말려 감옥에 갇혔을 때 이사가 탄식한 것을 사마천은 이렇게 적었다. "하늘을 우러러 탄식하여 말하였다. '아아, 슬프도다! 무도한 임금과 함께 어찌 도모할 수 있겠는가! …… 내가 충성을 하다가 죽는 것은 마땅하다. …… 내 반드시 도

한성의 사마천사. 사마천의 무덤과 사당이 있다.

적들이 함양에 이르고 사슴이 조정에서 뛰어노는 것을 보게 될 것이다.'"[93] 이사는 여기까지 이르고서도 오히려 자기의 죄를 인정하지 않았다. 사실 이 전에 그가 상주한 「논독책서(論督責書)」는 중간에 본질이 변하여 더욱 엄혹해졌다. 이는 결국 진나라 2세 황제가 엄형과 혹법을 실행하도록 이끌어 진나라 왕조의 멸망을 가속화시키고 말았다. 이사는 옥중에서 조고의 반복적인 기롱과 매질을 당하고 결국 형벌을 갖추어 함양의 저자에서 요참형(腰斬刑: 허리를 잘라 죽이는 사형)을 당하였다.

"이사는 옥에서 나와 가운데 아들과 함께 잡혀갔는데 가운데 아들을 돌아보며 말하였다. '내가 너와 함께 다시 누런 개를 끌고 함께 상채의 동문으로 나가서 약삭빠른 토끼를 쫓고자 한들 어찌 되겠느냐!' 마침내 부자는 통곡을 하였고 삼족을 멸하였다."[94]

이는 어쩔 수가 없게 되자 탄식하고 또 탄식한 것이다. 문장의 진행은 이 다섯 탄식을 골자로 하였다. 태사공이 심력을 다하여 이사를 위해 설계한 것이며 이사의 몰골을 묘사하면서 살아 있는 듯 재현한 것이다.

사마천은 이렇듯 왕왕 세목을 설정하여 인물을 칭송하곤 했다. 「이장군열전」에서는 장군 이광은 사냥을 하다가 "바위를 맞혀 화살촉이 박혔다"[95]고 묘사했다. 「장승상열전」에서도 주창(周昌)이 유방을 꾸짖어 "폐하께서는 곧 걸(桀)과 주(紂) 같은 임금이십니다"[96]라고 하였다. 역생(酈生)이 고양(高陽)에서 패공을 뵈러 갈 때의 상황은 「역생육가열전」에 보인다. 계포가 번쾌를 꾸짖어 "신(번쾌)이 바라건대 10만의 무리만 주신다면 흉노의 땅을 종횡무진 누비겠습니다"[97]라고 하여 '면전에서 기만하는[面欺]' 것은 「계포난포열전」에 있다. 진평은 도망 중에 살해당할 화에 처하자 "곧 옷을 벗고 벌거벗은 몸으로 배를 젓는 것을 돕는"[98] 기지를 보였으며, 주아부가 세류(細柳)에 주둔한 것을 세세히 표현하여 문제로 하여금 "아아! 이야말로 진짜 장군이로다"[99]라고 하게 하여 그 위엄을 보였다. 추기자(騶忌子)가 슬(瑟)을 가르치는 것으로 위왕(威王)을 유세하여 위왕의 도량도 드러내었다. 한궐(韓厥)은 진경공을 감동시켜 조 씨(趙氏)의 고아 조무(趙武)가 조나라의 봉읍을 계승하게 하여 정영(程嬰)과 공손저구(公孫杵臼)의 의(義)를 이루었는데 "이는 천하의 음덕(陰德)이다"[100]라고 하였다.

사마천이 질책한 인물도 있다. 몇몇 세목에서 종종 깎아내린 것이다. 여불위는 한단의 상인인데 자초(子楚)에 대한 '기화 낚시[釣奇]'로 그 간사함을 보이고 있다고 적은 「여불위열전」이 그것이다. 왕부인은 경제로 하여금 자기를 황후로 세우고 아들을 태자로 세우게 하여 율희(栗姬) 모자를 모함하여 해쳐 마침내 총애를 받았다고 적은 「외척세가」도 있다. 「오왕비열전」에서는 오왕 유비(劉濞)가 그 아들이 바둑 때문에 피살되어 "이로 말미암아 차츰 번신(藩臣)의 예를 잃어"[101] 나중에 칠국의 난을 초래하게 하였다고 했다. 오나라 태재(太宰) 비(嚭)는 오자서와 틈이 생기자 곧 오왕에게 참소하여 오자서를 자살하게 하였다는 「오자서열전」, 혹리 장탕(張湯)은 쥐를 탄핵하여 매질을 하고, 석건과 석경은 '말마(馬)'자를 쓰고 말을 헤아린다는 등등의 묘사는 모두 증오의 뜻을 선명히 써낸 것이다.

세목의 묘사는 인물 전기 가운데서 적지 않은 사람을 언급한다. 이를테면 「전단열전」 중의 왕촉(王蠋)이라든가 「맹상군열전」 중의 풍환(馮驩), 「위공자열전」의 후영(侯嬴), 「평원군열전」의 모수(毛遂) 등은 모두 세목 가운데서 그 사람의 인품과 절개를 펼쳐 보이고 있다. 「만석장숙열전」 중의 새후(塞侯) 직불의(直不疑)는 사마천이 그의 두 가지 세목을 썼다. 직불의가 낭(郎)으로 있을 때 일이다. 같은 사옥을 쓰는 자가 귀가를 알렸다. 이때 같은 사옥의 낭이 일부러 그 낭의 금을 가지고 갔다. 얼마 후 깨달은 금의 주인은 당장 직불의를 마음에 두었다. 직불의는 자신이 그랬노라고 사과하고 금을 사서 갚아주었다. 그런데 돌아간다고 했던 자가 와서 금을 돌려주었다. 비로소 전에 낭으로 금을 잃었던 자가 크게 부끄러워하였고 이 때문에 장자(長者)로 일컬어졌다. 문제도 칭찬하여 천거하고 조금씩 승진하여 태중대부가 되었다. 조정에서 뵐 때 어떤 사람이 비방하여 말하였다. "직불의는 외모는 매우 잘 생겼지만 형수와 곧잘 사통하는 것은 어쩌지 못할 따름이다!"[102] 직불의가 듣고 말하기를 "나에게는 형이 없소"[103]라고 하였을 뿐 끝내 스스로 해명하지 않았다. 형상이 생동적인 세목은 인물 형상을 빚는 가운데 실로 만만히 볼 수 있는 것이 아니다.

『사기』에서 표현한 수많은 인물은 그 주도적인 성격이 대체로 세목 중에 펼쳐져 드러난다. 아울러 비교적 숨겨진 다중적인 성격 또한 깊이 드러난다.「자객열전」에서 형가의 성격은 강포함에 과감히 반대할 뿐만 아니라 죽음을 보기를 집으로 돌아가는 것같이 여긴다. 또한 이지적이고 잘 참는 것으로 표현된다. "형경은 책 읽기와 검술을 좋아하여 …… 형가는 일찍이 유랑하다가 유차(楡次)에 들른 적이 있다. 갑섭(蓋聶)과 검술을 논하다가 갑섭이 노하여 그를 노려보았다. 형가는 나갔다"[104], "형가가 한단에서 활동할 때 노구천(魯句踐)이 형가와 장기를 두었다. 길을 다투다가 노구천이 노하여 그를 꾸짖으니 형가는 아무 소리도 없이 도망가서 마침내 다시는 만나지 않았다."[105] 바로 그가 깊고 침착한 성격을 연마했기 때문에 나중에 진나라 조정에 들어갔을 때는 그 표현이 더욱 대담해졌다. 수행원이었던 진무양(秦舞陽)이 "안색이 변하고 두려워 떨자 (진나라의) 신하들이 이상하게 생각하여"[106] 위급해졌을 때 "북쪽 변방 오랑캐의 비천한 놈이라 천자를 뵌 적이 없어 두려워 떠는 것입니다. 원컨대 대왕께서는 조금만 너그러이 봐주시어 앞에서 사신의 일을 끝내게 해주십시오"[107]라고 하였다. 그 후 지도가 다 펼쳐지고 비수가 나타나자 바야흐로 천지를 진동시키는 사건의 서막이 올랐다.

장량의 일생은 기록할 만한 것이 매우 많았다. 천하의 존망과 관계된 것이 아니면 적지 않았는데 기어코 몇몇 그 성격을 표현하는 세목을 써내었다. 자객을 구하여 박랑사에서 진왕을 저격하여 한나라의 복수를 해주었다. 그것은 충성심과 분노로 나라를 위한 대담한 의협심을 보여준 것이다. 이(圮: 흙다리)에서 노인을 만나 『태공병법』을 얻었는데 경건하고 공손하였다. 나아가 그 성격은 나중에 '왕자의 스승(王者師)'이 되는데 매우 중요한 역할을 했다. 이런 세목이 지극히 광휘를 발하는 것은 노인의 행동에 대한 반응이다. 먼저 늙은이가 신발을 다리 밑으로 떨어뜨리고는 장량에게 가서 주워 오게 했다. 장량은 "깜짝 놀라 두들겨 패주고도 싶었지만 그가 노인인지라 억지로 참고 내려가 신을 주워 왔다. 신발을 신기라는 노인의 말에 장량은 그대로 했다. 기왕에 노인을 위하여 신발을 주워 왔으므로 무릎을 꿇고 신겨준 것이다. 신발을 받아 신은 노인은 웃으며 떠났다. 장량은 매우 놀라서 노인이 가는 대로 물끄러미 바라보았다. 1리쯤 갔다가 다시 돌아온 노인이 말하였다. '네놈은 가르칠 만하구나. 닷새 뒤 동틀녘에 여기서 만나자.' '예!' 장량이 이에 괴이히 여겨 무릎을 꿇고 대답하였다."[108] 무릇 세 번을 가서 『태공병법』을 얻었다.

이 대목은 한밤중에 오고가면서 조용하고 묵묵하여 신기(神氣)가 있음을 썼다. 장량의 음모와 권모술수, 현란한 유세지사의 길은 여기에서 시작되었다. 이어서 장량이 군막에서 계책을 낸 것은 전에 많이 보이며 이런 것은 왕왕 모두 "패공을 유세하였는데, 패공은 훌륭히 여겨 늘 그 계책을 썼다"[109]고 하였다. 한나라 4년에 한신이 제나라를 평정한 후에 제나라는 속임수가 많고 반복이 무상한 나라라서 형세가 안정되지 못하여 "가왕(假王)이 되면 편하겠다"[110]고 하여 제나라의 대리 국왕이 되기를 희망하였다. 이때 초나라는 형양(榮陽)에서 한왕 유방을 급히 포위하였다.

"한신의 사자가 이르러 편지를 뜯어보고는 한왕이 크게 노하여 꾸짖어 말하였다. '내 이곳에서 곤경을 겪으며 아침저녁으로 네가 와서 나를 도와주기를 바라건만 곧 스스로 왕으로 서고자 한단 말이냐!' 장량과 진평이 한왕의 발을 밟으며 이어서 귓속말을 했다. '한나라가 바야흐로 불리한데 어찌 한신이 왕이 되는 것을 금할 수 있겠습니까? 즉시 왕으로 세워 잘 대해 주어 스스로 지키게 하느니만 못합니다. 그렇지 않으면 변수가 생길 것입니다.' 한왕도 깨닫고 이어서 다시 꾸짖어 말하였다. '대장부가 제후를 평정하였으면 그 즉시 진왕이 되어야할진대 어째서 가왕이 되려느냐!' 곧 장량을 보내어 가서 한신을 제왕으로 세우게 하고 그 군사를 징발하여 초나라를 쳤다."[111] 이곳의 발을 밟고 귓속말을 하는 것은 곧 장량의 복잡한 심리와 남을 뛰어넘는 계책(計策)을 보여주어 진짜 '왕자의 스승'이 되게 한다.

「위공자열전」에서 후영이 계책을 세우는 것부터 비분강개한 자살까지의 정절(情節)은 더욱 그 풍모와 절개를 빛내고 있다. 먼저 계책을 바치고 나중에 계책이 이루어지자 자살함으로써 공자를 전송하였다. 「평원군우경열전」에서 평원군 조승(趙勝)이 첩을 죽이는 세목은 바로 그가 선비를 구하는 남다른 마음을 설명한다. 오기는 처를 죽여 가면서 장수가 되기를 구하여 군사가의 일반적인 생각과는 다른 일면을 보여준다. 진시황이 파(巴)의 과부 청(淸)을 "정절 있는 부인이라고 생각하여 빈객으로 대우하였으며 여회청대(女懷淸臺)를 지어준"[112] 것은 폭군의 생각지도 못한 일면—재부를 숭상하는—을 나타내 보여준다.

항우와 유방은 초나라와 한나라가 서로 다투는 데 가장 중요한 인물이다. 그에 걸맞게 성격의 다중성 또한 매우 두드러지게 표현되었다. 항우는 30세를 살았다. 그 성격 가운데 영웅적인 기질과 사리에 어두운 태도, 순박하고 너그러움, 잔혹하고 흉포함 같은 이런 여러 가지가 모두 사마천의 필치 아래 펼쳐져 나타난다. '말씨가 부드러운(言語嘔嘔)' 것과 '노기를 띠고 분노를 발함(喑噁叱咤)', '공경스럽고 자애로움(恭敬慈愛)'과 '사납고 성급하며 교활하고 잔인함(剽悍滑賊)', '사람을 사랑하고 선비를 예우함(愛人禮士)'과 '현자를 시기하고 능력 있는 자를 질투함(妬賢妒能)', '부인네의 어짊(婦人之仁)'과 '도륙하고 갱살하여 깨끗이 멸함(屠坑殘滅)', '먹을 것과 마실 것을 나누어줌(分食推飮)'과 '도장을 어루만지며 주지 않음(玩印不予)'이 모두 항우 한 사람에게 있다. 해하(垓下)의 여러 세목은 항우의 복잡한 성격을 두드러지게 묘사했다. 사면초가(四面楚歌)와 「해하가」를 지음, 농부에게 속음, 큰 늪에 빠짐, 28기가 갑자기 포위됨, 오강(烏江)과 정장(亭長)의 말, 자결을 하기까지 "하늘이 나를 망하게 하는 것이지 전투의 죄가 아니다"[113]고 한 복잡한 심리와 성격이 잘 드러난다.

유방은 노련한 계략과 깊은 생각으로 마침내 항우를 쳐서 무찔러 제위에 즉위한다. 그의 성격은 영민하고 기지가 있다. 또한 건달의 무뢰함이 있고, 인애(仁愛)한 한편 잔혹하고 각박하다. 황제가 되자 유방은 뜻을 이루어 자신을 잊고 오히려 그 부친을 조롱했다. 그러다 형양에서 항우에게 포위되어 어려움에 처했다. 한왕은 한밤중에 형양의 여자 2천 명에게 갑옷을 입혀 동문으로 내보냈다. 초나라 군사들이 사방에서 그들을 공격하였다. 2천여 명의 부녀자 사병들을 동문으로 내보내 죽게 함으로써 항우의 시선을 돌린 것이다. 유방은 이 기회를 틈타 서문을 열고 도망치니 그 비겁하고 이기적인 마음을 바로 볼 수 있다. 『사기』 중의 이런 다중 성격에 대한 세목의 묘사는 전기 속의 인물에 피와 살을 붙여 형상이 풍부하게 하고 문장의 가독성 또한 그에 따라 강화된다. 두 가지 양상이 서로 대조되는 세목의 묘사는 인물의 본질을 나타내는 방면에서 작은 힘으로 큰 것을 드는 특수한 효과를 가지고 있다. 「항우본기」와 「고조본기」의 적지 않은 곳이 바로 이 관점에서 본 그들의 본색이다. 마찬가지로 진시황을 보고 두 사람이 한 말은 상반된다. 항우의 말은 복수심에 불타는 분개의 표현이고, 유방의 말은 부러움에 탄식하는 표현이다. 홍문연에서는 두 사람의 성격과 정치 수법이 또한 분명히 펼쳐 보인다. 유방의 아버지를 삶아죽이겠다고 위협할 때 항우는 솔직하고 꿍꿍이속이 없으며, 유방은 믿는 바가 있고 지모가 많다.

두 사람은 여러 번 노래를 지었는데 그 사람의 풍격(風格)을 더욱 대조적으로 보여준다. 항우가 해하에서 전쟁에 패하여 자살하기 직전에 우희(虞姬)와 이별하면서 지은 「해하가」는 영웅의 말로를 노래한 비가(悲歌)이다. 강개하고 격앙된 어조는 천년 동안을 분노하고도 남을 비분강개함이 있다. 유방이 영포를 치고 돌아오던 도중 고향에 들렀을 때 지은 것이 「대풍가」다. 성공한 영웅의 비가로 개국 웅주의 기개가 넘칠 뿐 아니라 유 씨 성의 천하를 공고히 하고자 하는 우려를 깊이 드러낸다. 서로 대조되면서 그 사람의 본질적인 특징이 한두 가지 드러난다.

상호간의 대조는 강렬한 대비를 통하기 마련이다. 인물마다 바탕의 고하를 드러내는데, 이 또한 세목 묘사의 한 가지 방법이다. 「유경숙손통열전」에서는 이 두 사람이 옷을 입는 세목에 대하여 썼다. 유경(劉敬)에 대해서는 이렇게 썼다. "누경(婁敬)은 짐수레의 가로막대를 풀고 양털 갖옷을 입은 채 제나라 사람 우(虞)장군을 만나보고 말하였다. '신은 주상전하를 뵙…고 나라에 이로운 일을 말씀드렸으면 합니다.' 우장군이 그에게 좋은 옷을 주려고 하자 누경이 이렇게 말하였다. '신은 비단옷을 입었으면 비단옷으로 뵙고, 베옷을 입었으면 베옷으로 뵙지 끝내 감히 옷을 갈아입지 않겠습니다.' 이에 우장군이 들어가 임금께 말하였다. 임금이 불러 들여 만나보고 먹을 것을 내렸다."[114] 숙손통에 대하여서는 다음과 같이 썼다. "숙손통은 유생의 복장을 하고 있었는데 한왕이 그것을 싫어하였다. 이에 복장을 바꾸어 짧은 옷을 입고 초나라 복장의 제도를 따르자 한왕은 기뻐하였다."[115] 옷 입는 일은 사소하지만 이로부터 두 사람의 같지 않은 성격을 알 수 있다. 한 사람은 강직하고 한 사람은 가식적이며, 한 사람은 질박하고 한 사람은 아첨하며, 한 사람은 스스로를 매우 높이 평가하며 한 사람은 잗달고 비열하다. 강렬하게 대비시켜 인격의 높고 낮음이 절로 드러난다.

「소진열전」에서 그 형수의 소진에 대한 태도는 전후로 크게 달라서 처음에는 소진이 "외유를 한 지 여러 해 만에 아주 곤궁해져서 돌아왔다. 형제와 형수·제수, 누이와 처첩들이 가만히 모두 웃으며 말하기를 …… '지금 그대는 본분은 망각하고서 입과 혀를 놀리는 것만 일삼으니 곤궁해지는 것도 또한 당연하지 않겠는가!'"라고 하였다.[116] 소진이 육국의 합종을 성공시키고 종약(縱約)의 우두머리가 되어 육국의 재상을 겸한 후에 고향을 들르게 되었다. "소진의 형제와 아내며 형수는 곁눈질을 하며 감히 바라보지 못하고 엎드렸다. 식사를 할 때 시중을 들었다. 소진이 웃으면서 형수에게 말하였다. '어찌하여 전에는 거만하다가 나중에는 공손한 거요?' 형수는 뱀처럼 구불구불 기어다니며 얼굴을 땅에 대고 사죄하여 말하였다. '아주버님께서 지위가 높고 금품이 많기 때문이지요.'"[117] 전후를 서로 대조시켜 그 형수의 소인배 기질을 남김없이 폭로하였다.

공손홍은 곧 예예 하면서 굽실대는 무리다. 그가 어째서 박사에서 좌내사가 되고 어사대부에서 승상의 지위까지 올라갔는지 그 중요한 수단인 부드러운 아첨을 보게 된다. 조정에서 일을 의논할 때 그는 사람들이 스스로 선택하도록 했다. 조정의 면전에서 쟁론하려 하지 않고 유술(儒術)로 꾸미니 황제가 크게 기뻐하였다. 공손홍은 일을 아뢸 때 불가한 것이 있어도 조정에서 변론하지 않았다. 일찍이 주작도위(主爵都尉) 급암(汲黯)과 함께 한가할 때 독대를 청하였다. 급암이 먼저 말하고 공손홍이 뒤에서 따르자 천자는 늘 기뻐하였다. 말한 것을 모두 들어 이로 인해 날로 가까워지고 현귀해졌다. 일찍이 공손홍이 공경들과 어떤 사안에 대한 논의를 약속해 놓고 천자 앞에 나가서는 그 약속을 송두리째 저버리고 천자의 뜻을 따랐다. 급암이 조정에서 공손홍을 힐책하여 말하였다.

"제나라 사람은 사술이 많고 정실이 없다더니 처음에는 신 등과 이런 건의를 하였다가 지금은 모두 저버리니 충성스럽지 못하오."[118]

겨우 이 몇 마디 필치로 공손홍의 인품 및 관직을 꾀하는 방법이 역력히 목전에서 드러났다.

「위기무안후열전」 중의 무안후 전분 또한 이와 비슷한 인물이었다. 그가 아직 현귀해져서 총애를 받지 못했을 때 위기후 두영에 대한 태도는 이러했다. 위기후가 이미 대장군이 된 후 바야흐로 전성기를 구가할 때 전분은 제랑이었다. 아직 고귀해지지 않아 왕래하며 위기후의 술시중이나 들며 자식뻘인 양 꿇었다 섰다가 하였다. 그러나 위기후가 세력을 잃은 후에 전분은 승상의 지위까지 올랐다. "천하의 군과 제후에게 벼슬하는 선비들은 더욱 무안후에 붙었다."[119] 한번은 조용히 장군 관부(灌夫)에게 함께 위기에게 가보자고 말하고 함께 이튿날 새벽으로 약속을 하였다. 이 때문에 위기는 부인과 함께 새벽부터 한낮까지 기다렸지만 승상은 오지 않았다. 관부는 언짢아하며 승상을 맞으러 갔다. 승상은 오히려 전에 한 말은 관부에게 농담으로 허락한 것이라 하였다. 애당초 위기후의 집에 갈 생각이 없었던 것이다.

"관부가 문에 이르렀을 때 승상은 아직 침상에 있었다. 이에 관부가 들어가 뵙고 말하였다. '장군께서 어제 위기후를 방문하기로 허락하시어 위기후 부부가 준비를 갖추고 아침부터 지금까지 감히 식사도 하지 못하고 있습니다.' 무안군은 놀라 사과하여 말하였다. '내 어제 취하여 중유(仲孺: 관부의 자)와 말한 것을 잊어버리고 말았소.' 이에 수레를 타고 가는데 또한 느릿느릿 갔다."[120]

앞에서는 더없이 공손하다가 나중에는 더없이 제멋대로 구는 이런 세목의 상호대조는 전분의 세리(勢利: 세력과 권리)와 교만함을 그대로 보여준다. 태사공은 "무안후가 현귀한 것은 황제와 황후가 있었을 때였다"[121]고 하였다. 바로 무제의 중용을 받았음을 풍자한 것으로 일석이조의 효과를 보였다. 급암은 감히 역린(逆鱗)을 건드리고 공손홍은 유순하게 황제를 모시며 위청은 외척으로 쓰였다. 이에 「급정열전」에서는 무제가 이 세 사람을 대하는 태도가 다른 세목을 써서 매우 선명하게 대비시키고 있다. "대장군 위청이 궁중에서 모시고 서 있으면 황제는 (침상) 곁에서 그를 보았다. 승상 공손홍이 (황제가) 한가할 때 뵈면 황제는 때때로 관을 쓰지 않을 때도 있었다. 급암이 뵐 때는 황제가 관을 쓰지 않고는 만나지 않았다. 황제가 일찍이 군중의 장막에 앉아 있을 때 급암이 일을 아뢰러 나갔다. 황제는 관을 쓰지 않고 있어서 급암을 바라보고는 장막 안으로 피하고 사람을 시켜 일을 아뢰어도 된다고 하였다."[122] 대권을 장악하고 있는 천자가 신하에 대한 태도가 이렇게 같지 않으니 상호 대조를 통하여 치마끈과 연관된 사람에 대한 아랑곳하지 않음, 머리를 숙이며 명을 따르는 노예근성의 신하에 대한 깔봄, 올곧은 신하에 대한 경외가 잘 드러난다. 이런 대비법은 인물의 성정의 특징과 정신의 모습을 직접적이고 선명하게 표현해낸다.

세목의 묘사는 인물의 형상을 더욱 풍부하고 윤기 있게 해준다. 성격은 더욱 선명하게 하고 주제를 도드라지게 해서 작품의 감염력을 대대적으로 증강시킨다. 후세의 사람들은 역사를 읽을 때 전삼사(前三史:『사기』와 『한서』, 『후한서』)를 중시하였다. 전삼사 가운데서는 『사기』를 높이 떠받들었는데 그 인물 전기 중의 전형성과 세목이 작품에 적지 않은 색채를 더하여 주었기 때문이다.

4. 전형적인 환경의 전형적인 인물을 재현하다

사마천은 『사기』의 인물 형상을 빚어내는 일에 창조적인 작업을 진행시켰다. 특정 환경에서 전형적인 인물을 재현했다. 모순과 충돌하는 가운데서 전형적인 인물을 펼쳐내고, 심리묘사에서 전형적인 인물의 본질적인 특징을 드러내 보여주었다. 무엇보다도 일단의 훨훨 살아 있는 듯한 인물의 형상을 빚어내는 데 온힘을 쏟았다. 이전 사서의 인물 형상의 단순하고 창백한 약점을 되돌려 인물의 정신을 풍부하게 하고 살아 있게 하였다.

① 특정한 환경에서 전형적인 인물을 창조하다

특정한 환경은 바로 전형적인 환경이다. 그것은 일정한 역사

시대의 사회생활 및 그 발전 추세를 체현한다. 전형적인 인물이 생활하고 그 성격을 형성하는 것 및 그 행동을 구사하는 특정한 환경이다. 『사기』에서는 바로 전형적인 인물을 전형적인 환경에 놓고 빚어내는 데 성공하였다.

오나라의 합려와 부차, 오자서, 백비, 월나라의 구천과 범려, 문종(文種) 등은 오나라와 월나라의 원수가 되는 인물이다. 이들을 묘사하는데 오나라에서 월나라를 패퇴시키고 월나라는 오나라를 멸망시키는 특정한 환경에서 그 특징과 본질은 모두 전형적인 표현력을 구사하고 있다. 오왕 합려는 월나라를 치다가 도리어 월나라의 정벌을 당한다. 합려는 손가락에 상처를 입어 나중에 병들어 죽게 되었다. 죽을 무렵에 태자 부차를 세우게 하고 그에게 말하였다.

"너는 구천이 네 아비를 죽인 것을 잊겠느냐?"[123]

부차가 대답하였다.

"감히 잊지 않겠습니다."[124]

3년 만에 보복을 하여 월나라를 쳐서 승리를 거둔 후에 부차는 호랑이를 살려 보내어 후환을 만든다. 오자서의 권간(勸諫)을 듣지 않아 월나라를 멸하지 않고 도리어 무거운 뇌물을 받은 백비의 말을 들어 월나라와의 강화를 허락한 것이다. 월왕 구천은 와신상담하여 마침내 오나라를 멸한다. 부차는 혼용(昏庸)하여 충신의 말을 듣지 않고 도리어 간신의 말만 들었다. 결국 나라는 멸망하고 몸을 망쳤다. 오자서는 충심으로 나라를 위하였으나 도리어 죽임을 당하는 형국으로 전락하였다. 백비는 오나라에서 간사하게 아첨하여 나라가 망하고 몸은 죽임을 당하였으니 천도는 잘 순환하는 셈이다. 구천은 먼저 굽히고 나중에 펴서 10년간 물자를 모았다. 10년간은 훈련을 시켜 오나라를 멸하고 치욕을 씻을 뜻을 날카롭게 갈아 마침내 대업을 이루었다. 범려와 문종은 한 사람은 상장군이고 한 사람은 대부로 국정을 주재했다. 구천과 함께 군신이 한 마음이 되어 일거에 오나라를 멸하였다. 월나라의 군신이 단결하여 분을 발함을 핍진하게 써내었으며 인물의 성격 또한 각자의 특징을 펼쳐내 보였다. 오나라의 오자서는 여러 차례 간언하여 정성껏 나라에 보답하였지만 오히려 백비의 참소로 부차에 의하여 검이 내려져 자살하였다. 오자서는 죽을 때 말했다.

"내 눈을 도려내어 오나라 도성의 동문 위에 걸어 월나라 침략자들이 오나라를 멸하는 것을 보게 하라."[125]

부차는 나라가 망하고 자살하면서 그 얼굴을 가리게 하고 말하였다.

"나는 오자서를 만나볼 면목이 없다."[126]

태재 백비 또한 월나라에 의하여 불충한 신하라는 이유로 죽임을 당하였다. 이 세 사람의 말로는 모두 칼에 맞아 죽는 것이었다. 오자서의 죽음은 탄식할 만하였고 부차의 죽음은 슬퍼할 만하였으며 백비의 죽음은 부끄러워할 만하였다.

전국시대 진소왕 49년(B.C. 258), 조효성왕 8년에 진나라는 한단을 포위하였다. 이 배경을 둘러싸고 『사기』에서는 두드러지는

사마천사 주변의 사마고도. 옛날 한성에서 고도 장안으로 통하는 국도였는데, 길의 큰 돌은 북송 연간에 깐 것으로 8백 년간 온갖 풍상을 다 겪었다.

인물들을 많이 묘사해 내었다. 「평원군우경열전」에서는 평원군의 훌륭한 점을 써냈다. 중요한 문객인 모수에 의지하여 초나라와 합종한 다음, 결사대 3천 명을 얻어 진나라 군으로 달려갔다. 결사대를 만들 때는 한단 전사(傳舍)의 아들인 이동(李同)의 말에 따랐다. 이에 진나라 군이 30리를 물러났다. 「위공자열전」에서는 신릉군이 병부(兵符)를 훔쳐 조나라를 구하는 것을 써냈다. 현자를 예우하고 선비에게 몸을 낮추는 성품과 진나라를 물리치고 조나라를 구하는 의거를 돌출시켰다. 「노중련추양열전」에는 한단이 포위된 것이 실려 있다. 위(魏)나라에 잠입하여 성으로 들어간 장군 신원연(新垣衍)이 조나라에 진나라를 제(帝)로 높이게 하여 급한 환란을 해결하기를 바란다. 제나라 사람 노중련은 면전에서 신원연에게 반복하여 힐난하면서 진나라를 제로 섬기지 않겠다는 뜻을 견지했다. 이로써 조나라의 사기와 민심을 안정시켰다. 그가 의(義)를 내세워 진나라에 항거하는 높은 기풍을 두드러지게 하였다. 한단의 포위를 푸는 것을 통하여 이런 전형적인 인물의 성격 형성과 발전을 드러내었다.

진초지제(秦楚之際)라는 급격한 변화를 겪는 특정한 환경은 전형적인 인물의 성패와 흥망을 드러내 보여주었다. 『사기』에서 이사, 조고 및 진나라 2세 황제, 진섭, 항우 및 유방은 이런 구체적인 환경 안에서 인물의 전형성을 두드러지게 나타내었다. 이사는 진시황 때의 승상이다. 그는 장구한 고귀함을 추구하기 위하여 진시황이 죽은 후 조고와 영합한다. 그리고는 나쁜 일에 합류하여 호해를 세우고 엄혹한 형벌을 제정함으로써 천하에서 반란을 일으키게끔 핍박하였다. 조고는 진나라 2세 황제의 권신(權臣)으로 조정을 좌지우지하였다. 진나라 2세 황제는 사리 판단이 어둡고 포학한 임금이다. 이에 진승이 반기의 깃발을 쳐드니(봉기를 하니) 천하는 크게 혼란해졌다. 조고는 권력을 공고히 하기 위한 과정에서 이사와의 갈등이 날로 첨예해졌다. 진나라 2세 황제와의 관계까지 너 죽고 나 살자는 위험한 지경에 놓였다. 통치 집단 내부의 이전투구 결과는 서로 죽고 죽이는 결과를 낳는다. 조고는 진나라 2세 황제와 영합하여 이사를 죽인다. 조고는 지록위마로 진나라 2세 황제를 죽였으며, 조고 또한 진나라 왕자 자영에게 살해된다. 이 세 사람의 행동과 말로는 특정한 환경 중에서 매우 명료하다. 진섭이 뜻을 이룬 것은 진나라가 그 도(道)를 잃었기 때문이다. 그는 젊어서 큰 뜻을 가지고 깃발을 높이 들고 기의하였으나 6개월 만에 실패했다.

사마천은 이를 주로 3개의 특정한 환경을 통하여 그 기의에 대한 긍정적인 측면과 실패의 안타까움을 써내고 있다. 사람들과 날품으로 농사를 짓던 때의 탄식과 대택향에서 "큰 계책을 일으킨 것"[127], 왕이 된 후에 군중을 떠나고 사람을 부당하게 써서 기의를 실패의 결말로 이끈 것이다. "진승은 비록 이미 죽었지만 그가 남겨둔 후왕(侯王)과 장상(將相)이 마침내 진을 멸망시켰다."[128] 항우는 진섭의 뒤를 이어 기의하여 군사를 일으켜 거록의 전투에서 진나라의 주력군을 전멸시켰다. "천하가 분열되고 왕후를 봉한 것은 정치가 항우에게서 나왔으며"[129], 패왕이 되어 진나라 군사를 갱살(坑殺: 생매장)하고 함양을 도륙질하여 잔학하게 진나라를 멸하였다. 도리어 유방군과의 군사투쟁 중에 우세한 상황이 열세로 바뀌면서 결국 오강(烏江)에서 자살하였다. 그래도 깨닫지 못하여 자책은 하지 않고 "하늘이 나를 망하게 하는 것이지 전투의 죄가 아니다"[130]라고 하였으니 어찌 잘못되지 않았겠는가! 유방은 달랐다. 탁월한 정치 재능을 가졌으며, 특히 장수를 잘 부렸다. 그런 데다 소하와 한신, 장량이라는 세 걸출한 인물이 힘껏 도왔다. 마침내 서쪽 함양으로 들어가니 진왕이 항복을 청하였다. 또한 삼진(三秦)을 평정하였으며 동진하여 항우를 멸하여 천통(天統)을 얻어 「대풍가」를 펼쳤다. 이 몇몇 전형적인 인물의 성격과 명운은 그 당시의 특정한 환경과 밀접하여 불가분의 관계에 있다.

이처럼 특정한 환경의 묘사와 인물 성격의 형상화라는 두 가지를 유기적으로 결합하여 전형적인 인물 형상을 더욱 풍부하게 하였다. 『사기』에는 이런 편장이 매우 많다. 굴원은 정도(正道)를 곧게 걸어 충성과 지혜를 다하여 초회왕을 섬겼다. 그렇지만 도리어 참소하는 사람에 의해 이간질을 당했다. 회왕은 노하여 그를 멀리하여 보국의 뜻을 펼 수 없게 하였다. 끝내는 추방되었으나 초나라를 돌아보며 마음에는 회왕을 품고 지냈다. 오직 임금을 지키고 나라를 진흥시키고 초나라의 형국(形局)을 돌려놓으려 하였다. 한 편의 작품 속에서도 두세 번이나 거듭 이런 마음의 상태를 표현하였지만 결국 어쩔 수가 없었다. 초나라 경양왕이 왕위를 이은 후에는 더욱 멀리 쫓겨났다. 국가의 쇠망과 구할 수 없음을 목격한 굴원은 슬프고 분한 마음이 북받쳐 강가에 이르렀다. 거기서 머리를 풀어헤치고 늪가에서 읊조리며 돌아다녔는데 안색은 핼쑥하고 용모는 너무 말라 사람의 꼴이 아니었다. 「이소(離騷)」에 이어 「초혼(招魂)」과 「애영(哀郢)」, 「천문(天問)」 등과 같은 작지 않은 우국(憂國)의 사(辭)를 지었다. 「회사(懷沙)」를 마지막으로 짓고 스스로 멱라강에 뛰어들어 죽었다. 굴원의 형상은 바로 이런 비극적인 환경에서 그 극치를 펼쳐 보인다. 「초세가」에서 초영왕(楚靈王)은 뜻은 크나 재주는 모자란다고 묘사되어 있다. 그것을 전형적인 환경을 통하여 매우 특색 있게 그려내고 있다. 처음에 신(申)에서 제후들에게 음식을 내리고 "영왕은 맹약을 맺자 교만한 기색을 드러내어"¹³¹ 경봉(慶封)을 죽이고 채후(蔡侯)를 죽였다는 것으로 시작한다. 장화대(章華臺)를 지어 주나라의 정(鼎)을 구할 때는 뜻이 천하를 작게 여겼다. 신해(申亥)의 집에서 굶어죽을 때는 천하의 웃음거리가 되었으니 전형적인 환경에서 전형적으로 영왕의 본색을 폭로하였다. 잠깐 그의 태자가 피살된 후의 묘사를 볼 필요가 있다.

"영왕은 태자 녹(祿)이 죽었다는 말을 듣고 저절로 마차 아래로 쓰러지면서 말하였다. '사람들이 자식을 사랑하는 것이 이와 같다는 말인가?' 시종이 대답하였다. '이보다 더합니다.' 왕이 말하였다. '내가 다른 사람의 자식들을 많이 죽였으니 이런 지경에 이르지 않을 수 있었겠는가?' 우윤(右尹)이 말하였다. '왕께서는

(郢의) 교외에서 백성들의 처분을 기다리십시오.' 왕이 말하였다. '백성들이 노하여 범할 수가 없다.' 우윤이 말하였다. '잠시 큰 현으로 들어가시어 제후에게 군사를 청하십시오.' 왕이 말하였다. '모두 배반하였다.' 우윤이 말하였다. '잠시 제후국으로 달려가 대국의 생각을 따르십시오.' 왕이 말하였다. '큰 복을 다시 누릴 수 없으니 다만 욕을 당할 수밖에 없을 따름이다.'"**132**

꿰다놓은 보릿자루나 다름없는 영왕의 태도가 이처럼 생생하게 묘사되었다. 한무제 유철은 신선을 좋아하여 귀신에게 지내는 제사를 높였다. 이로 인하여 그의 치하에서는 귀신에게 공경을 표하는 제사를 더욱 열심히 섬겼다. 신선과 방사에 대한 잘못된 믿음을 죽을 때까지 깨닫지 못한 것이다. 먼저 이소군(李少君)에게 사기를 당하고 이어서 소옹(少翁)의 사기를 당하였다. 또한 난대(欒大)에게 미혹되었고 나중에는 공손경(公孫卿)에게 농락을 당하였다. 무제의 일생은 신선에 대한 미신으로 신선이 되리라 생각한 삶이었다. 끝내 신선이 될 수 없었지만 그래도 깨달을 수가 없었다. 그가 늙어서 한 말을 봐도 알 만하다.

"천자는 방사들의 기괴한 이야기를 더욱 싫어하게 되었지만 언제나 그들을 구슬리며 관계를 끊지 못하였으니 그 (신선을 만날 수 있는) 진심을 바랐기 때문이다."**133**

여기에서 부수적으로 언급하자면 무제는 기이한 일에 대한 미신을 가져 참담한 대가를 치르게 되었다. 이는 바로 무고(巫蠱)의 화이다. 무고라는 것은 당시의 미신이다. 무술(巫術)로 저주를 하는 것이나 나무 인형을 땅에다 묻어 남을 해치는 것이다. 당시 무제는 나이가 많이 들어 사람들을 미워하는 일이 많았다. 좌우에서 모두 무고로 저주하여 그 일을 다스린 것을 말한다. 정화(征和) 2년(B.C. 91) 강충(江充)이 궁중에 무고의 기운이 있다고 말하여 태자 유거(劉據)의 궁중에 나무 인형을 묻어놓았다고 무고하였다. 유거는 크게 두려워하여 강충 및 호무(胡巫)를 죽였다. 무제가 군사를 보내 쫓아가 체포하게 하자 태자도 군사를 보내어 항거했다. 닷새 간의 격전 중에 죽은 자가 무려 수만 명에 달하였다. 나중에 태자는 군사가 패하자 결국 자살하고 말았다. 수만에 달하는 인명은 한번 나라를 세우는 근본인데 순식간에 모두 원혼이 되고 만 것이다. 무제는 나중에야 태자가 두려워하였을 뿐 다른 뜻이 없었음을 알았다. 태자가 무고를 당한 것을 불쌍히 여겨 이에 사자궁(思子宮)을 지었지만 이미 때가 늦은 터였다. 계포는 임협의 기질을 가지고 있었고 대답이 중후하였다.

난포(欒布)는 성격이 굳세고 용맹하였는데 팽월을 곡할 때 모두 드러났다. 풍당은 장수를 논하여 기휘를 꺼리지 않으며 탁월한 식견이 있는 성격으로 일일이 다 드러낸다. 여불위는 기이한 것을 낚아 명리(名利)를 꾀한다. 대상인의 성격으로 천하의 일을 모두 장사로 생각한다. 환경이 전형적인데 성격 또한 '장사' 속에 모두 드러난다. 한고조 유방의 공신 중에 함께 승상이 된 사람으로 소하가 있다. 그는 황제의 후광에 의지하여 승상의 직책을 삼가 지킴에 모략(謀略)이 있었다. 조참은 전공이 탁월하게 드러나

혜제 때 승상이 되었다. 청정(淸靜)과 무위(無爲)를 추구하는 도가의 주장을 추진하여 천하에서 칭송을 받았다. 다 같이 전장의 장수였으나 강후 주발은 돈후하고 민첩하였다. 영양후(穎陽侯) 관영(灌嬰) 또한 전공이 있었지만 무양후 번쾌의 성격은 오히려 지극히 두드러진다. 홍문연에서 그는 일찍이 문을 부수고 짓쳐들어가 연회에 몸을 디밀었다. 유방은 경포의 반란을 정벌할 때 중병을 근심하여 신하의 병문안을 허락지 않았다. 번쾌는 한편으로는 전공과 용맹한 성격 때문에, 한편으로는 유방과 동서 관계(그의 처 呂須는 여후의 동생이다)로 여러 장상과 비교하여 황실과의 관계가 가장 친밀하였다. 그러므로 「번쾌전」에서는 이렇게 말한다.

"앞서 경포가 반기를 들었을 때 고조는 일찍이 병이 심해서 사람을 만나기를 싫어하여 궁궐에 누워 문지기에게 신하들을 들이지 못하게 하였다. 강후나 관영 등과 같은 뭇 신하들도 감히 들어가지 못하였다. 10여 일 만에 번쾌가 이에 문을 밀치고 곧장 들어가니 대신들이 뒤따랐다. 임금은 홀로 환관 하나를 베고 누워 있었다. 번쾌 등은 임금을 보고 눈물을 흘리며 말하였다. '처음에 폐하께서 신 등과 함께 풍패에서 기의하여 천하를 평정하였을 때는 얼마나 씩씩하였습니까! 지금 천하가 이미 평정되었는데 또한 얼마나 고달프십니까! 또한 폐하께서 병이 심하여 대신들이 두려워하는데 신 등을 만나 일을 도모하지 않으시고 다만 환관 하나와 함께 끊으십니까? 또한 폐하께서는 조고의 일도 보지 못하였습니까?' 고조는 웃으며 일어났다."[134]

이런 성격은 눈앞에서 부르면 금방이라도 튀어나올 것 같아 환경의 묘사와 성격의 형상화로 하여금 고도의 조화와 통일을 이루게 하였다.

『사기』 중의 이런 필법은 인물의 성격적 특징을 돋보이게 하고 인물의 형상을 빚어내는데 모두 불가결한 작용을 한다. 이는 하나의 예술 기법이 되어 나중의 사적 및 문학 작품에 또한 심원한 영향을 끼쳤다. 더욱이 소설은 『사기』에 가장 두드러진 빚을 졌다고 할 것이다.

② 갈등과 충돌 속에서 전형적인 인물을 재현하다

혹은 사람 때문에 혹은 사건 때문에, 혹은 사람과 사건 때문에 갈등과 충돌은 더욱 심해진다. 당사자가 한 일과 본질은 더 꾸며가며 표현할 수 없게 된 것이다. 『사기』에서는 이를 전형적인 인물의 전형적인 성격으로 재현해 내었으며, 지극히 성공적인 예술 형상으로 빚어내었다. 「염파인상여열전」에서 집중적으로 염파와 인상여의 사적을 쓴 부분은 바로 이 방면의 전형적인 예다. 인상여의 '완벽귀조'와 '민지상회(澠池相會)', 염파와 인상여의 '부형청죄(負荊請罪)'에서 앞의 두 가지는 조나라와 진나라 사이의 갈등이다. 후자는 염파와 인상여 사이의 갈등이다. 갈등의 발전과 충돌은 인상여는 매우 지혜롭고 용감하여 강한 진나라를 두려워하지 않으며 조나라의 국격(國格)을 잃지 않고 조나라의 위엄을 씩씩하게 드러내어 형상이 부르면 튀어나올 듯하다. 인상여가 여러 번

염파에게 양보하는데 이르러서는 "나라(의 위급)가 우선이고 사적인 원한은 나중"[135]이라는 결론을 얻어냈다. 염파가 가시나무를 지고 죄를 청하게끔 감동시켜 장군과 승상이 서로 좋아하게 하였고, 인상여의 큰 도량을 나타내 보인다. 인상여가 벽옥을 당겨 기둥을 노려보고 진왕의 좌우를 꾸짖을 때는 형세상 죽이지 않을 수 없었다. 하지만 병사들은 아마 겁이 나서 차마 나서지 못하였을 것이다. 인상여는 그 기운을 떨쳐 적국에 위신을 세웠다. 물러나서는 염파에게 양보하니 명예가 태산처럼 무거워 그야말로 지혜와 용기를 겸비하였다고 하겠다. 형가가 진시황을 저격한 것은 인물의 형상화에 지극히 성공한 범례이다. 진나라가 변고에 놀란 그 장면, 그 충돌과 생사를 다투는 필치의 운용은 더욱 절묘하다.

형가가 지도를 갖다 바치자 진왕은 지도를 폈으며 지도가 다 펼쳐지자 비수가 나타났다. 이에 왼손으로 진왕의 소매를 잡고 오른손으로는 비수를 쥐고 찔렀다. 몸까지 채 닿지 않았고 진왕은 놀라 스스로 몸을 빼어 일어나니 소매만 잘렸다. 검을 뽑았으나 검이 길어 칼집만 잡고 있었다. 때는 급박하게 돌아가고 검은 단단히 꽂혀 있어 바로 뽑을 수가 없었다. 형가는 진왕을 쫓았으며 진왕은 기둥을 돌며 달아났다. 신하들은 모두 놀랐으나 창졸간에 일어난 뜻하지 않은 일이라 완전히 넋이 빠져버렸다. 그러나 진나라의 법에는 전상에서 모시는 신하들은 한 자 한 치의 무기도 지닐 수 없어서 무기를 지닌 낭중들은 전의 아래에 늘어섰고 왕명으로 부르지 않으면 올라갈 수가 없었다.

바야흐로 몹시 위급한 때라 미처 아래의 병사를 부르지 못했던 터라 그런 까닭으로 형가가 이렇게 진왕을 쫓게 된 것이다. 졸지에 일어난 두렵고 급박한 일이라 형가를 칠 도리가 없어서 그냥 손으로 함께 치는 수밖에 없었다. 이때 시의(侍醫) 하무저(夏無且)가 받쳐 들고 있던 약 주머니로 형가를 쳤다. 진왕은 바야흐로 기둥을 돌며 달아났는데 창졸간의 두렵고도 급박한 일이라 어찌할 바를 몰랐는데 좌우에서 이렇게 소리쳤다. "왕께서는 검을 (등에) 지십시오!" 검을 지고 마침내 뽑아 형가를 쳐서 그 왼쪽 넓적다리를 잘랐다. 형가는 쓰러지자 곧 비수를 당겨 진왕에게 던졌으나 맞지 않고 구리 기둥에 맞았다. 진왕은 다시 형가를 쳐서 형가는 여덟 군데나 찔렸다. 형가는 일이 성공하지 못하였음을 분명히 알고 기둥에 기대어 웃고 두 다리를 뻗고 꾸짖어 말하였다. "일을 성공하지 못한 것은 살아서 겁박하여 반드시 약속을 받아내어 태자에게 보답코자 했기 때문이다." 이에 좌우에서 앞으로 가서 형가를 죽이니 진왕이 기뻐하지 않은 것이 매우 오래갔다.[136]

처한 장면의 긴장감과 어구의 촉박함, 형가의 침착함과 용기, 진왕의 황급함, 신하들이 경악하고 모두 도(度)를 잃음, 시의(侍醫)의 기지 등 만상이 눈앞에 선하게 펼쳐지는 듯하다. 인물의 성격 또한 모두 여기에 배치시켰다. 「위강숙세가」에서는 이렇게 말한다.

선공(宣公) 18년 태자 급(伋)이 제나라 여자를 아내로 맞게 되었다. 아직 시집을 오지 않았는데 선공이 그 미모가 빼어난 것을 보고 좋아하여 자신이 맞아들이고 다시 태자에게 다른 여자를 맞게 하고 선공은 제나라 여자에게서 두 아들을 낳았는데 수(壽)와 삭(朔)이다. 태자 급의 어머니가 죽자 선공의 정부인과 삭은 함께 태자 급을 비방하였다. 선공은 태자의 처를 빼앗은 이래 태자를 마음속으로 미워하여 그를 폐하여 축출하고 싶었다. 그가 나쁘다는 말을 듣자 크게 노하여 곧 태자 급을 제나라로 사행하게 하여 도적으로 하여금 국경에서 길을 막고 그를 죽이게 하였다. 태자에게 백모(白旄: 소 꼬리로 장식한 깃발)를 주고는 도적에게 백모를 들고 가는 자를 보면 죽이라고 일렀다. 수는 선공과 삭이 태자를 죽이려는 것을 알고 태자에게 일러 말하였다. "국경에서 도적이 태자의 백모를 보면 태자를 죽일 것이니 태자께서는 가시지 않았으면 합니다." 태자가 말하였다. "아비의 명을 거스르며 살기를 도모하는 것은 옳지 못하다." 결국 떠났다. 수는 태자가 멈추지 않는 것을 보고 곧 그의 백모를 훔쳐 먼저 국경으로 달려갔다. 국경에서 도적이 그 백모를 보자 바로 그를 죽였다. 수가 죽고 태자 급이 또 이르러 도적에게 말하였다. "죽여야 할 사람은 바로 나다." 도적은 태자 급을 함께 죽여 선공에게 알렸다. 선공은 곧 삭을 태자로 세웠다.[137]

선공의 비루하고 후안무치함, 삭의 악랄하고 비열함, 태자 급이 아내 때문에 죽는 충후(忠厚: 충직하고 순후한 것)함, 수의 죽음을 다툼으로써 말리는 것이 모두 이 투쟁 과정에서 심각하게 드러난다.

진시황이 죽은 후에 그 장자 부소가 맞닥뜨린 운명 또한 이를 방불케 한다. 조고가 시황제의 유조를 위조하여 "부소는 자식으로 효성스럽지 못하므로 검을 내리니 자결할 지어다!"¹³⁸라고 하였다. 몽염은 "사람이 충성스럽지 못하니 죽음을 내리노라"¹³⁹라고 하였다. 사자가 이르러 글을 펼쳐보이자 부소는 울면서 내실로 들어가 자살하려 하였다. 몽염은 그 글이 날조된 것임을 알아채었는데 사자가 여러 번이나 재촉하였다. 부소는 사람됨이 어질어 몽염에게 말하였다.

"아비가 자식에게 죽음을 내렸는데 오히려 어찌 다시 청하겠습니까!"¹⁴⁰

이에 곧 자살하였다. 몽염은 죽으려 하지 않아 사자가 즉시 관리에게 넘겨 양주(陽周)에 붙들어놓았다. 이로써 부소와 몽염의 대조적인 성격이 선명하게 드러나고 있다. 사마양저가 제경공의 장군이 되었을 때 감군 장가(莊賈)는 경공의 총신이었으나 장가가 군령을 어겨 그를 죽였다. 경공이 사자를 보내 부절을 들고 장가를 사면하게 하여 군중으로 말을 달려 들어왔다.

"장수는 군중에서 임금의 명령을 받지 않음이 있다."¹⁴¹

양저가 이렇게 말하고는 또 사자의 마차를 몰던 마부를 죽였다. 이에 삼군이 놀라 두려워하였다. 사마양저의 군사가로서의 행위를 상세하게 기탁해 내었다.

항우와 유방은 갈등을 겪으며 충돌하던 과정 중에 그 형상이 매우 두드러졌다. 항우로 말할 것 같으면 유방과 형양(滎陽)에서 서로 대치할 때 바로 그 영웅적인 성격과 비극적인 색채를 생생하게 보여준다. 그때 항왕은 장사(壯士)로 하여금 나가서 싸움을 돋우게 하였다. 한나라에는 말을 타고 활을 잘 쏘는 누번(樓煩)이 있었다. 초군이 세 번 싸움을 돋우자 누번이 그때마다 활을 쏘아 죽여 버렸다. 항왕이 크게 노하여 눈을 부릅뜨고 꾸짖으니 누번은 눈으로 감히 쳐다보지도 못하였고, 손으로 감히 화살을 쏘지도 못하였다. 마침내 진지 속으로 달아나 돌아가 감히 다시 나오지 못하였다. 한왕이 사람을 보내어 알아보았더니 바로 항왕이었다. 한왕은 크게 놀랐다. 세 번 연속 '감히 ~하지 못하였다(不敢)'는 말을 써서 항우의 위엄과 용맹함을 그림처럼 마음껏 써내었다. 이보다 앞서 거록의 전투에서 솥을 부수고 배를 가라앉히는 등 아홉 차례의 전투를 거쳐 진군을 대파하고 "항우가 제후군의 장수들을 불러 원문(轅門)에 들게 하자 모두다 무릎으로 기어 앞으로 오면서 아무도 감히 쳐다보지 못했다"**142**라고 적었다. '무릎으로 기어가고', '쳐다본다'는 것은 항우의 역발산기개세의 기개를 부각시켜 드러낸 것이다.

유방으로 말할 것 같으면 관문을 깨뜨리고 함양으로 들어가 약법삼장(約法三章)을 내걸고 그 뜻을 보였다. 홍문연에서는 호랑이 입에서 도망쳐 그 지혜를 보였다. 광무군(廣武軍) 사이에서는 항우의 열 가지 큰 죄를 열거하여 제왕(帝王)의 마음씀을 드러냈다. 영포를 치고 돌아오는 길에 패(沛)에 들러「대풍가」를 지어 강개한 상심(傷心)을 드러내었다. 이로써 유방의 위엄이 천하에서의 고락(苦樂) 및 기쁨과 근심에 더하여져 그 중요한 단서를 보여주었음을 묘사했다.

장이(張耳)와 진여(陳餘)는 현자로 이름났으나 오히려 권세와 이익을 따지는 교유였다. 조나라를 구원할 때를 보면 한 사람은 포위되었고 한 사람은 이를 좌시하며 구원하지 않았다. 이후 한 사람은 책망을 하고 한 사람은 원망하는 마음을 품게 되었다. 이에 원망하는 자는 노하여 (작위를 내리는) 인끈을 받지 않았고 책망하는 자는 불손하게 그 인장을 찼다. 그 마음과 태도가 훤하게 드러난다.

모수는 궁궐의 전상(殿上)에서 초나라와의 합종을 이루어 내었고, 손빈은 방연(龐涓)이 나무 아래서 죽도록 유도하였다. 역생은 패공을 보고도 인사를 하지 않았는데 제나라의 70여 성을 항복시켰다. 주가(朱家)는 집에 계포를 숨겨주면서도 멸족되는 것을 두려워하지 않았으며, 관부는 주사를 부리며 좌중을 꾸짖었다. 조고는 사슴을 가리켜 말이라 하였으며, 오운(伍員: 伍子胥)은 간언을 간절히 하여 참소를 당하여 죽임을 당하였다. 예양은 옻칠을 하여 문둥이가 되고 숯을 삼켜 벙어리가 되었다. 최저(崔杼)는 장공(莊公)을 죽였는데 「제태공세가」에 상세히 보인다. 여희(麗姬)는 태자를 모함하여 해쳤는데 「진세가」에서 다 서술하였다. 전횡(田橫)의 드높은 절개, 초나라 충신 오거(伍擧)와 소종(蘇從)의 죽음을 무릅쓴 간언이었다. …… 무릇 이런 등등은 인물의 성격이 갈등과 투쟁 속에서 다 드러나는 것이다.

그대는 무양후 번쾌를 보지 못하였는가? 홍문의 연회에 치고 들어가 씩씩하고 호방하며 단도직입적인 성격을 아주 홍건하게 펼쳐 보였음을. 홍문연에서 번쾌는 일이 급박하게 돌아감을 듣고 즉시 쇠로 만든 방패를 들고 군영 안으로 들어갔다. 곧장 치고 들어가 휘장 아래에 섰다. 항우가 그에게 잔술과 돼지 어깻죽지를 내려주었다. 번쾌는 술을 다 마시고 칼을 뽑아 고기를 썰어 말끔히 먹어치웠다. 항우가 말하였다.

"더 마실 수 있겠는가?"**143**

"신은 죽더라도 사양치 않을 것이니 어찌 다만 잔술이겠습니까! 또한 패공께서 먼저 함양에 들어가 평정하고 패상에서 주둔하면서 대왕을 기다렸습니다. 대왕께서 오늘 이르시어 소인배들의 말을 듣고 패공과 틈이 생긴다면 신은 천하가 와해되고 내심 대왕을 의심하게 될까 두렵습니다."**144**

번쾌의 대답에 항우는 잠자코 있었다.

이런 문장의 운용은 힘은 반으로 줄고 공은 배가 된다. 사람을 승리감으로 이끌 뿐만 아니라 또한 인물의 형상이 목전에 있는 것 같아 정수(精髓)가 절로 높고 오묘해진다.

③ 인물의 심리 묘사

형체는 겉으로 드러나지만 생각은 안으로 숨겨져 있다. 형체는 쉬 드러나지만 생각은 헤아리기 어려우며 '생각'을 표현해 내면 인물은 피와 살이 더욱 풍부해진다. 그 정신세계의 가장 본질적인 것은 곧 자연스레 드러날 수 있다.

『사기』에서는 인물의 심리활동을 상당히 깊게 드러내 보인다. 그 수 또한 볼 만하다. 이를테면 「제태공세가」에서는 제환공과 노장공이 회맹하는 장면을 묘사하고 있다.

> 5년에 노나라를 쳐서 노나라 장수의 군사가 패하였다. 노장공이 수읍(遂邑)을 바쳐 화평을 청하자 환공이 허락하여 노나라와 가(柯)에서 회맹하였다. 노나라에서 맹약을 하려 할 때 조말이 단 위에서 비수로 환공을 협박하여 이렇게 말하였다. "노나라에서 빼앗은 땅을 반환하시오!" 환공이 허락하였다. 얼마 후 조말은 비수를 버리고 북쪽을 보고 신하의 자리로 돌아갔다. 환공이 후회하여 노나라 땅을 주지 않고 조말을 죽이려 하였다. 관중이 말하였다. "협박으로 허락하였다가 신의를 저버리고 죽여 버린다면 작은 기분풀이는 됩니다만 제후들의 신의를 버리고 천하의 도움을 잃게 되는 것이니 옳지 않습니다." 이에 마침내 조말이 세 번 싸움에서 잃은 땅을 노나라에 주었다.[145]

이 회맹에서 제환공의 세 차례의 심리 변화가 굴비를 엮듯 차례로 나온다. 먼저 협박을 받아 생명의 위협을 받는다. 어쩔 수가 없이 원래 빼앗은 노나라 땅을 돌려주기로 답할 수밖에 없다. 조말이 비수를 버리고 신하의 자리로 돌아간 뒤에는 또 후회를 한다. 노나라의 땅을 돌려줄 생각을 하지 않고 조말을 죽일 생각을 한다. 관중의 말을 듣고 그제야 마음과 뜻을 바꾸어 앞의 약속을 이행하는데 그의 어찌할 수 없음과 허영의 심리를 잘 표현해 내었다.

진공자 중이(重耳)의 아내와의 대화, 범려가 문종에게 보낸 글은 말 속에 또한 심리 상태를 잘 반영하였다. 중이는 진헌공의 아들이다. 헌공이 태자 신생(申生)을 죽이고 여희가 또 중이를 참소하자 중이는 두려워한다. 헌공에게 작별인사도 하지 않고 포성(蒲城)으로 가서 지키며, 나중에는 또 추격을 받아 살해될 위험에 처한다. 담을 넘어 도망을 쳤지만 또 한 차례 피살될 처지에 놓이자 제나라로 도망친다.

"중이는 자기 아내에게 이르기를 '나를 25년을 기다려도 오지 않으면 시집가시오'라 하였다. 그의 아내가 웃으며 말하기를 '25년이면 내 무덤 위의 측백나무가 크게 자랄 것입니다. 비록 그러하오나 첩은 그대를 기다릴 것입니다'라 하였다."[146]

이는 중이가 제나라로 도망치기 전에 한 말을 적은 것이다. 중이는 아내와 서로 사랑하여 아내가 연루되는 것을 생각지 않을 수 없었다. 스스로 도망을 가면서도 서로 구하고 서로 약속을 하는 과정이 눈물이 엇갈리게 한다. 아내의 웃음이나 대답은 눈물을 참고 슬픔을 머금은 억지웃음이었으며 고통스럽고도 충정(忠貞)어린 대답이었다. 쓸쓸한 몇 마디는 그들의 다소간의 복잡한 심리를 내포하고 있다. 범려와 문종은 월왕 구천의 중신이다. 월나라가 오나라를 멸한 후에 제후들이 모두 하례하고 패왕이라고 불렀다. 범려는 마침내 제나라로 가서 문종에게 편지를 써서 보내어 말하였다.

"나는 새가 다 잡히면 좋은 활은 감추어지고, 약삭빠른 토끼가 죽으면 사냥개는 삶깁니다. 월왕은 사람됨이 목이 길고 입이 새부리 같아 환난은 함께 할 수 있으나 즐거움은 같이 할 수 없소. 그대는 어찌하여 떠나지 않소?"**147**

범려가 월나라를 떠나게 된 심리상태를 이처럼 명백하게 말한 것은 두 가지 두려움 때문이었다. 한 가지는 자리에 연연하다 떠나지 않으면 피살된다는 옛 가르침에 대한 두려움이었다. 구천과는 즐거움을 함께 할 수 없어 피살될까 두려워서 멀리 월왕을 떠나게 된 것인데, 이는 선택의 여지가 없을 뿐만 아니라 화를 벗어나는 상책이기도 하다는 것이 두 번째 두려움이었다. 문종은 편지를 보고 어떤 심리였을까? "문종은 편지를 보고 병을 핑계대고 입조하지 않아"**148** 문종이 이미 자기에게 닥친 신변의 위험을 알고 있었음을 표명하였으니, 비록 이러하였지만 결국 몸을 빼내지 못해 결국 참소를 당하여 구천에게 살해되었다.

'나라의 근본을 세우고(立國本)' 권리를 다투고 이익을 빼앗는 것은 후비들의 모순점 중 하나다. 그들의 심리가 어떠한가는 다만 몇몇 예를 든다. 여불위는 '기화(奇貨)를 낚아' 다른 사람에게 뇌물을 주어 화양부인을 움직여 자초를 아들로 삼고 그를 태자로 추천하게끔 청한다. 화양부인은 '그럴듯하게 생각하여(以爲然)' "조나라에 인질로 있는 자초가 매우 현명하다"**149**고 말한다. 시기가 무르익은 뒤에 다시 말한다. "이에 계속하여 이어서 눈물을 흘리며 말하기를 '첩이 다행히 후궁에 있게 되었으나 불행히도 자식이 없사오니 자초를 적장자로 세워 첩의 몸을 기탁하였으면 합니다'라 하니 안국군은 허락하였다."**150** 화양부인의 심리는 등불을 내걸어놓은 듯 환하다. 한나라 초의 여후는 척희(戚姬)

를 미워하여 태자를 바꾸고자 하였다. 유방이 죽은 후 그 아들 유영(劉盈)을 이어서 제(帝)라 불렀다. 여후는 척부인 및 그 아들 조왕 여의(如意)를 가장 미워하여 영항(永巷)에 척부인을 가두게 하고 조왕을 불렀다. 사자가 세 번 돌아가도록 조의 승상 주창(周昌)은 이미 여후가 조왕을 죽이려 한다는 사실을 명백히 간파하고는 이에 말했다.

"감히 왕을 보내지 못하니 왕은 또한 병도 들고 해서 조칙을 받들 수가 없습니다."[151]

여후는 크게 노하여 이에 사람을 보내 조의 승상을 장안으로 부르게 하였다. 조왕도 불러 오게 되었는데 아직 이르지를 않았다. 효혜제는 인자한 성품이었다. 태후가 노한 것을 알고 직접 패상에서 조왕을 맞아 함께 입궁하여 스스로 끼고 조왕과 함께 거처하였다. 태후는 죽이려고 하였으나 틈을 내지 못하였다. 하루는 여후가, 혜제는 새벽에 활을 쏘러나가고 조왕은 어려서 일찍 일어날 수가 없게 된 틈을 타 짐새의 독으로 죽였다. 또한 척부인의 수족을 자르고 눈을 도려내고 귀를 지지고 벙어리가 되는 약을 먹여 측간에 살게 하고 '인체(人彘)'라고 불렀다. 여후의 악독한 심리상태는 여기서 극도로 드러난다. 이는 곧 조금도 거리낌 없이 하고 싶은 일을 하고야 마는 것이다. 반드시 척부인과 그 아들 조왕을 사지에 처하게 한 후에야 기뻐하였다. 비교해 보면 자기의 아들 해제(奚齊)를 태자로 삼게 하고자 여희는 술책을 부린 것이다. 구호는 옳은 것이었지만 심사는 그른 것이다. 「진세가」

에서는 말하였다.

"헌공이 몰래 여희에게 말하였다. '내 태자를 폐하고 해제로 대신할까 하오.' 여희는 울면서 말하였다. '태자를 세운 것을 제후들이 모두 이미 알고 수차례나 군사를 통솔하여 백성들이 그에게 붙었는데 어찌 천첩이 고의로 적자를 폐하고 서자를 세우겠습니까? 군왕께서 반드시 그렇게 행하신다면 첩은 자살하겠습니다.' 여희는 태자를 칭찬하는 척하고는 몰래 사람들에게 태자를 비방하게 하여 그 아들을 태자로 세우고자 했다."[152]

자기의 아들을 태자로 세우려고 하는 것이 명명백백한데도 마음에도 없는 행동을 하였지만 교묘하게 구슬렸으니 어찌 본의가 아니겠는가? '칭찬하는 척(佯譽)' '비방(讒惡)'의 네 자는 여희의 꿍꿍이셈을 다 말하였다.

이런 심리상태를 묘사하는 장면은 불시에 전형적인 인물의 전형적인 성격에서 고스란히 드러난다. 한고조 유방은 평민에서 황제가 되었다. 그 사이에 다소간의 큰 기쁨과 큰 슬픔이 있었다. 많고 적은 관건이 되는 시각(時刻)이 있었는데 사마천은 거기에 대해 모두 심리상태의 묘사를 운용하였다. 그가 정장으로 있을 때 백사(白蛇)를 죽이자 신선 노파가 이는 '적제(赤帝)의 아들이 백제(白帝)의 아들을 죽인 것'이라고 말하였다.

"뒤쳐져 오던 사람이 고조에게 일러주자 고조는 이에 속으로 홀로 기뻐하였으며 자랑스럽게 여겼고 따르던 사람들은 더욱 경외하게 되었다."[153]

'홀로 기뻐하였다(獨喜)'와 '자랑스럽게 여겼다(自負)' 네 자는 유방의 심리상태를 생생하게 그려낸 것이다.

"진시황제가 일찍이 말하기를 '동남쪽에 천자의 기운이 있다'고 하여 동쪽으로 순수하여 그 기운을 누르고자 하였다. 고조는 (해나 당하지 않을까) 절로 의심하여 도망쳐 망(芒)산과 탕(碭)산의 바위 사이에 숨었다. 여후가 사람들과 함께 찾았는데 늘 그가 있는 곳을 찾아냈다. 고조가 이상하게 여겨 물어보았더니 여후가 말하기를 '계(季: 유방의 자) 당신이 있는 곳에는 늘 구름이 있기 때문에 늘 찾아낼 수 있습니다.' 고조는 이에 기뻐하였다."[154]

그 당시의 심리상태는 바로 천자로 자처하는 것이었다. 초나라와 한나라가 서로 다투던 한 4년에 한신이 사람을 보내어 한왕에게 제나라의 가왕(假王)으로 봉해 줄 것을 요구하였다. 이랬다가 저랬다가 두 가지의 질책하는 법과 태도가 끊은 듯이 다르니 그 정치 수완은 심리 묘사를 하는 가운데에 절로 기탁하였다. 황제가 된 뒤에도 건달 기질이 절로 배어나오는 건 어쩔 수 없었다. 별 볼일 없는 사람이 천하를 가지자 득의하여 자신을 잊은 것으로 조금도 가리거나 꾸밈이 없다. 한나라 12년에는 척부인 소생의 아들 조왕 여의로 태자 유영(劉盈)을 바꾸려고 했다. 그렇지만 오히려 네 늙은이가 태자를 보좌하는 것이 보여 "임금은 곧 크게 놀라"[155] 네 늙은이의 말을 들었다. "임금이 말하기를 '번거롭겠지만 공들이 끝까지 태자를 지켜주길 바라오'라 하였다. 네 사람이 축수를 마치고 급히 떠나가자 임금은 눈길로 그들을 전송하고 척부인을 불러 네 사람을 가리키며 말하였다. '내가 태자를 바꾸고자 하였으나 저 네 사람이 보좌하여 태자의 우익(羽翼)이 이미 이루어졌으니 움직이기 어렵소이다. 여후는 진정으로 주인이오'라 하였다."[156]

사호(四皓)를 보고 유방은 '크게 놀란' 데서 충심으로 말하지 않은 곳까지, '눈으로 그들을 전송한' 곳까지, 척부인과 애기한 곳까지 유방이 태자를 바꾸고자 하였으나 이루지 못하였다. 어찌할 수 없는 그 심정을 생생하게 그려낸 것이다.

인상여는 민지의 모임에서 진왕에게 부(缶: 질장구)를 치게 하였다. 그렇게 하지 않으면 "상여가 청컨대 목의 피를 대왕께 뿌리기를 청한다"[157] 하니 "이에 진왕은 기뻐하지 않으며 부를 한번 쳐주었다."[158] 진나라의 신하들이 "조나라의 성 15개로 진왕을 축수해주기를 청한다"[159]고 하자 상여는 첨예하게 맞섰다. "진나라 함양으로 조왕을 축수해주기를 청한다"[160]고 한 것이다. 인상여는 강한 진나라의 기세로 진나라 신하들이 강함으로 약함을 능멸하려던 것을 도리어 그 욕된 군색한 태도를 받아들여 이겨내었다. 그 심리 활동 과정은 매우 명료하다. 상국 조참은 그 관리를 고르는 표준이 남달랐다. 군국의 관리 중에서 문사가 뛰어나지 않은 중후한 장자를 물색하여 승상사(丞相史)로 삼았다. 관리 중에 무릇 언어 문자에 대하여 꼼꼼한 것을 추구하고 명성에 온 힘을 쏟을 생각을 하는 자는 배척하여 쫓아낸 것이다. 조참은 밤낮으로 술을 마셨다. 경대부 이하의 관리와 빈객들은 조참이 아무 하는 일도 없는 것을 보고 온 사람들이 권고를 하려고 하였다. 조참은 그때마다 좋은 술로 그들의 입을 막아버렸다. 진언하려는 생각만 읽어도 술을 돌려 마시게 하였다. 술이 취하여 떠날 때까지 시종 입을 열어 간언할 기회를 주지 않았다. 이는 바로 조상국의 "청정하여 도에 맞는 것을 극언하는"[161] 심리를 드러낸 것이다. 곧 청정하여 하는 일 없이 다스림을 추구하는 것이 완전히 도가의 학설에 부합된다.

범저가 진소왕을 유세하고 채택이 범저를 유세함에 유관인물의 심리활동 묘사를 아주 세밀하게 써내었다. 장량이 흙다리 위에서 노인을 만나는 단락은 그 심리의 형상화가 매우 치밀하다. 유방이 장군을 임명할 때 "여러 장수들은 모두 기뻐하며 저마다 제각기 대장이 될 것이라고 생각하였다. 대장을 임명하는데 곧 한신이어서 온 군영이 모두 놀랐다"[162]라 한 것은 다소의 인물의 심리상태를 형상화한 것이다. 오기는 "잠자코 한참이나 있다가"[163] 말을 한다. 원수 4년 이광이 자청하여 대장군을 따라 흉노를 치는데 "천자는 연로하다 하여 허락지 않았으며, 한참 있다가 곧 허락을 하면서 전장군으로 삼았다"[164]라 한 것은 모두 휑뎅그렁하게 몇 마디만 가지고 그 복잡한 심리상태를 묘사해낸 것이다.

이런 심리상태의 묘사는 그 핵심을 찌를 뿐만 아니라 또한 적합한 곳에 이르러 인물 형상을 더욱 풍부하고 실하게 해준다. 말이 간략하고 뜻은 풍부하므로 종종 인물 형상의 정확하고 주의를 끄는 곳이 된다.

6장

숨을 내쉬니
무지개가 되다

吐氣作霓虹

『사기』의
언어예술

언어예술의 정점은 『사기』가 얻은 큰 성공의 중요한 한 요인이다. 문장을 이루는 언어가 적절한 문체를 터득하고 있다. 또한 서술 언어의 풍성함과 인물을 성격화하는 생생한 언어 구사력도 보인다. 서술하는 사이에 저자의 의견을 끼워 넣는 치밀함, 속담을 인용해 넣은 적절함도 놀랍다. 논찬이라는 독보적인 견해를 피력한 기준 등은 『사기』의 언어를 정확하고 정련되고 생동적이고 우미(優美)하게 만들었다. 오색찬란할 뿐만 아니라 호연지기까지 갖춘 덕분이다. 말이라는 일정한 법식을 갖춘 언어라는 정련되면서도 사람을 놀라게 하는 것은 『사기』가 세상에 전하게 되는 필연적 요소이다. 뿐만 아니라 사마천이라는 사학의 대가이자 문학 거장의 풍미이기도 하다.

1. 『사기』의 문장을 짓는 언어

『사기』의 언어는 사마천이 당시의 구어의 기초 위에서 창조한 일
종의 가장 이해하기 쉬운 '문언(文言)'이다. 선진의 전적(典籍)은
구불구불하고 난삽하여 이해하기가 어렵다. 또 오랜 세월 동안
조성된 간극 등등은 사마천이 이런 자료를 운용할 때 모두 '번역'
을 하여 평이하고 쉽게 이해되도록 하였다. 「오제본기」에서 하
·은·주의 여러 본기 가운데서 인용하는 『상서』 등의 문자는 모
두 평이하게 드러나는 언어로 그려냈다. 한 가지 예만 들어보겠
다. 「하본기(夏本紀)」에서는 『상서·고요모(皐陶謨)』 중의 한 단락
을 인용한 적이 있다.

　　고요가 말하기를 "진실로 그 덕을 실행하면 도모하는 것이 밝아
지며 보필하는 자가 화합될 것입니다" 하였다. 우가 말하기를 "너의
말이 옳다. 어떠한 것인가?" 하자, 고요가 말하였다. "아! 훌륭합니
다. 그 몸을 닦음을 삼가며 생각을 영원하게 하며 구족을 돈독하게
말하며 여러 현명한 이가 힘써 도우면 가까운 데서 먼 데까지 미루어
나감이 여기에 달려 있습니다."

　　皐陶曰, 允迪厥德, 謨明弼諧. 禹曰, 兪, 如何? 皐陶曰, 都, 愼厥
身, 修思永, 惇敍九族, 庶明勵翼. 邇可遠, 在玆.

『사기』에 인용하고 있을 때는 당시의 비교적 평이한 문자로

번역하였다.

　　고요가 자기의 의견을 말하였다. "그 도덕에 따라 일을 하면 도모하는 것이 밝아지며 보필하는 자가 화합하게 될 것입니다." 우가 말하기를 "그렇도다, 어떠한 것인가?" 고요가 말하였다. "아! 그 몸을 닦음을 삼가며 생각을 길게 하며 구족이 돈독하여 순서가 있으며 여러 현명한 이가 힘껏 도우면 가까운 데서 먼 데까지 미루어 나감이 여기에 있습니다."

　　皋陶述其謀曰, 信其道德, 謀明輔和. 禹曰, 然, 如何? 皋陶曰, 於, 慎其身脩, 思長, 敦序九族, 眾明高翼, 近可遠, 在已.

이런 고대 경문(經文)에 해설을 하는 작법은 이른바 현대의 번역이다. 이런 번역의 공은 막대하여 사마천은 이 법을 가지고 『사기』를 중국의 최초이자 최고의 위대한 고적(古籍)이 되게끔 하였다. 아울러 가장 중요한 성취를 취득한 작가가 되게 하였다. 『세본(世本)』과 『전국책』, 『좌전』, 『논어』 등등 춘추전국시대에 대한 전적(典籍)은 사마천이 처한 시대와 머지 않다. 해서 언어 문자에 상대적인 연속성이 있고 간극도 적어서 인용할 때 대체적으로 솔직하게 기록하였다. 다만 당시 사람들이 거침없이 이해하고 문장이 원만하고 윤택하게 하기 위해서 또한 약간의 윤색을 가했다. 『전국책 · 진나라 화양의 손예양(晉華陽之孫豫讓)』에서는 말하였다.

예양은 또 몸에 옻칠을 하여 문둥이로 가장하고 수염을 없애고 눈썹을 밀었다. 스스로 형벌을 가해 그 모습을 바꾸어 거지가 되어 구걸을 하러 갔더니 그 처가 알아보지 못하고 말하였다. "모양은 내 남편 같지 않은데 목소리가 어찌 그리 내 남편의 것과 비슷한지." 또 숯덩이를 삼켜 벙어리가 되어 그 목소리를 변조했다. 그의 벗이 일러 말하였다. "그대의 도는 매우 어렵고 공이 없으며, 그대에게 뜻이 있으면 그렇다 할 것이며 그대가 지혜롭다면 그렇지 않다 할 것이네. 그대의 재주로 양자를 잘 섬기면 양자는 반드시 그대를 가까이 할 것이며, 그대가 가까워지게 되어 하고자 하는 일을 행하면 이는 매우 쉽고 공을 반드시 이룰 걸세."

豫讓又漆身爲厲, 滅鬚去眉, 自刑以變其容, 爲乞人而往乞, 其妻不識, 曰, 狀貌不似吾夫, 其音何類吾夫之甚也. 又呑炭爲啞變其音. 其友謂之曰, 子之道甚難而無功, 謂子有志則然矣, 謂子智則否. 以子之才而善事襄子, 襄子必近幸子, 子之得近, 而行所欲, 此甚易而功必成.

『사기』에 인용할 때는 이렇게 고쳤다.

예양은 또 몸에 옻칠을 하여 문둥이로 가장했다. 숯덩이를 삼켜 벙어리가 되어 모습을 알아볼 수 없게 만들어 저자에서 구걸하였다. 그의 처도 알아보지 못하였다. 다니다가 벗을 만났는데 그 벗이 그를 알아보고는 말하였다. "자네는 예양이 아닌가?" 말하였다. "그렇다." 그 벗이 눈물을 흘리면서 말하였다. "그대의 재주로 몸을 바쳐 양자의 신하가 되어 섬긴다면 양자는 반드시 그대를 가까이하여 총 애할 것일세. 그대를 가까이하여 총애할 때 곧 하고 싶은 일을 하면 도리어 쉽지 않겠는가? 하필 이렇게 몸을 해치고 육신을 괴롭혀가며 양자에게 원수를 갚고자 하니 또한 어렵지 않겠는가!"

豫讓又漆身爲厲, 呑炭爲啞, 使形狀不可知, 行乞於市, 其妻不識 也. 行見其友, 其友識之, 曰, 汝非豫讓邪? 曰, 我是也. 其友爲泣曰, 以子之才, 委質而臣事襄子, 襄子必近幸子, 近幸子, 乃爲所欲, 顧 不易邪? 何乃殘身苦形, 欲以求報襄子, 不亦難乎!

이런 합리적인 편집과 번역은 인용문과 문장의 기술이 하나의 문체로 융합되게 하였다. 쓰이는 자료를 모두 사마천이 문장을 기술하는 풍격 아래 모이게 했던 것이다. 사마천은 통속적인 당 시 언어의 '문언(文言)'에 접근하면서 난삽한 전적 또한 동시에 이 런 '문언' 중에서 통속화시켰다.

2. 『사기』의 서술 언어

『사기』의 언어는 사마천이 당시의 구어화한 기초 위에서 성심껏 창조한 '문언'이다. 이런 '문언'의 풍격은 완전히 혼연일체가 되 었을 뿐만 아니라 또한 그 서술 언어는 더욱 정확하고 보다 정련 되었으며 신채(神彩: 표정이나 기색)가 약동하고 있다. 주요 표현은 절주(리듬)를 파악하여 능수능란하게 했다. 문장의 고저장단과 갑자기 꺾임이 절묘한 곳도 있다. 정련되고 풍부한 묘사, 생동적인 형상의 평판, 강렬한 감정적 색깔 등등에도 있다.

『사기』의 언어 절주를 가지고 말한다면 매우 적절하다. '10표(表)'의 언어는 개괄적으로 꼭 들어맞는다. '8서(書)'의 언어는 평평하게 이어붙인 데 가깝다. 곧 '10표'는 세월을 관통하기 때문이고, '8서'는 정사(政事)를 기록하였기 때문이다. 그래서 언어 절주의 특징은 주로 인물의 전기 중에 보인다. 이것이 바로 급하기가 유성(流星)과 같고 빠르기가 우레와 같다. 조밀하기로는 그 사이에 침도 꽂아 넣을 수 없고 성글기로는 그 사이로 말도 달릴 수 있다. 그것은 완전히 사건의 내용과 인물의 정감에 근거하여 정해진다.

이를테면 「항우본기」에서는 항우가 거록을 구하여 진나라의 주력군과 결전을 벌일 때의 상황을 묘사하였다. "항우가 군사를 모두 이끌고 강을 건너 배를 모두 가라앉혔다. 솥과 시루를 모두 깨뜨리고 막사를 불태운 뒤 사흘치 식량만 지녔다. 그럼으로써 사졸들에게 반드시 죽을 것이며 돌아올 마음이 전혀 없음을 보여주었다. 이에 이르자마자 왕리(王離)를 포위하고 진나라 군사와 만나 아홉 번을 싸웠다. 군량 운반 도로를 끊어 크게 깨뜨리고 소각(蘇角)을 죽였다. 왕리를 사로잡았으며 섭한(涉閒)은 초나라에 항복하지 않고 분신자살하였다."[1] 일이 다급하여지고 전투 장면이 격렬해지자 언어는 절주가 촉급해졌다. 어구는 짧아야 하고

사마천은 온갖 멸시와 치욕을 견디어 가며 발분하여 『사기』를
저술하였다.

짧으면 촉급하게 하여 장면과 딱 정확하게 일치하게 한다. 형상이 생동적이어서 항우가 초나라 군사를 이끌고 가는 곳마다 바람으로 쓸어버릴 듯한 형세를 나타내고 있다. 연이어 쓰인 동사와 단구는 그 예술 효과가 매우 강렬하다. 이런 절주가 짧고 촉급한 언어는 분위기와 긴장감에 반응하는 역사적인 사건에 많은 예가 있다. 「고조본기」에서는 유방이 군사를 이끌고 무관(武官)을 기습 공격하여 '그들을 깨뜨리고(破之)' 또한 진나라 군사와 남전(藍田)의 남쪽에서 싸워 진나라 군이 와해되어 '이에 그들을 대파하였다(大破之).' 또 그 북쪽에서 싸워 '대파하였다(大破之).' 승세를 타고 '마침내 그들을 깨뜨렸다(遂破之).' 짧고 촉급한 어구와 격렬한 장면은 '破之'와 '大破之', '大破之', '遂破之'라는 말을 이어서 써서 곧장 사람들에게 읽고 그 파죽지세를 알아보게 하였다. 이런 인물성격의 형상화와 역사 사건을 묘사하는 긴장된 분위기, 언어 절주의 촉박은 일은 반으로 줄이고 공은 배가시키는 효과를 가졌다.

정조(情調)가 평화스럽고 사건이 평이하고 인물의 성격이 수수한 일을 묘사할 때 사마천의 문장 구사는 팽팽한 데서 느슨해지고 그 언어는 느긋하고 한산해진다. 「염파인상여열전」에서 '완벽귀조'를 쓴 후에 인상여는 사명을 욕되게 하지 않고 진왕의 융숭한 대접을 받고 귀국하였다. 이때는 이미 긴장된 상황이 없이 승리하여 돌아온 것이므로 이에 사마천의 필치의 격조를 보여준다. "인상여가 돌아오자 조왕은 현대부가 제후국에 굴욕을 당하지 않았다고 생각하여 인상여를 상대부로 삼았다. 진나라 또한 성을 조나라에 주지 않았고 조나라도 끝내 벽옥을 진나라에 주지 않았다."[2] 신릉군은 태사공이 아주 마음에 들어 한 사람이다. 이에 매우 인후(仁厚)하게 썼으며 어조(말투)는 편안하고 상세하며 부드럽고 느긋하다. 「골계열전」에서는 가벼운 어조로 "말하는 것이 은미해도 사리에 맞아 또한 분란을 해결할 수 있는"[3] 골계자들을 묘사해 냈다. 순우곤(淳于髡)은 하늘을 우러러 크게 웃었다. 우맹(優孟)은 머리를 흔들며 노래하였다. 우전(優旃)은 난간에서 내려다보고 크게 고함을 쳐서 가벼운 사이에 제위왕이 멋대로 행동하게 했다. 섶을 진 자를 봉하였으며, 섬돌 아래의 방패를 든 자를 바꾸었다. 「위공자열전」에서는 신릉군이 후영을 현자로 예우한 것을 말하였다. 절주의 교차 변화는 느긋하고 느리며 더욱 가뿐해 보인다.

서술하는 사람의 말이 갑자기 끊기는 것 또한 문장을 생생하게 만드는 하나의 방법이다. 문자가 순조롭고 일관되게 나가는 곳에서 갑자기 끊어지게 하면 파란(波瀾)이 보이게 된다. 풍환이 맹상군을 찾아보자 맹상군이 묻기를 "선생께서 먼 곳에서 와주셨으니 무엇으로 저를 가르쳐주시렵니까?"[4]라고 하였다. 이곳에서 풍환의 가르침을 말하지 않고 갑자기 문장의 기세를 꺾어 "그대가 선비를 좋아한다는 말을 듣고 가난한 몸을 그대에게 귀의하려고 합니다"[5]라고 하였다. 이어서 전사에 두고 열흘 만에 세 번이나 "장검아 돌아가자꾸나!"[6]라고 하자 "맹상군은 기뻐하지 않았다."⁷ 이곳의 기세가 갑자기 꺾임과 '기뻐하지 않음'은 이후의 웅재(雄才)를 크게 펼치는 것으로 바뀐다. "맹상군은 이에 손뼉을 치면서 사죄하였다"⁸까지, "맹상군이 두 번 절하였다"⁹까지 힘 있는 복선이 된다. 손무(孫武)는 "병법으로 오왕 합려를 찾아 뵈었지만"¹⁰ 순조롭게 합려가 『손자』13편을 안다고 쓰지 않았다. 마침내 장수가 되어 "서로는 강한 초나라를 격파하고 영(郢)에 들어갔으며, 북으로는 제나라와 진나라를 위협하여 제후들에게 이름을 드러내었는데"¹¹ 기어이 기세를 꺾어 손무가 오나라 궁전에서 전투를 가르친 것을 상세히 서술하였다.

관중은 제나라의 승상에 임용되어 "제환공이 패권을 잡고 제후를 규합하여 천하를 한번 바로잡은 것은 관중의 계책이다."¹² 여기서는 한 가지 기세로 관통한다. 본래는 관중이 제나라의 국정을 맡아 승상으로서 이룬 정적(政績: 정치적 업적)을 써내야 하는데 오히려 기세를 꺾어 가난할 때 포숙아와 사귀었던 일을 말하고 있다. 시간 순서대로 이광에 대하여 서술해나가다가 갑자기 "처음에 이광의 종제 이채(李蔡)는 이광과 함께 효문제를 섬겼다"¹³고 한 단락을 끼워 넣은 것도 갑자기 기세를 꺾는 것이다.

「회음후열전」에서는 한신이 한나라 5년에 제왕에서 초왕으로 옮긴 것을 쓴 뒤에 문장이 또 기세를 꺾어 문장의 처음을 회고한다. 표모(漂母)와 정장(亭長), 자기를 욕보인 소년의 일을 번갈아 교체한 것은 바야흐로 그 기세를 이으면서도 이어진 일을 말하는 것이다. 「역생전」에서는 고양(高陽)의 술 마시는 무리인 역생이 패공을 만나 진류(陳留)를 함락시킬 계책을 바친다. 광야군(廣野君)이 된 후 또 문장의 기세가 한번 꺾여 "역이기는 그 아우 역상(酈商)에게 말하여 수천 명을 거느리고 패공을 따라 서남쪽에서 땅을 빼앗게 하였다. 역생은 늘 세객이 되어 제후들에게 사신으로 달려갔다"[14]라는 말을 끼워 넣었다. 그런 다음에 바야흐로 역생의 계책을 상세하게 서술한다. 패공에게 급히 다시 군사를 진공시켜 형양을 빼앗아 거두도록 권하고 이어서 패공의 세객이 되어 제나라의 70여 성을 함락시킨다. 이런 문장의 기세를 갑자기 꺾는 방법은 문장이 자유분방하게 이르게 하고 완급이 같지 않게 한다. 더욱 알맞음이 있게 하고 전에서 주인공의 성격적 특징과 사물의 표현을 더욱 돈독하게 한다.

이 방면의 전형적인 예증으로는 「이사열전」이 있다. 리징싱(李景星)은 평론하여 말하기를 그 문장 구사는 다섯 탄식[五嘆]을 골자로 하고 여섯 언설[六說]을 실제 서술로 한다고 하였다. 이른바 '다섯 탄식'은 때를 만나지 못했을 때 부귀를 얻지 못한 것을 탄식한 것과, 득의하였을 때 사물이 극에 달하면 쇠퇴한다는 탄식이 그것이다. 또 조고의 계략에 떨어졌을 때 자립할 수 없었던 것에 대한 탄식, 감옥에 갇혔을 때 회한을 이기지 못한 것, 그리고 죽을 때 어쩔 수가 없어서 탄식할 수 없음을 탄식한 것이다. '여섯 언설'은 곧 진왕을 유세하여 이사를 드러내어 진나라에 처음으로 들어간 것을 기록한 것이 첫 번째다. 객경을 쫓아내는 것을 간하여 이사가 진나라에 남아 있게 된 까닭에 대한 기록, 분서(焚

書)를 논하여 이사가 진시황을 보좌하여 악행을 저지르게 한 것이 두 번째와 세 번째 언설이다. 감시감독하고 추궁·처벌할 것을 권하여 이사가 진 2세 황제가 악행을 저지르도록 이끈 것이 네 번째요, 조고를 헐뜯는 말을 하여 이사가 병에 걸려 자기네들끼리 서로 공격을 함으로써 사람의 뜻을 통쾌하게 보여준 것이 다섯 번째다. 옥중에서 글을 올려 이사의 결말을 기록한 것으로 스스로 공과 죄를 정하도록 하여 전편을 맺은 것이다. 문장에는 팽팽한 부분도 있고 늘어진 부분도 있다. 갑자기 꺾인 곳도 있는데 분서를 논하고 독책을 권한 부분이 팽팽한 곳이다. 득의하였을 때 사물이 쇠퇴할 것이라고 탄식한 부분이 갑자기 꺾이는 곳이다. 형의 집행을 앞두고 탄식하는 부분은 늘어진 부분이다. 그 사이에는 팽팽한 가운데 늘어진 부분도 있고, 늘어진 가운데 팽팽한 부분도 있어서 또한 별개의 것이 아니다. "거침없이 척척 써내려가 거의 만언(萬言)에 이르러 진나라의 외기(外紀) 같으며 또한 이사와 조고의 합전(合傳) 같기도 한데 사실은 온전히 이사의 전이다. 문장이 이에 이르렀으니 호쾌함이 지극하다." 리징싱의 평론은 지당하다 할 만하다.

『사기』에서 서술 언어의 두드러진 특징은 바로 정련됨과 생동, 정확, 풍부한 것이다. 이 방면의 예는 지천으로 널려 있다. 몇 가지 예만 들어 대롱으로 들여다보는 정도로 미묘함을 알고 드러나 보이게 하겠다.

전쟁 장면의 묘사는 언어의 정련됨을 지극히 잘 드러낸 곳이다. 마릉(馬陵)의 길에서 손빈은 위나라 군사를 무찌르고 방연을 죽인다. 군사를 운용함이 신과 같으며, 전단은 화우진(火牛陣)이라는 기이한 전술로 연나라 군을 대패시키는데 전쟁을 이끄는 수완이 곧장 입신의 경지에 들었다. 진나라와 한나라 사이의 전쟁은 이름난 것이다. 거록과 정형(井陘), 유수(濰水), 해하 등의 전투가 있는데 이 전쟁들의 묘사는 솜씨가 비범하다. 항우가 거록을 구원할 때의 전투장면을 보자. "이때 초군은 제후군 가운데 으뜸이었으니 거록을 구하고자 달려온 제후군이 10여 진영이었으나 감히 함부로 군대를 움직이지 못했다. 초군이 진군을 공격할 때에도 여러 장수들은 모두 자신의 진영에서 구경만 하고 있을 뿐이었다. 초나라 군사는 전원이 다 한 명이 열 명을 대적할 정도로 용맹스러웠다. 초군의 함성소리가 하늘을 진동시키니 제후군들은 두려워하지 않는 사람이 없었다."[15] 초나라가 진나라의 주력군을 무찌르는 것을 묘사함에는 이 회심의 문장 몇 마디를 써내었을 뿐인데 정련됨이 지극하다.

정형과 유수의 전투는 초나라와 한나라가 서로 다툴 때의 중요한 전역(戰役)이다. 이 전투는 모두 한신의 손에서 나왔으며 전법(戰法)은 모두가 배수진(背水陣)으로, 필법이 일률적이지 않고 또한 특별히 응축 정련되었다. 이를테면 유수의 전투에서 초나라 장수 용저와 한신이 유수를 끼고 진을 칠 때 한 묘사가 그렇다. "한신은 이에 밤을 틈타 사람들에게 자루 만여 개를 만들게 하였다. 거기에 모래를 가득 채워 상류의 물을 막고 군사를 이끌고 반쯤 건너 용저를 쳤는데 거짓으로 이기지 못한 체하고 도로 달아났다. 용저가 과연 기뻐하며 말하였다. '한신이 겁쟁이라는 것은 진작에 알아봤다.' 마침내 한신을 추격하여 물을 건넜다. 한신이 사람들에게 막았던 주머니를 터뜨리게 하니 물이 크게 몰려왔다. 용저의 군사는 태반이 건너지를 못하였는데 즉시 쳐서 용저를 죽였다. 용저의 물 동쪽에 있는 군사들은 흩어져 달아나고 제나라 왕 전광(田廣)은 도망갔다. 한신은 마침내 추격하여 북으로 성양(城陽)에 이르러 초나라 군사를 모두 포로로 잡았다."[16] 한나라가 초나라 군사를 무찌른 것에 대해 정채(精彩)를 띤 필치를 보여준다.

해하의 전투는 더욱 세련되게 묘사하였다. "고조는 제후군과 함께 초군을 공격하여 해하에서 항우와 승부를 결정지었다. 회음후는 30만을 거느리고 직접 맞섰다. 공장군(孔將軍)은 왼쪽에, 비장군(費將軍)은 오른쪽에, 황제는 뒤에서, 강후와 시장군(柴將軍)은 황제의 뒤에 있었다. 항우의 군사는 10만 가량이었다. 회음후가 먼저 교전하였으나 불리해져 물러났다. 공장군과 비장군이 협공을 하자 초군이 불리해져 회음후가 승세를 타고 해하에서 크게 무찔렀다."[17] 한나라가 초나라를 멸함에 초나라의 10만 대군을 일거에 무찔렀다. 이런 큰 전투를 "겨우 60자로 진법과 전법의 기이함을 모두 갖추었다. '불리'라 한 것은 기이함을 쓴 것이다. 물러났는데 좌우에서 군사가 협공하여 그 불리함을 탔으니 이는 전법의 기이함과 정법이 서로 생겨난 것이다"라고 한 명나라 양신(楊愼)의 이 평가는 아주 적절한 표현이라 할 만하다.

서술 언어의 생동적이고 정확함은 몇몇 허사와 동사를 예로 들 수 있다. 「봉선서」에서는 황당무계한 귀신의 일에 대하여 서술하는 말에 '운(云)'자를 많이 썼다. 이를테면 "그 상세함은 얻을 수 없으나 들은 것을 기록하였다 한다"[18], "그 말은 들었으나 그 사람은 보지 못하였다 한다"[19], "그 후 행장을 갖추고 동해로 들어가 선사를 구하였다고 한다"[20]와 같은 것이 있다. '운(云)'자가 중복되고 거듭 나오는 것은 어기가 모두 망언(妄言)을 포함하여 망언을 들었다는 뜻이며 전편을 황홀하고 아득하게 만든다.

　　「평준서」에는 '언(焉)'자와 '의(矣)'자가 쓰인 곳이 많다. "옛 오나라에서는 등 씨가 주조한 돈이 천하에 유포되어 돈을 주조하는 것을 금하는 영이 그 때문에 나왔다"[21], "그 아래쪽까지 두루 윤곽을 넣어 갈아서 동가루를 얻는 일이 없도록 하였다"[22], "이에 상홍양에게는 좌서장의 작위가 내려졌고 두 번에 걸쳐 황금 백 근이 내려졌다"[23], "이에 민전을 부실하게 사용한 것을 고발하게 하였다"[24], "그러나 조정은 소금과 철을 관영했던 까닭으로 재산이 더욱 풍족해졌다"[25], "이때 재정은 궁핍하여 전사들은 자못 봉록을 타지 못하였다"[26] 등등과 같은 것으로 모두 풍자하는 뜻을 더해주고 있다.

　　「외척세가」에서는 두(竇) 황후가 수년간 헤어졌던 남매 두광국(竇光國)을 만났을 때 슬퍼서 자제할 수 없는 것을 서술하였다. "(두황후는) 눈물과 콧물이 섞여 흘러내렸으며, 시자들 또한 좌우에서 모두 땅바닥에 엎드려 울어 황후의 슬픔을 더하였다."[27] 조

(助)자 한 자를 써서 또한 슬픔을 기쁨으로 바꿀 수 있었다.

「보임소경서」에는 이런 구절이 있다. "이릉은 살아서 적에게 항복하여 그 가문의 명성을 손상시켰고, 저 또한 궁형(宮刑)을 집행하는 밀실로 끌려가 천하 사람들의 웃음거리가 되었습니다."[28] 아래의 '이(俚)'자는 경멸과 깔봄을 극단적으로 말하였다. 이(俚)자의 진실된 함의(含意)는 '버리다', '던지다'의 뜻으로 아직까지도 관중(關中)의 방언에 남아 있다. 이로써 태사공이 당시 멸시를 받았음이 어느 지경에까지 이르렀는가를 잘 보여준다.(이 '俚'자는 『문선』의 「보임소경서」에는 그대로 썼는데 『한서·사마천전』에는 '茸'자로 되어 있다.)

다 같은 소(笑)자이지만 그 함의(含意)는 오히려 각기 같지 않다. "순우곤이 하늘을 우러러 크게 웃으니 갓끈이 다 끊어졌다"[29]는 것은 제왕(齊王)이 조나라에 가서 구원병을 청하게 하였을 때 가진 것은 적은데 바라는 것은 많아서였다. 모수가 스스로 천거하여 평원군 및 다른 도전하는 19명을 따라 초나라도 가서 합종을 할 때 "19명은 서로 눈짓을 하면서 그를 웃었지만"[30]이라고 한 것은 비웃음이었다. "자초가 웃으면서 말하였다"[31]고 한 것은 여불위가 "내가 그대의 문을 높여주겠다"[32]고 한 말을 믿지 않아서였다. 정형(井陘)의 전투에서 한신이 배수진을 치자 "조군이 바라보고 크게 웃었다"[33]고 한 것은 한신이 용병(用兵)에 대하여 모른다고 놀린 것이다. 손자가 오왕의 요구에 응하여 궁중에서 미녀들을 조련하자 '여인들이 크게 웃었고'[34], "여인들이 다

280

시 크게 웃은"[35] 것은 할 말이 없었기 때문이다. 주창(周昌)이 "더듬더듬하면서(期期)"에서 "임금이 흔연히 웃었다"[36]까지는 유방이 마음을 열고 웃은 것으로 주창이 말을 더듬는 태도를 보고 웃은 것이다. 흙다리에서 노인이 장량에게 신발을 주워 와서 무릎을 꿇려서 신기게 하여 "노인은 발로 받더니 웃으면서 떠났다"[37]고 한 것은 마음속으로 만족하여 웃은 것이다. 형가가 진시황을 저격할 때 궁전의 섬돌 아래서 "진무양을 돌아보고 웃은 것"[38]은 신하들의 의심을 풀고 무양이 대담해지게 하며 대사를 앞두고 조용히 진정시키는 웃음이다. 진시황의 저격이 실패로 끝나고 온몸에 부상을 입은 후 "형가는 일이 이루어지지 못할 줄 알고 기둥에 기대어 웃었다"[39]고 한 것은 두려움이 전혀 없고 경멸하는 웃음이었다. 이 소(笑)자 한 자로부터 『사기』의 문장구사가 얼마나 생동감 있고 정확한지 알만하다.

동시에 눈으로 보는 것은 오히려 인물의 같지 않은 심정을 표현하는데 쓰인다. 이광은 포로가 되고 또 적의 손아귀에서 도망치면서 '죽은 체[佯死]'하다가 그 곁의 오랑캐의 준마를 '흘겨보고[睨]' 말을 빼앗아 도망을 치는데 '예(睨)'자는 매우 정신이 있기 때문이다. "한왕은 버럭 화를 내며 팔뚝을 걷고 눈을 부릅뜨는데"[40] 여기서 '진(瞋)'자를 배치한 것은 소진의 유세에 신하로 진나라를 섬기는 회한과 분하고 답답함[憤懣]에 마음이 움직인 것이다. 사마상여가 "탁씨의 집에서 술을 마시며 금을 연주할 때 탁문군이 몰래 문으로 엿보고 있다가 마음속으로 기뻐하며 좋아하여 배필이 되지 못할까 걱정하였는데"[41] 여기에서 규(窺)자를 쓴 것은 극히 부유한 탁문군이 막 과부가 되어 또 사마상여를 앙모하는 심정을 나타낸다. 한신은 과하지욕(胯下之辱)을 당할 때 "물끄러미 보더니 숙여서 가랑이 사이로 나갔는데"[42] 이는 깊이 생각하고 한참동안 생각한 것을 말한다. 진무양은 "열세 살 때 사람을 죽여 사람들이 감히 쳐다보지를 못했는데"[43] 이는 두려워하는 마음을 나타낸 것이다. 거록에서 진나라 군을 격파한 후에 제후들이 항우의 원문(轅門)에 들어서서 "모두 다 무릎으로 기어 앞으로 오면서 아무도 감히 쳐다보지 못한"[44] 것은 두려워하는 마음이 심함을 보인 것이다. 홍문연에서 번쾌가 "눈을 부릅뜨고 항왕을 본 것"[45]은 매우 분노하였음을 나타낸다. 곽해(郭解)가 드나들면 사람들은 모두 피하였다. 한 사람만이 다리를 쭉 뻗고 쳐다보았는데 두 다리를 벌리고 앉은 것은 경멸할 만하다는 것이다. 흙다리 위에서 노인이 장량에게 신발을 신기게 하고는 한 마디도 않고 웃으며 떠날 때 장량은 "매우 크게 놀라 마침내 바라보았는데"[46] 경이로운 마음을 보여준 것이다. '눈 목(目)'자 한 자만으로도 내용이 이렇게 풍부해진다. 『사기』의 언어의 풍부함은 여기서 또한 겨우 만분의 일 정도나 엿볼 수 있을 따름이다.

3. 『사기』의 인물을 개성화하는 언어

말은 그 사람과 같다. 인물의 신분이며 성격, 처지 등이 각기 천차

만별인 것은 천편일률적인 표현을 가장 꺼린 까닭이다. 『사기』에서 사마천은 바로 인물의 성격 특징을 선명한 언어로 서술하여 인물들이 눈앞에 있는 듯 형상이 더욱 두드러진다.

말은 마음의 소리다. 일정한 시간과 상황에서는 내면의 독백이 가장 절실하고 인물의 개성을 가장 잘 체현한다. 진시황이 회계(會稽)를 순유할 때 절강(浙江)을 건넜는데 항우가 보고 말하기를 "저 사람의 자리를 내가 대신할 수 있으리라!"[47]고 하였다. 유방이 일찍이 함양에서 요역할 때 진황제를 보고 크게 한숨을 쉬며 말하기를 "아아! 대장부라면 이 정도는 되어야 하는데"[48]라고 하였다. 진나라 2세 황제 때 진섭은 대택향에서 기의를 하려 하며 부하들을 불러놓고 호소하였다. "장사는 죽지 않으면 그만이지만 죽는다면 큰 이름을 남겨야 할 따름이다. 왕후장상이 어찌 씨가 있더냐!"[49] 항우의 말은 사나움과 용기가 모두 드러났으며 그 성격의 특징과 복수에 대한 심리가 이 여섯 자에 응축되어 있다. 유방의 탄식에는 흠모하는 마음과 비천한 신분, 탐욕스런 성격이 모두 그 안에 들어 있다. 진섭의 말은 농민 기의의 영수가 격려한 말이다. 그 신분과 원망(願望), 포부가 모두 매우 적절하게 드러져 보인다. 중첩된 글자의 성공적인 운용 또한 문장에 색채를 더함이 적지 않다. 진승과 오광이 기의하기로 모의하였을 때 한 말 중에는 7자의 '사(死)'자를 중첩하여 썼다. 이로써 죽음으로 서로 다그쳐 거사가 반드시 성공하며 진승과 오광 당시의 긴장된 심정을 환히 드러내 보인다. 「평원군열전」에서 모수는 스스로 천거하여 가려고 하는데 평원군이 말했다.

"지금 선생이 제 문하에 입문한 지 어언 3년째인데 좌우에서 여태까지 칭송함이 없고 저도 아직 아는 것이 없으니 이는 선생께서 가진 것이 없는 것입니다. 선생은 갈 수 없으니 선생은 남아 있으시오."[50]

네 번 거듭 '선생'이라는 말을 씀으로써 조승의 조급한 심정과 모수에 대한 경멸적인 태도가 생생하게 살아난다. 「위공자열전」에는 진나라 군이 한단을 포위하자 조나라는 위나라에 구원을 바라는 장면이 나온다. 위왕은 두려워하여 양쪽의 태도를 살피며 관망하자 평원군은 위공자 신릉군을 책망하여 말한다.

"제가 스스로 가까이하여 인척을 맺은 것은 공자의 뜻이 고상하고 남의 곤경을 구급해줄 수 있기 때문이었습니다. 지금 한단이 조석간에 진나라에 투항할 지경인데 위나라의 구원병이 이르지 않으니 공자께서 남의 곤경을 구해줄 수 있는 것이 어디 있습니까! 또한 공자께서 저를 무시하여 팽개쳐 진나라에 항복하기라도 한다면 공자의 누이가 불쌍하지도 않습니까?"[51]

여기서도 거듭하여 네 번이나 '공자'라는 말을 썼다. 이는 구원을 바라는 조승의 간절한 마음을 잘 드러낸다. 이런 언어의 중첩은 뜻을 기탁함이 헤아리기 어려울 만큼 깊다. 또한 변화가 많아 마땅히 '문장 중에서 으뜸(文中之雄)'이라 할 만하다. 인물을 성격화하는 언어는 『사기』에서 각양각색으로 다채롭게 나타난다. 자객 예양이 조양자를 척살하겠다고 맹세한 것은 바로 앞에서 한

사마천 사당 앞으로 뻗은 고가고속도로 아래로는 황하가 도도하게 흐르고 있다.

말이 있기 때문이다. "아아! 선비는 자신을 알아주는 사람을 위해 죽고 여인은 자기를 사랑해주는 사람을 위해 화장을 한다. 이제 지백이 나를 알아주었으니 내 반드시 복수를 해주고 죽어 지백에게 보답한다면 나의 혼백은 부끄럽지 않게 될 것이다."[52] 마침내 의리를 지켜 지백을 위하여 죽는다. 혹리 왕온서는 사람을 삼대 베듯 죽였다. 형벌을 집행하는 시간이 이미 지나 "봄이 되자 왕온서는 발을 구르며 탄식하여 말하였다. '아뿔싸, 겨울 달을 한 달만 더 늘렸더라면 내 일을 (충분히) 끝냈을 텐데!'"[53]라며 악귀와도 같은 행위를 남김없이 폭로하였다. 오왕 유비의 태자와 한 경제의 태자가 바둑을·두면서 길을 다투다가 불손하자 태자에게 죽임을 당하였다. 이에 그 시신을 가지고 돌아가 장사지내게 하였다. "오나라에 이르자 오왕은 원망하여 말하였다. '천하가 같은 종족이니 장안에서 죽었으면 장안에서 장사를 지내야지 하필 와서 장사를 지내라고 하는가!' 다시 시신을 가지고 장안에 가서 장사지내게 하였다."[54] 그날 후로 7국을 이끌고 반란을 일으키는 데 이 말 중에 벌써 불손한 마음이 드러난다. 탁문군은 몰래 사마상여에게 달아나 성도로 도망쳤는데 집에 있는 것이라고는 사방의 벽만 서 있을 뿐이었다. 탁왕손은 그 딸의 이런 행동을 보고 크게 노하여 말하였다.

"딸아이가 쓸모없게 되었는데 내 차마 죽이지는 않겠지만 한 푼도 나누어주지 않겠다."[55]

말 가운데 분노를 드러내었으며 부호의 실상을 나타내 보였다. 이런 성격을 형상화하는 언어는 사람들이 그 말을 들으면 그 사람을 직접 보는 듯하게 한다.

인물 상호간의 대화는 인물의 정신과 풍격을 더욱 잘 나타낼 수 있다. 소진과 장의는 전국시대의 종횡가로 두 사람은 모두 '간교한 선비(傾危之士)'이다. 소진의 책사로서의 계략은 마침내 몸이 죽은 후에까지 쓰이게 되었다. 제민왕(齊湣王) 때 "제나라 대부가 대대적으로 소진과 총애를 다투어 사람을 시켜 소진을 척살하게 하였는데 죽지는 않고 상처만 입고 달아났다. 제왕이 사람을 시켜 자객을 찾게 하였지만 찾아내지 못하였다. 소진이 죽게 되었을 때 곧 제왕에게 말하였다. '신이 죽거든 신을 거열형에 처하여 저자에서 조리를 돌린 후 "소진이 연나라를 위하여 제나라에서 난을 일으켰다"고 하십시오. 이렇게 하면 신을 죽인 자객을 반드시 잡게 될 것입니다.' 이에 그의 말대로 하였더니 소진을 죽인 자가 과연 자수를 하여 제왕은 이에 그를 죽였다."[56] 성격을 형상화하는 언어가 얼마나 적절한가! 장의 또한 마찬가지였다. 그는 초창기에 유세할 때 매를 맞게 되었는데 "그의 아내가 말하였다. '아이구! 그대가 글을 읽고 유세를 하지 않았더라면 어찌 이 욕을 당하였으리오?' 장의가 아내에게 말하였다. '내 혀가 아직 있는지 없는지 봐주시겠소?' 그의 아내가 웃으면서 말하였다. '혀야 있지요.' 장의가 말하였다. '됐소.'"[57] 그 구설(口舌)로 천하를 움직인다고 자부하는 마음이 얼마나 핍진하게 표현되었는가! 진나라가 제나라를 치려고 하자 제나라와 초나라는 합종으로 진나라에 맞섰는데 이에 장의가 가서 초나라의 재상이 되어 초왕을 유세하여 말하였다.

"대왕께서 실로 신의 말을 들을 수 있으시어 관문을 닫고 제나라와 맹약을 끊으신다면 신은 청컨대 상(商)과 어(於)의 땅 6백 리를 바치겠습니다. ……"[58]

이리하여 천하를 혼란에 빠뜨렸다. 초왕은 땅을 얻을 마음이 간절하여 마침내 제나라를 향하여 관문을 닫고 맹약을 끊었다. 이때 장의는 초나라 사자에게 말하였다.

"제게 봉읍 6리가 있으니 원컨대 대왕의 좌우에 바치고자 합니다."[59]

그 간사한 특징과 무뢰한 수완이 이 말을 빌려 말해지는데 장의가 아니면 이 말을 할 수 없을 것이다.

유방과 한신이 조용하게 장수들의 능력을 말하기 시작하였는데 나중에 "임금이 물었다. '나쯤 되면 몇이나 거느릴 수 있겠는가?' 한신이 말하였다. '폐하는 많아봤자 10만 정도를 거느릴 수 있을 것입니다.' 임금이 말하였다. '그대는 어떠한가?' 말하기를 '신은 많으면 많을수록 좋습니다.' 임금이 웃으며 말하였다. '많으면 많을수록 좋다면서 어찌하여 나한테 사로잡혔는가?' 한신이 말하였다. '폐하께서는 군사는 잘 거느리지 못하옵고 장수를 잘 거느리시는데 이것이 폐께 사로잡히게 된 까닭이라 말합니다. 또한 폐하께서는 이른바 하늘이 내리셨으니 사람의 힘으로 될 것이 아닙니다.'"[60] 그 말은 두 사람의 신분과 심리 상태, 처지

288

를 잘 드러내었다.

염파는 조왕이 민지에 가는 것을 전송하면서 떠날 즈음에 말하였다.

"왕께서 가심에 가는 길을 헤아려보니 회견의 예를 마치고 돌아오실 때까지는 30일을 넘기지 않을 것입니다. 30일이 되어도 돌아오지 않으시면 청컨대 태자를 왕으로 세워서 진나라의 바람을 끊어버리겠습니다."[61]

말은 비록 많지 않지만 염파의 대장군으로서의 기품이 유연하게 배어나오고 있다. 주공(周公)은 성왕(成王)을 보필하여 그 아들 백금(伯禽)을 대신 노나라로 가서 봉하게 하였다. 주공은 백금을 경계하여 말하였다.

"나는 문왕의 아들이자 무왕의 아우이며 성왕의 숙부이니 내 천하에서 (신분이) 천하지는 않을 것이다. 그러나 나는 한번 머리를 감으면서 머리카락을 세 번 움켜쥐었다. 한번 식사를 하면서 세 번이나 뱉어내면서 일어나 선비를 대우하면서도 오히려 천하의 현인을 잃을까 두려워하였다. 너는 노나라에 가면 부디 나라를 가졌다고 사람들에게 교만하게 굴지 말라."[62]

주공의 공명정대한 풍도가 그대로 드러난다. 진나라 장수 왕전(王翦)은 전공이 탁월하다. 그가 60만 군을 이끌고 초나라를 치러 갈 때 시황이 직접 파상(灞上)까지 와서 전송해주었다. 왕전은 가면서 좋은 땅과 집 그리고 못이 딸린 동산을 많이 요구하였다. 관에 이르러 또한 다섯 차례나 사자를 조정에 보내어 좋은 농지

(農地)를 내려줄 것을 청하였다. 어떤 사람이 과분하다고 생각하자 왕전이 말하였다.

"그렇지 않소. 저 진왕은 사납고 조급하여 남을 믿지 못합니다. 지금 진나라의 갑사를 비워 전적으로 내게 맡겼는데 내가 전지(田地)와 집을 많이 청하여 자손들의 계책으로 삼아 굳게 해두지 않아 어찌 진왕으로 하여금 이 때문에 나를 의심하게 하겠소?"[63]

왕전이 거짓으로 어리석은 체하면서 스스로 마음을 밝힌 말은 매우 적절하다. 역이기는 사람들이 미치광이라고 하지만 유방과의 만남을 통하여 제나라의 70여 성을 항복시켰다. 이어서 한신이 제나라를 기습하였다. 제왕 전광은 한나라 군사가 이르렀다는 말을 듣고 역생이 자기를 속였다고 생각하여 이같이 말하였다.

"'네가 한나라 군사를 저지할 수 있으면 내 너를 살려줄 것이며, 그렇지 못하면 내 너를 삶아죽일 것이다!' 역생이 말하였다. '큰일을 행함에는 자잘하게 삼가지 않으며 큰 덕은 꾸짖음을 사양치 않는다. 그러니 그대는 다시는 말을 바꾸지 않을 것이오!' 제왕은 마침내 역생을 삶아 죽였다."[64]

삶겨 죽게 될 결과를 눈앞에 두고도 "그대는 다시는 말을 바꾸지 않을 것이오!"라고 하였는데 용납함이 없다. 지조가 굳은 선비의 미친 듯한 말은 역생의 대범하고 무리를 이루지 않는 행동을 가장 잘 보여준다. 송양공은 홍수(泓水)에서 초성왕과 전투를 벌였다. 초나라 군사의 일부만이 건넜을 때 부하가 양공에게 먼저 쳐서 공격을 하자고 권하였지만 양공은 듣지 않았다. 초나라 군사가 다 건넜지만 아직 진형을 갖추지 못하였을 때 부하가 또 "칠 만합니다"라고 하자 양공은 "진을 갖출 때까지 기다리라"고 하였다. 초나라 군사의 진이 이루어지자 송나라 사람이 쳐서 송나라 군사는 크게 패하고 양공은 넓적다리에 부상을 당하였다. 백성들이 모두 양공을 원망하였다. 공이 말하였다. "군자는 어려움에 빠진 사람을 곤란하게 하지 않고 진열을 갖추지 않았는데 치지 않는다."[65] 이때까지도 군자는 남이 위험할 때를 틈타지 않는다고 말하여 사람들을 더욱 어렵게 만들고 진열을 갖추지 않은 적을 공격하지 않았다. 양공의 어리석은 말은 그 성격의 특징에 그대로 부합한다.

관부가 좌중을 욕하는 분노와 원망에 찬 격앙된 기색과 초영왕이 죽을 무렵에 애걸하는 모양, 왕촉이 두 임금을 섬기지 않겠다는 늠연한 말이나 육가가 진평을 위해 여씨 들을 멸족시킬 계책을 세워주는 것, 조조(晁錯) 부자의 대화 및 주창(周昌)이 말을 '더듬더듬(期期)'하는 것과 같은 장면 등은 모두 인물의 성품을 드러내는 말이다.

시가(詩歌)를 인용하여 넣는 것은 인물의 일종의 특수한 독백이라고 할 수 있다. 작품 중의 주인공은 곧장 노래를 지음으로써 서정성과 감응력을 더욱 증가시킨다. 묘사하기 어려운 정경이 눈앞에 있는 듯하며, 미진함을 품고 있는 듯이 밖으로 드러난다. 인물과 사건을 도드라지게 나타냄으로써 작품이 풍채를 더욱 갖추게 한다.

유명한 「대풍가(大風歌)」는 「고조본기」에 나온다. 유방이 영포의 반란을 평정하고 돌아오는 도중 고향인 패풍으로 돌아올 때 스스로 지은 것이다. "(고조는) 아이들에게 모두 따라 부르게 하고 자리에서 일어나 춤을 추며 강개한 마음과 감상에 젖어 눈물을 줄줄 흘렸다."[66] 이 시는 공을 이룬 후의 영웅의 비가(悲歌)다. 지기(志氣)가 강개하고 늠름한 것이 영웅의 패기가 있지만 또한 유씨의 사직에 대한 우려가 흘러나온다. 송나라의 유진옹(劉辰翁)은 말하였다.

"한나라가 초나라를 멸한 후에 한신과 팽월, 영포 및 여러 장수들이 거의 다 죽어 없어지자 이에 사방을 둘러보아도 쓸쓸하여 마음을 아프게 하는 것이 있었다. 말은 비록 씩씩하지만 더 슬픈데 아마 회개하는 마음의 맹아일 것이다."[67]

유방의 슬픔을 이야기하기 시작하였으며 또한 급하고 절실하게 태자를 바꾸려는 일을 표현하고 있다. 영포의 반란을 평정한 후에 유방의 병세는 더욱 위독해진다. 자연 총희인 척부인 소생의 아들 조왕 여의로 태자 유양을 바꾸고 싶은 생각이 깊어갔다. 결과는 유영이 사호(四皓)의 비호를 받아 유방은 어찌할 수 없었고 척부인은 울며 흐느꼈다. 마침내 척부인에게 초나라 춤을 추게 하고 스스로 초가를 지어 노래하였다. "고니새 높이 날아 한꺼번에 천리 가는도다. 날개 이미 이루어 사해를 쏜살같이 나는구나. 사해를 쏜살같이 나니 어찌하리오. 비록 화살이 있다 해도 어찌 쏠 수 있으리오."[68] 이 시는 유방의 절망감을 표현한 노래다.

이 두 시는 모두 한나라 12년에 지어졌다. 몇 달 지나지 않아 유방은 곧 이런 비애를 가슴에 품은 채 죽었다. 이 두 예를 든 시가(詩歌)를 통하여 유방의 당시의 복잡한 심정을 고스란히 나타내었다.

「항우본기」에서는 항우가 해하에서 포위되어 곤경에 처한 것을 묘사하였다. 군사는 적고 식량은 바닥나고 한나라의 군사 및 제후의 군사가 몇 겹으로 에워쌌다. 항우는 밤에 한나라 군사의 사면에서 모두 초나라 노래가 들리자 곧 크게 놀라 말한다.

"한나라가 이미 초나라를 모두 수중에 넣었는가? 이 얼마나 초나라 사람이 많은가!"[69]

항우는 밤에 일어나 군중의 막사에서 술을 마셨다. 우미인이 늘 총애를 받았고 늘 준마 오추마를 타고 다녔는데 이에 항우는 강개한 비가를 스스로 지어 말하였다.

"힘은 산을 뽑음이여 기운 세상을 덮는데, 때가 불리함이여 오추마 나아가지 않는다네. 오추마 가지 않음이여 어찌하겠는가? 우여 우여 너를 어찌할꼬!"[70]

노래가 끝나자 미인이 화답하였다. 『초한춘추(楚漢春秋)』의 기록에 따르면 미인 우희가 화답한 노래에서는 이렇게 말하였다.

"한나라 군사 이미 초 땅 차지했으니, 사방이 초나라 노래뿐이네. 대왕의 뜻과 기개 이미 소진되었으니, 천첩은 장차 어찌 살아갈 수 있으리!"[71]

"항왕이 눈물을 몇 줄기 흘리자 좌우에서 모두 눈물을 흘리며 울었고 아무도 쳐다볼 수 없었다."[72]

이는 실패한 영웅의 비가다. 위급한 상황에서 항우가 "온 마음이 분노로 가득 차 만 가지를 고개를 숙이고 생각하는데 넓은 땅 높은 하늘에 몸을 기탁할 곳이 없으니 영웅이 길을 잃은 슬픔이 여기서 극에 달하였다"고 적은 수나라 사람 오견사(吳見思)의 이 의론은 정말 잘 맞는 논의라고 하겠다.

강개하여 연나라 저자에서 노래를 하던 형가는 진왕을 저격하려고 하였다. 진나라로 들어가기 전에 연나라 태자 단 및 빈객들이 모두 흰 의관을 입고 전송하였다. 역수(易水) 가에 이르러 고점리(高漸離)가 축(筑: 거문고와 흡사한 13현의 악기)을 타고 형가가 화답하여 노래하였다. 처량한 '변치(變徵)'의 음조를 내니 전송하던 사람들이 모두 눈물을 흘리며 울었다. 형가는 앞에 나서서 노래를 지어 불렀다. "바람 쓸쓸함이여 역수 차도다. 장사 한번 떠남이여 다시 돌아오지 못하리로다!"[73] 다시 우음(羽音)의 비장하고 강개한 소리를 내자 전송객들은 모두 눈을 부릅뜨고 머리털이 모두 위로 솟아 관을 찔렀다. 이 노래는 비장한 분위기가 더욱 짙은데 천년 동안 읽혀지고 아직도 사람의 마음을 전율케 한다.

한나라의 여후가 다스릴 때 유 씨와 여 씨의 권력투쟁은 매우 첨예하였다. 주허후 유장은 여 씨가 전권을 휘두르는 데 불만이 많았다. 마침내 여 씨의 연회에서 술을 주관하는 관리가 된 것을 기회삼아 말하였다.

"청컨대 태후를 위하여 경전가(耕田歌)를 부르게 해주십시오."[74]

이어서 노래하기를 "논밭을 깊이 파서 조밀하게 파종하고, 싹은 듬성듬성 남겨둔다네. 같은 종자가 아니면 호미질 하여 뽑아 버린다네"[75]라고 하였다. 이 시는 의미가 쌍관어(雙關語)인 노래 다. 표면적으로는 곡물을 농사짓는 일이지만 실제로는 황실의 입장에 서서 여후가 반드시 유 씨의 후예를 골라 황제의 후사를 삼고, 반드시 이미 세운 이성의 외척의 사람들은 모두 제거해야 한다는 것이다. 이 노래는 모든 군사들에게 파급되어 그 위력이 컸다. 사람의 의표를 드러내는 외에도 또한 바로 유장이 여 씨들 을 제거하고 유 씨의 천하를 회복하겠다는 뜻을 펴는 선언이기 도 하다.

그 외에도 조왕 유우(劉友)가 여후에게 유폐되어 굶어죽은 데 대하여 일찍이 근심하고 분개하여 지은 노래가 「여태후본기」에 실려 있다. 한무제가 선방(宣房)을 막은 「호자가(瓠子歌)」, 「조상 국세가」의 '획일가(畫一歌)', 「백이숙제열전」에서 굶어죽으면서 도 주나라의 곡식을 먹지 않는 노래, 「골계열전」에서 우맹이 지 은 노래 등등은 노래가 있기 때문에 그 문장이 특별히 혼이 깃들 어 있다.

『사기』에서 시가를 인용해 넣은 것은 문장 구사의 큰 특징이 다. 이런 가사들은 어떤 것은 당사자가 지은 것이다. 또 어떤 것 은 태사공이 인물과 사건의 필요에 의하여 지었을 것인데 거의가 아름다운 필치이다. 청나라의 주량공(周亮工)은 이에 대하여 크게 감탄하여 말하였다.

"해하가 어느 때인가? 우희는 죽고 자제들은 흩어졌으며 말은 도망가고 몸은 큰 늪에서 길을 잃었는데 또한 어느 겨를에 시가를 짓는단 말인가? 지었다 하더라도 또한 듣기 어려웠을 것인데 누가 그것을 기록하였단 말인가? 내가 생각건대 이 몇 마디는 일의 유무를 막론하고 태사공의 필치로 보충하여 조화를 부린 것으로 대신 혼을 전한 것일 것이다."(錢鍾書의 『管錐編』에서 전재)

이 마지막 여덟 자(筆補造化, 代爲傳神)는 『사기』에서 인용한 시가를 가지고 말한 것인데 지극한 평론이라 하겠다.

『사기』의 이런 선명하고 생동감 있는 언어는 인물의 형상을 더욱 충실하게 한다. 성격화한 언어도 더욱 사람으로 하여금 핍진하여 믿음직스럽게 한다. 독백이든 인물간의 관계를 표현한 것이든 성격화한 이런 언어는 그 사이를 꽉 메우며 각자의 풍채를 가지게 하였다.

4. 서사의 사이에 논단을 기탁하다

『사기』의 서술은 서사(敍事)를 주로 한다. 옳고 그름이나 선하고 악함을 판단하여 결정하는 일을 대체로 서사의 사이에 기탁한다. 이런 물과 기름의 상호 융합은 절로 태사공의 탁월한 필법에 속한다.

「백이숙제열전」은 전기를 서술한 부분은 적은데 논(論)의 부분이 많은 것이 하나의 특징이다. 전체 열전은 6백여 자다. "그 전기에서는 다음과 같이 말하였다(其傳曰)"고 한 부분의 자수는 채

2백 자가 되지 않는다. "의론이 태반을 차지하여 오히려 논찬이라는 손님이 전기의 주가 됨이 감탄스럽다"고 한 치엔중수(錢鍾書)의 이 평은 지극히 옳다. 강후 주발은 여 씨들을 죽이고 대왕(代王: 文帝)을 옹립하여 위세가 천하에 떨쳤으나 화를 피하여 재상의 인장을 반납하였다. 그런데도 나중에 어떤 사람이 주발이 모반을 하려 한다고 무고하여 사안이 정위에게 넘어갔다. 정위가 체포하여 다스리자 주발은 두려워하여 어찌할 바를 몰랐고 관리는 점차 욕을 보였다. 주발이 천금의 뇌물을 바치자 옥리는 이에 몰래 문서의 뒷면에 써서 보여주었다. "공주를 증인으로 삼으시오."[76] 나중에 옥에서 석방되어 작읍(爵邑)이 회복되자 강후는 나와서 이같이 말하였다.

"나는 일찍이 백만의 군사를 거느렸지만 옥리가 귀할 줄이야 어떻게 알았겠는가!"[77]

이는 슬프고 분한 감정으로 당시의 추악한 현상을 폭로한 것이다. 항우는 해하에서 패한 후 동성(東城)에서 죽었다. 그래도 깨닫지 못하고 자책하지 않고서는 "'하늘이 나를 망하게 하는 것이지 전투의 죄가 아니다'라 하였으니 어찌 잘못되지 않았는가!"[78] 라고 하였다. 한문제의 일을 서술하면서 문제가 육형(肉刑)을 폐지하는 말을 하였는데 서술한 문장은 다음과 같다. "천하에 가뭄이 들고 황충이 발생하였다. 황제가 은혜를 내려……"[79], "임금이 이에 …… 오로지 덕으로 백성을 교화하는데 힘써 이 때문에 해내는 부유하게 되었으며 예의가 일어났다."[80] 상앙의 변법은 "시행한 지 10년 만에 진나라 백성들은 크게 기뻐하였다. 길에서 (남이) 흘린 것을 줍지 않았으며 산에는 도둑이 없어졌고 집집마다 모두 풍족하게 되었다. 백성들은 나라를 위해 싸우는 전쟁에서는 용감하여졌고 사적으로 다투는 것은 겁을 냈으며 향읍이 아주 잘 다스려졌다."[81] 문장의 진행은 변법을 긍정적으로 보았다. "시황제는 건장해져갔지만 태후는 음행을 그치지 않았다."[82] 태후(곧 여불위가 한단에 있을 때 동거하다가 임신을 시켜 자초에게 준 첩)의 음행에 대해서 폭로를 하고 있다. 「정세가」에서는 이렇게 말하였다. "정나라 승상 자산(子産)이 죽자 정나라 사람은 모두 울면서 친척이 죽은 것처럼 슬퍼하였다. 자산은 정성공(鄭成功)의 작은 아들이다. 사람됨이 인자하고 남을 사랑하였으며 임금을 섬김이 충후하였다. 공자가 정나라에 들렸던 적이 있는데 자산을 형제처럼 생각하였다."[83] 일을 서술하는 사이에 자산에 대하여 칭찬함이 눈앞에 있는 듯 선하다. 「노주공세가」에서는 이같이 말하였다. "성왕이 풍(豐)에 있을 때 천하가 이미 안정되었는데도 주나라의 관직과 행정이 아직 두서가 없었다. 이에 주공은 『주관(周官)』을 지어 관직을 분리하여 규정하였다. 『입정(立政)』을 지어 백성들을 편안하게 하니 백성들이 기뻐하였다."[84] 주공에 대한 칭찬이 흔연히 볼 만하다. 공손홍은 어떤가? "

공손홍은 사람됨이 의심이 많았고 시샘을 잘 했으며 겉은 너그러웠으나 속은 깊어서 예측할 수가 없었다. 일찍이 공손홍과 틈이 생긴 사람들은 비록 잘 대해주는 척하여도 몰래 그 화를 앙

한성 사마천사의 신도(神道: 무덤 근처에서 그 무덤으로 가는 큰길). 청나라 강희 연간에
건설되었다.

갚음했다. 주보언을 죽이고 동중서를 교서로 옮긴 것은 모두 공손홍의 힘이었다."[85] 적은 몇 마디로 폄훼하고 배척함이 훤히 드러났다. 무안후 전분이 대권을 장악하고 있을 때 위기후 두영과 장군 관부를 해코지하여 죽였는데 이어서 "(무안후가 병들어) 오로지 울부짖으며 죄를 용서해달라고 하였다. 귀신을 보는 무당을 시켜 그를 보게 하였더니 위기후와 관부가 함께 지키면서 그를 죽이려는 것을 보았다고 하였다. 마침내 죽었다."[86] 무안후에 대한 세력을 믿고 권세에 기대어 두 현자를 죽인 추악함과 문장을 구사하면서 편달(鞭撻)을 가하는 뜻이 절로 그 안에 있다.

이상에서 분석하여 예를 든 것을 통하여 서술 언어가 시비와 포폄을 기탁함을 알 수 있다. 이는 바깥의 힘을 갖다 붙이지 않고 절로 터득한 풍류이다. 그러나 태사공은 결코 여기서 그치지 않고 서술 언어와 인물 언어를 유기적으로 결합하여 시비와 포폄을 더욱 신묘하게 기탁하였다.

"여태후는 사람됨이 강의(剛毅)하여 고조를 도와 천하를 안정시켰고 죽인 대신들은 거의 여후의 힘이었다."[87]

이는 서술 언어이지만 그 아들인 효혜제가 죽은 후에 여후의 언행과 태도는 서술과 인물 언어를 결합한 기법으로 쓰고 있다.

발상을 했는데도 태후는 곡만 하고 눈물은 흘리지 않았다. 유후의 아들 장벽강(張辟彊)이 시중이었는데 나이가 15세로 승상에게 말하였다. "태후께는 효혜제만 있었는데 지금 돌아가셔도 곡만 하고 슬퍼하지 않으니 그대는 까닭을 아십니까?" 승상이 말하였다. "무슨 까닭인지요?" 벽강이 말하였다. "황제에게는 장성한 아들이 없으니 태후께서 대신들을 두려워하는 것입니다. 그대가 지금 여태(呂台)와 여산(呂産), 여록(呂祿)을 장수로 임명하여 남북군을 거느리게 하고 아울러 여씨들을 입궁시켜 조정의 일을 보게 한다면 태후께서는 안심하여 그대들은 화에서 벗어나게 될 것이오." 승상이 이에 장벽강의 계책을 썼다. 태후는 기뻐하여 곧 곡을 하며 애통해했다. 여씨의 권력은 여기서 비롯되었다.[88]

아들의 상을 당하여 여치(呂雉)는 억지로 곡은 하고 있지만 눈물을 흘리지 않으니 마음 아파하면서도 다른 회포를 가지고 있음을 알 수 있다. 그녀는 대신들이 자기의 권력을 실각시킬까 두려워한다. 그녀는 권력을 휘두르고 전권을 행사하여 여 씨들을 부지하고 세력을 배양하여 유씨의 종실 및 원로 중신들에게 타격을 입혀 화근을 뿌리 뽑고자 하는 것이다. 승상 진평이 장벽강의 계책을 여후에게 바치자 여후는 비로소 우려하는 마음이 사라져 그제야 기뻐하였다. 마음이 기뻐져서야 그 자식을 위해 통곡하는데, 그 권력욕이 마음을 꽉 점거하고 있어서 혜제의 죽음은 자연히 말할 것이 없다. 이곳에서 기탁한 포폄이 얼마나 분명한가!

「혹리열전」의 정위 두주(杜周)는 한무제 때의 유명한 혹리다. 그가 사람의 죄를 다스리는 것은 "속 깊이 뼈에 사무치며"[89] 그 행동은 바로 한무제의 뜻을 받들어 전제통치를 공고히 하여 천하의 백성을 유린하는 것이었다.

두주는 정위가 되었는데 그 통치는 장탕을 크게 본받았고 (임금의)
의중을 잘 살폈다. 임금이 배척하려는 자는 즉시 모함하였으며, 임금
이 풀어주려는 자는 오래 가두었다가 물으면 은연중에 원통한 상황을
드러내었다. 빈객 가운데 누가 두주를 꾸짖어 이같이 말하였다. "그대
는 천자를 위해 공평하게 판결해야 하거늘 법률을 따르지 않고 오로
지 임금의 의중을 가지고 송사를 결정합니다. 판결이 이래도 됩니까?"
두주가 말하였다. "삼척법이 어디서 나왔소? 전대의 임금이 옳다고 여
기는 것을 법률로 기록하고 후대의 임금이 옳다고 여기는 것을 법령
으로 기록하니 그 당시의 것이 옳은 것이지 어찌 옛 법이겠소!"[90]

혹리는 방자하여 기탄이 없으며 전제통치가 적나라하게 드러나
는데 인물 언어와 결합시켜 서술하였으며 포폄이 환히 드러난다.

「진세가」에는 기록되어 있다. 진나라의 권신 조돈(趙盾)의 아
우인 장군 조천(趙穿)이 영공(靈公)을 죽이자 "진나라의 태사 동호
(董狐)가 기록하기를 '조돈이 임금을 죽였다'고 하여 조정에 보였
다. 조돈이 말하기를 '죽인 사람은 조천이며 나는 죄가 없소'라고
하자 태사가 말하기를 '그대는 정경(正卿)으로 도망을 쳤으나 국
경을 나서지 않았고 도리어 나라에 난을 일으킨 자를 죽이지 않
았으니 그대가 아니면 누구냐?'고 하였다. 공자가 듣고는 말하기
를 '동호는 옛날의 훌륭한 사관으로 기록하는 원칙은 (죄를) 숨기

지 않는 것이었다. 선자(趙盾)는 훌륭한 대부이니 법대로 하다가 오명을 썼다. 안타깝도다, 국경을 벗어났으면 (오명을) 벗었을 텐데.'"[91] 서사의 사이에 동호와 조돈의 대화로, 공자의 감탄으로 누가 옳고 누가 그른지를 저절로 보여주었다. 절로 권선징악의 뜻을 내포하고 있다.

이런 필법은 『사기』에서 자주 보인다. 다만 자주 보이는 데 그치지 않고 또한 각기 자신의 입장을 가지고 있어서 서로 같지 않다. 「형가전」의 결미(結尾)에서는 말하였다. 노구천(魯句踐)이 형가가 진왕을 저격하였다는 말을 듣자 이렇게 혼잣말을 하였다.

"아아! 안타깝도다, 그 칼로 찌르는 기술을 익히지 않았음이. 심하도다, 내 사람을 알아보지 못하였음이. 그때 내가 그를 꾸짖었으니 그는 나를 사람으로 생각하지 않았을 것이로다!"[92]

앞쪽에서는 이미 진시황을 저격하였지만 결국 살갗에 닿을 수 없었음을 썼다. 나중에는 마침내 노구천의 말로 안타까운 심정을 보이는데, 이를 빌려 이 전(傳)의 의중을 표현하였다. 「풍당전」에서는 한문제 때의 일을 서술하였다. 흉노가 조나(朝那)로 크게 쳐들어와 북지군(北地郡)의 도위를 죽였다. "임금이 오랑캐 문제를 생각하다가"[93] 풍당에게 자기가 사람을 씀에 문제가 있는 곳을 묻자 풍당은 몇 마디 훌륭한 말로 대답하였다. 신은 어리석어 폐하께서는 "법에 너무 밝고 상은 너무 가벼우며 벌은 너무 중하다고 생각합니다(法太明, 賞太輕, 罰太重)."[94] 딱 아홉 자로 문제점을 완전하게 드러내었다. 관부가 주사를 부려 좌중을 꾸짖은 절(節),

이광이 자살하기 전의 강개한 말, 몽염의 자살, 한비가 진나라에 갇힌 것, 진섭의 패인, 공자가 대사구(大司寇)로 승상의 일을 대리한 일 등 서술과 인물 언어를 결합시켜 포폄을 정한 것이 아닌 것이 하나도 없지만 필법은 각기 다르다.

서사의 사이에 시비와 포폄을 기탁하였는데 순순히 응하고 순순히 터득하였다. 순순히 기이함을 천명하면서 다소간의 말 낭비를 줄이고 다소간의 감응력을 증가시켰다. 명청 교체기의 고염무(顧炎武)는 『일지록(日知錄)』에서 탄복하였다. "고인(古人)으로 역사를 지으면서 논단을 기다리지 않고 사건의 서술 중에 바로 그 가리키는 것을 드러내는 것은 태사공만이 할 수 있다."

5. 속담과 속어의 인용

사마천은 탁월한 언어의 대가로 『사기』에서 경전을 인용하여 근거로 삼았다. 이 외에도 가요와 속담 및 속어를 대거 끌어다 인용하였다. 그것은 작품의 장력(張力)을 증강시키고 문채를 증가시켜 주었으며 그 표현력과 감응력을 더욱 구비하게 하였다.

민가 가요는 민간의 '하리파인(下里巴人: 격조가 낮은 곡조)'일 뿐만 아니라 또한 주로 정부와 관련된 것으로 '사(史)'의 성질을 가지고 있고 시가의 우미(優美)함도 가지고 있어서 당겨서 인용하는 것을 왜 즐겨하지 않겠는가! "베 한 자로도, 오히려 꿰맬 수 있으며, 곡식 한 말도 오히려 찧을 수 있다. 형제 두 사람이 서로를 용납할 수 없구나."**95** 이 말은 「회남형산열전」에서 인용한 민가로 회남 여왕(厲王) 유장(劉長) 한문제에게 용납되지 않는 것이다.「급정열전」에서는 급암과 정당시 같은 대현을 탄식한다. 득세했을 때와 실세했을 때의 강렬한 대비는 염량세태를 볼 수 있으며 마침내 하규(下邽)의 적공(翟公)은 노래하여 말한다. "한번 죽고 한번 사는 것으로 우정을 알 수 있다. 한번 가난해지고 한번 부자가 되는 것으로 세태를 알 수 있다. 한번 귀하여지고 한번 천해지는 것으로 우정이 드러난다."**96** 「조상국세가」에서는 백성의 가요를 인용하여 소하의 법도를 조참이 따른 것을 칭송하여 기리고 있다. "소하가 제정한 법 일(一)자처럼 맑고 곧았네. 조참이 대를 이어 지켜가며 잃지 않았네. 청정무위의 정책 집행하니, 백성들 한결같이 편안하네."**97** 「위기무안후열전」에서는 영천(潁川)의 아이들의 노래를 인용하였다. "영수가 맑으면 관 씨는 편안하고, 영수가 흐리면 관 씨는 멸족된다네."**98** 관 씨의 횡포를 저주하였다. 가요의 인용은 문장의 중후함과 묘미(妙味)를 말하지 않고 비유하여 가중시키는 효과를 얻을 수 있다.

민요의 인용 또한 많다. 이런 민요들은 문장의 기세를 부각시키고 도와주어 문장이 더욱 친화력을 갖도록 한다.

"복숭아와 자두나무는 말을 하지 않아도 그 아래에는 절로 길이 생긴다."**99** 이광(李廣)의 덕을 말한 것이다. "닭의 부리가 될지언정 소의 꼬리는 되지 말라."**100** 이는 소진이 한왕을 유세할 때 인용한 말이다. 「영행열전」에서는 "힘껏 농사를 짓는 것이 풍년을 만남만 못하고 관직생활을 잘 하는 것이 사람을 잘 만남만 못하다"[101]라는 말을 인용하였는데, 영행이 총애를 얻음을 개탄한 것이다. 「화식열전」에서는 "천금을 가진 사람의 자식은 저자에서 죽지 않는다"[102], "천하가 왁자한 것은 모두 이익 때문에 오는 것이고, 천하가 시끌벅적한 것은 모두 이익 때문에 가는 것이다"[103]라는 말을 인용하였는데 재화를 불리는 것의 중요함을 말한 것이다. 추양(鄒陽)은 양왕에게 글을 올려 친구가 알아줄 때와 알아주지 못할 때를 속담을 인용하여 말하였다. "흰 머리가 되도록 새로운 것 같고 일산을 기울일 정도였는데 오래 된 것 같다."[104] 유협들은 대협 곽해(郭解)를 흠모하여 속담을 인용하여 말하였다. "사람이 영예로운 이름을 용모로 삼는다면 어찌 다함이 있겠는가!"[105] 「한장유열전」에서는 속담을 인용하여 "친아버지가 있대도 호랑이가 되지 않으리라는 것을 어찌 알겠는가? 친형이 있대도 이리가 되지 않으리라는 것을 어찌 알겠는가?"[106]라고 하였는데 곧 한나라 왕실 내부의 알력을 묘사한 것이다. 무릇 이와 같은 등등은 모두 문장을 단청으로 윤색하여 흡인력을 증강시킨다.

비어와 속어 따위는 더욱이 민간에서 온 구어로, 인용하여 넣으면 더욱 독특한 효과를 가져온다. 「정세가」에서 말하기를 "속담에 '권리로 영합한 자는 권리가 다하면 사귐이 멀어진다'는 말이 있다"[107]고 하였는데 보하(甫瑕)를 놀린 것이다. 「삼왕세가」에서는 말하기를 "고인이 말하기를 '사랑하면 부유해지고자 하고, 친하면 고귀해지고자 한다' 하였다"[108]고 하였는데 천하에 같은 성(姓)을 넓힌 것이다. "그 사람을 알지 못하면 그 벗을 보라"[109]
라는 말은 장석지가 풍당의 인격을 알아준 것이다. "끊어야 할
때 끊지 않으면 도리어 그 어지러움을 당하게 된다"[110]는 말은 춘
신군이 주영(朱英)을 잃은 것을 이른 것이다. "속담에서 말하기를
'사리는 지혜를 어둡게 한다고 하였다'"[111]라는 말은 「평원군우
경열전」에서 나왔다. "속담에서 말하기를 '자에도 짧은 것이 있
고 치에도 긴 것이 있다'고 하였다"[112]는 말은 「백기왕전열전」에
서 나왔다. 「손자오기열전」에서는 "속담에 말하기를, '실행을 잘
하는 자는 반드시 말을 잘하지는 않고 말을 잘하는 자는 반드시
실행을 잘하지는 않는다'고 하였다"[113]는 말을 인용하였다. 「원
앙조조열전」에서는 "속담에 '옛것을 바꾸고 상법(常法)을 어지럽
히면 죽지 않으면 망한다' 하였다"[114]고 하였는데, 이런 비어와
속어는 천년 이래 계속 이어져 오히려 당일의 정경을 생각해 보
게 한다.

가요와 속담, 비어는 때에 따라 곳에 따라, 일에 따라 사람에
따라 만들어지는 일종의 신선하고 살아 있는 언어로 통속(通俗)
을 쉽게 이해하게 하고 표현력을 극도로 강화시킨다. 이런 생명
력이 풍부한 언어를 사마천은 유의하여 수집하여 놓았다가 『사
기』에 함께 버무려 넣었다. 역사에서는 기록의 보존이고 『사기』
에서는 정수(精粹)의 재치가 드러난 것이다.

6. 『사기』의 논찬

공자는 『춘추』를 지어 조정을 어지럽히는 신하들과 역적들을 두렵게 하였고, 사마천은 『사기』를 지어 역사를 서술하는 중에 춘추필법으로 포폄을 기탁하는 외에도 완전히 새로운 이론 체계인 '태사공은 말한다(太史公曰)'는 사론(史論)을 창조하였다. 이 사론은 화룡점정으로 『사기』의 가치를 진일보 승화시켰다.

『사기』 130편에서 사론은 대부분 편말에 두었는데, 찬(贊)이다. 편수(篇首)에 둔 것은 서(序)이며, 편중(篇中)에 둔 것은 논(論)이다. 간략하게 논찬이라 한다. 어떤 사람이 통계를 낸 적이 있는데 『사기』의 논찬은 134편, 30,936자이며 『사기』의 수미를 관통한다. 말은 간략하나 뜻은 풍부하고 풍자(風姿)를 독자적으로 갖추었으며 이는 사마천의 득의한 필법이다. 그것은 주로 네 가지 방면으로 표현된다.

① 요점을 개괄하고 주지를 드러내 밝힌다

『사기』의 논찬은 「자서」를 총서(總叙)로 한다. 사안에 따라 각 편에서 일으켰고 각 편에서는 뜻을 세웠으며 다만 몇 자로 탁월하게 논을 이루었다. 「오제본기」의 찬, 「진시황본기」의 논, 「항우본기」의 찬 등은 '지은 본지(本旨)를 분명히 말하였을' 뿐만 아니라 어떤 것은 또한 태사공의 깊은 뜻을 기탁하였다. 「오제본기」의 '찬'에서는 황제(黃帝)를 오제(五帝)의 으뜸으로 하는 원인을 분명히 밝혔다. 이에 의해『사기』의 상한선을 요(堯)에서 위로 헌원(軒轅) 황제까지 끌어 올렸다.「진본기」뒤에다 또「진시황본기」를 짓고 '논'에서 말하기를 영정(嬴政)은 '목공(穆公) 이래로 조금씩 제후들을 잠식하여 마침내 시황(始皇)이 되었다. 시황은 스스로 자신의 공적이 오제를 뛰어넘고 국토는 삼왕의 시대보다 넓다고 여겨, 그들과 대등하게 비교되는 것을 수치스럽게 여겼다.'[115] 이는 곧 진시황의 마음을 보여주는데, 지고지존하여 천하를 흘겨보고 고금을 흘겨보는 것이다.「서」와「표」에서 그 요지를 개괄한 것으로는「평준서」와「악서」,「육국연표」등등이 있다. 주지를 드러내 밝힌 것으로는「봉선서」,「예서」,「십이제후연표」등등이 있다.「진초지제월표」의 서(序)에서는 말하였다. "처음에 난을 일으킨 것은 진섭이고, 잔인하고 포악하게 진나라를 멸한 것은 항우이다. 그러나 어지러운 세상을 바로잡아 포악한 자를 제거하고 해내를 평정하여 마침내 제위에 오른 것은 한가(漢家)에 의하여 완성되었다. 이 5년 동안 호령하는 자가 세 차례나 바뀌었는데 인류가 생긴 이래 이처럼 빨리 천명을 받은 때는 없었다."[116] 그 요점을 개괄한 것이 얼마나 정련되었는가!「율서」의 논에서는 말하였다. "문제(文帝) 때에는 천하가 새로워져서 전란이 없어졌으며 백성들이 즐겁게 일하였다. 하고자 하는 바를 좇았으므로 혼란스럽지 않을 수 있었고 마침내 백성들이 편안하게 되었다. 6~70세의 노인이 그때까지 아직 도시에 가보지 않아 노닐고 즐기는 것이 마치 아이들과 같았다. 문제야 말로 공자께서 말씀하신 덕을 가진 군자가 아니겠는가!"[117] 문제의 치적을 칭송하고 주지를 드러내 밝혔는데 얼마나 예리한가?

「세가」와「열전」의 이런 유의 논찬은 더욱 많다.「제태공세가」와「진승상세가」,「월왕구천세가」등 세가, 남월과 동월, 백기와 왕전, 사마상여 등 여러 열전은 모두 개괄한 것으로 그 요지가 환하다. "태사공은 말한다. 한궐(韓厥)이 진경공의 마음을 움직여 조씨의 고아 조무(趙武)로 하여금 조 씨의 대를 잇게 함으로써 정영(程嬰)과 공손저구(公孫杵臼)의 뜻이 이루어졌으니 이는 천하의 음덕이다. 한 씨의 공로가 진나라에서는 크게 보이지 않았으나 한 씨가 조 씨, 위 씨와 더불어 10여 대 동안 제후를 지낸 것은 마땅하도다!"[118] 이는「한세가」의 찬인데 이로써 한 씨를 살필 수 있다.

상여는 비록 빈말과 지나친 말이 많기는 하지만 그 요점은 절검으로 이끄는 것에 귀결된다. 이것이『시』의 풍간과 무엇이 다르겠는가? 양웅은 사치스럽고 화려한 부로 백 가지를 권유한다. 풍간하는 것은 하나라 생각하여 정나라와 위나라의 성악을 십분 연주하다가 곡이 끝난 뒤에 아악을 연주하는 것과 같은 것이니 이미 이지러진 것이 아니겠는가, 라 하였다. 나는 그 말 가운데 논할 만한 것을 채록하여 이편에 저록하였다."[119] 이는「사마상여 열전」의 찬인데 이로써 사마상여를 알 수 있다.

"공손홍은 의를 행함이 비록 뛰어났으나 또한 때를 잘 만났다. 한나라가 흥하고 80여 년이 되어 임금이 바야흐로 문학을 지향하고 빼어난 자들을 불러 유가와 묵가를 넓혔는데 공손홍이 으뜸이었다. 주보언은 요로에 있어 제공들이 모두 찬미하였으나 명예가 무너지고 몸이 죽임을 당하게 되자 선비들은 다투어 그 나쁜 점을 말하였다. 슬프도다!"**120** "학자들은 70제자의 무리를 많이 일컫는데 기리는 자는 혹 그 실제보다 지나치기도 하다. 헐뜯는 자는 혹 그 참됨을 덜어내기도 한다. 이는 모두 그 모습을 제대로 보지 못했기 때문이니 제자들을 논하여 말한 서적은 공 씨의 고문에서 나온 것이 사실에 가깝다. 나는 제자의 성명과 문자를 모두 『논어』의 제자의 질문에서 취하였고 아울러 편차하였는데 의심이 가는 것은 빠뜨렸다."**121** "저리자는 골육으로 중용되었으니 실로 이해가 되지만 진나라 사람들이 그 지모를 칭찬하였으므로 자못 거기서 많이 채택하였다."**122** "그러므로 편작(扁鵲)은 그 재주 때문에 재앙을 당하였고 창공(倉公)은 곧 자취를 숨기고 스스로 숨었는데도 형을 당하였다. …… 그러므로 노자가 말한 '아름답고 예쁜 것은 상서롭지 못한 것이다' 한 것은 아마 편작 같은 사람을 이름이 아니겠는가? 창공 같은 자는 그에 가깝다 할 수 있겠다."**123** 영행의 무리에 대하여 "태사공은 말한다. 심하도다, 사랑하고 미워하는 때가! 미자하(彌子瑕)의 행실은 후세인들에게 아첨으로 총애받는 사람을 보여주기에 충분하다. 백세라도 알 수가 있다"**124**고 하여 경멸하는 기색이 보인다. 충심이 있는 선비들에 대하여서는 "태사공은 말한다. 장계(張季)는 장자(長者)에 대하여 말하면서 법을 지켜 (임금의) 뜻에 아부를 하지 않았으며, 풍공이 장수의 인솔에 대하여 논한 것은 의미가 있도다! 의미가 있도다! 속담에 '그 사람을 알지 못하면 그 친구를 보라'는 말이 있다. 두 사람이 칭송받는 것은 조정과 종묘에 기록할 만하다."[125] 이로써 「사론(史論)」의 논찬이 개괄한 예리함과 그 요점을 파악한 것을 엿볼 수 있다.

「오태백세가」와 「정세가」, 「조상국세가」 등 여러 세가와 「위기무안후열전」과 「오자서열전」, 「몽염열전」 등 여러 열전은 그 논찬이 모두 의중을 말하고 전을 세운 주지(主旨)를 드러내 밝혔다. "태사공은 말한다. 진문공은 고대에서 말하는 영명한 군주로서 국외에서 19년 동안을 떠돌며 매우 곤궁하였다. 왕위에 오른 후 논공행상을 하던 중 비록 개자추를 잊기는 하였으나 어찌 교만한 군주라고 할 것인가?"[126] 이는 「진세가」의 찬어로 그 유감을 썼다. "구천은 몸과 마음으로 고생하고 숙고하여 마침내 강한 오나라를 물리치고 북쪽으로 중원지방까지 위세를 떨치며 주 왕실을 받들어서 패왕이라는 칭호를 얻게 되었다. 구천을 어찌 현명하지 않다고 할 수 있겠는가? 아마도 우임금이 남겨준 업적이 있었던 것 같다."[127] 「월왕구천세가」에서 나온 말로 그 행실을 밝혔다. "내 호수(壺遂)와 악률과 역법을 정하면서 한 장유(韓長孺)의 의리와 호수의 가슴속 깊이 숨겨진 도타움을 보았다. 세상에서 양나라에는 장자가 많다고 하는 말이 헛되지 않도다!"[128] 한장유의 지혜가 충분히 근세의 변화에 적응할 수 있고 너그러움이 충분히 사람을 쓸 수 있음을 말하였다. "군사는 정공법으로 맞붙지만 기이함으로 이긴다. 능한 자는 기이함을 냄이 끝이 없다. 기이함과 정공법은 서로 번갈아 나오니 고리가 끝이 없는 것과 같다. 대체로 시작은 처녀처럼 하여 적이 문을 열게 하고, 나중에는 벗어나는 토끼처럼 하여 적이 미처 맞서지 못하게 하는 것이니, 아마 전단(田單)을 이르는 말일 것이다!"**129** 전단의 화우진에 감탄한 것이다. 논찬에는 "책을 내려놓고 탄식을 하지 않은 적이 없었다(未嘗不廢書而歎也)"라는 식의 말이 많은데 전을 세운 뜻을 더욱 잘 드러내어 밝혔다. 이를테면 「맹자우경열전」의 서(序)에서는 "내가 『맹자』를 읽다가 양혜왕이 '어떻게 해야 내 나라를 이롭게 하겠는가?'라 물은 부분에 이르러 책을 내려놓고 탄식을 하지 않은 적이 없었다"**130**고 하였다. 「굴원가생열전」의 찬에서는 "나는 「이소(離騷)」와 「천문(天問)」, 「초혼(招魂)」, 「애영(哀郢)」을 읽었는데 그 뜻을 슬퍼하였다. 장사(長沙)로 가서 굴원이 스스로 가라앉은 못을 보고 일찍이 눈물을 흘리지 않은 적이 없었으며 그 사람됨을 생각해 보았다"**131**고 하였다. 「유림열전」의 서(序)에서는 "내가 공령(功令)을 읽다가 학관을 널리 장려하는 길에 이르러 책을 내려놓고 탄식하지 않은 적이 없었다"**132**고 하였다. 이런 책을 내려놓고 탄식하고 책을 살펴보고 눈물을 흘리는 것은 모두 일을 돌보고 사람을 감동시키고 한탄하고 슬퍼하는 것이며 또한 주제를 움켜쥔 것으로 지의가 더욱 밝게 드러난다.

청나라 사람 장학성(章學誠)이 여기에 대하여 조예가 깊은 의론을 내놓은 것은 당연하다. "혹은 끝의 권말에 두고 혹은 글의 첫머리에 두기도 하여 반복적으로 스스로 밝히지 않은 적이 없었다."

② 지극히 공평타당하여 법칙이 되다

『사기』의 서와 논, 찬은 역사 때문에 지어졌다. 역사 덕분에 논을 발하여 그 긴요한 곳은 말을 하지 않고 비유하였다. 그런데 사마천이 발한 의론은 대체로 지극히 공평타당하며 매우 정묘하다. 하나의 법칙이 되어 천고의 정론을 이루었다. 사람으로 말할 것 같으면 강포한 진나라를 둘러엎는 투쟁 중에는 두 명의 우두머리가 되는 인물 진섭과 항우가 있다. 『사기』에서 역사의 평가를 부여하여 항우를 파격적으로 「본기」에 넣었다. 진섭은 파격적으로 「세가」에 넣었다. 이 두 사람에 대한 역사적인 공적과 평가는 지극히 공평하다. 「항우본기」의 찬에서는 말하였다. "진나라가 실정하자 진섭이 처음 난을 일으키고 호걸들이 봉기하여 서로 다투었으니 그 수를 이루 다 셀 수 없었다. 그러나 항우는 세력을 전혀 가지고 있지 않았으면서도 진나라 말기의 대세를 틈타 민간에서 흥기한다. 3년 만에 마침내 다섯 제후를 거느리고 진나라를 멸망시켰다. 그리고는 천하를 분할하여 왕과 후를 봉하니 모든 정령이 항우에게서 나왔으며 자신을 패왕(覇王)이라고 칭하였다. 그 왕위가 비록 끝까지 가지는 않았으나 이는 근고 이래로 없었던 일이다."[133] 「진섭세가」의 찬에서는 이렇게 말하였다.('태사공왈' 네 자가 빠져 있다) "진승은 비록 이미 죽었지만 그가 봉립하고 파견한 왕후장상들이 마침내 진나라를 멸망시켰는데 이는 진섭

에 의해서 처음으로 반란이 시작되었기 때문이다."[134] 한나라 초
에는 진말의 농민전쟁과 초한이 서로 다툼, 장기적인 전쟁으로
말미암아 생산력이 참담하게 파괴되기에 이르렀다. 사회경제는
허물어졌으며 백성들은 휴양과 생존이 필요하였다. 그런데 민의
를 따른 효문제와 재상 조참에 대한 사마천의 평론은 지극히 공
평타당하다. 「효문본기」의 찬에서는 말하였다. "한나라가 흥하
고 효문황제에 이르기까지는 40여 년이 되는데 덕이 지극히 성
해졌다. 역법과 복색을 고치고 봉선을 행하는 것으로 점차 나아
갔으나 문제가 지나치게 겸양하여 지금까지도 완성되지는 않았
지만, 그러나 아아 어찌 어진 정치가 아니었으리오!"[135]라고 하였
다. 「조상국세가」의 찬에서도 말하기를 "조참이 한나라의 상국이
되자 그의 정치사상인 청정무위는 도가의 원칙과 가장 부합된다
고 인식되었다. 더욱이 백성들이 진나라의 잔혹한 통치를 받은 후
조참이 그들에게 무위이치(無爲而治)로 휴식하게 하자 천하 사람
들이 모두 조참의 공덕을 칭송하였다"[136]고 하였다. '찬'의 말에서
감무(甘茂)와 감라(甘羅)의 "강한 제나라와 초나라에서 중용되었
다"[137]고 한 것과 "전국시대의 책사이다"[138]라는 찬어 및 자객과
골계의 여러 사람에 대한 견해 등등은 모두 공정한 태도이다.

　사실을 가지고 말하면 논찬의 것은 또한 공정하며 어떤 것은
마침내 정론을 이루었다. 「예서」의 서(序)에서는 말하였다. "그
얼마나 양양한 미덕인가! 만물을 주재하고 군중을 부리는 것이
어찌 사람의 힘이겠는가?"[139] 그 바탕은 바로 태사공이 친히 하

(夏) · 상(商) · 주(周) 삼대에서 예제의 감소나 증가를 고찰하여 인정에 근거하고 예절을 제정한 데 있다. 인성에 비추어 의식을 규정하여 그 정황의 유래가 이미 오래된 연고임을 알았다. 「역서(曆書)」의 서에서도 말하였다. 역법의 제정은 "백성이 이로써 신(神)을 가질 수 있게 하고 신은 이로써 밝은 덕을 가질 수 있게 하는 것이다."[140] 이 말은 곧 민중은 이에 의하여 알맞은 때에 생산 활동에 종사할 수 있고 신명 또한 이에 의하여 시일이 지나면서 민중의 그에 대한 덕택의 감격을 누릴 수 있게 하는 것이라는 것이다. "그러므로 (하늘과 땅의) 신이 그들로 하여금 농작물을 가꿀 수 있게 해주었으며 백성들은 재물을 바침으로써 재화가 생기지 않았고 바라는 것이 부족하지 않게 되었다."[141] 이로 인하여 신명은 곧 백성들에게 매우 좋은 수확을 내려주었고 민중의 생활은 물질적 보증이 있게 되었으며 재화가 없고 양식이 모자라지 않게 되었다. 당시의 조건에서 사마천이 이런 인식을 가질 수 있었던 것은 매우 얻기 어려운 것이었다. 「예서」와 「역서」는 큰 것을 가리켜 말한 것이다. 사실 구체적으로 어떤 사람이나 어떤 사건에 대해서도 이런 공정한 생각은 적지 않아 읽어보면 오히려 그 기운을 늠연하게 느끼게 한다.

③ 인물 포폄의 지론이 치우치지 않고 올바르다

『사기』의 논찬에서 인물에 대한 포폄의 말은 간단하다. 뜻은 분명하여 아주 적은 몇 마디 속에 화룡점정처럼 인물을 표현해낸

한성 사마천사의 석패방. '하산지양(河山之陽)'(위의 사진)과 '고산앙지(高山仰止)' (아래의 사진)라는 글자가 새겨져 있다.

다.「육국연표」의 서에서는 말하였다. "진나라는 천하를 얻은 후에 포악한 행위가 많았지만 세태가 바뀌면서 (법을 고쳐) 큰 공을 이루기도 하였다."[142] 진나라는 폭력으로 천하를 취하였지만 사회에서 이상한 변화가 발생하여 사업이 취한 성공이 특별히 크다. 이는 진황제를 칭송한 것이다.「자서」에서는 말하였다. "항적을 죽이고 제업을 이루니 천하가 편안해졌으며 제도를 고치고 풍속을 바꾸었다."[143]「자서」에서는 또한 말하였다. "한나라가 흥한 지 5대에 융성함이 건원(建元) 연간이었으니 밖으로는 이적들을 물리치고 안으로는 법도를 닦아 봉선을 행하고 역법을 개정하였으며 복색을 바꾸다."[144] 한무제를 칭송한 것이다.「건원이래후자연표」의 서에서는 말하였다. "하물며 천하를 통일하고 현명한 천자가 재위하여 문무를 겸비하고 온 나라를 통괄하여 안으로 만백성이 단합되었는데, 어찌 태평성대를 위해 변경을 치지 않으리오! 이로부터 마침내 군대를 파견하여 북쪽으로는 강대한 흉노를 토벌하였고 남쪽으로는 용맹한 월을 멸망시켰다. 이때 공적을 세운 장수는 차례로 봉토를 받았다."[145] 한나라가 융성하였을 때 한나라 왕조의 대일통을 칭송하였다. 이런 칭송은 또한 사마천의 정치적 관점을 드러내 보이고 있다.

사마천은 성패(成敗)를 가지고 영웅을 논하지 않고 탁월한 사가(史家)의 식견과 객관적인 분석을 서로 결합시켜 세상에 유익한 인물들을 크게 기렸다. 인상여에 대한 평가는 그 "한번 그 기세를 떨쳐 위세가 적국에 펼쳐졌으나 물러나 염파에게 양보하여 명예가 태산보다 중하여졌으니 그는 지혜와 용기에 처하여 그것을 겸하였다고 할 만하다!"[146]는 것을 칭찬하였다. 노중련에 대해서는 "포의의 선비로 있으면서 뜻을 거침없이 펴고 제후에게 꺾이지 않으며 당대에서 담설을 하고 경상의 권위를 꺾은 것을 높이 샀다"[147]고 칭찬하였다. "유경(劉敬)은 멍에를 벗고 한번 말하여 만세의 평안함을 세웠으니 지혜가 어찌 오로지 할 수 있겠는가! 숙손통은 시세에 영합하여 시무를 헤아려 제도와 예법을 드나들게 하여 때에 맞춰 변화시킴으로써 마침내 한나라 왕조의 유가의 종사가 되었다"[148]고 평하였다. "손숙오(孫叔敖)가 한마디 말을 꺼내자 영(郢)의 시장이 회복되었다. 자산이 병으로 죽자 정나라 백성들이 통곡하였다. 공의자(公儀子)는 좋은 베를 보고 부인을 쫓아내었다. 석사(石奢)가 아비를 풀어주고 죽으니 초소왕(楚昭王)의 명예가 섰다. 이리(李離)가 잘못 (사람을) 죽이고 검에 엎어져 죽자 진문공은 이로써 나라의 법을 바르게 하였다"[149]고 평하였다. "저리자(樗里子)는 골육으로 중용되었으니 실로 이해가 되지만 진나라 사람들이 그 지모를 칭찬하였다"[150], "감라(甘羅)는 나이는 어리지만 한 기묘한 계책을 내어 명성이 후세에까지 일컬어졌다"[151]고 평하였는데 모두가 이와 같이 의론을 펴내었다.

인물을 깎아서 배척할 때는 드러내놓고 공공연하게 깎아내리는 것과 은연중에 깎아내리는 법을 채택하였다. 그 이름을 들고 그 일을 말하여 그 행하지 않음을 배척하였다. 공공연하게 깎아내리는 것은 곧 그 사실을 그대로 늘어놓아 견책하고 밖으로 드러낸 것이다. 진(秦)나라의 몇몇 장상(將相)에 대하여 바로 이런 방법을 채택하였다. 여불위와 노애(嫪毐)는 한통속으로 태후(太后)와 사통하였다. 나중에 노애가 반란을 일으켜 멸족되었을 때 여불위는 상국(相國)의 신분으로 '중부(仲父)'라 불렸는데 또한 이로 인하여 축출되었다. 마침내 평하기를 "공자가 이른바 '알려졌다'는 것이 어찌 여자(呂子)를 두고 하는 말이 아니겠는가?"[152]라고 하였다. 바로 그가 간사한 사람임을 배척한 것이며, 인용한 '알려졌다(聞)'는 말은 『논어』(「顏淵」)의 "알려졌다는 것은 안색은 인을 취하나 행실은 위배된다. 그대로 머물면서 의심을 하지 않는 것이니 나라에도 알려지게 되고 집안에서도 반드시 알려지게 되어 있다(夫聞也者, 色取仁而行違, 居之不疑, 在邦必聞, 在家必聞)"고 한 데서 나온 것이다. 승상 이사를 배척하여 "아첨하여 따르고 영합하였으며 혹형으로 엄위를 떨쳤고 조고의 사악함을 따라 적자를 폐하고 서자를 세웠다. 제후들에 반기를 들고 나서야 이사는 간쟁을 하려 했으니 또한 늦지 않았는가! 사람들은 모두 이사가 충성을 다하였는데도 오형을 당하여 죽었다고 하는데 그 근본을 살펴보면 곧 세속의 의견과는 다르다"[153] 하였다.

여러 「세가」 가운데서는 초(楚)와 관채(管蔡)의 두 「세가」의 찬어에서 폄하와 질책이 그치지 않는다. 초영왕은 뜻을 얻었을 때 뜻이 천하를 작게 여겼는데 굶어죽을 때는 천하의 비웃음을 샀다. "지조와 품행이 없으니 정말로 슬프도다! 사람이 권세가 있다고 해서 남을 대하는데 신중히 하지 않는다는 말인가? 기질(棄

320

疾)이 반란을 이용하여 왕위에 오르고 진(秦)나라 여인을 총애함
이 너무 지나쳐 다시 나라가 망하게 되었도다."**154** 조공공(曹共公)
은 이부기(釐負羈)의 간쟁을 쓰지 않고 진나라 군대가 조나라를
쳐들어오게 하였다. 원인은 바로 여색을 좋아하여 나라를 그르친
데 있었다. 수레에 함께 탄 미녀가 3백 명에 달하였던 것이다. 이
를 딱 여섯 자로 폄훼하였다. "덕이 세워지지 않음을 알겠다(知唯
德之不建)."**155** 장이(張耳)와 진여(陳餘)는 처음에는 서로 사귀면서
서로 신임하였다. 의기를 중히 여겨 죽고 사는 것을 돌아보지 않
았다. 나라에 기대어 권력을 다툴 때는 마침내 서로 공격하여 서
로 멸하려 하였다. 무엇 때문에 이전의 서로 경모하고 신임함이
그토록 진실하고 성실하다가 나중에 와서는 서로 배반함이 또한
그렇게 사나웠는지 내린 결론은 이러하다. "어찌 권세와 재리로
사귄 것이 아니겠는가?"**156**

공공연하게 깎아내리는 명폄, 직폄과 비교되는 은연중에 깎아
내리는 암폄은 반어로 폄훼하여 안으로 거둔 것을 드러내는 것이
다. 이런 폄훼법은 빗대어 빈정거리듯 욕하는 것으로 또한 칭찬
하여 말하는 곳도 있다. 전국 사공자 중의 한 사람인 맹상군은 세
상 사람들이 선비를 얻는다고 생각하였으므로 선비들이 이 때문
에 귀의하였다. 그런데 사실은 그렇지 않아 계명구도(鷄鳴狗盜: 보
잘것없는 재능이나 특기를 가진 사람)의 무리가 그 문하에서 나왔다. 선
비들이 자연히 이르지 않아 사마천이 "설현을 들렀더니 그 마을
에는 거의가 흉포하고 사나운 자제들로 추나라 노나라와는 달랐

다. 그 까닭을 물었더니 말하였다. '맹상군이 천하의 임협들을 초치하니 간사한 사람들이 설현에 들어온 것이 6만여 가구나 되었습니다.' 세상에서 전하기를 맹상군이 객을 좋아하여 정말 기뻐한다 하더니 명성이 헛된 것이 아니다."[157] 그가 선비를 얻지 못하였음을 은연중에 깎아내리고 있다. 한초의 승상 소하는 고조조에 공이 가장 많았다. 한신에 대해서는 성공한 것도 소하 때문이었고 실패한 것도 소하 때문이었다. 한신이 죽음에 처해진 후 고조는 "기뻐하면서도 가련히 여겼고"[158] 경포가 핍박을 받아 도리어 반란을 일으켜 결국에는 멸족당하였는데 소하가 중요한 역할을 하였다. 공신들이 멸족될 때 소하는 작위가 신하들 중 최고였다. 「소상국세가」 찬에서는 이에 반어로 놀려 말하였다. "회음후와 경포 등은 모두 주멸되었는데 소하의 공훈은 찬란하였다."[159] 「평준서」의 찬에서 쓴 것은 바로 이것을 가지고 저것을 빗댄 방법이었다. 진나라가 화폐를 통일한 후 이전에 사용되고 유통되었던 여러 화폐는 시대의 변천에 따라 가치가 일정해지지 않았다. 곧 진나라를 한나라에 견주었다. "이에 밖으로는 오랑캐를 물리치고 안으로는 공업을 일으켰다. 그러기 때문에 전국의 남자들이 농사에 힘을 기울였으나 정부에서 필요로 하는 양식으로는 부족하였다. 여자들이 베를 짰으나 정부에서 필요로 하는 의복에는 부족하였다. 고대에는 일찍이 천하의 재물을 모조리 갈취하여 그들의 임금을 섬기었으나 스스로는 부족하다고 여겼다. 이는 별다른 이유가 있어서가 아니고 사물의 발전추세라는 것이

흐르는 물과 같아서 저지를 받기 마련이다. 이쯤 되면 무엇이 이상하다고 하겠는가?"[160] 그래서 명나라의 모곤(茅坤)은 『사기평림(史記評林)』에서 이렇게 말하였다. "본조에 미치지 않고 진나라의 것을 가지고 이렇게 말하였으니 그 뜻이 깊다." 완곡하게 폄하한 것의 전형적인 예로는 위청과 곽거병이 있다. 두 사람은 외척(外戚)으로 흉노를 쳐서 공로가 매우 큰 한나라의 명장이었다. 본전의 '찬'에서는 칭송하는 말이 한 자도 없고 소건(蘇建)의 말을 차용하여 폄훼하고 있다. "내 일찍이 대장군에 힐문하기를 대장군은 지극히 높고 중한데도 천하의 현명한 대부들이 칭송하지 않으니 장군께서는 옛 명장 가운데 현자를 초치하여 선택한 것을 살펴어 힘쓰시기를 바란다고 하였소"[161], "표기장군(곽거병) 또한 이 뜻을 따랐으니 장군이 되는 것이 이런가 보다."[162] 또한 「영행열전」에서도 폄훼하여 이렇게 말하였다. "위청과 곽거병 또한 외척으로 존귀해지고 총애를 받았으나 자못 그 재능으로 스스로 승진하였다."[163] 비록 '찬'에는 있지 않지만 평하여 논하였으니 대략 가깝다.

　『사기』의 논찬 중 인물에 대한 포폄은 사마천의 진보적인 사관의 중요한 체현으로 그 화룡점정의 효과는 바로 '일가의 말을 이룬' 것을 성취한 중요한 부분이다.

④정서도 풍부하고 문장도 아름다우며 논단이 정확하여 주의를 끌다

　『사기』의 논찬은 말이 지극히 간단히 생략되었으나 포함한 것은 매우 커서 혹은 고도로 개괄하고 혹은 계발하기도 한다. 혹은 중점을 두드러지게 하고, 혹은 가리킨 뜻이 요원하여 말을 하면 정이 있고 정이 있으면 문장이 있다. 이는 매우 정확하여 주의를 끈다.

중니의 제자를 논하여 『논어』로 그들의 진실한 면모를 보였다. 『논어』는 또한 공자와 유관하기 때문에 이에 「공자세가」의 찬어에서 숭앙하여 또 한 번 다정다감하게 공자를 가슴 깊이 생각한다. "『시』에 '높은 산 우러르고, 큰 길 간다(高山仰止, 景行行止)'는 말이 있다. 내 비록 그 경지에 이르지는 못할지라도 마음은 항상 그를 동경하고 있다. 내가 공자의 저술을 읽어보고 그 사람됨이 얼마나 위대한가를 상상할 수 있었다. 노나라에 가서 공자의 묘당과 수레, 의복, 예기를 참관하였고, 여러 유생들이 때때로 그 집에서 예를 익히는 것을 보았다. 그리고는 경모하는 마음이 우러나 머뭇거리며 그곳을 떠날 수가 없었다. 역대로 천하에는 군왕에서 현인에 이르기까지 많은 사람들이 있었지만 모두 생존 당시에는 영화로웠으나 일단 죽으면 그것으로 모든 것이 끝나고 말았다. 그러나 공자는 포의로 평생을 보냈지만 10여 세대를 지나왔어도 여전히 학자들이 그를 추앙한다. 천자며 왕후(王侯)로부터 나라 안의 육예를 담론하는 모든 사람들에 이르기까지 다 공자의 말씀을 판단의 기준으로 삼고 있으니 그는 참으로 최고의 성인이라고 말할 수 있겠다."[164] 개괄적일 뿐만 아니라 또한 정련되었다. 「건원이래왕자후자연표」에서는 "태사공은 말한다.

성대하도다, 천자의 덕이여! 한 사람이 선을 베풀면 천하의 백성들이 힘을 입는구나"[165]라고 하였다. 이런 등등은 모두 매우 정련되었고 신기(神氣)가 약동한다.

"『손자』13편과 오기의 병법을 말하는데 세상에 많이 있으므로 그것은 논하지 않는다."[166]「손자오기열전」의 찬어에서는 이것은 버리고 "그들이 행한 일과 베풀었던 것만 논하였다."[167] 그러므로 개탄하여 말하기를 "손자가 방연(의 계책)을 헤아린 것은 명백하지만 일찌감치 형벌을 당하는 근심에서는 구할 수가 없었다. 오기는 무후(武侯)를 유세하여 형세는 덕만 못하다고 하였지만 초나라로 가서 각박하고 모질며 적은 은혜로 그 몸을 망쳤다. 슬프도다!"[168]라고 하였으니 그 논찬이 딱 들어맞는다.「골계열전」에서는 "태사공은 말한다. '하늘의 도가 넓고 넓으니 어찌 크지 않겠는가! 말하는 것이 은미해도 사리에 맞아 또한 분란을 해결할 수 있다.'"[169]고 하여 무거운 사안에 대한 언급을 가벼이 들 듯 하였는데 단 두세 마디로 말했다.「화식열전」에서는 나쁜 풍속이 백성들에게 침투한 지 오래고 감화하기 어려운 일에 대하여 어떻게 해결하였는가? 태사공은 말하기를 "그러므로 가장 좋은 것은 따르는 것이고 그 다음은 인도하는 것이다. 그 다음은 가르치는 것이고 그 다음은 가지런하게 하는 것이다. 가장 낮은 단계는 함께 다투는 것이다"[170]라고 하였다. 다만 이 몇 마디 말로 풍속이 바뀔 때는 수단에 절로 높낮이의 구분이 있음을 지적해 내었다. 백성을 너그럽고 가볍게 다스리거나 엄혹하게 백성을 다스리는 이 큰 일에 대하여 태사공은 더욱 발군의 의론을 내놓았다. "법령은 백성을 이끄는 것이고, 형벌은 사악함을 금하는 것이다. 문덕과 무공이 갖추어지지 않았을 때 선량한 백성이 두려워하면서 몸을 닦으면 관직이 어지러워진 적이 없다. 직무를 잘 받들고 이치를 따르면 또한 잘 다스려질 것이니 왜 꼭 위엄을 내세워야겠는가?"[171] 지론(持論)이 걸맞고 식견이 높아 사람을 깜짝 놀라게 한다. 이상에서 인용한 여러 예를 독자들이 곱씹어 가며 음미하면 절로 그 정묘하고도 높고 빼어난 곳을 깨닫게 될 것이다.

『사기』의 논찬은 태사공의 득의한 논(論)이자 또한 태사공이 득의한 문(文)이다. 천고 이래 특히 표지를 높이 세워 나중의 학자들이 높은 산을 우러르고 큰 길을 가듯 본받아야 할 것이다. 그 넓고 큰 생각의 정밀함은 상술한 네 방면에서 귀의처를 알 수 있다. "일가의 말을 이룬"[172] 역사를 논술하는 이상은 사마천의 저작을 매우 웅건하게 하였으며 극도로 높은 경지까지 끌어올렸다.

● 7장

공업(功業)이
이보(尼父)를 쫓다

功業追尼父

사마천의
서까래 같은
붓

공자의『춘추』는 역사상 그 지위가 매우 숭고하여 "(당대에서는 적용할 수 없는) 빈 문장을 남겨 예의를 단정하여 (후세에서는 이를) 천자의 법도로 삼게 되었다."[1]『춘추』의 의행(義行)은 천자의 난신적자들이 두려워하기 때문에 공자가 말하였다. "후세에서 나를 알아주는 것도『춘추』일 것이고 나를 죄주는 것도『춘추』일 것이다."[2]『춘추』의 위력을 알 만하다. 사마천의『사기』는 "하늘의 일과 사람의 일이 서로 부합되는 관계를 탐구하고 옛날과 오늘날의 변화를 살펴 일가의 문장을 이루려 하여"[3] 탁월하게 전칙(典則: 법칙)을 세웠으며, 노신(魯迅)은 정확하고 타당하게 "사가(史家)의 절창(絶唱)이자 운을 달지 않은 「이소」라고 평가하였다. 그 공업은 이보(尼父: 孔子)를 쫓는다. 공자는 재주가 많아서 쓰이기 어려웠으며 일생 동안을 위급한 가운데 있었다. 즉『춘추』는 어려움 속에서 완성되었고, 사마천이 당한 것은 더욱 처참하였으며, 심지어 생명을 대가로 삼았다. 바로 이로 말미암아 그 공업의 위대함이 더욱 현저히 드러난다.

1. 사마천이 『사기』에 대하여 스스로 매우 높게 보다

사마천이 『사기』를 지은 것은 하늘을 놀라게 하고 귀신을 울릴 만한 것이라 할 수 있다. 비범한 사람이 지은 비범한 일이라고 할 수 있다. 바로 노신 선생이 말한 것과 같다. "왕의 총신이 된 것이 한스럽고 마음을 종이와 먹에 기탁하였으며 신세가 형벌을 받아 욕을 본 것을 느끼며 천추에 기인(畸人)을 전하였다."(『漢文學史綱要』) 천추(千秋)라는 것은 『사기』 때문이다. 『사기』를 가지고 말하면 사마천은 스스로를 매우 높이 보았으며 5백 세의 명운을 이어 『춘추』를 계승하여 지은 것이다. 이는 『춘추』의 지위에 거의 방불하는 것이다.

공자가 지은 『춘추』는 노나라의 사료에 근거하여 수찬한 것이다. 중국 최초의 편년 단대사로 노나라의 역사를 중심으로 연도 단위로 일을 기록하였다. 노은공 원년(B.C. 722, 周平王 49년)에 시작하여 노애공 14년(B.C. 481, 周敬王 39년)에서 끝이 나며 모두 242년의 역사를 기술하였다. 공자는 『춘추』를 지으면서 기록할 것은 기록하고 깎을 것은 깎아 난신적자를 두렵게 하였다. 사마천은 『춘추』는 위로는 삼왕(三王)의 도를 밝히고 아래로는 인사(人事)의 벼리를 변별하며 혐의를 구별하고 시비를 밝힌다, 어정쩡한 것을 바로잡고 훌륭한 것을 훌륭하게 여기고 악한 것을 악하게 여긴다, 현자를 현명하게 여기고 불초한 자를 천하게 여기고 망한 나라를 존속시키고 끊어진 세대를 잇는다, 낡은 것을 수리하고 없어진 것을 일으키며 왕도의 근본이라 생각하였다. 그런데 그의 『사기』 또한 『춘추』와 그 주된 취지가 같다. 과연 어지러운 세상을 다스려 올바르게 돌리는 세상을 넓히는 저작이다. 이런 스스로의 믿음에 비추어 보았으므로 그는 아래와 같은 비교를 하게 되었다.

먼저 저자를 비교하였다. 사마천은 주공과 공자를 가지고 스스로 비교하였는데 그가 비록 분명하게 말은 하지 않았지만 행간의 문자에서 드러내 보였다. 그가 부친의 가르침에 의해 『사기』를 짓기로 결정했을 때 「태사공자서」에서 말한 적이 있다.

선친께서 말씀하시기를 "주공이 죽고 난 뒤 5백 년 만에 공자가 있었다. 공자가 죽은 후 지금까지가 5백 년이니, 능히 밝은 세상을 이어 『역전(易傳)』을 바르게 하고 『춘추』를 이으며 『시경』 및 『서경』, 『의례』, 『악경』에 근거하여야 할 때가 아니겠느냐?"라고 하셨다. 여기에 뜻이 있지 않겠는가? 여기에 뜻이 있지 않겠는가? 소자가 어찌 감히 그것을 사양하겠습니까?[4]

주공은 주공(周公)과 소공(邵公)의 기풍을 널리 펴서 태왕(太王)과 왕계(王季)의 깊은 생각에까지 이르렀다. 공자는 옛것을 손질하고 허물어진 것을 일으켰다. 『시』와 『서』를 논하고 『춘추』를 지음에 학자들이 그것을 법도로 삼으니 '지성(至聖)'에 든다. 사마담은 그 아들인 사마천을 깊이 알았으므로 그가 오백 세의 명운을 잇도록 명하였다. 사마천도 이를 매우 옳게 여겨 마침내 인을 당해서는 결코 남에게 양보하지 않는 자세를 가졌다.

다음에는 작품을 비교해보자. 주공은 성왕을 보좌하여 천하를 평정한 후에 예와 악을 제작하였다. 주나라의 각종 정치제도와 법령을 건립하는 방면에서 공헌이 매우 크다. 공자의『춘추』는 "예의의 대종(大宗)이며, 사마천의『사기』는 그 스스로 하늘의 일과 사람의 일이 서로 부합되는 관계를 탐구하고 옛날과 오늘날의 변화를 살펴 일가의 문장을 이루었다"[5]고 평가하였다.

다시 작품의 연대를 한정짓는 하한선에 대하여 비교해본다.『춘추』는 노애공 14년 봄에 서쪽에서 사냥을 하다가 기린을 잡은 후에 그쳤다.『사기』에서는 "이에 마침내 도당(陶唐: 堯임금) 이래의 일을 말하였는데, 기린이 잡힌 데까지 이르며 황제(黃帝)로부터 시작하였다"고 하였다. 이 기린이 잡힌(麟止) 때는 바로 한무제가 옹현(雍縣)에 이르러 흰 기린이 잡힌 것을 가리킨다. 이때 연호를 원삭(元朔)에서 원수(元狩, 원수 원년은 B.C. 122년)로 바꾸었다.『춘추공양전(春秋公羊傳)』의 결말(結末)에서는 "『춘추』의 대의를 제정(制訂)하여 후세의 성왕을 기다리니 군자가 한 일은 또한 이를 즐거워함이 있을 것이다"라고 하였다.『사기』의 결말에서는 이렇게 말하였다. "(『사기』를) 이름난 산에 갈무리하여 두고 부본은 경사에 두어 후세의 성인군자를 기다린다."[6]

이 세 가지 비교로 그의 『사기』에 대한 평가를 알 수 있다. 그러나 그는 무엇 때문에 「자서」에서 동시대의 상대부 호수(壺遂)가 『사기』를 『춘추』에 비교하는 견해를 부정하여 "내가 이른바 옛일을 전술하고 대대로 전하여 온 것을 정돈한 것은 이른바 창작이 아니니 그대가 그것을 『춘추』에 비기는 것은 잘못일 것입니다"[7]라고 하였을까? 그것은 그가 겸양하여 누르고 지키고 유지하였기 때문일 것이다. 그러니 누가 그가 『사기』를 생명보다 더 중요하게 여겼다는 것을 알지 못하겠는가.

2. 「보임안서」에 관하여

사마천은 이소경(李少卿: 李陵의 자)의 사건 때문에 궁형을 받은 후 대략 태시(太始) 원년(B.C. 96) 무렵에 중서령에 임명되었다. 당시 사마천의 나이 50세 때였다. 중서령은 "황제의 영을 상서(尙書)에 전달하고 (상서에서) 아뢰는 말을 가지고 드나들며 연봉이 천 석이다." 그 직책은 황제의 명령을 상서로 내려 보내고 상서에서 아뢰는 일을 황제에게 전달하여 바치는 것이다. 이 직책은 태사령보다 높으며, 또한 황제에게 가까이 있어 세속적인 눈으로 보면 '높고 총애 받는 직책'이다. 그러나 실제로는 그는 이 직책에 대하여 조그마한 흥취도 없었다. 그는 청소하는 노예와 '궁중(宮中)의 신하'로 생각하였다. 정화(征和) 2년(B.C. 91) 그는 또 임소경(任少卿: 任安의 자)의 서신 때문에 연루되어 죽음에 이르게 된다. 무제를 한번 만나 두 소경(少卿)이 목숨을 빼앗았으니 안타깝도다! 애통하도다!

임안은 사마천의 친한 친구다. 무제의 인정을 받아 북군사자호군(北軍使者護軍)에 임명된 적이 있고 나중에는 익주(益州)자사가 되었다. 정화 2년(B.C. 91) 무고(巫蠱)의 화가 일어나 강충(江充)이 태자 유거(劉據)를 무함(誣陷: 없는 사실을 꾸며 남을 함정에 빠뜨리는 것)하자 태자가 크게 두려워하여 강충을 죽였다. 무제는 군사를 보내어 태자를 쫓아가 체포하려 하였다. 태자도 군사를 일으켜 항거하다가 격전을 치른 지 5일 만에 죽은 자가 수만 명이 되었다. 나중에 태자는 패배하여 자살하였다. 그때 임안은 북군사자호군으로 있었다. 태자가 임안을 불러 부절을 주고 군사를 일으키게 하였다. 임안은 태자가 준 부절의 명령을 듣지 않았다. 일찍이 수긍을 했던 무제는 나중에 태자가 원통하게 죽은 것을 알았다. 이에 그가 태자에게 조력하지 않은 데 대해 분노와 원한을 가져 '지금 거짓을 품고 불충한 마음을 가지고 있다'는 죄목으로 임안을 옥중에 가두고 사형을 판결하였다.

임안은 죄를 얻은 후에 사마천에게 편지를 써서 구원을 청했다. 사마천은 다른 일로 바빠 답장을 보냈을 때는 이미 11월이었다. 한나라의 법률에 의하면 사형의 집행은 12월에 있었다. 벗인 임안이 당한 것을 보고 또 자신의 부형을 상기하였다. 임안의 사죄(死罪)는 무제의 번복에서 말미암은 것이다. 자기가 사죄의 판결을 받았던 것(나중에 궁형으로 대신함)도 무제의 전제와 횡포로 말미암은 것이다. 한 사람은 사지로 가야 하고, 한 사람은 어쩔 수 없이 구차하게 살아가니 다소간의 울분이 사마천의 머리에 가득 찼을 것이다. 그는 임안에게 이 귀신을 울리는 답장을 썼다. 편지의 내용은 다음과 같다.

태사공 저 사마천이 소경께 재배하여 말씀드립니다. 지난번 외람되이 서신을 보내셔서 신중하게 사람을 사귀고, 어질고 재능 있는 선비를 추천하기에 힘쓰라는 가르침을 주셨습니다. 마음이 매우 진실되고 정성스러웠으나 제가 가르침을 받아들이지 않는 것을 원망하시는 듯하였습니다. 세상 사람들의 이야기를 들어보시면 저는 감히 그럴 수 없습니다. 제가 비록 재주가 용렬하나 일찍이 어른들의 유풍을 곁에서 들은 적이 있습니다. 그러나 궁형(宮刑)을 당하고는 움직이기만 하면 질책을 당하니 도움으로 이익이 있기를 바랐으나 오히려 손해만 보기에 홀로 걱정할 뿐 누구에게 하소연 할 수 있겠습니까? 속담에 '누구를 위해 일하며, 누가 더러 와서 듣도록 하겠는가?' 라고 하였습니다. 무릇 종자기(鐘子期)가 죽자 백아(伯牙)는 죽을 때까지 다시 거문고를 타지 않았습니다. 어째서이겠습니까? 남자는 자신을 알아주는 자를 위해 일하고, 여자는 자신을 사랑하는 자를 위해 치장합니다. 저처럼 몸이 불구가 되면 비록 재주가 수후주(隨侯珠)나 화씨벽(和氏璧) 같고, 행실이 허유(許由)나 백이(伯夷) 같아도 끝까지 영광스러울 수 없으며, 다만 비웃음을 당해 스스로를 욕보이기에 족할 뿐입니다.

서신에 응당 회답을 드렸어야 하는데 때마침 임금을 모시고 동쪽에서 장안(長安)으로 오고, 또한 하찮은 일에 얽매여 서로 만나 뵐 기회도 적었고 바빠서 짬을 내어 저의 마음을 맘껏 털어놓을 수도 없었습니다. 지금 소경께서는 생사도 예측 못할 죄를 지은 지 한 달이 지나 12월에 가까웠습니다. 게다가 최근 임금을 모시고 옹(雍) 지역으로 가게 되어 소경께서 뜻밖의 죽임을 당할까 걱정됩니다. 그리하여 제가 영원히 제 마음의 분노와 고민을 당신께 알리지 못한다면, 영원히 돌아올 수 없는 길을 가버린 당신의 혼백은 한 없이 안타까우실 것이기에, 지금 저는 저의 비루(鄙陋)한 생각을 말씀드립니다. 오랜 시간을 지체하며 답장을 하지 못했으나 나무라지 마시기 바랍니다.

제가 듣기로는 몸을 닦는 것은 지혜(智慧)의 상징이며, 베풀기를 좋아하는 것은 인애(仁愛)의 시작이며, 주고받는 것은 도의(道義)의 표현이며, 수치를 알고 욕된 것을 참는 것은 용기(勇氣)의 결단이며, 출세하여 이름을 알리는 것은 덕행(德行)의 극치라고 했습니다. 선비는 이 다섯 가지를 갖추고 난 후에야 비로소 세상에 나갈 수 있고, 군자의 행렬에 설 수 있습니다. 따라서 재앙 중에서 이익을 탐하는 것보다 더 비참한 것이 없고, 슬픔 가운데 상심하는 것보다 더 비통한 것이 없으며, 행동 중에서 조상을 욕되게 하는 것보다 더 추한 것이 없고, 수치 가운데 궁형보다 더 큰 것이 없습니다. 궁형에 처해졌던 사람이 보통 사람과 비교될 수 없는 것은 지금 당대에만 있는 것이 아니라 이미 오래 전부터 그래왔습니다. 옛날 위나라 영공이 옹거(雍渠)과 같이 수레를 타고 가자 공자께서는 진(陳)나라로 가버리셨

사마천사에는 65기의 비석이 있다. 그 가운데 궈모뤄(郭沫若)가 쓴 비석에는 "공업이 이보를 쫓으니, 천추의 태사공이라네(功業追尼父, 千秋太史公)"라는 구절이 있다. 이 책의 차례는 궈모뤄가 지은 시의 구절로 구성하였다. 인용된 부분은 마지막 두 구절이다.

습니다. 상앙이 경감의 소개로 진(秦)나라 효공(孝公)을 만나자 조량이 한심스럽게 생각하였습니다. 조담(趙談)이 수레에 오르자 원사가 안색이 변하였던 것은 옛날부터 환관을 멸시하였기 때문입니다. 무릇 보통사람들도 모든 일에 환관이 연관되면 기(氣)가 상하지 않는 이가 없었는데, 하물며 기개(氣槪) 있는 선비이겠습니까? 지금 조정에 비록 인재가 부족하지만 궁형을 받은 제가 어떻게 천하의 호걸(豪傑)을 천거할 수 있겠습니까? 저는 선친의 공로에 힘입어 경사에서 태사령이라는 관직을 맡은 지 20년이 넘었습니다. 그래서 스스로 생각건대 위로는 충성과 신의를 다하고 훌륭한 책략을 올려 뛰어난 인재라는 명예를 얻어서 현명하신 임금과 밀접한 관계를 맺을 수도 없었습니다. 그 다음으로는 임금님의 부족함을 채워주고 현명하고 재능 있는 선비를 천거하며 은거하고 있는 훌륭한 선비를 세상에 드러나게 할 수도 없었습니다. 바깥으로는 군대에 들어가 성을 공격하고 들에서 싸우며 적장의 목을 베고 기(旗)를 빼앗는 공로를 세울 수도 없었습니다. 아래로는 오랜 세월 공을 쌓아 높은 관직이나 후한 봉록을 받아 친척이나 친구들이 영광으로 생각하게 할 수도 없었습니다. 이 네 가지 중에 성취한 것이 하나도 없습니다. 억지로 비위나 맞추고 남에게 영합하여, 아무런 공로도 세우지 못한 것에서도 이와 같음을 알 수 있습니다. 과거에 저 또한 하대부의 행렬에 있을 때 외정 말석(末席)에 참여한 적이 있지만, 그 때는 대강대법(大綱大法)을 신장시켜 사려를 다하지 못했습니다. 지금은 이미 몸도 온전하지 못하고 청소나 책임지는 노예처럼 천한 지위에 처해지게 되었습니다. 오히려 고개를 곧추세우고 눈썹을 펴고서 옳고 그름을 이야기하려 하나, 이것은 조정을 무시하고 당대(當代)의 재능과 식견을 가진 선비를 욕보이는 것이 아니겠습니까? 슬프도다! 슬프도다! 저와 같은 사람이 오히려 무슨 말을 하겠습니까! 오히려 무슨 말을 하겠습니까!

또한 일의 본말(本末) 역시 쉽게 밝혀지는 것이 아닙니다. 제가 젊었을 때 출중한 재능을 가졌다고 자부했습니다. 자라서는 오히려 고향 사람들의 훌륭한 평판을 듣지 못하였으나, 임금께서 다행히 저의 선친의 연고로 인하여 미약한 능력이나마 바칠 수 있는 기회를 주시어 궁중을 드나들 수 있게 되었습니다. 저는 물동이를 머리에 이고 하늘을 바라볼 수 없다고 생각합니다. 이에 빈객과의 교류도 정중히 사양하고 집안의 사사로운 일도 잊어버린 채 밤낮으로 미약한 능력을 다했습니다. 일심으로 자신의 직무에 힘써 임금님의 환심을 살 수 있기를 바랐습니다. 하지만 일이 크게 잘못되어 그렇게 하지 못하였습니다.

저와 이릉은 모두 함께 궁중에서 벼슬을 하였으나 평소에 서로 친하지는 않았습니다. 서로의 취향과 가는 길이 달라 일찍이 함께 술을 마시며 은근한 정과 기쁨을 나눠 본 적도 없습니다. 그러나 저는 그의 사람됨이 자신의 절개를 지켜낼 수 있는 특별한 인물이라고 생각됩니다. 부모에게는 효를 다하고 선비와 사귐에 신의 있으며, 재물에 임해서 청렴합니다. 주고받음에 의가 있고 사람을 대하는 태도가 겸허하고 예의가 있습니다. 아랫사람에게는 겸손하여 잘난 체하지 않고 항상 분발하여 자신의 생명을 돌보지 않았습니다. 나라의 일이 있을 때는 헌신적으로 일했습니다. 그가 평소에 쌓아온 바가 이러하여 저는 그가 국사(國士: 나라의 걸출한 인물)의 풍모가 있다고 여겼습니다. 무릇 신하된 자는 비록 일만 번의 죽음이 닥친다 하더라도 죽음을 무릅쓰고 나라의 어려움에 힘을 쏟아야 할 것이나 이것은 이미 보기 드뭅니다. 지금은 일을 하다가도 한 가지만 잘못 되어도 자신과 처자의 몸을 보호하려고만 하여 억지로 함정을 만들어 그에게 죄를 뒤집어씌우기에만 급급하기에 저는 마음속으로 매우 비통할 따름입니다. 게다가 이릉이 거느린 보병은 오천도 채 안 됩니다. 그렇지만 그는 적진 깊숙이 들어가 흉노의 선우가 있는 근거지까지 갔습니다. 먹이를 호랑이 입에 놓아둔 것 같이 위험하나 강한 오랑캐에게 용맹하게 도전했습니다. 수십만 군사를 올려다보고 선우와 연이어 10여 일을 싸워 아군의 손실을 훨씬 초과할 만큼의 적군을 죽였습니다. 적군이 사상자를 구하러 올 겨를도 없자 흉노의 왕이 매우 놀라 그의 측근에 있는 좌우 현왕(賢王)을 불러들였습니다. 활을 쏠 수 있는 사람은 모두 불러들여 온 나라가 힘을 다해 이릉을 공격하고 포위했습니다. 이릉이 천리 길을 이리저리 옮겨 다니며 싸우다 화살도 다 떨어지고 도로도 막혀 구원병이 이르지 못하고 사상자도 들에 쌓이게 되었습니다. 그러나 이릉이 군사들을 큰 소리로 위로하자 사병들은 원통한 생각을 하지 않는 이가 없었습니다. 모두 감격하여 눈물을 흘렸습니다. 온 얼굴에 피눈물을 흘리며 소리죽여 울면서 다시 빈 활을 잡고 시퍼런 칼날도 무릅쓰고 북쪽을 향해 적에 대항하여 죽을힘을 다해 싸웠습니다. 이릉이 아직 전쟁에서 패배당하지 않았을 때 사자(使者)가 와 보고하자 한(漢)나라 조정의 공경(公卿)과 왕후(王侯)가 모두 술잔을 들어 천자께 축하를 드렸습니다. 며칠 후 이릉이 패했다는 소식을 전해 듣고 임금께서는 식사를 하시기는 하나 맛을 모르시고, 조정에 나가 정무를 보기는 하나 기쁘지 않으셨습니다. 대신들은 이를 걱정하고 두려워하여 어찌할 바를 몰랐습니다. 저는 자신의 비천함을 생각지도 않고, 임금께서 몹시 슬퍼하시는 것을 뵙고 진심으로 저의 자그마한 충성이나마 다하고 싶었습니다. 저는 이릉이 본래부터 사대부들과 동고동락하여 사람들의 사력을 다한 도움을 받을 수 있었으니, 설령 고대의 명장(名將)이라도 그를 능가할 수 없다고 생각합니다. 몸은 비록 패하였으나 그의 뜻을 본다면 적당한 기회를 얻어 한(漢)나라 조정에 보답하려 하고 있습니다. 일이 이미 돌이킬 수 없게 되었지만 그가 적을 무너뜨린 공로는 여전히 세상에 명백하게 밝히기에 충분합니다. 제게 이러한 생각이 있다는 것을 이야기하려고 했지만 기회가 없었습니다. 우연히 임금께서 부르시고 아랫사람에게 물어보시기에 이러한 의미에서 이릉의 공로를 말씀드려 임금께 위안을 드리려고 했습니다. 허나 이릉을 싫어하는 사람들에 의해 그 말할 기회가 막혔습니다. 명백히 설명 드리지 못했기에 임금께서 분명히 이해하지 못하시고 제가 이사(貳師)장군을 모함하고 이릉을 위해 유세한다고 여기시어 옥사를 맡은 관리에게 저를 넘기셨습니다. 충성스럽고 공손한 저의 마음을 끝내 진술할 수 없었습니다. 임금을 기만한다고 여겨져 결국 유죄 판결을 받았습니다. 집이 가난하여 재물로 속죄할 수 없었고, 친구들도 구해주지 않았습니다. 임금

측근의 신하들도 저를 위해 한 마디 말도 하지 않았습니다. 제가 목석처럼 감정이 없는 것도 아닌데, 홀로 옥리(獄吏)와 함께 깊은 감옥에 갇혀 있으니 이를 누구에게 호소하겠습니까? 이것은 당신께서 친히 보신 것이니 저의 사정이 그러하지 않습니까? 이릉은 살아서 적에게 항복하여 그 가문의 명성을 손상시켰고, 저 또한 궁형(宮刑)을 집행하는 밀실로 끌려가 천하 사람들의 웃음거리가 되었습니다. 슬프고 슬픕니다. 세상 사람들에게 사정을 하나하나 설명하기가 쉽지 않습니다.

저의 선인들께서는 부절이 조서(詔書)를 가질 만한 공로 없이, 문헌(文獻), 사적(史籍), 천문(天文), 역법(曆法)과 같은 일을 담당하였습니다. 점복(占卜)·무축(巫祝)과 같이 점치는 일과 비슷한데, 이러한 일은 본래 임금께서 장난삼아 노시던 것으로 가무와 기예를 하는 사람들을 양성하는 것처럼 세상 사람들이 경시합니다. 만약 제가 형벌에 복종하여 죽임을 당한다 해도 아홉 마리의 소에서 털 하나 잃어버리는 것과 같으니 땅강아지와 개미의 죽음과 무엇이 다르겠습니까? 또한 세상 사람들은 저를 절개를 지키는 사람과 비교하지 않고, 심지어 지혜가 다하여 죄가 극에 달해 스스로 죽음을 면할 수 없으니 결국엔 죽게 되리라 여길 것입니다. 왜 그렇겠습니까? 이는 평소 제가 행한 것이 그러했기 때문입니다. 사람은 원래 한 번은 죽는데, 어떤 죽음은 태산보다 더 무겁고, 어떤 죽음은 기러기 털보다 더 가벼우니, 이는 죽음의 방식이 다르기 때문입니다. 최상의 죽음은 선조를 욕되게 하지 않는 것이고, 그 다음은 자신을 욕되게 하지 않는 것입니다. 그 다음이 안색이 모욕당하지 않는 것이고, 그 다음은 언사에 욕됨이 없도록 하는 것입니다. 그 다음이 몸을 굽혀 욕을 당하는 것이고, 그 다음이 죄인의 옷을 입고 욕을 당하는 것이지요. 그 다음은 형구를 쓰고 밧줄에 묶인 채 욕을 당하는 것이고, 그 다음이 머리카락이 밀리고 쇠사슬에 목이 감긴 채 욕을 당하는 것입니다. 그 다음이 살갗이 훼손당하고 신체가 잘려 욕을 당하는 것이고, 가장 하위의 궁형(宮刑)은 치욕의 극치라 하겠습니다. 옛 책에 이르기를 '대부에게는 형을 내리지 않는다'고 하였으니, 이 말은 선비의 절개는 강제로 할 수 없다는 것입니다! 사나운 호랑이가 깊은 산에 있으면, 모든 짐승이 두려워하지만, 우리 또는 함정에 빠지게 되면 꼬리를 흔들며 먹이를 구하게 됩니다. 이것은 위세에 의해 점점 제압되었기 때문입니다. 따라서 선비는 땅 위에 울타리를 그려 감옥으로 삼는다 해도 들어가지 않고, 나무를 깎아 법관(法官)으로 삼는다 해도 결코 응하지 않을 것입니다. 이것은 이미 사전에 정해놓은 계획이 있기 때문입니다. 지금 저는 손과 발이 교차되어 형구를 쓰고, 몸을 다 드러내고 채찍을 맞고 감옥에 갇혀 있습니다. 이때 옥관(獄官)을 보면 머리를 조아리고, 간수를 보면 바로 두려워 벌벌 떨게 됩니다. 왜 그러겠습니까? 위세에 의해 기세가 약해졌기 때문입니다. 이미 이런 지경에까지 이르렀는데도 욕을 당하는 것이 아니라고 하는 사람은 뻔뻔스러운 것이니 어찌 귀하다고 할 수 있겠습니까? 문왕(文王)은 서백(西伯)으로 있으며 유리(羑里)의 옥에 갇힌 적이 있었습니다. 이사(李斯)는 재상으로 있을 때 오형(五刑)을 받았습니다. 한신(韓信)도 회음왕에 봉해졌지만 진(陳)지역에서 체포되었고, 팽월(彭越)과 장오(張敖)는 스스로 황제라 칭하다가 체포되어 옥에서 벌을 받았습니다. 주발(周勃)은 여록(呂祿)과 여산(呂産)을 평정하고 권력이 오패(五覇)보다 더 컸으나 청실(請室: 죄지은 관리를 가두는 감옥)에 갇혔습니다. 두영(竇嬰)은 대장군(大將軍)이었으나 적색의 죄수복을 입고 세 개의 형구를 걸치게 되었습니다. 계포(季布)는 머리가 깎이고 목에 칼이 쓰인 주씨(朱氏) 가문의 노예가 되었으며, 관부(灌夫)는 전분(田蚡)을 욕하였다가 잡혀 거실(居室)에 갇혀 욕을 당하였습니다. 이 사람들은 모두 신분이 왕·후·장·상에까지 올라 이웃나라에까지 명성을 떨쳤지만 죄를 짓고 법에 저촉되었음에도 자살하기를 결심하지 못한 채 속세에서 구차하게 생명을 영위하였습니다. 그러니 옛날이나 지금이나 마찬가지로 어찌 이것이 욕되지 않다고 할 수 있겠습니까? 이로 보건대 용감한 것과 겁이 많은 것은 정세(情勢)에 의해 좌우되는 것이며, 강한 것과 약한 것은 당시의 형세(形勢)에서 비롯된 것입니다. 이는 매우 명확한 것으로 무엇이 이상합니까? 무릇 사람이 법률제재를 받기 전에 미리 자결하지 못하고 우유부단하여 망설이다가 매를 맞을 때에 이르러서야 비로소 지조를 지키려 자결하려고 하니 역시 너무 늦은 것은 아니겠습니까? 옛 사람들이 대부(大夫)에게 형(刑)을 집행할 때 신중을 기했던 것은 대체로 이러한 도리 때문이었을 것입니다. 사람의 일반적인 마음은 살고 싶어 하고 죽기를 두려워하며, 부모를 생각하고 처자를 돌아보지 않을 수 없는 것입니다. 의리에 감동된 사람은 그렇지 않으니, 이는 부득이한 사정이 있어서입니다. 지금 저는 불행하게도 부모님을 일찍 여의고 형제도 없이 홀로 되어 도와줄 사람이 없습니다. 소경께서 보시기에 제가 아내와 자식을 대하는 것이 어떻습니까? 또한 용감한 사람이라고 해서 반드시 지조를 지키기 위해 자결할 필요가 없고, 겁이 많은 사람이라도 의(義)를 사모하면 어느 곳에서든 분발 노력하지 않겠습니까? 제가 비록 겁이 많아 구차하게나마 살기를 희망하지만 또한 삶과 죽음의 구별 또한 잘 이해하고 있으니 어찌 스스로 감옥에 갇혀 욕을 당할 수 있겠습니까? 게다가 노비(奴婢)나 시첩(侍妾: 귀인이나 벼슬아치를 곁에서 모시고 있는 첩)도 오히려 자결할 수 있는데 어찌 제가 할 수 없겠습니까? 제가 욕됨을 참고 구차하게 목숨을 유지하면서 더러운 감옥에 갇혀 있는 것도 달게 받아들이는 데는 이유가 있습니다. 저의 개인적인 생각을 다 표현해 내지 못하고 비루하게 세상을 떠나면 아름다운 문채(文采)가 세상에 드러나지 못할까 한스러워하기 때문입니다.

예전에는 부귀하면서 이름이 알려지지 않은 사람이 수 없이 많았습니다. 오로지 재능이 뛰어나고 비범한 인물만이 칭송을 받았습니다. 대체로 문왕(文王)은 감옥에 갇혀 지내면서 『주역(周易)』을 연역하셨고, 공자(孔子)는 곤궁하게 지내며 『춘추(春秋)』를 저술하였습니다. 굴원(屈原)은 쫓겨나고서 「이소(離騷)」를 지었고, 좌구명(左丘明)은 눈이 먼 후에 『국어(國語)』를 편찬했습니다. 손자(孫子)는 다리를 잘린 후에 병법(兵法)을 정리하였습니다. 여불위(呂不韋)가 촉(蜀)으로 쫓겨 간 뒤에 『여씨춘추(呂氏春秋)』가 세상에 전해지게 되었습니다. 한비(韓非)는 진(秦)나라에 갇힌 후에 「세난(說難)」과 「고분(孤

墳)」을 지었고, 『시경(詩經)』 305편도 대개 모두 성현(聖賢)이 발분하여 지은 것입니다. 이러한 분들은 모두 마음에 울분을 가지고 자신의 뜻을 실현할 수 없었기에 지난 일을 서술하여 후세사람이 자신의 뜻을 알기를 희망했습니다. 그 예로 좌구명(左丘明)은 눈이 멀고 손자는 다리를 잘려 끝내 관리로 임용되지 못하자 물러나 책을 써서 그 마음의 울분을 풀고 문장을 남김으로 자신의 뜻을 표현했습니다. 저는 재간도 없으면서 요즘은 쓸 줄도 모르는 문장에 의지하고 있습니다. 예부터 전해져 내려오는 누락된 이야기를 망라하여 그 행한 일을 간략하게 고증하고 시작과 결말을 종합하여 성공 · 실패 · 흥성 · 쇠망의 도리를 고찰하고자 합니다. 위로는 헌원(軒轅)에서 아래로는 지금에 이르기까지 「표(表)」 10편, 「본기(本紀)」 12편, 「서(書)」 8장, 「세가(世家)」 30편, 「열전(列傳)」 70편 등 모두 130편을 지었습니다. 또한 하늘의 일과 사람의 일이 서로 부합되는 관계를 탐구하고 옛날과 오늘날의 변화를 살펴 일가의 문장을 이루려 했습니다. 초고(草稿)가 아직 완성되지도 않고 이와 같은 화를 당하게 되었습니다. 다만 완성하지 못한 것을 애석하게 여기며 이로 인해 궁형을 당하였으나 원망하지 않습니다. 제가 이 책을 완성하여 명산(名山)에 숨겨두었다가 저와 뜻을 같이하는 사람에게 전하여 온 나라 수도에 모두 알린다면 제가 이전에 치욕을 참고 자결하지 않았다는 책망을 보상받을 것인데, 비록 수만 번 죽는다 하여도 무슨 후회가 있겠습니까! 그러나 이러한 말은 명철한 사람에게는 할 수 있어도 일반 사람에게는 하기 어렵습니다.

또한 죄를 짊어진 상황에서는 처신하기가 어려우며 비천한 지위에 있는 자는 비방받기가 쉽습니다. 저는 말을 삼가지 못하여 이러한 화를 입고 마을 사람들의 심한 웃음거리가 되어 조상을 욕되게 하였으니 무슨 면목으로 다시 부모님의 묘를 찾아가겠습니까? 비록 천년의 세월이 흘렀으나 수치는 더욱 심할 따름입니다. 이로 인해 창자가 하루에도 아홉 번이나 굽어지는 것 같이 근심만 쌓이고 집에 있으면 정신이 얼떨떨하여 마치 뭔가를 잃어버린 듯하고, 문을 나서면 가야 할 곳이 어디인지를 모르겠습니다. 매번 이러한 치욕을 생각할 때마다 등에서 식은땀이 흘러내려 옷을 적시지 않음이 없습니다. 신분이 바로 환관과 같은 신하가 되었으니 어찌 스스로 관직에서 물러나 은거생활을 할 수 있겠습니까? 따라서 잠시 세상을 따라 시대의 흐름에 따라 행동하며 저의 분별없고 무지함과 함께 합니다. 지금 소경께서 저에게 현인을 추천하라고 말씀하셨는데 이는 저의 개인적인 생각과 상반되는 것이 아니겠습니까? 오늘 비록 제가 미사여구로 제 자신을 수식한다 해도 세상에 아무런 도움이 되지 않고, 믿어주지도 않을 것이며 도리어 스스로 부끄러움을 취하기에 족할 뿐입니다. 요약해서 말씀드리면 죽은 후에나 옳고 그름이 가려질 것입니다. 글로는 저의 생각을 모두 말할 수 없기에 간략하게나마 저의 비루한 생각을 적습니다. 삼가 재배 드립니다.[8]

편지의 첫머리에서 사마천은 조정에 현사(賢士)를 추천할 자격이 없음을 설명하고 있다. 자신은 형을 받은 죄인의 몸으로 움직였다 하면 허물이 덧씌어지고 도움이 되고자 하면 도리어 손해를 보기 때문에 이로 인하여 억울하여 아무에게도 말하지 않고 임안이 형을 당할 즈음에야 "서신에 응당 회답을 해 드려야 한다"고 말하였다. 이어서 자기가 궁형을 당한 후의 비천(卑賤)함을 반복하여 설명하고 슬피 분해하여 고통이 마음속 깊이 사무친다고 하였다. 문장의 기운이 서로 이어져 있으며 이어서 자연히 울분을 펴내어 '이릉의 공로를 말씀드려 임금께 위안을 드리려고 했으나 이릉을 싫어하는 사람들에 의해 그 말할 기회가 막혀' 도리어 참화를 입었다고 하였다. 이어서 가장 격정적인 곳을 썼는데 요(要)는 이상을 실현하고자 분투하였으며 숭고한 생사관을 표현하여 욕을 참고 『사기』를 짓고자 하였다는 것이다. 아울러 소식을 두루 드러내 보이고 다년간의 발분을 통하여 『사기』가 이미 완성되었다고 하였다. 편지의 끝머리에서 거듭 자기의 고통을 감내하지 못하는 심정을 밝혔다. 아울러 간절히 현사를 추천하는 말을 하기가 어렵고 구원을 바라는 친구인 임안에게 능력이 없음을 간절히 말하고 있다.

이 「보임안서」는 무한한 비통과 격정적인 마음을 가지고 친구를 구원해줄 수 없는 아픔을 호소하였으며, 반복적으로 불평을 통하여 부형을 당한 큰 치욕을 하소연하고 있다. 이로 인하여 마음속에 쌓인 비분을 더욱 격정적으로 격발시키며 한무제에 대한 무정한 성토와 폭로를 진행하였다. 무제는 희로(喜怒)가 무상하며 전제와 횡포를 일삼고 있다고 성토하였다. 무제는 옳고 그름을 구분하지 못하고 어진 자와 어리석은 자를 분별하지 못한다고 폭로하였다. 청대의 문예이론가인 포세신(包世臣)은『예주쌍즙·복석감주서(藝舟雙楫·復石贛州書)』에서「보임안서」의 내용에 대하여 매우 적절하고 타당한 개괄을 하였다.

가만히 생각건대 '현사를 추천하는 것(推薦賢士)'은 소경(少卿)에게서 온 편지의 본래 말은 아닐 것이다. 태사공은 소경(少卿)이 구원을 청하는 것을 말하기를 꺼렸으므로 (推薦賢士의) 네 자로 묶어서 구원을 바라는 뜻을 썼다. 소경이 천하의 호걸을 위해서 그 원통함을 나타내는 것을 배척하여 중간에 이릉의 일을 썼다. 이릉과는 평소에 친한 사이가 아닌데도 오히려 구원해주고자 하였는데 하물며 소경의 죽음을 허락한 교유가 있음이겠는가, 라고 밝히고 있다. 사실은 형을 당한 이후에 죽지 않았던 까닭은『사기』가 완성되지 않았기 때문이다. 이는 태사공의 몸은 곧『사기』의 몸이지 태사공 자신의 몸이라고만 생각할 수 없다. 태사공은 소경을 위해서 죽을 수 있지만『사기』는 소경을 위해서 (집필을) 그만 둘 수 없다. 결국 죽는 날 시비가 정하여질 것이니 태사공과 소경이 함께 하는 것은 소경의 마음을 풀어주어 그 사적인 유감을 푸는 것이니 이로 인하여 문장의 물결이 비록 씩씩하지만 물방울이 근원으로 돌아가고 일맥상통하면서 글자마다 귀착점이 있는 것이다.

3. 사마천 죽음의 비밀을 찾다

「보임안서」후에 사서(史書)는 사마천에 대한 기재(記載)가 단 한 줄에 그친다. 『한서』에서는 다만 매우 간략하게 써서 "사마천이 죽은 후 그 책이 조금씩 나오게 되었다(遷既死後, 其書稍出)"고 하였다. 사마천은 결국 어떻게 죽었고 몇 년에 죽었는가?

지금 사람 귀모뤄(郭末若) 선생은 '사마천의 죽음에는 문제가 있다'고 생각하였다. 그는 「보임안서」를 쓴 후에 "다시 하옥되어 죽었을"(「사마천의 죽음에 관하여(關于司馬遷之死)」, 『歷史研究』, 1956. 4월호에 등재) 가능성이 매우 크다고 보았다. 귀모뤄가 근거로 삼은 것은 바로 동한 위굉(衛宏)의 『한구의주(漢舊儀注)』이다.

사마천은 「경제본기(景帝本紀)」를 짓고 그 단점 및 무제의 과실을 극언하였는데 무제가 노하여 깎아내어 삭제해 버렸다. 나중에 이릉(李陵)을 천거한 일에 연좌되었는데 이릉이 흉노(匈奴)에 항복하였으므로 사마천을 잠실(蠶室: 궁형을 당한 사람이 요양하는 곳)에 하옥시켰다. 원망하는 말을 남기고 하옥되어 죽었다.(『사기 · 태사공자서』의 裴駰의 『集解』 주에서 인용)

『한서』의 창시자는 위굉과 동시대를 산 역사학자 반표(班彪)인데 사마천이 『사기』를 지어 "크게 해치고 도를 상하게 하여" "극형을 당하였다"고 하였다. 그는 「사기약론(史記略論)」에서 말하였다.

사마천이 기록한 것은 한나라 원년에서 무제에 이르러 끊기는데 이는 그의 공(功)이라 하겠다. 경(經)과 전(傳)을 채록하고 백가의 일을 나누어 흩어놓은 것은 매우 소략하여 그 근본만 못하였으며, 박학하여 넓게 싣고자 함을 공으로 생각하고자 힘썼으며 논의는 얕고 독실하지 못하다. 그가 학술을 논한 것은 황로(黃老)를 높이고 오경(五經)을 가볍게 보았다. 화식(貨殖)을 서술한 것은 인의(仁義)를 가볍게 여기고 빈궁(貧窮)을 부끄럽게 여긴 것이다. 유협을 말한 것은 절개를 지키는 것을 천하게 여기고 세속의 공을 귀하게 여긴 까닭이다. 이것이 그가 크게 해치고 도를 상하게 하여 극형이라는 죄를 짓게 된 까닭이다.(『後漢書 · 班彪傳 上』)

이곳에서 말한 극형은 곧 사형으로 『사기』 때문에 야기되었음을 드러내었는데, 이릉의 화에서 말한 '극형'과는 전연 무관하다. 이릉의 화가 일어났을 때만 해도 『사기』는 "초안만 시작하여 완성되지 않아" 그 내용은 아직 확정적이지 않았으므로 자연히 "크게 해치고 도를 상하게 할" 가능성이 없었다. 반표가 "크게 해치고 도를 상하게 하였다"고 결론을 내린 것은 『사기』의 내용을 안 뒤에 그가 말한 "극형이라는 죄를 짓게 되었다"고 운운한 것을 알 수 있는데 이는 모두 『사기』 때문이다. 『한서』의 저자 반고(班固)는 「사마천전」의 본문에서는 사마천이 죽은 원인에 대하여 쓰지는 않았지만 전의 말미인 '찬'에서 의미심장한 말을 남겼다. "아아! 사마천의 해박한 식견으로도 자신을 보전하지 못하고 극형을 당하고 옥에 갇혀서도 분을 발하였으니 그가 임안에게 보낸 편지에서 한 말 또한 참으로 믿을 만하다. 그가 스스로 슬퍼한 까닭을 살펴보니 『시경 · 소아 · 항백(巷伯)』편의 내용과 다름이 없다. 『시경 · 대아』에서는 말하기를 "명철하여 능히 그 몸을 보전한다(既明且哲, 能保其身)"고 하였으니, 어렵다 하겠도다!"

『시경』고문가의 해석에 의하면 「소아 · 항백(巷伯)」은 시인(寺人, 閹官의 장 곧 巷伯) 맹자(孟子)가 참소를 당하여 궁형을 받기 전에 울분을 토로하는 작품이다. 반고가 이렇게 대비시킨 것은 첫째, 사마천이 형을 받은 후에 중서령에 임명되어 지위가 항백(巷伯)과 비슷했기 때문이다. 둘째는 항백이 죄가 없는데도 참소를 당한 것을 말하여 사마천 또한 죄가 없는데도 모함으로 사형을 당한 것을 명백히 밝혔다. 셋째, 항백의 죄가 확정되고 형이 실행된 것을 가지고 중서령 사마천의 '죄'가 이미 정하여졌다는 것을 암시한다. 반고는 '찬'의 말에서 사마천이 "이미 극형에 빠진" 다음에 다시 「소아 · 항백(巷伯)」의 재앙에 걸렸다고 하여 분명히 사마천이 하옥 당한 소식을 암시하여 드러내었다. '찬'의 끝에서는 다시 「대아」의 시구를 인용하고 다시 "어렵다 하겠다"는 말로 맺었으니 조칙을 받들어 역사를 지은 반고는 대략 이 정도로 암시할 수밖에 없었을 것이다. 게다가 또한 「사마천전」의 「보임안서」 뒤에 한 자도 띄우지 않고 곧장 "사마천이 이미 죽었고(遷既

死)"라고 썼으니 바로 「보임안서」가 사마천의 죽음과 직접적인 관계가 있다는 것을 암시하는 것이다. 반고는 특별히 「전인서(典引序)」에서 "사마천은 일가지언(一家之言: 한 분야의 권위자로서 체계를 갖춘 학술이나 저술)을 드러내고 후세에 이름을 드날렸지만, 몸이 형벌을 당한 까닭에 오히려 은미한 문장으로 풍자하여 놀리고 비웃고 당대를 폄하하였으니 떳떳한 선비가 아니다"라고 하였다. 이 또한 앞서는 이릉의 화가 있었고, 뒤로는 "은미한 문장으로 풍자하여 놀리고 비웃음"을 분명히 설명하고 있다.

이에 대해 어떤 사람이 이의를 제기하여 위굉이 '하옥되어 죽었다'는 설은 믿을 수 없다고 하였다. 어떤 사람은 사마천은 한무제 만년의 '무고(巫蠱)의 옥'으로 죽었을 것이라고 제기하였다. 이유는 사마천이 "형을 당한 다음에 중서령이 되어 총애를 받아 관직에 임명되었으며", 무제는 무고한 사람을 마구 죽인 데다 정화 3년 뒤로는 더 이상 기사가 없는 것을 가지고 추측하였다.

사실 '총애를 받아 관직에 임명되었다(尊寵任職)'는 넉 자를 가지고는 결코 '하옥되어 죽지 않았다'는 결론을 도출할 수는 없다. '총애를 받아 관직에 임명되었다'는 것은 결코 이후 출현하는 이상한 변고의 가능성을 배제할 수 없기 때문이다. 『한서·소무전(蘇武傳)』에는 무제는 만년에 "춘추가 높으셔서 법령이 무상하게 바뀌고 아무 죄도 없이 죽임을 당한 자가 수십 집이 된다"는 기록이 있다. 승상 이채(李蔡)와 조주(趙周), 공손하(公孫賀), 유굴리(劉屈氂) 등이 바로 핍박을 받아 자살하거나 죽임을 당하였으니 이것이 곧 명백한 증거인 셈이다. 승상의 직위는 신하들 가운데 으뜸이니 맡은 직무가 '총애를 받았다'고 하지 않을 수 없지만 이것이 결코 '죄가 없는데 죽임을 당하는' 참화를 보증해줄 수는 없었다. 이채 등의 사람들은 중간 정도 수준의 재주로 거저 관직이나 채우고 별로 하는 일도 없이 녹만 받으며 아첨을 일삼았는데도 죽음을 면하지 못했다. 그런 만큼 사마천 같이 강직하고 혈기왕성하며 아울러 '원언(怨言)'이 많은 사람이 어찌 화를 면하고 선종(善終)할 수 있겠는가? 하물며 『한서·사마천전』의 "중서령이란 높은 관직에 올랐다"고 한 다음에 '원언이 많은'「보임안서」를 다 수록하고 다음에 바로 "사마천이 이미 죽고(遷旣死)"라는 석 자에 이어 사마천의 졸년 및 사인을 밝히지는 않았지만 사람들을 깊은 생각에 잠기게 한다. 비교적 객관적인 방법으로 보건대 사마천의 죽음은 『사기』 및 「보임안서」와 관련이 있을 것이다. 그의 죽음은 자주 죄를 짓고 형벌을 받아서였을 것이며 바로「보임안서」가 초래한 결과일 것이다.

사마천은 『사기』를 지으면서 "사법(史法)에 구애받지 않고 자구(字句)에 얽매이지 않았으며 마음에 구속받지 않음에서 발하여 문장을 지었다."(노신, 『漢文學史綱要』) 따라서 한대 통치계급에 속한 계열의 인물들에게 그는 실로 그 신기한 광채의 일면을 말살하지는 않았다. 그렇지만 그 우매하고 무지함, 부패하고 추악함, 편파적이고 편협함 및 잔혹하게 백성을 압박하는 모습 등등을 폭로하였다. 이것이 바로 『사기』가 '방서(謗書)', 곧 비방의 책의

사마천상. 한성시 광장에 있다.

유래로 인식되는 이유이다. 이를테면 무제의 문치(文治)와 무공(武功)에 대하여 이미 객관적으로 성공한 일면을 기록하고 또한 사실상 실패한 일면도 기록하였다. '「봉선」과 「평준서」, 「흉노」와 「대원」 등의 전에서 직필(直筆)로 숨김이 없었다'(王鳴盛의 『十七史商榷』권6 儒林 조)는 기록만 봐도 알 수 있다.

그러나 『사기』는 오히려 당국으로부터 휘(諱)를 범했다고 인정되었으며 이에 죄행을 용서받을 수 없었다. 『후한서』의 저자 범엽(范曄)은 『후한서 · 반고전』에서 「태사공자서」와 「화식열전」 및 「유협열전」에서 이른바 경제(景帝)와 무제를 비방한 곳에서 그 근거를 찾아내었다. 이 세 '열전'은 『사기』의 목차에서 마지막 부분에 배치되었다. 이는 사마천이 궁형을 당한 후 중서령의 관직을 맡고 있을 때의 작품일 것이다. 책이 이미 완성되자 '극형의 죄'를 당하여 사마천이 사형판결을 받고 사형에 처하여졌음을 증명할 수 있다. 반표(班彪)는 사마천을 평론하면서 마지막에서 말하였다. "전하여 말하기를 사관을 죽여 끝을 보고 평이하고 정직함은 『춘추』의 뜻이다라고 하였다."(『후한서 · 반표전 상』)

사마천이 '하옥되어 죽었다'고 한 기록은 후한 사람 위굉의 『한구의주(漢舊儀注)』가 결코 유일한 기록이 아니다. 그보다 1세기 앞에 지어진 『염철론(鹽鐵論)』은 은연중에 사마천의 비정상적인 사망설을 이렇게 제기하였다.

문학에서 말하였다. …… 옛날의 노자는 형인(刑人)에 가깝지 않

354

았다. 형인은 사람이 아니며 몸은 사형에 처해지고 후세에 욕을 보므로 현불초를 막론하고 부끄러워하지 않음이 없다. 지금의 품행이 단정치 못한 사람들은 이익을 탐하여 그 몸을 망치고 형을 당하고 욕을 보는 것을 영예롭게 여기고 예의를 버리며 늘 구차한 삶을 도모한다. 어째서인가? 하루아침에 잠실(蠶室)로 보내져 상처가 채 낫지도 않았는데 임금을 숙위하고 궁전에 드나들며 봉록을 받게 되고 고관에게 내려주는 것을 먹고 몸은 높여져 영광스러워지고 처자는 그 부유함을 얻게 된다. 그러므로 혹자는 경상의 반열에 있게 되었으며 칼과 톱 앞에 나아가서도 가엾게 여겨지지 않는 것이다.(桓寬의『염철론·주진편(周秦篇)』)

염철회의(鹽鐵會議)는 한 소제(昭帝) 시원(始元) 6년(B.C. 81)에 열렸다. 그 사이의 '문학'에서 꾸짖은 것은 먼저 "잠실로 보내어졌다가" 얼마 후 "경상의 반열에 있게 되고" 나중에는 또 "칼과 톱 앞에 나서서(사형을 당해서)도 가엾게 여겨지지 않은", '혹자'는 도대체 누구를 가리키는 것일까? 궈모뤄 선생은 여기서 가리키는 사람은 "아마 사마천일 것"(「사마천의 죽음에 관하여(關于司馬遷之死)」)이라고 단정하였는데 이 설은 일리가 있다. 왜냐하면 '문학'에서 말한 "지금의 품행이 단정치 못한 사람"은 한고조에서 소제 시원 6년이나 혹은『염철론』이 지어진 선제(宣帝) 시대의 사람일 것이다.『한서·영행전(佞幸傳)』에서는 말하였다. 한나라가 흥기하고 선제 조에 이르기까지 환관으로 총애를 받은 사람은 문제 때 조담(趙談)과 북궁백자(北宮伯子)가 있었고, 무제 때에는 이연년(李延年)과 사마천이 있었으며, 문제 때에는 홍공(弘恭)과 석현(石顯)이 있었다. 그러나 조담과 북궁백자는 권세와 지위가 비교적 낮은 데다가 선종을 하였으므로 확실히 '문학'이 공격할 대상이 아니었다. 이연년은 죽임을 당하기는 하였지만 오히려 군국의 국정에 참여한 적이 없으므로 "경상의 반열에 있었다"고 칠 수는 없다. 사마천과 홍공, 석현 세 사람은 '경상의 반열'에 올랐다고 할 수 있지만 홍공은 원제(元帝) 초년에 병으로 고인이 되었다. 석현은 성제 초에 의지할 곳을 잃어 권세에서 떠나 "처자와 함께 고향으로 옮겨가 근심에 가득 차 먹지도 못하고 병사하였다고 한다", "칼과 톱에 나아가지" 않았을 뿐만 아니라 또한 '만난' 시한을 벗어났음이 분명하므로 그 두 사람은 소제 때 염철회의에서 '문학'이 공격한 목표가 아니었다. 이렇게 보면 이 모든 조건에 부합하는 자는 사마천 한 사람뿐이다. '문학'이 이름을 지명하지 않고 공격한 '혹자'는 사마천이 아니면 부합하지 않는다.

당나라 현종 때 30여 년간 사관의 직책을 이끈 걸출한 사학가인 유지기(劉知幾)는 그의 『사통·황서편(史通·皇書篇)』에서 말한다. 사마천은 『사기』라는 실록을 지어 한나라가 이를 옳지 않게 여겨 '사형[斧鉞]'을 당하게 되었다는 것이다.

······ 제나라 사관이 최저(崔杼)의 시해(弑害)를 기록하고, 사마천이 한나라의 그릇됨을 말하였다. 위소(韋昭)가 오나라 조정에서 정도

를 지켰고, 최호(崔浩)는 위나라에서 휘(諱)를 범하여 몸이 부월에 죽임을 당하고 당시에 비웃음을 샀으며, 혹은 책이 구덩이에 파묻히고 후대에 알려지지 않게 되었다. 대체로 세상의 일이 이와 같은데도 사신이 목덜미를 강팍하게 세우는 기풍을 펼 수 없다고 책망하고, 자신을 돌아보지 않는 절개를 면려하니 훌륭하게 되기도 또한 어렵구나!

유지기는 훌륭한 사관[良史]들의 기개와 그들이 남긴 향기와 곧음을 크게 칭찬하였으며 사마천이 화를 당한 것은 "한나라의 그릇됨을 말한 것"이라고 하였다.

사마천의 『사기』를 '방서(謗書)'로 간주하였기 때문에 이미 당대에 용납이 되지 않았을 뿐만 아니라 「보임안서」가 나오자마자 곧장 그를 단두대로 밀어붙였다. 「보임안서」는 자신이 이릉의 화를 당한 원인과 결과에 치중해서 썼다. 자신의 굳세고 꿋꿋하며 과감한 기(氣)와 불요불굴의 정신을 이상으로 하는 분투정신 및 숭고한 생사관까지 표명하고 있다. 전편은 분개한 듯 성난 듯, 우는 듯 하소연하는 듯 속마음을 밝히고 울분을 표출했다. 감개하여 길게 한숨을 쉬는가 하면 연(燕)나라와 조(趙)나라 출신 열사(烈士)의 기풍이 크게 있고, 우수와 깊은 생각에 잠긴 것이 또한 곧기가 「이소(離騷)」와 백중지세를 이룬다. 온 글이 불만에 찬 말로 가득하고 어쩌다가 한마디 하여 부형(腐刑)을 당한 것에 대해 불만이 강하다. 이로 인해 몸은 상하고 더러운 곳에 처하여, 움직였다 하면 그에게 허물이 덮어씌어졌다. "이로 인해 창자가 하루에도 아홉 번이나 뒤틀리는 것같이 근심만 쌓이고 집에 있으면 정신이 얼떨떨하여 마치 뭔가를 잃어버린 듯하다. 문을 나서면 가야 할 곳이 어디인지를 모르겠으며, 매번 이러한 치욕을 생각할 때마다 등에서 식은땀이 흘러내려 옷을 적시지 않음이 없었다." 그래도 천만다행이라고 할 만한 것은 "내가 이 책을 다 완성하여 명산(名山)에 숨겨두었다가 저와 뜻을 같이하는 사람에게 전하여 온 나라 수도에 모두 알린다면 제가 이전에 치욕을 참고 자결하지 않았다는 책망을 보상받을 것인데, 비록 수만 번 죽는다 하여도 무슨 후회가 있겠는가!" 하는 것이었다.

여기서는 두 가지 문제를 설명하였다. 「보임안서」를 쓸 당시 『사기』는 이미 완성되었다는 것과, 「보임안서」에는 격분한 말이 넘쳐흐르고 또한 승리자로 자처하는데 또한 어찌하여 용인이 될 수 있겠는가 하는 것이다. 그러므로 그의 죽음은 바로 '방서(謗書)'인 『사기』와 원망의 말[怨言]이 펄펄 끓는 「보임안서」의 소치일 가능성이 크다. 이 관점은 또한 위엔추안장(袁傳璋) 선생의 설을 취하였다.

여태까지 사마천의 죽음을 연구한 문장 가운데 「보임안서」를 근거로 들지 않은 것은 하나도 없다.

사마천이 죽은 해에 대해서는 청대의 사학자 왕명성(王鳴盛)이 고증하였다. 무제 말기인 정화(征和) 2년(B.C. 91) "임안이 여태자(戾太子)의 죽음에 연루되어 임안이 하옥되어 사형의 시기를 논할 무렵이 「보임안서」가 지어졌을 때이다"라고 하였다. 근인(近人)

왕국유(王國維)는 사마천은 태시(太始) 4년(B.C. 93)에 죽었다고 생각하였다. 전자와 같은 견해를 가진 사람들은 조익(趙翼)과 선친한(沈欽韓), 저우서우창(周壽昌), 천즈(陳直)와 일본 학자 야마시타 도라지(山下寅次), 다기카와 스게노부(瀧川諸言) 등이다. 후자와 의견을 같이 하는 사람으로는 정허성(鄭鶴聲)과 리전화이(李鎭淮), 왕다진(王達津) 그리고 궈모뤄 등이 있다. 다만 왕충지우(王重九) 선생은 「사마천의 졸년에 관한 탐구(關于司馬遷卒年的探討)」에서 힘껏 고찰하여 사마천은 정화 2년(B. C. 91)에 죽었으며 사인은 「보임안서」와 불가분의 관계가 있다고 하였다. 지론에 근거가 있고 말에 일리가 있어 일설로 갖추어 둘 만하다. 이 해는 사마천이 55세 되던 해이다.

사마천의 무게 있는 문장은 성인이 남긴 경(經)과 현인이 풀이한 전(傳)을 관통한다. 고금을 치달리며 진실 되고 꾸밈없는 역사로 천하를 밝히려고 하였다. 또 그 문장은 곧고 그 일은 핵심을 파헤쳤으며 아무런 의미도 없이 꾸미지 않고 악을 숨기지 않기 때문에 실록이라고 일컫는다. 어쩌다가 구설로 이릉의 화를 당하여 부형을 당한 것이다. 가련하게도 사마천의 슬픔은 마음이 죽지 않는 것보다 큰 것이 없었다. 욕을 참고 무거운 짐을 진 채 어려움을 두루 거쳐 강경한 구호로 의연히 이 역사학자의 절창(絕唱: 비할 데 없이 뛰어난 시문)을 완성시킨 것은 그 때문이다. 또한 당대 황제의 단점을 사실대로 기록하였다. 마침내 황제가 노하여 깎아내는 지경에 이르렀으니 이는 자연히 부끄럽고 분한 나머지

당국을 노하게 하기에 충분했다. 그에 따른 박해가 가중된 것은 당연한 결과다. 「보임안서」에서 울분을 펴는 것을 빌려 침소봉 대하여 원망의 말로 지목하여 새 문제와 낡은 문제를 있는 그대로 함께 따져 결국 하옥시켜 죽음에까지 이르게 하였다. 사마천이 도대체 무슨 죄를 지어 결국 이런 종국을 맞게 되었는가? 먼저 마음이 죽임을 당하고 다음에는 몸이 죽임을 당하였으니 나라의 권력을 쥔 자의 기세가 얼마나 좁고 도량이 얼마나 작으며, 그 형벌은 얼마나 넘치고 그 법은 또한 얼마나 잔혹한가! 법을 남용하여 법에 걸리게 하여 위대한 역사학자 사마천을 결국 문자옥이라는 흉악한 불길로 집어삼키게 하였으니 아아 슬프도다!

8장

천추의
태사공

千秋太史公

사마천의 중국
문화사상사에서의
지위와 영향

요컨대 전사(全史)를 창시한『사기』는 중국의 첫 번째 통사(通史)로 내용이 완정하고 구성이 주도면밀하다. 편년(編年)과 기사(紀事) 등 여러 역사 서술 방식의 장점을 모았으며 인물의 전기(傳紀)를 중심으로 하여 기전체(紀傳體)를 창시하였다. 이 역사의 새로운 체재(體裁)는 포괄한 것이 매우 넓고 형식이 주도면밀하며 역사와 사건의 서술이 꼼꼼하고 빈틈이 없다. 이는 전에 없던 역사를 기술한 위대한 저작이자 또한 걸출한 문학의 명저로 후세의 사서와 문학의 전범이 되었다. 이에 대한 "사가(史家)의 절창(絶唱)이자 운을 달지 않은 「이소」이다"라는 노신의 평가는 매우 정확하다. 사마천은『사기』를 위해 온 정력을 다 바쳤으며, 노래할 수도 울릴 수도 있어 사람들로 하여금 숭앙하고 존경하게 한다.『사기』는 사마천으로 인하여 세상에 유명해졌고 사마천은『사기』로 인하여 문화의 거인이 되었다. 위대하도다, 사마천은 사학가이자 문학가, 사상가라는 지위를 한 몸에 집중시켰다.

그의 지위는 중국 봉건사상 아무도 미치지 못할 것이다. 세계의 고대사에서도 그 지위는 또한 숭고하며 그 천재성 또한 드물게 보이니 "용문(龍門)에서 빼어난 사람이 태어났으며 사람 가운데 용을 낳아 기른 것이다!"

　사마천은 위대한 역사학자이다. 그의 『사기』는 『춘추』를 계승하여 지은 것이지만 그 가치는 오히려 『춘추』 및 이전의 모든 사서를 한참이나 멀리 뛰어 넘어섰다. 『사기』 이전에도 사서는 매우 많았다. 주요한 것으로는 『상서』와 『춘추』, 『춘추삼전(春秋三傳)』, 『죽서기년(竹書紀年)』, 『국어』 그리고 『세본(世本)』 같은 것이 있다. 『상서』는 고대의 정전(政典)으로 우(虞), 하(夏), 상(商), 주(周)의 사료를 보존하고 있다. 문자로 고증할 수 있는 사료로 매우 진귀한 것이지만 단점은 지나치게 간략하여 다만 몇몇 맹세를 편 것과 훈계하는 문자일 뿐이다.

　『춘추』는 본래 주나라 때 사서(史書)를 통칭(通稱)하는 말이었지만 공자에 이르러 노나라의 사서 『춘추』가 완성되어 『춘추』는 그제야 하나의 고유명사가 되었다. 『춘추』는 중국 최초로 연대순으로 기술한 편년 단대사(斷代史)로 동주 이후 한 시기를 노나라를 중심으로 한 여러 나라들의 역사를 기록하였다. 전서는 17,000자이므로 겨우 강목(綱目)만 구비하고 있으며 서사의 과정은 없다. 『춘추』 '삼전(三傳)'은 『춘추』에 대한 보충으로 '삼전' 가운데 『좌전』의 절대 부분은 『춘추』의 역사적 사실에 대한 주석(注釋)이다. 각국의 역사적 사실을 섭렵하고 있지만 여전히 서사 중심이다. 『공양전(公羊傳)』과 『곡량전(穀梁傳)』은 다만 의(義)를 말하는 것에 치중함으로 그들은 다만 전주(傳注)의 보충일 뿐이다. 『죽서기년』은 하나라 이래 주나라 유왕(幽王) 때까지의 일을 기록하고 있는데 문자는 『춘추』와 유사하다. 『국어』와 『전국책』은 대체로 동류에 속하나 전자는 서주 말과 춘추 때 주나라와 노나라 등의 귀족의 언론을 주로 하고 있다. 후자는 전국시대 유세지사의 술책과 언론을 모아서 편집한 것이다. 『세본』은 선진(先秦)의 사료를 기록하고 있는데, 고본(古本)은 이미 전하여지지 않는다. 금본(今本)은 바로 황제(黃帝)에서 춘추시대 제후와 사대부의 씨(氏)와 성(姓), 세계(世系), 거작(居作: 都邑과 制作) 등을 기록하여 『사기』와 비슷하다. 다만 그 내용의 광범위성과 복잡성, 조직의 계통성과 완정성은 『사기』와 절대로 함께 논할 수가 없다. 그 후의 『초한춘추(楚漢春秋)』에 이르러서야 다만 초한의 과도기를 기재한 일단의 역사일 따름이다.

『사기』라는 이 휘황찬란한 대작은 옛 역사라는 기초 위에 새로운 비약을 가져왔다. 더욱이 전기체라는 체제를 창시하여 거대함을 포용하였으며 계통을 완정(完整)히 하여 중국 사학사상 큰 깃발을 세웠다. 중국 3천 년 역사를 한 편에 집중시켜 역사학 발전에 새로운 지평을 열었다. 청대의 사학가인 조익(趙翼)은 『이십이사찰기(卄二史札記)』에서 평가하여 말하였다.

"사마천은 고금을 참작하여 요지와 대의를 들어 전사(全史)를 창시하였다. 본기로 제업(帝業)을 서술하고 세가로는 제후국을 기술하였다. 10표로 시사(時事)를 엮고 8서(書)로 제도를 상세히 밝혔으며 열전으로 인물을 기록하였다. 그런 다음에 일대(一代)의 군신(君臣)의 정사와 현부(賢否), 득실을 한 편에 모두 모았다. 이 예(例)가 정하여진 이후로 역대의 역사를 짓는 사람들은 마침내 그 범위를 벗어날 수 없었으니 실로 역사학자의 궁극적인 모범이 되었다."

실로 지당한 평가라 할 만하다. 『사기』의 식견은 탁월하고 포괄한 것이 넓고 커서 후세 2천 년 동안 정사의 전범이 되었으며 모두 이 법도를 준수하게 하였다. 이를 시작으로 각 왕조의 정사가 무릇 26종 4,042권에 수천만 언(言)이다. 황제(黃帝)로부터 시작하여 청말에 이르기까지 대략 누락됨이 없이 중화민족의 전사(全史)를 이루었다. 사마천의 위대한 창작과 위대한 공헌은 해와 달과 빛을 다툴 만하다.

사마천은 위대한 문학가이다. 『사기』는 휘황찬란한 역사 대작일 뿐만 아니라 동시에 위대한 문학 대작으로 노신의 『사기』에 대한 평가는 바로 역사와 문학 두 방면을 두고 말한 것이다. 이를테면「굴원가생열전」에는 감정을 충분히 내포한 문자가 있다. "굴평(屈平)은 왕이 듣는 것이 총명하지 못하고 참소하고 아첨하는 자들이 밝음을 가리며 바르지 못한 자들이 공정함을 해치고 반듯하고 바른 사람이 용납되지 않는 것을 통한하여 근심하고 깊이 생각하여「이소」를 지었다."[1] 이는 역사를 서술한 것인가 아니면 산문(散文)인가?「홍문연(鴻門宴)」을 보면 역사를 읽는 것인가 아니면 소설을 읽는 것인가? 사마천은 문학과 사학의 완미(完美)한 통일을 이루어내었다. 이는 그가 중국문학에 거대한 공헌을 한 것이다. 『사기』가 후세의 문학에 끼친 영향은 거대하며, 특히 소설과 산문 방면에서 더욱 잘 표현된다.

『사기』가 후세의 소설에 끼친 영향은 다음과 같다. 『사기』는 인물 형상을 빚어냄과 동시에 인물의 성격에 대한 표현, 성공적인 세목(細目)에 대한 묘사 등에 모두 전형성을 매우 잘 갖추었다. 왕뽀양(王伯樣)은 말하였다.

"사마천은 중국 문학사상 처음으로 '전형적인 인물'을 발견한 사람이다."

『사기』의 인물 열전에서 섭렵하고 있는 인물은 많고도 광범위하다. 일본의 학자인 사이토 마사야스(齋藤正謙)는 자장(子長: 사마천의 자)의 서사(敍事)가 입신의 경지에 이른 것은 "자장은 지자(智者)를 함께 서술하였어도 자방(子房: 장량의 자)에게는 자방의 풍자(風姿)가 있고 진평(陳平)에게는 진평의 풍자가 있다. 용자(勇者)를 함께 서술하였어도 염파에게는 염파의 면목이 있고 번쾌에게는 번쾌의 면목이 있다. 자객을 함께 서술하여 예양은 전제에 있어서, 섭정은 형가에 있어서 같은 말이 나오기는 하였지만 곧 말투가 각기 같지 않다." "『사기』를 읽으면 직접 당시의 사람을 대하고 그 일을 직접 목도하며 그 말을 직접 듣는 것과 같다. 사람을 기쁘게 하는가 하면 놀라게도 하고, 두렵게 하는가 하면 눈물을 흘리게 하여 절로 그칠 수 없게 한다"는 데 있다고 하였다.(『史記

『사기』에서 이런 많은 인물들을 표현할 때 3천여 년의 시간에 걸쳐 광채가 눈을 멀게 할 정도의 역사 인물의 장편을 남겨 놓았다. 마치 그려낸 듯한 생생한 장면과 정묘하기 이를 데 없는 세목, 생동감이 살아 넘치는 언어, 여러 가지 뚜렷한 인물 표현을 운용하는 수법은 모두 자못 장심(匠心)을 갖추었다. 당나라의 전기(傳奇)와 나중의 명청 소설에 이르기까지 모두 전승되어 귀감으로 삼은 흔적이 있다. 「이와전(李娃傳)」과 「양창전(楊倡傳)」 등과 같은 당나라 사람의 전기는 모두 완정한 스토리 라인을 가지고 있다. 발단과 전개, 위기, 결말이 있고 주요 인물은 모두 교감이 있는데, 이는 『사기』의 「형가전」과 「전단열전」 등 비교적 전형적인 소설 구도의 인물 형상과 일맥상통한다. 또한 육조(六朝)의 소설과도 그다지 큰 경계를 이루지 않는다. 당대(唐代)의 수많은 전기 작가, 이를테면 심기제(沈旣濟)나 이공좌(李公佐), 백행간(白行簡), 심아지(沈亞之) 등과 같은 사람의 작품은 물론 청대의 포송령(蒲松齡)의 『요재지이(聊齋志異)』 같은 단편소설이 받은 영향은 매우 크다. 항우와 번쾌, 한신의 형상 또한 후대 소설가의 창작 계발에 매우 큰 영향을 끼쳐 『삼국지(三國演義)』의 장비(張飛), 『수호지(水滸傳)』의 이규(李逵)는 그 성격과 형상이 홍문연의 번쾌와 매우 흡사하다.

후세의 산문에 대한 영향. 이에 대한 영향은 거대하다. 나중의 많은 정사(正史)는 문학적인 표현이라는 면에서 고하의 구별이 있기는 하지만 서사(敍事)는 『사기』를 전범으로 하는데, 바로 『사기』의 웅건하고 전아함 때문이다. 당송 및 이후의 고문가들은 선진 양한의 산문을 표방한다는 큰 기치를 높이 들고 난삽하고 겉만 번지르르한 문학 경향을 반대하였는데 그들은 『사기』를 매우 추앙하여 높였다. 당나라 한유(韓愈)와 송나라 구양수(歐陽脩) 등은 바로 『사기』를 기치로 삼은 사람들이었다. 당나라 유종원(柳宗元)과 명나라 귀유광(歸有光) 등의 문장 또한 사마천을 본받아 지었다. 『사기』의 문채(文彩)와 문풍은 중국 산문 발전사에서 전대를 잇고 후대를 열어주는 작용을 일으켰다. 여기서 다시 언급해야 할 것은 '원두서(源頭書)' 곧 근원이 되는 책이라는 점이다.

『사기』는 중국의 문화에도 크게 공헌했다. 최소한 1백여 개의 성어가 중국의 문화의 보고(寶庫)를 극도로 풍부하게 하였다. '청운직상(靑雲直上)'이라든가, '심문주납(深文周納)', '와신상담(臥薪嘗膽)', '지록위마(指鹿爲馬)' 등이 그것이다. 사마천의 걸출한 문학 재능은 여기에서 펼쳐져 나왔는데 「항우본기」 한 편에서만 10여 개나 되는 성어를 만들어내었다. 「염파인상여열전」과 「보임안서」, 「회음후열전」에서도 각기 8~9개의 성어를 만들어내었다. 심지어 「표」와 「서」에서조차 적지 않은 성어가 나오는데, 이를테면 '하산대려(河山帶礪)', '이석추호(利析秋毫)', '이령지혼(利令智昏)', '발양도려(發揚蹈厲)' 등등과 같은 것으로, 『논어』와 『노자』 등의 경전 저작을 바짝 쫓고 있다. 이와 같을 뿐만 아니라 『사기』는 또한 후대의 희극에도 직접적인 영향을 끼쳤다. 당나라 이래로 『사기』의 적지 않은 인물과 고사가 모두 무대에 올려졌다. 또 푸시화(傅惜華)의 『원대잡극전목(元代雜劇全目)』에는 180여 종이 기록되어 있다. 경극 및 기타 지방극에서 『사기』를 제재로 하여 각본을 쓴 희극의 목록은 더욱 많아 경극에만 1백여 개가 있다. 그 글은 너무나 분방하고 기이한 기운이 있어서 여기서는 아주 일부만 볼 수 있다.

사마천은 걸출한 사상가이다. 그는 정치와 역사, 경제, 천문과 역법 등을 한 권의 책에 모아서 사회의 역사적 상황을 반영하였다. 그의 탁월한 재식과 실록 정신은 천지 사이에서 길이 그 광채를 발하고 있다. 봉건 전제 시대에서 그는 통치자의 강포한 위세를 두려워하지 않고 자기의 역사를 수찬하는 표준을 세우는데 과감하였다. 그는 항우를 진시황 및 한고조와 함께 「본기」에 나란히 편입시켰다. 농민 기의의 영수인 진섭과 포의의 공자를 「세가」에 편입시켰는데, 이는 그의 역사에 대한 식견과 역사에 대한 용기였다. 본기에는 한나라 혜제(惠帝)를 세우지 않고 여후를 세웠다. 이는 그가 객관적인 존재와 발전을 인정하는 역사관의 체현이다.

그가 한조(漢朝)의 몇몇 승상의 전을 세우지 않은 것은 그들이 모두 열후의 지위를 계승하여 조심조심 삼가 승상의 자리만 채우고 있을 뿐 당대에 발명하여 이름을 이룰 수 있는 것이 없었기 때문이다. 그는 유협과 자객이 일을 행한 것을 찬양하고 혹리의 포학함을 질책하였다. 과감하게 학자와 상인, 의원, 평민, 점쟁이

[卜者]를 위해 전을 세워 그들을 제왕, 장상과 함께 하나의 책으로 엮어 역사의 동태를 증가시켰다. 많은 민족들의 사회와 역사를 전(傳)에 편입하여 역사의 완성도를 드높였다. 그는 과감하게 황제(皇帝), 특히 과감하게 당대와 당조의 황제의 단점을 지적하였다. 모두 먼 후세의 역사 편수자들보다 훨씬 뛰어났으며 따라서 『사기』는 일찍이 몇몇 봉건적인 정통 사학가들로부터 이단 취급을 받았다.

『한서』의 저자 반고는 "그 옳고 그른 판단의 기준은 성인과 사뭇 달랐다. 학술[大道]을 논하면서 황로(黃老)를 앞세우고 육경을 뒤로 하였다. 유협을 서술하면서 처사를 뒤로 하고 간사한 무리를 내세웠으며, 화식(貨殖)을 서술하면서 세력과 이익을 숭상하고 빈천함을 수치로 여겼으니 이것이 그 폐해이다"라고 하였다. '학술[大道]을 논하면서'라 한 구절은 사마천이 한나라 초기의 백성과 함께 휴식하는 황로정치를 긍정하고 있으나 무제의 '안으로 욕심이 많아' 사회가 이로 말미암아 전성기에서 쇠퇴기로 향해가고 있음을 설명하는 것이다. '유협을 서술하면서'라 한 구절은 사마천이 강포함에 반대하는 사상을 귀하게 여기는 것을 긍정하고 있음을 설명하고 있다. '화식을 서술하면서'라 한 구절은 상인들의 전을 세워준 것을 설명하는 것이다. "취하고 줌을 때맞춰 하여 재부를 늘렸으니 지혜로운 자들은 그것을 취하였다(取與以時而息財富, 智者有采焉)"라는 표현으로 그 사회에 대한 공헌을 긍정하고 있다. 사마천의 인물의 포폄은 통치계급의 호오(好惡)를 표준으로 삼지 않았다. 큰 정도에서 인민성을 가지고 입론(立論)하였으며 진보사상이라는 광채를 드러내었다. 사마천의 사상이 동시대인들의 것을 아득히 뛰어넘은 곳은 그의 유물주의 사상과 비판 정신에 있다. 황로의 학문에 대하여, 무제 때 독보적인 지위를 취득한 유학에 대하여 추앙하여 높이는 동시에 모두 비판적인 정신을 가지고 다루었다. 당시의 유가사상은 황로의 형명지학을 혼합한 외에도 또한 음양오행의 설을 혼합하여 넣었다. 대유(大儒)인 동중서(董仲舒)는 『춘추』의 재이의 변화로 음양이 착란을 일으키는 것을 미루어 알았기 때문에 『재이지기(災異之記)』를 지은 것이 매우 좋은 예증(例證)이다. 사마천은 성력(星曆)과 율력(律曆) 등 자연과학을 연구하여 당시 널리 유행하던 음양오행과 천인감응의 설에 대하여 반대의 태도를 가졌으며 그런 '별과 기운으로 점치는 책'들은 "길흉이 많이 섞여 있어 상법(常法)에 맞지 않는다"고 생각하였다. 바로 그가 역사를 연구한 방법이 "시작을 밝히고 끝을 살피고 성쇠를 관찰하는" 것이었기 때문에 당시의 가장 진보된 관점으로 사물의 본질을 볼 수 있었다. 그 심오한 사상은 『사기』에서 광채가 넘쳐 흐른다.

사마천, 이 세계적인 문화계의 위인은 서한의 최전성기에 『사기』라는 이 위대한 저작을 완성시켰다. 이 저작을 위하여 그는 부형이라는 치욕을 받아들였는데 "욕됨을 참고 구차하게 목숨을 유지하면서 더러운 감옥에 갇혀 있는 것도 달게 받아들인 이유는 개인적인 생각을 다 표현해 내지 못하고 비루하게 세상을 떠나면 아름다운 문채(文采)가 세상에 드러나지 못할까 한스러워했기 때문이었다." 마침내 천추의 태사공은 『사기』를 완성시켰다. 여기에 감화되어 필자는 삼가 구절을 모아 연결하여 이 책을 짓게 된 결어로 삼는다.

연구에서는 말한다.

塞睚眦之辭	(이릉을) 싫어하는 사람들에 의해
	그 말할 기회가 막혀
就身毁之刑	몸이 망가지는 형벌로 나아가
發賢聖之憤	현명하고 신성한 울분을 펴내었으며,
究天人之際	하늘의 일과 사람의 일이
	서로 부합되는 관계를 탐구하고
通古今之變	옛날과 오늘날의 변화를 살펴
成一家之言	일가의 문장을 이루었다네.

주석

1장 — 용문에서 빼어난 인재가 나다

1 易大傳: "天下一致而百慮, 同歸而殊塗." 夫陰陽、儒、墨、名、法、道德, 此務爲治者也, 直所從言之異路, 有省不省耳. 嘗竊觀陰陽之術, 大祥而衆忌諱, 使人拘而多所畏; 然其序四時之大順, 不可失也. 儒者博而寡要, 勞而少功, 是以其事難盡從; 然其序君臣父子之禮, 列夫婦長幼之別, 不可易也. 墨者儉而難遵, 是以其事不可遍循; 然其彊本節用, 不可廢也. 法家嚴而少恩; 然其正君臣上下之分, 不可改矣. 名家使人儉而善失眞; 然其正名實, 不可不察也. 道家使人精神專一, 動合無形, 瞻足萬物. 其爲術也, 因陰陽之大順, 采儒墨之善, 撮名法之要, 與時遷移, 應物變化, 立俗施事, 無所不宜, 指約而易操, 事少而功多. 儒者則不然. 以爲人主天下之儀表也, 主倡而臣和, 主先而臣隨. 如此則主勞而臣逸. 至於大道之要, 去健羨, 絀聰明, 釋此而任術. 夫神大用則竭, 形大勞則敝. 形神騷動, 欲與天地長久, 非所聞也.

夫陰陽四時、八位、十二度、二十四節各有教令, 順之者昌, 逆之者不死則亡, 未必然也, 故曰"使人拘而多畏". 夫春生夏長, 秋收冬藏, 此天道之大經也, 弗順則無以爲天下綱紀, 故曰"四時之大順, 不可失也".

夫儒者以六藝爲法. 六藝經傳以千萬數, 累世不能通其學, 當年不能究其禮, 故曰"博而寡要, 勞而少功". 若夫列君臣父子之禮, 序夫婦長幼之別, 雖百家弗能易也.

墨者亦尙堯舜道, 言其德行曰: "堂高三尺, 土階三等, 茅茨不翦, 采椽不刮. 食土簋, 啜土刑, 糲粱之食, 藜霍之羹. 夏日葛衣, 冬日鹿裘." 其送死, 桐棺三寸,舉音不盡其哀. 教喪禮, 必以此爲萬民之率. 使天下法若此, 則尊卑無別也. 夫世異時移, 事業不必同, 故曰"儉而難遵". 要曰彊本節用, 則人給家足之道也. 此墨子之所長, 雖百家弗能廢也.

法家不別親疏, 不殊貴賤, 一斷於法, 則親親尊尊之恩絕矣. 可以行一時之計, 而不可長用也, 故曰"嚴而少恩". 若尊主卑臣, 明分職不得相踰越, 雖百家弗能改也.

名家苛察繳繞, 使人不得反其意, 專決於名而失人情, 故曰"使人儉而善失眞". 若夫控名責實, 參伍不失, 此不可不察也.

道家無爲, 又曰無不爲, 其實易行, 其辭難知. 其術以虛無爲本, 以因循爲用. 無成執, 無常形, 故能究萬物之情. 不爲物先, 不爲物後, 故能爲萬物主. 有法無法, 因時爲業; 有度無度, 因物與合. 故曰"聖人不朽, 時變是守. 虛者道之常也, 因者君之綱"也. 群臣並至, 使各自明也. 其實中其聲者謂之端, 實不中其聲者謂之窾. 窾言不聽, 姦乃不生, 賢不肖自分, 白黑乃形. 在所欲用耳, 何事不成. 乃合大道, 混混冥冥. 光燿天下, 復反無名. 凡人所生者神也, 所託者形也. 神大用則竭, 形大勞則敝, 形神離則死. 死者不可復生, 離者不可復反, 故聖人重之. 由是觀之, 神者生之本也, 形者生之具也, 不先定其神[形], 而曰"我有以治天下", 何由哉?

2 「太史公自序」厥協六經異傳, 整齊百家雜語.

3 「名山記」兩崖皆斷山絶壁, 相對如門, 惟神龍可越, 故曰龍門.

4 「太史公自序」耕牧河山之陽.

5 당나라 두목(杜牧)의 시「청명(淸明)」의 한 구절.-역주

6 『漢書·董仲舒傳』春秋大一統者, 天地之常經, 古今之通誼也.

7 『漢書·董仲舒傳』師異道, 人異論, 百家殊方, 指意不同, 是以上亡以持一統.

8 『漢書·董仲舒傳』諸不在六藝之科, 孔子之術者, 皆絕其道, 勿使並進.

9 『漢書·景帝本紀』五月, 募徙陽陵, 予錢二十萬.

10 토지의 면적 단위. 1경은 100무(畝)라는 설과 20무(畝) 반이라는 두 가지 설이 있다.-역주

11 「平津侯主父列傳」茂陵初立, 天下豪桀幷兼之家, 亂衆之民, 皆可徙茂陵, 內實京師, 外銷姦猾, 此所謂不誅而害除.

2장—사람 가운데 용을 낳아 기르다

1 「屈原賈生列傳」屈平疾王聽之不聰也, 讒諂之蔽明也, 邪曲之害公也, 方正之不容也, 故憂愁幽思而作離騷.

2 「屈原賈生列傳」推此志也, 雖與日月爭光可也.

3 「淮陰侯列傳」吾如淮陰, 淮陰人為余言, 韓信雖為布衣時, 其志與眾異. 其母死, 貧無以葬, 然乃行營高敞地, 令其旁可置萬家. 余視其母冢, 良然.

4 「孟子荀卿列傳」余讀孟子書, 至梁惠王問何以利吾國, 未嘗不廢書而歎也.

5 「孟嘗君列傳」吾嘗過薛, 其俗閭里率多暴桀子弟, 與鄒魯殊. 問其故, 曰, 孟嘗君招致天下任俠, 姦人入薛中蓋六萬餘家矣. 世之傳孟嘗君好客自喜, 名不虛矣.

6 「樊酈滕灌列傳」吾適豐沛, 問其遺老, 觀故蕭曹樊噲滕公之家, 及其素, 異哉所聞! 方其鼓刀屠狗賣繒之時, 豈自知附驥之尾, 垂名漢廷, 德流子孫哉? 余與他廣通, 為言高祖功臣之興時若此云.

7 「魏世家」吾適故大梁之墟, 墟中人曰, 秦之破梁, 引河溝而灌大梁, 三月城壞, 王請降, 遂滅魏. 說者皆曰魏以不用信陵君故, 國削弱至於亡, 余以為不然. 天方令秦平海內, 其業未成, 魏雖得阿衡之佐, 曷益乎.

8 「魏公子列傳」吾過大梁之墟, 求問其所謂夷門. 夷門者, 城之東門也. 天下諸公子亦有喜士者矣, 然信陵君之接巖穴隱者, 不恥下交, 有以也. 名冠諸侯, 不虛耳. 高祖每過之而令民奉祠不絕也.

9 「儒林列傳」蓋聞導民以禮, 風之以樂. 婚姻者, 居室之大倫也. 今禮廢樂崩, 朕甚愍焉. 故詳延天下方正博聞之士, 咸登諸朝. 其令禮官勸學, 講議洽聞興禮, 以為天下先. 太常議, 與博士弟子, 崇鄉里之化, 以廣賢材焉.

10 「西南夷列傳」今以長沙, 豫章往, 水道多絕, 難行. 竊聞夜郎所有精兵, 可得十餘萬, 浮船牂柯江, 出其不意, 此制越一奇也. 誠以漢之彊, 巴蜀之饒, 通夜郎道, 為置吏, 易甚.

11 「司馬相如列傳」朕獨不得與此人同時哉.

12 「司馬相如列傳」今聞其乃發軍興制, 驚懼子弟, 憂患長老, 郡又擅為轉粟運輸, 皆非陛下之意也. 當行者或亡逃自賊殺, 亦非人臣之節也.

13 「司馬相如列傳」邛, 筰, 冄, 駹者近蜀, 道亦易通, 秦時嘗通為郡縣, 至漢興而罷. 今誠復通, 為置郡縣, 愈於南夷.

14 武帝既招英俊, 程其器能, 用之如不及. 時方外事胡越, 內興制度, 國家多事, 自公孫弘以下至於司馬遷皆奉使方外.

15 「司馬相如列傳」天子大說, 飄飄有凌雲之氣, 似游天地之閒意.

16 余先周室之太史也. 自上世嘗顯功名於虞夏, 典天官事. 後世中衰, 絕於予乎? 汝復為太史, 則續吾祖矣. 今天子接千歲之統, 封泰山, 而余不得從行, 是命也夫, 命也夫! 余死, 汝必太史; 爲太史, 無忘吾所欲論著矣. 且夫孝始於事親, 中於事君, 終於立身. 揚名於後世, 以顯父母, 此孝之大者. 夫天下稱誦周公, 言其能論歌文武之德, 宣周邵之風, 達太王王季之思慮, 爰及公劉, 以尊后稷也. 幽厲之後, 王道缺, 禮樂衰, 孔子脩舊起廢, 論詩書, 作春秋, 則學者至今則之. 自獲麟以來四百有餘歲, 而諸侯相兼, 史記放絕. 今漢興, 海內一統, 明主賢君忠臣死義之士, 余爲太史而弗論載, 廢天下之史文, 余甚懼焉, 汝其念哉!

17 「太史公自序」小子不敏, 請悉論先人所次舊聞, 弗敢闕.

18 「太史公自序」維禹浚川, 九州攸寧. 爰及宣防, 決瀆通溝.

19 「河渠書」江河之決皆天事, 未易以人力爲彊塞, 塞之未必應天.

20 「河渠書」余從負薪塞宣房, 悲瓠子之詩而作河渠書.

21 『漢書·司馬遷傳』主上幸以先人之故, 使得奉薄技, 出入周衛之中.

22 「太史公自序」天下遺文古事靡不畢集太史公.

23 「封禪書」余從巡祭天地諸神名山川而封禪焉.

24 「封禪書」余從巡祭天地諸神名山川而封禪焉……於是退而論次自古以來用事於鬼神者, 具見其表裏.

25 『漢書·律曆志』曆紀壞廢, 宜改正朔.

26 「封禪書」每世之隆, 則封禪答矣.

3장 ― 재능을 안고 형벌을 받음을 불쌍히 여기다

1 「太史公自序」今漢興, 海內一統, 明主賢君忠臣死義之士, 余爲太史而弗論載, 廢天下之史文, 余甚懼焉, 汝其念哉.

2 「太史公自序」自周公卒五百歲而有孔子. 孔子卒後至於今五百歲, 有能紹明世, 正易傳, 繼春秋, 本詩書禮樂之際.

3 「太史公自序」意在斯乎! 意在斯乎! 小子何敢讓焉.

4 「太史公自序」昔孔子何爲而作春秋哉.

5 「太史公自序」周道衰廢, 孔子爲魯司寇, 諸侯害之, 大夫壅之. 孔子知言之不用, 道之不行也, 是非二百四十二年之中, 以爲天下儀表, 貶天子, 退諸侯, 討大夫, 以達王事而已矣. 子曰, 我欲載之空言, 不如見之於行事之深切著明也.

6 夫春秋, 上明三王之道, 下辨人事之紀, 別嫌疑, 明是非, 定猶豫, 善善惡惡, 賢賢賤不肖, 存亡國, 繼絕世, 補敝起廢, 王道之大者也.

7 「太史公自序」春秋辯是非, 故長於治人.

8 「太史公自序」春秋以道義. 撥亂世反之正, 莫近於春秋.

9 「太史公自序」春秋文成數萬, 其指數千. 萬物之散聚皆在春秋.

10 「太史公自序」春秋者, 禮義之大宗也.

11 「太史公自序」孔子之時, 上無明君, 下不得任用, 故作春秋, 垂空文以斷禮義, 當一王之法. 今夫子上遇明天子, 下得守職, 萬事既具, 咸各序其宜, 夫子所論, 欲以何明.

12 「太史公自序」唯唯, 否否, 不然. 余聞之先人曰, 伏羲至純厚, 作易八卦. 堯舜之盛, 尚書載之, 禮樂作焉. 湯武之隆, 詩人歌之. 春秋采善貶惡, 推三代之德, 褒周室, 非獨刺譏而已也. 漢興以來, 至明天子, 獲符瑞, 封禪, 改正朔, 易服色, 受命於穆清, 澤流罔極, 海外殊俗, 重譯款塞, 請來獻見者, 不可勝道. 臣下百官力誦聖德, 猶不能宣盡其意. 且士賢能而不用, 有國者之恥, 主上明聖而德不布聞, 有司之過也. 且余嘗掌其官, 廢明聖盛德不載, 滅功臣世家賢大夫之業不述, 墮先人所言, 罪莫大焉. 余所謂述故事, 整齊其世傳, 非所謂作也, 而君比之於春秋, 謬矣.

13 「太史公自序」於是論次其文.

14 「匈奴列傳」我兒子, 安敢望漢天子! 漢天子, 我丈人行.

15 『漢書·外戚傳』北方有佳人, 絕世而獨立, 一顧傾人城, 再顧傾人國, 寧不知傾城與傾國, 佳人難再得.

16 『漢書·外戚傳』是耶非耶? 立而望之, 偏何姍姍其來遲.

17 「酷吏列傳」專以人主意指爲獄.

18 「酷吏列傳」詔獄逮至六七萬人, 吏所增加十萬餘人.

19 「酷吏列傳」君爲天子決平, 不循三尺法, 專以人主意指爲獄. 獄者固如是乎.

20 『漢書·司馬遷傳』隱忍苟活, 函糞土之中而不辭者, 恨私心有所不盡, 鄙沒世而文采不表於後也.

4장 — 학식(學殖)이 전에 없이 풍부해지다

1 「太史公自序」紬史記石室金匱之書.

2 「太史公自序」厥協六經異傳, 整齊百家雜語.

3 『漢書·司馬遷傳』其文直, 其事核, 不虛美, 不隱惡, 故謂之實錄.

4 「大宛列傳」其高二千五百餘里, 日月所相避隱爲光明也. 其上有醴泉, 瑤池.

5 「大宛列傳」言九州山川, 尚書近之矣. 至禹本紀, 山海經所有怪物, 余不敢言之也.

6 「仲尼弟子列傳」余以弟子名姓文字悉取論語弟子問并次爲篇, 疑者闕焉.

7 「五帝本紀」百家言黃帝, 其文不雅馴, 薦紳先生難言之. 孔子所傳宰予問五帝德及帝繫姓, 儒者或不傳. 余嘗西至空桐, 北過涿鹿, 東漸於海, 南浮江淮矣, 至長老皆各往往稱黃帝、堯、舜之處.

8 「五帝本紀」擇其言尤雅者, 故著爲本紀書首.

9 「夏本紀」或言禹會諸侯江南, 計功而崩, 因葬焉, 命曰會稽. 會稽者, 會計也.

10 「周本紀」學者皆稱周伐紂, 居洛邑, 綜其實不然. 武王營之, 成王使召公卜居, 居九鼎焉, 而周復都豐、鎬. 至犬戎敗幽王, 周乃東徙于洛邑. 所謂周公葬於畢, 畢在鎬東南杜中.

11 「趙世家」吾聞馮王孫曰, 趙王遷, 其母倡也, 嬖於悼襄王. 悼襄王廢適子嘉而立遷. 遷素無行, 信讒, 故誅其良將李牧, 用郭開.

12 「刺客列傳」世言荊軻, 其稱太子丹之命, 天雨粟, 馬生角也, 太過. 又言荊軻傷秦王, 皆非也. 始公孫季功董生與夏無且游, 具知其事, 爲余道之如是.

13 「樊酈滕灌列傳」吾適豐沛, 問其遺老, 觀故蕭、曹、樊噲、滕公之家, 及其素, 異哉所聞! 方其鼓刀屠狗賣繒之時, 豈自知附驥之尾, 垂名漢廷, 德流子孫哉? 余與他廣通, 爲言高祖功臣之興時若此云.

14 「魏公子列傳」吾過大梁之墟, 求問其所謂夷門. 夷門者, 城之東門也.

15 「孟嘗君列傳」吾嘗過薛, 其俗閭里率多暴桀子弟, 與鄒魯殊. 問其故, 曰, 孟嘗君招致天下任俠, 姦人入薛中蓋六萬餘家矣. 世之傳孟嘗君好客自喜, 名不虛矣.

16 「魏世家」吾適故大梁之墟, 墟中人曰, 秦之破梁, 引河溝而灌大梁, 三月城壞, 王請降, 遂滅魏.

17 「蒙恬列傳」吾適北邊, 自直道歸, 行觀蒙恬所爲秦築長城亭障, 塹山堙谷, 通直道, 固輕百姓力矣. 夫秦之初滅諸侯, 天下之心未定, 痍傷者未瘳, 而恬爲名將, 不以此時彊諫, 振百姓之急, 養老存孤, 務修衆庶之和, 而阿意興功, 此其兄弟遇誅, 不亦宜乎! 何乃罪地脈哉.

18 「項羽本紀」吾與項羽俱北面受命懷王, 曰約爲兄弟, 吾翁即若翁, 必欲烹而翁, 則幸分我一杯羹.

19 「高祖本紀」始大人常以臣無賴, 不能治產業, 不如仲力. 今某之業所就孰與仲多.

20 「楚元王世家」爲其母不長者耳.

21 「酈生陸賈列傳」不好儒, 諸客冠儒冠來者, 沛公輒解其冠, 溲溺其中.

22 「劉敬叔孫通列傳」吾迺今日知爲皇帝之貴也.

23 「匈奴列傳」孔氏著春秋, 隱桓之閒則章, 至定哀之際則微, 爲其切當世之文而罔襃, 忌諱之辭也.

24 「南越列傳」漢既平中國, 而佗能集楊越以保南藩, 納貢職. 作南越列傳第五十三.

25 「東越列傳」吳之叛逆, 甌人斬濞, 葆守封禺爲臣. 作東越列傳第五十四.

26 「西南夷列傳」唐蒙使略通夜郎, 而邛笮之君請爲內臣受吏. 作西南夷列傳第五十六.

27 「匈奴列傳」自三代以來, 匈奴常爲中國患害. 欲知彊弱之時, 設備征討, 作匈奴列傳第五十.

28 「大宛列傳」漢既通使大夏, 而西極遠蠻, 引領內鄕, 欲觀中國. 作大宛列傳第六十三.

29 「大宛列傳」天子既聞大宛及大夏、安息之屬皆大國, 多奇物, 土著, 頗與中國同業, 而兵弱, 貴漢財物, 其北有大月氏、康居之屬, 兵彊, 可以賂遺設利朝也. 且誠得而以義屬之, 則廣地萬里, 重九譯, 致殊俗, 威德徧於四海.

30 「貨殖列傳」天下熙熙, 皆爲利來, 天下壤壤, 皆爲利往.

31 「平準書」中家以上大抵皆遇告.

32 「貨殖列傳」耳目欲極聲色之好, 口欲窮芻豢之味, 身安逸樂, 而心誇矜埶能之榮使.

33 「貨殖列傳」農而食之, 虞而出之, 工而成之, 商而通之.

34 「貨殖列傳」農不出則乏其食, 工不出則乏其事, 商不出則三寶絕, 虞不出則財匱少.

35 「貨殖列傳」此四者, 民所衣食之原也.

36 「平準書」事勢之流, 相激使然.

37 「貨殖列傳」禮生於有而廢於無.

38 「貨殖列傳」千乘之王, 萬家之侯, 百室之君, 尙猶患貧, 而況匹夫編戶之民乎.

39 今有無秩祿之奉, 爵邑之入, 而樂與之比者. 命曰素封. 封者食租稅, 歲率戶二百. 千戶之君則二十萬, 朝覲聘享出其中. 庶民農工商賈, 率亦歲萬息二千戶, 百萬之家則二十萬, 而更徭租賦出其中. 衣食之欲, 恣所好美矣.

40 凡編戶之民, 富相什則卑下之, 伯則畏憚之, 千則役, 萬則僕, 物之理也.

41 「貨殖列傳」千金之子, 不死於市.

42 「貨殖列傳」人富而仁義附焉.

43 「平準書」役財驕溢, 以武斷於鄕曲.

44 「平準書」富商大賈或蹛財役貧, 轉轂百數, 廢居居邑, 封君皆低首仰給.

45 「平準書」冶鑄煮鹽, 財或累萬金, 而不佐國家之急, 黎民重困.

46 「河渠書」渠就, 用注塡閼之水, 漑澤鹵之地四萬餘頃, 收皆畝一鍾. 於是關中爲

378

沃野, 無凶年, 秦以富彊, 卒并諸侯.

47 「平準書」物盛而衰, 固其變也.

48 「平準書」江淮之閒蕭然煩費矣.

49 『漢書·司馬遷傳』述貨殖則崇勢利而羞賤貧, 是非頗謬於聖人.

50 「貨殖列傳」倉廩實而知禮節, 衣食足而知榮辱.

51 「貨殖列傳」禮生於有而廢於無. 故君子富, 好行其德, 小人富, 以適其力.

52 「貨殖列傳」人富而仁義附焉.

53 「遊俠列傳」何知仁義? 已饗其利者爲有德.

54 「遊俠列傳」竊鉤者誅, 竊國者侯, 侯之門仁義存.

55 「貨殖列傳」長貧賤, 好語仁義.

56 『漢書·食貨志』今法律賤商人, 商人已富貴矣.

57 「貨殖列傳」最下者與之爭.

58 「平準書」見盛觀衰.

59 由是觀之, 富無經業, 則貨無常主, 能者輻湊, 不肖者瓦解. 千金之家比一都之君, 巨萬者乃與王者同樂. 豈所謂素封者邪? 非也?

60 「刺客列傳」士爲知己者死.

61 「刺客列傳」嗟乎, 惜哉其不講於刺劍之術也.

62 「刺客列傳」自曹沫至荊軻五人, 此其義或成或不成, 然其立意較然, 不欺其志, 名垂後世, 豈妄也哉.

63 「平原君列傳」毛遂按劍而前曰, 王之所以叱遂者, 以楚國之眾也. 今十步之內, 王不得恃楚國之眾也, 王之命縣於遂手. 吾君在前, 叱者何也?……合從者爲楚, 非爲趙也. 吾君在前, 叱者何也? 楚王曰, 唯唯, 誠若先生之言, 謹奉社稷而以從. 毛遂曰, 從定乎? 楚王曰, 定矣. 毛遂謂楚王之左右曰, 取雞狗馬之血來. 毛遂奉銅槃而跪進之楚王曰, 王當歃血而定從, 次者吾君, 次者遂. 遂定從於殿上.

64 「廉頗藺相如列傳」方藺相如引璧睨柱, 及叱秦王左右, 勢不過誅, 然士或怯懦而不敢發. 相如一奮其氣, 威信敵國.

65 「陳涉世家」今亡亦死, 舉大計亦死, 等死, 死國可乎.

66 「陳涉世家」公等遇雨, 皆已失期, 失期當斬. 藉弟令毋斬, 而戍死者固十六七. 且壯士不死即已, 死即舉大名耳, 王侯將相寧有種乎.

67 「陳涉世家」敬受命.

68 「陳涉世家」伐無道, 誅暴秦.

69 「陳涉世家」桀、紂失其道而湯、武作, 周失其道而春秋作. 秦失其政, 而陳涉發迹, 諸侯作難, 風起雲蒸, 卒亡秦族. 天下之端, 自涉發難. 作陳涉世家第十八.

70 「田橫傳」田橫之高節, 賓客慕義而從橫死, 豈非至賢! 余因而列焉. 不無善畫者, 莫能圖, 何哉.

71 「鄒陽傳」抗直不橈.

72 「循吏列傳」奉職循理, 亦可以爲治, 何必威嚴哉.

73 「酷吏列傳」上以爲能, 至太中大夫.

74 「鄒陽傳」唇微反.

75 「平準書」張湯死而民不思.

76 「酷吏列傳」嗟乎, 令冬月益展一月, 足吾事矣.

77 「酷吏列傳」若救火揚沸.

78 「夏本紀」不務德而武傷百姓, 百姓弗堪.

79 「殷本紀」淫亂不止.

80 「殷本紀」紂走, 入登鹿臺, 衣其寶玉衣, 赴火而死.

81 「周本紀」國人莫敢言, 道路以目.

82 秦王懷貪鄙之心, 行自奮之智, 不信功臣, 不親士民, 廢王道, 立私權, 禁文書而酷刑法, 先詐力而後仁義, 以暴虐爲天下始.

83 「鄭汲列傳」陛下內多欲而外施仁義, 奈何欲效唐虞之治乎.

84 『漢書‧刑法志』緩深故之罪, 急縱出之誅.

85 『漢書‧刑法志』所欲活則傅生議, 所欲則予死比.

86 「平準書」外攘夷狄, 內興功業.

87 「平準書」海內之士力耕不足糧饟, 女子紡績不足衣服.

88 「平準書」縣官大空.

89 「平準書」興利之臣.

90 「平準書」於是商賈中家以上大率破, 民偷甘食好衣, 不事畜藏之產業, 而縣官有鹽鐵緡錢之故, 用益饒矣……是時山東被河菑, 及歲不登數年, 人或相食, 方一二千里.

91 「平準書」亨弘羊, 天乃雨.

5장 — 문장이 자웅을 겨룰 자가 없다

1 「秦本紀」秦王政立二十六年, 初并天下爲三十六郡, 號爲始皇帝. 始皇帝五十一年而崩, 子胡亥立, 是爲二世皇帝. 三年, 諸侯並起叛秦, 趙高殺二世, 立子嬰. 子嬰立月餘, 諸侯誅之, 遂滅秦. 其語在始皇本紀中.

2 「呂太侯本紀」語在齊王語中.

3 「孝文本紀」諸呂呂產等欲爲亂, 以危劉氏, 大臣共誅之, 謀召立代王, 事在呂后語中.

4 「蕭相國世家」語在淮陰事中.

5 「蕭相國世家」漢十一年, 淮陰侯謀反關中, 呂后用蕭何計, 誅淮陰侯, 語在淮陰事中.

6 「留侯世家」語在項羽事中.

7 「蕭相國世家」語在淮陰事中.

8 「留侯世家」語在項籍事中.

9 「絳侯周勃世家」其語在呂后孝文事中.

10 「高祖本紀」承敝易變, 使人不倦, 得天統矣.

11 「留侯世家」二十九年, 始皇東游. 至陽武博狼沙中, 爲盜所驚. 求弗得, 乃令天下大索十日.

12 「留侯世家」得力士, 爲鐵椎重百二十斤. 秦皇帝東游, 良與客狙擊秦皇帝博浪沙中, 誤中副車. 秦皇帝大怒, 大索天下, 求賊甚急, 爲張良故也.

13 「商君列傳」行之十年, 秦民大說, 道不拾遺, 山無盜賊, 家給人足. 民勇於公戰, 怯於私鬪, 鄉邑大治.

14 「商君列傳」秦人富彊, 天子致胙於孝公, 諸侯畢賀.

15 「商君列傳」商君, 其天資刻薄人也.

16 「蘇秦列傳」於是六國從合而并力焉. 蘇秦爲從約長, 并相六國.

17 「蘇秦列傳」秦兵不敢闚函谷關十五年.

18 「蘇秦列傳」而蘇秦被反間以死, 天下共笑之, 諱學其術. 然世言蘇秦多異, 異時事有類之者皆附之蘇秦. 夫蘇秦起閭閻, 連六國從親, 此其智有過人者. 吾故列其行事, 次其時序, 毋令獨蒙惡聲焉.

19 「太史公自序」直曲塞, 廣河南, 破祁連, 通西國, 靡北胡.

20 「李將軍列傳」乃自以精兵走之, 而令廣并於右將軍軍, 出東道.

21 「佞幸列傳」衛青、霍去病亦以外戚貴幸.

22 「佞幸列傳」漢興高祖至暴抗也.

23 「太史公自序」諸侯驕恣, 吳首爲亂, 京師行誅, 七國伏辜, 天下翕然, 大安殷富. 作孝景本紀第十一.

24 「袁盎晁錯列傳」寵幸傾九卿.

25 「袁盎晁錯列傳」不如此, 天子不尊, 宗廟不安.

26 「袁盎晁錯列傳」劉氏安矣, 而晁氏危矣.

27 「袁盎晁錯列傳」令晁錯衣朝衣斬東市.

28 「袁盎晁錯列傳」吳王爲反數十年矣, 發怒削地, 以誅錯爲名, 其意非在錯.

29 「袁盎晁錯列傳」請削地以尊京師, 萬世之利也. 計畫始行, 卒受大戮, 內杜忠臣
之口, 外爲諸侯報仇, 臣竊爲陛下不取也.

30 「袁盎晁錯列傳」公言善, 我亦恨之.

31 「絳侯周勃世家」此不足君所乎.

32 「絳侯周勃世家」此怏怏者非少主臣也.

33 「絳侯周勃世家」臣所買器, 乃葬器也, 何謂反邪.

34 「絳侯周勃世家」君侯縱不反地上, 即欲反地下耳.

35 「李將軍列傳」及死之日, 天下知與不知, 皆爲盡哀. 彼其忠實心誠信於士大夫也.

36 「酷吏列傳」和親便.

37 「酷吏列傳」兵者凶器, 未易數動……今自陛下舉兵擊匈奴, 中國以空虛, 邊民
大困貧. 由此觀之, 不如和親.

38 「酷吏列傳」此愚儒, 無知.

39 「酷吏列傳」臣固愚忠……臣固知湯之爲詐忠.

40 「酷吏列傳」自是以後, 群臣震慴.

41 「匈奴列傳」且欲興聖統, 唯在擇任將相哉! 擇任將相哉.

42 「太史公自序」爲天下制儀法, 垂六藝之統紀於後世.

43 「仲尼弟子列傳」孔氏述文, 弟子興業, 咸爲師傅, 崇仁厲義.

44 「秦本紀」孔子行魯相事.

45 「秦本紀」孔子以悼公十二年卒.

46 「伍子胥列傳」其後四年, 孔子相魯.

47 「秦始皇本紀」莊襄王爲秦質子於趙, 見呂不韋姬, 悅而取之, 生始皇. 以秦昭王
四十八年正月生於邯鄲.

48 「呂不韋列傳」呂不韋取邯鄲諸姬絕好善舞者與居, 知有身. 子楚從不韋飲, 見
而說之, 因起爲壽, 請之. 呂不韋怒, 念業已破家爲子楚, 欲以釣奇, 乃遂獻其姬.
姬自匿有身, 至大期時, 生子政. 子楚遂立姬爲夫人.

49 「淮陰侯列傳」韓信猶豫不忍倍漢, 又自以爲功多, 漢終不奪我齊.

50 「淮陰侯列傳」馳入齊王壁, 奪其軍.

51 「淮陰侯列傳」人有上書告楚王信反.

52 「淮陰侯列傳」果若人言, 狡兔死, 良狗亨, 高鳥盡, 良弓藏, 敵國破, 謀臣亡. 天

下已定, 我固當亨.

53 「淮陰侯列傳」人告公反.

54 「淮陰侯列傳」弟舉兵, 吾從此助公.

55 「淮陰侯列傳」吾悔不用蒯通之計, 乃爲兒女子所詐, 豈非天哉.

56 「淮陰侯列傳」豎子不用臣之策, 故令自夷於此. 如彼豎子用臣之計, 陛下安得而夷之乎.

57 「淮陰侯列傳」且喜且憐之.

58 「蕭相國列傳」蕭相國何於秦時爲刀筆吏……淮陰、黥布等皆以誅滅, 而何之勳爛焉.

59 「留侯世家」所與上從容言天下事甚, 非天下所以存亡, 故不著.

60 「廉頗藺相如列傳」廉頗爲趙將伐齊, 大破之, 取陽晉, 拜爲上卿.

61 「廉頗藺相如列傳」我爲趙將, 有攻城野戰之大功.

62 「廉頗藺相如列傳」是歲, 廉頗東攻齊, 破其一軍. 居二年, 廉頗復伐齊幾, 拔之.

63 「萬石張叔列傳」上時賜食於家, 必稽首俯伏而食之, 如在上前.

64 「萬石張叔列傳」建爲郎中令, 書奏事, 事下, 建讀之, 曰, 誤書! 馬者與尾當五, 今乃四, 不足一. 上譴死矣! 甚惶恐.

65 「萬石張叔列傳」萬石君少子慶爲太僕, 御出, 上問車中幾馬, 慶以策數馬畢, 舉手曰, 六馬.

66 「萬石張叔列傳」上具獄事, 有可卻, 卻之, 不可者, 不得已, 爲涕泣面對而封之.

67 「孫子吳起列傳」世多有, 故弗論.

68 「孫子吳起列傳」刻暴少恩.

69 「孫子吳起列傳」吳起走之王尸而伏之. 擊起之徒因射刺吳起, 并中悼王. 悼王既葬, 太子立, 乃使令尹盡誅射吳起而并中王尸者. 坐射起而夷宗死者七十餘家.

70 「管晏列傳」太史公曰, 吾讀管氏牧民、山高、乘馬、輕重、九府, 及晏子春秋, 詳哉其言之也. 既見其著書, 欲觀其行事, 故次其傳. 至其書, 世多有之, 是以不論, 論其軼事.

71 「河渠書」間說秦.

72 「傅靳蒯成列傳」上以爲愛我.

73 「位記武安侯列傳」使武安侯在者, 死矣.

74 「管晏列傳」管仲卒, 齊國遵其政, 常彊於諸侯. 後百餘年而有晏子焉.

75 「范雎蔡澤列傳」內無良將而外多敵國, 吾是以憂. 欲以激勵應侯. 應侯懼, 不知所出. 蔡澤聞之, 往入秦也.

76 「滑稽列傳」其後百餘年, 楚有優孟.

77 「滑稽列傳」其後二百餘年, 秦有優旃.

78 「刺客列傳」其後百六十有七年而吳有專諸之事.

79 「刺客列傳」其後七十餘年而晉有豫讓之事.

80 「刺客列傳」其後四十餘年而軹有聶政之事.

81 「刺客列傳」其後二百二十餘年秦有荊軻之事.

82 「屈原賈生列傳」自屈原沈汨羅後百有餘年, 漢有賈生, 爲長沙王太傅, 過湘水, 投書以弔屈原.

83 「屈原賈生列傳」遭世罔極兮, 乃隕厥身. 嗚呼哀哉, 逢時不祥.

84 「屈原賈生列傳」嗟苦先生兮, 獨離此咎.

85 「屈原賈生列傳」橫江湖之鱣鱏兮. 固將制於螻蟻.

86 冒頓乃作爲鳴鏑, 習勒其騎射, 令曰, 鳴鏑所射而不悉射者, 斬之. 行獵鳥獸, 有不射鳴鏑所射者, 輒斬之. 已而冒頓以鳴鏑自射其善馬, 左右或不敢射者, 冒頓立斬不射善馬者. 居頃之, 復以鳴鏑自射其愛妻, 左右或頗恐, 不敢射, 冒頓又復斬之. 居頃之, 冒頓出獵, 以鳴鏑射單于善馬, 左右皆射之. 於是冒頓知其左右皆可用. 從其父單于頭曼獵, 以鳴鏑射頭曼, 其左右亦皆隨鳴鏑而射殺單于頭曼, 遂盡誅其後母與弟及大臣不聽從者. 冒頓自立爲單于.

87 「匈奴列傳」控弦之士三十餘萬.

88 「齊悼惠王世家」三趙王皆廢.

89 嘗入待高后燕飲, 高后令朱虛侯劉章爲酒吏. 章自請曰, 臣, 將種也, 請得以軍法行酒. 高后曰, 可. 酒酣, 章進飲歌舞. 已而曰, 請爲太后言耕田歌. 高后兒子畜之, 笑曰, 顧我父知田耳. 若生而爲王子, 安知田乎? 章曰, 臣知之. 太后曰, 試爲我言田. 章曰, 深耕穊種, 立苗欲疏, 非其種者, 鉏而去之. 呂后默然. 頃之, 諸呂有一人醉, 亡酒, 章追, 拔劍斬之, 而還報曰, 有亡酒一人, 臣謹行法斬之. 太后左右皆大驚. 業已許其軍法, 無以罪也. 因罷. 自是之後, 諸呂憚朱虛侯, 雖大臣皆依朱虛侯, 劉氏爲益彊.

90 「李斯列傳」人之賢不肖譬如鼠矣, 在所自處耳.

91 「李斯列傳」嗟乎! 吾聞之荀卿曰物禁大盛. 夫斯乃上蔡布衣……當今人臣之位無居臣上者, 可謂富貴極矣. 物極則衰, 吾未知所稅駕也.

92 「李斯列傳」嗟乎! 獨遭亂世, 既以不能死, 安託命哉.

93 「李斯列傳」仰天而歎曰, 嗟乎, 悲夫! 不道之君, 何可爲計哉!……吾以忠死, 宜矣……吾必見寇至咸陽, 麋鹿游於朝也.

94 「李斯列傳」斯出獄, 與其中子俱執, 顧謂其中子曰, 吾欲與若復牽黃犬俱出上蔡東門逐狡兔, 豈可得乎! 遂父子相哭, 而夷三族.

95 「李將軍列傳」中石沒鏃.

96 「張丞相列傳」陛下卽桀紂之紂也.

97 「季布欒布列傳」臣願得十萬衆, 橫行匈奴中.

98 「陳丞相世家」乃解衣躶而佐刺船.

99 「絳侯周勃世家」嗟乎, 此眞將軍矣.

100 「韓世家」此天下之陰德也.

101 「吳王濞列傳」由此稍失藩臣之禮.

102 「萬石張叔列傳」不疑狀貌甚美, 然獨無柰其善盜嫂, 何也.

103 「萬石張叔列傳」我乃無兄.

104 「刺客列傳」荊卿好讀書擊劍……荊軻嘗游過楡次, 與蓋聶論劍, 蓋聶怒而目之. 荊軻出.

105 「刺客列傳」荊軻游於邯鄲, 魯句踐與荊軻博, 爭道, 魯句踐怒而叱之, 荊軻嘿而逃去, 遂不復會.

106 「刺客列傳」色變振恐, 羣臣怪之.

107 「刺客列傳」北蕃蠻夷之鄙人, 未嘗見天子, 故振慴. 願大王少假借之, 使得畢使於前.

108 「留侯世家」鄂然, 欲毆之, 爲其老, 彊忍, 下取履. 父曰, 履我! 良業爲取履, 因長跪履之. 父以足受, 笑而去. 良殊大驚, 隨目之. 父去里所, 復還, 曰, 孺子可教矣. 後五日平明, 與我會此. 良因怪之, 跪曰, 諾.

109 「留侯世家」說沛公, 沛公善之, 常用其策.

110 「淮陰侯列傳」願爲假王便.

111 「淮陰侯列傳」韓信使者至, 發書, 漢王大怒, 罵曰, 吾困於此, 且暮望若來佐我, 乃欲自立爲王! 張良, 陳平躡漢王足, 因附耳語曰, 漢方不利, 寧能禁信之王乎? 不如因而立, 善遇之, 使自爲守. 不然, 變生. 漢王亦悟, 因復罵曰, 大丈夫定諸侯, 卽爲眞王耳, 何以假爲! 乃遣張良往立信爲齊王, 徵其兵擊楚.

112 「貨殖列傳」以爲貞婦而客之, 爲築女懷清臺.

113 「項羽本紀」天亡我, 非戰之罪也.

114 「劉敬叔孫通列傳」婁敬脫輓輅, 衣其羊裘, 見齊人虞將軍曰, 臣願見上言便事. 虞將軍欲與之鮮衣, 婁敬曰, 臣衣帛, 衣帛見, 衣褐, 衣褐見, 終不敢易衣. 於是虞將軍入言上. 上召入見, 賜食.

115 「劉敬叔孫通列傳」叔孫通儒服, 漢王憎之, 迺變其服, 服短衣, 楚製, 漢王喜.

116 「蘇秦列傳」出游數歲, 大困而歸. 兄弟嫂妹妻妾竊皆笑之……今子釋本而事口舌, 困, 不亦宜乎.

117 「蘇秦列傳」蘇秦之昆弟妻嫂側目不敢仰視, 俯伏侍取食. 蘇秦笑謂其嫂曰, 何前倨而後恭也? 嫂委虵蒲服, 以面掩地而謝曰, 見季子位高金多也.

118 「平津侯主父列傳」齊人多詐而無情實, 始與臣等建此議, 今皆倍之, 不忠.

119 「魏其武安侯列傳」天下士郡諸侯愈益附武安.

120 「魏其武安侯列傳」及夫至門, 丞相尚臥. 於是夫入見, 曰, 將軍昨日幸許過魏其, 魏其夫妻治具, 自旦至今, 未敢嘗食. 武安鄂謝曰, 吾昨日醉, 忽忘與仲孺言. 乃駕往 , 又徐行.

121 「魏其武安侯列傳」武安之貴在日月之際.

122 「汲鄭列傳」大將軍青侍中, 上踞廁而視之. 丞相弘燕見, 上或時不冠. 至如黯見, 上不冠不見 也. 上嘗坐武帳中, 黯前奏事, 上不冠, 望見黯, 避帳中, 使人可其奏.

123 「吳太伯世家」爾而忘句踐殺汝父乎.

124 「吳太伯世家」不敢.

125 「吳太伯世家」抉吾眼置之吳東門, 以觀越之滅吳也.

126 「越王句踐世家」吾無面以見子胥也.

127 「陳涉世家」舉大計.

128 「陳涉世家」陳勝雖已死 , 其所置遣侯王將相竟亡秦.

129 「項羽本紀」分裂天下, 而封王侯, 政由羽出.

130 「項羽本紀」天亡我, 非戰之罪也.

131 「楚世家」靈王已盟 , 有驕色.

132 「楚世家」靈王聞太子祿之死也, 自投車下, 而曰, 人之愛子亦如是乎? 侍者曰, 甚上. 王曰, 余殺人之子多矣, 能無及此乎? 右尹曰, 請待於郊以聽國人. 王曰, 眾怒 不可犯. 曰, 且入大縣而乞師於諸侯. 王曰, 皆叛矣. 又曰, 且奔諸侯以聽大國之 慮. 王曰, 大福不再, 祇取辱耳.

133 「封禪書」天子益怠厭方士之怪迂語矣, 然羈縻不絕, 冀遇其眞.

134 「樊酈滕灌列傳」先黥布反時, 高祖嘗病甚, 惡見人, 臥禁中, 詔戶者無得入羣臣, 羣臣絳、灌等莫敢入. 十餘日, 噲乃排闥直入, 大臣隨之. 上獨枕一宦者臥. 噲等見上流涕曰, 始陛下與臣等起豐沛, 定天下, 何其壯也! 今天下已定, 又何憊也! 且陛下病甚, 大臣震恐, 不見臣等計事, 顧獨與一宦者絕乎? 且陛下獨不見趙高之事乎? 高帝笑而起.

135 「廉頗藺相如列傳」先國家之急而後私讎.

136 軻既取圖奏之, 秦王發圖, 圖窮而匕首見. 因左手把秦王之袖, 而右手持匕首揕之. 未至身, 秦王驚, 自引而起, 袖絕. 拔劍, 劍長, 操其室. 時惶急, 劍堅, 故不可立拔. 荊軻逐秦王, 秦王環柱而走. 羣臣皆愕, 卒起不意, 盡失其度. 而秦法, 羣臣侍殿上者不得持尺寸之兵, 諸郎中執兵皆陳殿下, 非有詔召不得上. 方急時, 不及召下兵, 以故荊軻乃逐秦王. 而卒惶急, 無以擊軻, 而以手共搏之. 是時侍醫夏無且以其所奉藥囊提荊軻也. 秦王方環柱走, 卒惶急, 不知所爲, 左右乃曰, 王負劍! 負劍, 遂拔以擊荊軻, 斷其左股. 荊軻廢, 乃引其匕首以擿秦王, 不中, 中桐柱. 秦王復擊軻, 軻被八創. 軻自知事不就, 倚柱而笑, 箕踞以罵曰, 事所以不成者, 以欲生劫之, 必得約契以報太子也. 於是左右既前殺軻, 秦王不怡者良久.

137 十八年, 太子伋齊女. 未入室, 而宣公見所欲爲太子婦者好, 說而自取之, 更爲太子取他女. 宣公得齊女, 生子壽, 子朔, 令左公子傅之. 太子伋母死, 宣公正夫人與朔共讒惡太子伋. 宣公自以其奪太子妻也, 心惡太子, 欲廢之. 及聞其惡, 大怒, 乃使太子伋於齊而令盜遮界上殺之, 與太子白旄, 而告界盜見持白旄者殺之. 且行, 子朔之兄壽, 太子異母弟也, 知朔之惡太子而君欲殺之, 乃謂太子曰, 界盜見太子白旄, 即殺太子, 太子可毋行. 太子曰, 逆父命求生, 不可. 遂行. 壽見太子不止, 乃盜其白旄而先馳至界. 界盜見其驗, 即殺之. 壽已死, 而太子伋又至, 謂盜曰, 所當殺乃我也. 盜并殺太子伋, 以報宣公. 宣公乃以子朔爲太子.

138 「李斯列傳」扶蘇爲人子不孝, 其賜劍以自裁.

139 「李斯列傳」爲人臣不忠, 其賜死.

140 「李斯列傳」父而賜子死, 尚安復請.

141 「司馬穰苴列傳」將在軍, 君令有所不受.

142 「項羽本紀」項羽召見諸侯將, 入轅門, 無不膝行而前, 莫敢仰視.

143 「樊酈滕灌列傳」能復飮乎.

144 「樊酈滕灌列傳」臣死且不辭, 豈特巵酒乎! 且沛公先入定咸陽, 暴師霸上, 以待大王. 大王今日至, 聽小人之言, 與沛公有隙, 臣恐天下解, 心疑大王也.

145 五年, 伐魯, 魯將師敗. 魯莊公請獻遂邑以平, 桓公許, 與魯會柯而盟. 魯將盟, 曹沬以匕首劫桓公於壇上, 曰, 反魯之侵地! 桓公許之. 已而曹沬去匕首, 北面就臣位. 桓公後悔, 欲無與魯地而殺曹沬. 管仲曰, 夫劫許之而倍信殺之, 愈一小快耳, 而弃信於諸侯, 失天下之援, 不可. 於是遂與曹沬三敗所亡地於魯.

146 「晉世家」重耳謂其妻曰, 待我二十五年不來, 乃嫁. 其妻笑曰, 犂二十五年, 吾冢上柏大矣. 雖然, 妾待子.

147 「越王句踐世家」蜚鳥盡, 良弓藏, 狡兔死, 走狗烹. 越王爲人長頸鳥喙, 可與共患難, 不可與共樂. 子何不去.

148 「越王句踐世家」種見書, 稱病不朝.

149 「呂不韋列傳」言子楚賢於趙者絕賢.

150 「呂不韋列傳」乃因涕泣曰, 妾幸得充後宮, 不幸無子, 願得子楚立以爲適嗣, 以託妾身. 安國君許之.

151 「呂太后本紀」臣不敢遣壹, 王且亦病, 不能奉詔.

152 「晉世家」獻公私謂驪姬曰, 吾欲廢太子, 以奚齊代之. 驪姬泣曰, 太子之立, 諸侯皆已知之, 而數將兵, 百姓附之, 柰何以賤妾之故廢適立庶? 君必行之, 妾自殺也. 驪姬詳譽太子, 而陰令人譖惡太子, 而欲立其子.

153 「高祖本紀」後人告高祖, 高祖乃心獨喜, 自負. 諸從者日益畏之.

154 「高祖本紀」秦始皇帝常曰, 東南有天子氣, 於是因東游以厭之. 高祖即自疑, 亡匿, 隱於芒, 碭山澤巖石之閒. 呂后與人俱求, 常得之. 高祖怪問之. 呂后曰, 季所居上常有雲氣, 故從往常得季. 高祖心喜.

155 「留侯世家」上乃大驚.

156 「留侯世家」上曰, 煩公幸卒調護太子. 四人爲壽已畢, 趨去. 上目送之, 召戚夫人指示四人者曰, 我欲易之, 彼四人輔之, 羽翼已成, 難動矣. 呂后真而主矣.

157 「廉頗藺相如列傳」相如請得以頸血濺大王矣.

158 「廉頗藺相如列傳」於是秦王不懌, 爲一擊缻.

159 「廉頗藺相如列傳」請以趙十五城爲秦王壽.

160 「廉頗藺相如列傳」請以秦之咸陽爲趙王壽.

161 「曹相國世家」清靜極言合道.

162 「淮陰侯列傳」諸將皆喜, 人人各自以爲得大將. 至拜大將, 乃韓信也, 一軍皆驚.

163 「孫子吳起列傳」默然良久.

164 「李將軍列傳」天子以爲老, 弗許, 良久乃許之, 以爲前將軍.

6장―숨을 내쉬니 무지개가 되다

1 「項羽本紀」項羽乃悉引兵渡河, 皆沈船, 破釜甑, 燒廬舍, 持三日糧, 以示士卒必死, 無一還心. 於是至則圍王離, 與秦軍遇, 九戰, 絕其甬道, 大破之, 殺蘇角, 虜王離. 涉閒不降楚, 自燒殺.

2 「廉頗藺相如列傳」相如既歸, 相如既歸, 趙王以爲賢大夫使不辱於諸侯, 拜相如爲上大夫. 秦亦不以城予趙, 趙亦終不予秦璧.

3 「滑稽列傳」談隱微中, 亦可以解紛.

4 「孟嘗君列傳」先生遠辱, 何以教文也.

5 「孟嘗君列傳」聞君好士, 以貧身歸於君.

6 「孟嘗君列傳」長鋏歸來乎.

7 「孟嘗君列傳」孟嘗君不悅.

8 「孟嘗君列傳」孟嘗君乃拊手而謝之.

9 「孟嘗君列傳」孟嘗君再拜.

10 「孫子吳起列傳」以兵法見於吳王闔廬.

11 「孫子吳起列傳」西破彊楚, 入郢, 北威齊晉, 顯名諸侯.

12 「管晏列傳」齊桓公以霸, 九合諸侯, 一匡天下, 管仲之謀也.

13 「李將軍列傳」廣之從弟李蔡與廣俱事孝文帝.

14 「酈生陸賈列傳」酈生言其弟酈商, 使將數千人從沛公西南略地. 酈生常爲說客, 馳使諸侯.

15 「項羽本紀」當是時, 楚兵冠諸侯. 諸侯軍救鉅鹿下者十餘壁, 莫敢縱兵. 及楚擊秦, 諸將皆從壁上觀. 楚戰士無不一以當十, 楚兵呼聲動天, 諸侯軍無不人人惴恐.

16 「淮陰侯列傳」韓信乃夜令人爲萬餘囊, 滿盛沙, 壅水上流, 引軍半渡, 擊龍且, 詳不勝, 還走. 龍且果喜曰, 固知信怯也. 遂追信渡水. 信使人決壅囊, 水大至. 龍且軍大半不得渡, 即急擊, 殺龍且. 龍且水東軍散走, 齊王廣亡去. 信遂追北至城陽, 皆虜楚卒.

17 「高祖本紀」高祖與諸侯兵共擊楚軍, 與項羽決勝垓下. 淮陰侯將三十萬自當之, 孔將軍居左, 費將軍居右, 皇帝在後, 絳侯, 柴將軍在皇帝後. 項羽之卒可十萬. 淮陰先合, 不利, 卻. 孔將軍, 費將軍縱, 楚兵不利, 淮陰侯復乘之, 大敗垓下.

18 其詳不可得而記聞云.

19 聞其言, 不見其人云.

20 其後裝治行, 東入海, 求其師云.

21 故吳鄧氏錢布天下, 而鑄錢之禁生焉.

22 周郭其下, 令不可磨取鋊焉.

23 於是弘羊賜爵左庶長, 黃金再百斤焉.

24 於是告緡錢縱矣.

25 而縣官有鹽鐵緡錢之故，用益饒矣．

26 是時財匱，戰士頗不得祿矣．

27 「外戚世家」泣涕交橫下，侍御左右皆伏地泣，助皇后悲哀．

28 李陵既生降，隤其家聲，而僕又佴之蠶室，重爲天下觀笑．

29 「滑稽列傳」淳于髡仰天大笑，冠纓索絕．

30 「平原君列傳」十九人相與目．

31 「呂不韋列傳」子楚笑曰．

32 「呂不韋列傳」吾能大子之門．

33 「淮陰侯列傳」趙軍望見而大笑．

34 「孫子吳起列傳」婦人大笑．

35 「孫子吳起列傳」婦人復大笑．

36 「張丞相列傳」上欣然而笑．

37 「留侯世家」父以足受，笑而去．

38 「刺客列傳」顧笑舞陽．

39 「刺客列傳」軻自知事不就，倚柱而笑．

40 「蘇秦列傳」韓王勃然作色，攘臂瞋目．

41 「司馬相如列傳」及飲卓氏，弄琴，文君竊從戶窺之，心悅而好之，恐不得當也．

42 「淮陰侯列傳」於是信孰視之，俛出袴下．

43 「刺客列傳」年十三，殺人，人不敢忤視．

44 「項羽本紀」無不膝行而前，莫敢仰視．

45 「項羽本紀」瞋目視項王．

46 「留侯世家」殊大驚，遂目之．

47 「項羽本紀」彼可取而代也．

48 「高祖本紀」嗟乎，大丈夫當如此也．

49 「陳涉世家」壯士不死即已，死即舉大名耳，王侯將相寧有種乎．

50 「平原君列傳」今先生處勝之門下三年於此矣，左右未有所稱誦，勝未有所聞，是先生無所有也．先生不能，先生留．

51 「魏公子列傳」勝所以自附爲婚姻者，以公子之高義，爲能急人之困．今邯鄲旦暮降秦而魏救不至，安在公子能急人之困也！且公子縱輕勝，弃之降秦，獨不憐公子姊邪．

52 「刺客列傳」嗟乎！士爲知己者死，女爲說己者容．今智伯知我，我必爲報讎而死，以報智伯，則吾魂魄不愧矣．

390

53 「酷吏列傳」會春, 溫舒頓足歎曰, 嗟乎, 令冬月益展一月, 足吾事矣.

54 「吳王濞列傳」至吳, 吳王慍曰, 天下同宗, 死長安即葬長安, 何必來葬爲! 復遣喪之長安葬.

55 「司馬相如列傳」女至不材, 我不忍殺, 不分一錢也.

56 「蘇秦列傳」齊大夫多與蘇秦爭寵臣, 而使人刺蘇秦, 不死, 殊而走. 齊王使人求賊, 不得. 蘇秦且死, 乃謂齊王曰, 臣卽死, 車裂臣以徇於市, 曰蘇秦爲燕作亂於齊, 如此則臣之賊必得矣. 於是如其言, 而殺蘇秦者果自出, 齊王因而誅之.

57 「張儀列傳」其妻曰, 嘻! 子毋讀書游說, 安得此辱乎? 張儀謂其妻曰, 視吾舌尚在不? 其妻笑曰, 舌在也. 儀曰, 足矣.

58 「張儀列傳」大王誠能聽臣, 閉關絕約於齊, 臣請獻商於之地六百里.

59 「張儀列傳」臣有奉邑六里, 願以獻大王左右.

60 「淮陰侯列傳」上問曰, 如我能將幾何? 信曰, 陛下不過能將十萬. 上曰, 於君何如? 曰, 臣多多而益善耳. 上笑曰, 多多益善, 何爲爲我禽? 信曰, 陛下不能將兵, 而善將將, 此乃信之所以爲陛下禽也. 且陛下所謂天授, 非人力也.

61 「廉頗藺相如列傳」王行, 度道里會遇之禮畢, 還, 不過三十日. 三十日不還, 則請立太子爲王. 以絕秦望.

62 「魯周公世家」我文王之子, 武王之弟, 成王之叔父, 我於天下亦不賤矣. 然我一沐三捉髮, 一飯三吐哺, 起以待士, 猶恐失天下之賢人. 子之魯, 慎無以國驕人.

63 「白起王翦列傳」不然. 夫秦王怚而不信人. 今空秦國甲士而專委於我, 我不多請田宅爲子孫業以自堅, 顧令秦王坐而疑我邪.

64 「酈生陸賈列傳」汝能止漢軍, 我活汝, 不然, 我將亨汝! 酈生曰, 舉大事不細謹, 盛德不辭讓. 而公不爲若更言 齊王遂亨酈生.

65 「宋微子世家」可擊. 公曰, 待其已陳. 陳成, 宋人擊之. 宋師大敗, 襄公傷股. 國人皆怨公. 公曰, 君子不困人於阨, 不鼓不成列.

66 「高祖本紀」令兒皆和習之. 高祖乃起舞, 慷慨傷懷, 泣數行下.

67 「班馬異同論」

68 「留侯世家」鴻鵠高飛, 一舉千里. 羽翮已就, 橫絕四海. 橫絕四海, 當可奈何! 雖有矰繳, 尙安所施.

69 「項羽本紀」漢皆已得楚乎? 是何楚人之多也.

70 「項羽本紀」力拔山兮氣蓋世, 時不利兮騅不逝. 騅不逝兮可奈何, 虞兮虞兮奈若何.

71 『楚漢春秋』漢兵已略地, 四方楚歌聲. 大王意氣盡, 賤妾何聊生.

72 「項羽本紀」項王泣數行下, 左右皆泣, 莫能仰視.

73 「刺客列傳」風蕭蕭兮易水寒, 壯士一去兮不復還.

74 「齊悼惠王世家」請爲太后言耕田歌.

75 「齊悼惠王世家」深耕概種, 立苗欲疏, 非其種者, 鉏而去之.

76 「絳侯周勃世家」以公主爲證.

77 「絳侯周勃世家」吾嘗將百萬軍, 然安知獄吏之貴乎.

78 「項羽本紀」天亡我, 非用兵之罪也, 豈不謬哉.

79 「孝文帝本紀」天下旱. 蝗. 帝加惠.

80 「孝文帝本紀」上乃……專務以德化民, 是以海內殷富, 興於禮義.

81 「商君列傳」行之十年, 秦民大說, 道不拾遺, 山無盜賊, 家給人足. 民勇於公戰, 怯於私鬪, 鄉邑大治.

82 「呂不韋列傳」始皇帝益壯, 太后淫不止.

83 「鄭世家」鄭相子產卒, 鄭人皆哭泣, 悲之如亡親戚. 子產者, 鄭成公少子也. 爲人仁愛人, 事君忠厚. 孔子嘗過鄭, 與子產如兄弟云.

84 「魯周公世家」成王在豐, 天下已安, 周之官政未次序, 於是周公作周官, 官別其宜, 作立政, 以便百姓. 百姓說.

85 「平津侯主父列傳」弘爲人意忌, 外寬內深. 諸嘗與弘有郤者, 雖詳與善, 陰報其禍. 殺主父偃, 徙董仲舒於膠西, 皆弘之力也.

86 「魏其武安侯列傳」專呼服謝罪. 使巫視鬼者視之, 見魏其、灌夫共守, 欲殺之. 竟死.

87 「呂太后本紀」呂后爲人剛毅, 佐高祖定天下, 所誅大臣多呂后力.

88 發喪, 太后哭, 泣不下. 留侯子張辟彊爲侍中, 年十五, 謂丞相曰, 太后獨有孝惠, 今崩, 哭不悲, 君知其解乎? 丞相曰, 何解? 辟彊曰, 帝毋壯子, 太后畏君等. 君今請拜呂台、呂產、呂祿爲將, 將兵居南北軍, 及諸呂皆入宮, 居中用事, 如此則太后心安, 君等幸得脫禍矣. 丞相迺如辟彊計. 太后說, 其哭迺哀. 呂氏權由此起.

89 「酷吏列傳」內深次骨.

90 周爲廷尉, 其治大放張湯而善候伺. 上所欲擠者, 因而陷之, 上所欲釋者, 久繫待問而微見其冤狀. 客有讓周曰, 君爲天子決平, 不循三尺法, 專以人主意指爲獄. 獄者固如是乎? 周曰, 三尺安出哉? 前主所是著爲律, 後主所是疏爲令, 當時爲是, 何古之法乎!

91 「晉世家」晉太史董狐書曰, 趙盾弒其君, 以視於朝. 盾曰, 弒者趙穿, 我無罪. 太史曰, 子爲正卿, 而亡不出境, 反不誅國亂, 非子而誰? 孔子聞之, 曰, 董狐, 古之良史也, 書法不隱. 宣子, 良大夫也, 爲法受惡. 惜也, 出疆乃免.

92 「刺客列傳」魯句踐已聞荊軻之刺秦王, 私曰, 嗟乎, 惜哉其不講於刺劍之術也! 甚矣吾不知人也! 曩者吾叱之, 彼乃以我爲非人也.

93 「張釋之馮唐列傳」上以胡寇爲意.

94 「張釋之馮唐列傳」法太明, 賞太輕, 罰太重.

95 「淮南衡山列傳」一尺布, 尙可縫, 一斗粟, 尙可舂, 兄弟二人不能相容.

96 「汲鄭列傳」一死一生, 乃知交情. 一貧一富, 乃知交態. 一貴一賤, 交情乃見.

97 「曹相國世家」蕭何爲法, 顜若畫一, 曹參代之, 守而勿失. 載其清淨, 民以寧一.

98 「魏其武安侯列傳」潁水清, 灌氏寧, 潁水濁, 灌氏族.

99 「李將軍列傳」桃李不言, 下自成蹊.

100 「蘇秦列傳」寧爲雞口, 無爲牛後.

101 「佞幸列傳」力田不如逢年, 善仕不如遇合.

102 「貨殖列傳」千金之子, 不死於市.

103 「貨殖列傳」天下熙熙, 皆爲利來, 天下壤壤, 皆爲利往.

104 「魯仲連鄒陽列傳」白頭如新, 傾蓋如故.

105 「遊俠列傳」人貌榮名, 豈有既乎.

106 「韓長孺列傳」雖有親父, 安知其不爲虎. 雖有親兄安知其不爲狼.

107 「鄭世家」語有之, 以權利合者, 權利盡而交疏.

108 「三王世家」古人有言曰, 愛之欲其富, 親之欲其貴.

109 「張釋之馮唐列傳」不知其人, 視其友.

110 「春申君列傳」當斷不斷, 反受其亂.

111 「平原君虞卿列傳」鄙語曰, 利令智昏.

112 「白起王翦列傳」鄙語云尺有所短, 寸有所長.

113 「孫子吳起列傳」語曰, 能行之者未必能言, 能言之者未必能行.

114 「袁盎晁錯列傳」語曰變古亂常, 不死則亡.

115 「秦始皇本紀」自繆公以來, 稍蠶食諸侯, 竟成始皇. 始皇自以爲功過五帝, 地廣三王, 而羞與之侔.

116 「秦楚之際月表」初作難, 發於陳涉, 虐戾滅秦, 自項氏, 撥亂誅暴, 平定海內, 卒踐帝祚, 成於漢家. 五年之間, 號令三嬗. 自生民以來, 未始有受命若斯之亟也.

117 「律書」文帝時, 會天下新去湯火, 人民樂業, 因其欲然, 能不擾亂, 故百姓遂安. 自年六七十翁亦未嘗至市井, 游敖嬉戲如小兒狀. 孔子所稱有德君子者邪.

118 「韓世家」太史公曰, 韓厥之感晉景公, 紹趙孤之子武, 以成程嬰、公孫杵臼之

義, 此天下之陰德 也. 韓氏之功, 於晉未睹其大者也. 然與趙、魏終爲諸侯十餘
世, 宜乎哉.

119 「司馬相如列傳」相如雖多虛辭濫說, 然其要歸引之節儉, 此與詩之風諫何異.
楊雄以爲靡麗之賦, 勸百風一, 猶馳騁鄭衛之聲, 曲終而奏雅, 不已虧乎? 余采
其語可論者著于篇.

120 「平津侯主父列傳」公孫弘行義雖脩, 然亦遇時. 漢興八十餘年矣, 上方鄉文學,
招俊乂, 以廣儒墨, 弘爲舉首. 主父偃當路, 諸公皆譽之, 及名敗身誅, 士爭言其
惡. 悲夫.

121 「仲尼弟子列傳」學者多稱七十子之徒, 譽者或過其實, 毀者或損其真, 鈞之未
睹厥容貌, 則論言弟子籍, 出孔氏古文近是. 余以弟子名姓文字悉取論語弟子
問并次爲篇, 疑者闕焉.

122 「樗里子甘茂列傳」樗里子以骨肉重 , 固其理 , 而秦人稱其智 , 故頗采焉.

123 「扁鵲倉公列傳」扁鵲以其伎見殃, 倉公乃匿迹自隱而當刑……故老子曰美好
者不祥之器, 豈謂扁鵲等邪? 若倉公者, 可謂近之矣.

124 「佞幸列傳」甚哉愛憎之時! 彌子瑕之行, 足以觀後人佞幸矣. 雖百世可知也.

125 「張釋之馮唐列傳」張季之言長者, 守法不阿意, 馮公之論將率, 有味哉! 有味
哉! 語曰不知其人, 視其友. 二君之所稱誦, 可著廊廟.

126 「晉世家」太史公曰, 晉文公, 古所謂明君也, 亡居外十九年, 至困約, 及即位而
行賞, 尚忘介子推, 況驕主乎.

127 「越王句踐世家」句踐苦身焦思, 終滅彊吳, 北觀兵中國, 以尊周室, 號稱霸王.
句踐可不謂賢哉! 蓋有禹之遺烈焉.

128 「韓長孺列傳」余與壺遂定律曆, 觀韓長孺之義, 壺遂之深中隱厚. 世之言梁多
長者, 不虛哉.

129 「田單列傳」兵以正合, 以奇勝. 善之者, 出奇無窮. 奇正還相生, 如環之無端.
夫始如處女, 適人開戶, 後如脫兔, 適不及距, 其田單之謂邪.

130 「孟子荀卿列傳」余讀孟子書, 至梁惠王問何以利吾國, 未嘗不廢書而歎也.

131 「屈原賈生列傳」余讀離騷、天問、招魂、哀郢, 悲其志. 適長沙, 觀屈原所自沈
淵, 未嘗不垂涕, 想見其爲人.

132 「儒林列傳」余讀功令, 至於廣厲學官之路, 未嘗不廢書而歎也.

133 「項羽本紀」夫秦失其政, 陳涉首難, 豪傑蠭起, 相與並爭, 不可勝數. 然羽非有
尺寸乘執, 起隴畝之中, 三年, 遂將五諸侯滅秦, 分裂天下, 而封王侯, 政由羽
出, 號爲霸王, 位雖不終, 近古以來未嘗有也.

134 「陳涉世家」陳勝雖已死, 其所置遣侯王將相竟亡秦, 由涉首事也.

135 「孝文本紀」漢興, 至孝文四十有餘載, 德至盛也. 廩廩鄉改正服封禪矣, 謙讓未成於今. 嗚呼, 豈不仁哉.

136 「曹相國世家」參爲漢相國, 清靜極言合道. 然百姓離秦之酷後, 參與休息無爲, 故天下俱稱其美矣.

137 「樗里子甘茂列傳」重强齊楚.

138 「樗里子甘茂列傳」戰國之策士也.

139 「禮書」洋洋美德乎! 宰制萬物, 役使羣衆, 豈人力也哉.

140 「曆書」民是以能有信, 神是以能有明德.

141 故神降之嘉生, 民以物享, 災禍不生, 所求不匱.

142 「六國年表」秦取天下多暴, 然世異變, 成功大.

143 「太史公自序」誅籍業帝, 天下惟寧, 改制易俗.

144 「太史公自序」漢興五世, 隆在建元, 外攘夷狄, 內脩法度, 封禪, 改正朔, 易服色.

145 「建元以來侯者年表」況乃以中國一統, 明天子在上, 兼文武, 席卷四海, 內輯億萬之衆, 豈以晏然不爲邊境征伐哉! 自是後, 逡出師北討彊胡, 南誅勁越, 將卒以次封矣.

146 「廉頗藺相如列傳」一奮其氣, 威信敵國, 退而讓頗, 名重太山, 其處智勇, 可謂兼之矣.

147 「魯仲連鄒陽列傳」布衣之位, 蕩然肆志, 不詘於諸侯, 談說於當世, 折卿相之權.

148 「劉敬叔孫通列傳」劉敬脫輓輅一說, 建萬世之安, 智豈可專邪! 叔孫通希世度務, 制禮進退, 與時變化, 卒爲漢家儒宗.

149 「循吏列傳」孫叔敖出一言, 郢市復. 子產病死, 鄭民號哭. 公儀子見好布而家婦逐. 石奢縱父而死, 楚昭名立. 李離過殺而伏劍, 晉文以正國法.

150 「樗里子甘茂列傳」樗里子以骨肉重, 固其理, 而秦人稱其智.

151 「樗里子甘茂列傳」甘羅年少, 然出一奇計, 聲稱後世.

152 「呂不韋列傳」孔子之所謂聞者, 其呂子乎.

153 「李斯列傳」阿順苟合, 嚴威酷刑, 聽高邪說, 廢適立庶. 諸侯已畔, 斯乃欲諫爭, 不亦末乎! 人皆以斯極忠而被五刑死, 察其本, 乃與俗議之異.

154 「楚世家」操行之不得, 悲夫! 勢之於人也, 可不愼與? 弃疾以亂立, 嬖淫秦女, 甚乎哉, 幾再亡國.

155 「管蔡世家」知唯德之不建.

156 「張耳陳餘列傳」豈非以勢利交哉.

157 「孟嘗君列傳」吾嘗過薛, 其俗閭里率多暴桀子弟, 與鄒、魯殊. 問其故, 曰, 孟嘗君招致天下任俠, 姦人入薛中蓋六萬餘家矣. 世之傳孟嘗君好客自喜, 名不虛矣.

158 「淮陰侯列傳」且喜且憐之.

159 「蕭相國世家」淮陰、黥布等皆以誅滅, 而何之勳爛焉.

160 「平準書」於是外攘夷狄, 內興功業, 海內之士力耕不足糧饟, 女子紡績不足衣服. 古者嘗竭天下之資財以奉其上, 猶自以爲不足也. 無異故云, 事勢之流, 相激使然, 曷足怪焉.

161 「衛將軍驃騎列傳」吾嘗責大將軍至尊重, 而天下之賢大夫毋稱焉, 願將軍觀古名將所招選擇賢者, 勉之哉.

162 「衛將軍驃騎列傳」驃騎亦放此意, 其爲將如此.

163 「佞幸列傳」衛靑、霍去病亦以外戚貴幸, 然頗用材能自進.

164 「孔子世家」詩有之, 高山仰止, 景行行止. 雖不能至, 然心鄉往之. 余讀孔氏書, 想見其爲人. 適魯, 觀仲尼廟堂車服禮器, 諸生以時習禮其家, 余祇迴留之不能去云. 天下君王至于賢人眾矣, 當時則榮, 沒則已焉. 孔子布衣, 傳十餘世, 學者宗之. 自天子王侯, 中國言六藝者折中於夫子, 可謂至聖矣.

165 「建元以來王子侯者年表」盛哉, 天子之德! 一人有慶, 天下賴之.

166 「孫子吳起列傳」世俗所稱師旅, 皆道孫子十三篇, 吳起兵法, 世多有, 故弗論.

167 「孫子吳起列傳」論其行事所施設者.

168 「孫子吳起列傳」孫子籌策龐涓明矣, 然不能蚤救患於被刑. 吳起說武侯以形勢不如德, 然行之於楚, 以刻暴少恩亡其軀. 悲夫.

169 「滑稽列傳」太史公曰, 天道恢恢, 豈不大哉! 談言微中, 亦可以解紛.

170 「貨殖列傳」故善者因之, 其次利道之, 其次教誨之, 其次整齊之, 最下者與之爭.

171 「循吏列傳」法令所以導民也, 刑罰所以禁姦也. 文武不備, 良民懼然身修者, 官未曾亂也. 奉職循理, 亦可以爲治, 何必威嚴哉.

172 「太史公自序」成一家之言.

7장一공업(功業)이 이보(尼父)를 좇다

1 「太史公自序」垂空文以斷禮義, 當一王之法.

2 「孔子世家」後世知丘者以春秋, 而罪丘者亦以春秋.

3 「報任安書」究天人之際, 通古今之變, 成一家之言.

396

4 先人有言, 自周公卒五百歲而有孔子. 孔子卒後至於今五百歲, 有能紹明世, 正易傳, 繼春秋, 本詩書禮樂之際? 意在斯乎! 意在斯乎! 小子何敢讓焉.

5 「報任安書」究天人之際, 通古今之變, 成一家之言.

6 「太史公自序」藏之名山, 副在京師, 俟後世聖人君子.

7 「太史公自序」余所謂述故事, 整齊其世傳, 非所謂作也, 而君比之於春秋, 謬矣.

8 太史公牛馬走司馬遷, 再拜言少卿足下: 曩者辱賜書, 教以愼於接物, 推賢進士爲務. 意氣勤勤懇懇, 若望僕不相師, 而用流俗人之言, 僕非敢如此也. 僕雖罷駑, 亦嘗側聞長者之遺風矣. 顧自以爲身殘處穢, 動而見尤, 欲益反損, 是以獨鬱悒而與誰語? 諺曰: 誰爲爲之, 孰令聽之? 蓋鍾子期死, 伯牙終身不復鼓琴. 何則? 士爲知己者用, 女爲說己者容. 若僕大質已虧缺矣, 雖才懷隨 · 和, 行若由 · 夷, 終不可以爲榮, 適足以見笑而自點耳. 書辭宜答, 會東從上來, 又迫賤事, 相見日淺, 卒卒無須臾之間, 得竭志意. 今少卿抱不測之罪, 涉旬月, 迫季冬, 僕又薄從上雍, 恐卒然不可爲諱. 是僕終已不得舒憤懣以曉左右, 則長逝者魂魄, 私恨無窮, 請略陳固陋. 闕然久不報, 幸勿爲過.

僕聞之: 脩身者, 智之符也; 愛施者, 仁之端也; 取與者, 義之表也; 恥辱者, 勇之決也; 立名者, 行之極也. 士有此五者, 然後可以託於世, 而列於君子之林矣. 故禍莫憯於欲利, 悲莫痛於傷心, 行莫醜於辱先, 詬莫大於宮刑. 刑餘之人, 無所比數, 非一世也, 所從來遠矣. 昔衛靈公與雍渠同載, 孔子適陳; 商鞅因景監見, 趙良寒心; 同子參乘, 袁絲變色: 自古而恥之. 夫以中才之人, 事有關於宦豎, 莫不傷氣, 而況於慷慨之士乎? 如今朝廷雖乏人, 奈何令刀鋸之餘, 薦天下豪俊哉? 僕賴先人緒業, 得待罪輦轂下, 二十餘年矣. 所以自惟: 上之不能納忠效信, 有奇策才力之譽, 自結明主; 次之又不能拾遺補闕, 招賢進能, 顯巖穴之士; 外之又不能備行伍, 攻城野戰, 有斬將搴旗之功; 下之不能積日累勞, 取尊官厚祿, 以爲宗族交遊光寵. 四者無一遂, 苟合取容, 無所短長之效, 可見如此矣. 嚮者僕亦常廁下大夫之列, 陪外廷末議, 不以此時引維綱, 盡思慮, 今已虧形, 爲掃除之隸, 在闒茸之中, 乃欲仰首伸眉, 論列是非, 不亦輕朝廷, 羞當世之士邪? 嗟乎! 嗟乎! 如僕尚何言哉! 尚何言哉!

且事本末, 未易明也. 僕少負不羈之材, 長無鄉曲之譽, 主上幸以先人之故, 使得奏薄伎, 出入周衛之中. 僕以爲戴盆何以望天, 故絶賓客之知, 亡室家之業, 日夜思竭其不肖之才力, 務一心營職, 以求親媚於主上, 而事乃有大謬不然者!

夫僕與李陵, 俱居門下, 素非能相善也. 趣舍異路, 未嘗銜盃酒, 接慇懃之餘懽. 然僕觀其爲人, 自守奇士, 事親孝, 與士信, 臨財廉, 取與義, 分別有讓, 恭儉下人，常思奮不顧身，以徇國家之急．其素所蓄積也，僕以爲有國士之風．夫人臣出萬死不顧一生之計，赴公家之難，斯以奇矣．今舉事一不當，而全軀保妻子之臣，隨而媒糵其短，僕誠私心痛之！且李陵提步卒不滿五千，深踐戎馬之地，足歷王庭，垂餌虎口，橫挑彊胡，仰憶萬之師，與單于連戰十有餘日，所殺過當．虜救死扶傷不給，旃裘之君長咸震怖，乃悉徵其左右賢王，舉引弓之人，一國共攻而圍之．轉鬪千里，矢盡道窮，救兵不至，士卒死傷如積．然陵一呼勞，軍士無不起，躬自流涕，沫血飲泣，更張空弮，冒白刃，北嚮爭死敵者．陵未沒時，使有來報，漢公卿王侯皆奉觴上壽．後數日，陵敗書聞，主上爲之食不甘味，聽朝不怡，大臣憂懼，不知所出．僕竊不自料其卑賤，見主上慘愴怛悼，誠欲效其款款之愚，以爲李陵素與士大夫絶甘分少，能得人死力，雖古之名將不能過也．身雖陷敗，彼觀其意，且欲得其當而報於漢．事已無可奈何，其所摧敗，功亦足以暴於天下矣．僕懷欲陳之而未有路，適會召問，卽以此指推言陵之功，欲以廣主上之意，塞睚眦之辭．未能盡明，明主不曉，以爲僕沮貳師，而爲李陵遊說，遂下於理．拳拳之忠，終不能自列．因爲誣上，卒從吏議．家貧，貨賂不足以自贖，交遊莫救，左右親近，不爲一言．身非木石，獨與法吏爲伍，深幽囹圄之中，誰可告愬者？此眞少卿所親見，僕行事豈不然乎？李陵既生降，隤其家聲，而僕又佴之蠶室，重爲天下觀笑．悲夫！悲夫！事未易一二爲俗人言也！

僕之先，非有剖符丹書之功，文史・星歷，近乎卜祝之閒，固主上所戲弄，倡優所畜，流俗之所輕也．假令僕伏法受誅，若九牛亡一毛，與螻蟻何以異？而世又不與能死節者比，特以爲智窮罪極，不能自免，卒就死耳．何也？素所自樹立使然也．人固有一死，或重於太山，或輕於鴻毛，用之所趨異也．太上不辱先，其次不辱身，其次不辱理色，其次不辱辭令，其次詘體受辱，其次易服受辱，其次關木索・被箠楚受辱，其次剔毛髮・嬰金鐵受辱，其次毀肌膚・斷肢體受辱，最下腐刑極矣！傳曰：刑不上大夫．此言士節不可不勉勵矣！猛虎在深山，百獸震恐，及在檻穽之中，搖尾而求食，積威約之漸也．故士有畫地爲牢，勢不可入；削木爲吏，議不可對，定計於鮮也．今交手足，受木索，暴肌膚，受榜箠，幽於圜牆之中．當此之時，見獄吏則頭槍地，視徒隸則正惕息．何者？積威約之勢也．及以至是，言不辱者，所謂強顏耳，曷足貴乎？且西伯伯也，拘於羑里；李斯相也，具于五刑；淮陰王也，受械於陳；彭越・張敖，南面稱孤，繫獄抵罪；絳侯誅諸呂，權傾五伯，囚於請室；魏其大將也，衣赭衣，關三木；季布爲朱家鉗奴；灌夫受辱於居室．此人皆身至王侯將相，聲聞鄰國，及罪至罔加，不能引決自裁，在塵埃之中，古今一體，安在其不辱也？由此言之：勇怯，勢也；強弱，形也．審矣，何足

398

怪乎? 夫人不能早自裁繩墨之外, 以稍陵遲, 至於鞭箠之間, 乃欲引節, 斯不亦遠乎? 古人所以重施刑於大夫者, 殆爲此也. 夫人情莫不貪生惡死, 念父母, 顧妻子. 至激於義理者不然, 乃有所不得已也! 今僕不幸, 早失父母, 無兄弟之親, 獨身孤立. 少卿視僕於妻子何如哉? 且勇者不必死節, 怯夫慕義, 何處不勉焉? 僕雖怯懦, 欲苟活, 亦頗識去就之分矣, 何至自沈溺縲紲之辱哉! 且夫臧獲婢妾, 由能引決, 況僕之不得已乎! 所以隱忍苟活, 幽於糞土之中而不辭者, 恨私心有所不盡, 鄙陋沒世, 而文采不表於後世也.

古者富貴而名摩滅, 不可勝記, 唯倜儻非常之人稱焉. 蓋文王拘而演『周易』; 仲尼厄而作『春秋』; 屈原放逐, 乃賦「離騷」; 左丘失明, 厥有『國語』; 孫子臏脚, 兵法脩列; 不韋遷蜀, 世傳『呂覽』; 韓非囚秦, 「說難」「孤憤」; 『詩』三百篇, 大抵聖賢發憤之所爲作也. 此人皆意有鬱結, 不得通其道, 故述往事, 思來者. 乃如左丘無目, 孫子斷足, 終不可用, 退而論書策, 以舒其憤, 思垂空文以自見. 僕竊不遜, 近自託於無能之辭, 網羅天下放失舊聞, 略考其行事, 綜其終始, 稽其成敗興壞之紀. 上計軒轅, 下至于兹, 爲十「表」, 「本紀」十二, 「書」八章, 「世家」三十, 「列傳」七十, 凡百三十篇. 亦欲以究天人之際, 通古今之變, 成一家之言. 草創未就, 會遭此禍, 惜其不成, 是以就極刑而無慍色. 僕誠以著此書, 藏諸名山, 傳之其人, 通邑大都, 則僕償前辱之責, 雖萬被戮, 豈有悔哉! 然此可爲智者道, 難爲俗人言也.

且負下未易居, 下流多謗議. 僕以口語遇遭此禍, 重爲鄉里所戮笑, 以汙辱先人, 亦何面目復上父母丘墓乎? 雖累百世, 垢彌甚耳! 是以腸一日而九迴, 居則忽忽若有所亡, 出則不知其所往. 每念斯恥, 汗未嘗不發背沾衣也. 身直爲閨閤之臣, 寧得自引於深藏岩穴邪? 故且從俗浮沈, 與時俯仰, 以通其狂惑. 今少卿乃教以推賢進士, 無乃與僕私心剌謬乎? 今雖欲自雕琢曼辭以自飾, 無益於俗, 不信, 適足取辱耳. 要之, 死日然後是非乃定. 書不能悉意, 略陳固陋. 謹再拜.

8장 — 천추의 태사공

1 「屈原賈生列傳」屈平疾王聽之不聰也, 讒諂之蔽明也, 邪曲之害公也, 方正之不容也, 故憂愁幽思而作離騷.

옮긴이 장세후張世厚

경북 상주에서 태어나 영남대학교 중어중문학과를 졸업하고, 같은 대학 대학원에서 석사학위와 박사학위(『주희 시 연구』)를 취득하였다. 영남대학교 겸임교수와 경북대학교 연구초빙교수를 거쳐 지금은 경북대학교 퇴계연구소의 전임연구원으로 재직하고 있다. 2003년 대구매일신문에서 선정한 대구·경북지역 인문사회 분야의 뉴리더 10인에 포함된 바 있다.

저서로는『이미지로 읽는 한자』(연암서가, 2015)가 있고, 역서로는『한학 연구의 길잡이(古籍導讀)』(이회문화사, 1998), 『초당시(初唐詩 The Poetry of the Early T'ang)』(Stephen Owen, 中文出版社, 2000), 『퇴계 시 풀이·1~6』(이장우 공역, 영남대학교 출판부, 2006~2011), 『고문진보·전집』(황견 편, 공역, 을유문화사, 2001), 『朱熹 詩 譯註·1~2』(이회문화사, 2004~2006), 『퇴계잡영』(공역, 연암서가, 2009), 『唐宋八大家文抄·蘇洵』(공역, 전통문화연구회, 2012), 『춘추좌전·상』(을유문화사, 2012), 『춘추좌전·중』(을유문화사, 2013), 『춘추좌전·하』(을유문화사, 2013), 『도산잡영』(공역, 연암서가, 2013), 『주자시 100선』(연암서가, 2014) 등이 있다.